SERVICE
MANAGEMENT

고객 감동시대의 **서비스 경영**

SERVICE
MANAGEMENT

제3판

고객 감동시대의 **서비스 경영**

채신석 · 김재호 공저

ß (주)백산출판사

머리말

본서에서는 '감동 이상의 감동 호스피탤리티산업에서 바라본 서비스 경영'이라는 주제를 가지고 서비스와 관련한 다양한 내용을 하나로 정리하였다.

저자는 오랜 기간 서비스 현장에서 근무하면서 틈틈이 대학에서 강의를 하였다. 한 가지 놀라운 점은 누구나 쉽게 이해할 수 있다고 생각했던 서비스 관련한 내용을 학생들이 이해하는 데 많은 어려움을 겪는다는 것이었다.

대학에서 본격적으로 서비스 관련 강의를 하면서 산업체 현장의 경험을 토대로 학생들이 서비스를 쉽게 이해할 수 있는 교재를 완성하고자 오랜 기간 준비하였다.

본서는 수록된 내용들을 보다 쉽게 이해할 수 있도록 호텔, 항공사 그리고 관광관련 기업들의 다양한 사례를 들어 설명하였으며, 대학에서 호스피탤리티 산업과 관련한 학부생, 대학원생 그리고 일반인들은 물론 서비스 현장에서 고객만족을 책임지는 직원들과 기업의 경영자가 서비스기업의 목표인 고객만족을 어떻게 실행하고 관리해야 하는지를 자세히 설명하였다.

본서는 총 5부 14장으로 구성되어 있다. 1부는 서비스, 품질, 서비스 접점부분으로 서비스가 무엇인지, 고객만족이 왜 중요한지 그리고 서비스 접점에서 근무하는 직원들의 중요성에 대해 학습하고, 2부는 서비스 디자인과 수요·공급 관리부분으로 서비스의 수요와 공급을 어떻게 관리해야 하는지, 서비스스케이프와 서비스 프로세스가 왜 중요한지에 대해, 3부는 소비자 행동과 고객관계의 개발부분으로 소비자 행동과 고객관계 마케팅의 이해, 충성고객이 기업경영에 미치는 영향 그리고 고객 불평불만과 서비스 회복의 중요성에 대해 설명했다. 4부는 인적자원의 중요성과 커뮤니케이션 부분으로 서비스기업의 인적자원이 왜 중요하고 관리되어야 하는지에 대해 설명했고, 5부는 4차 산업혁명이 미래의 서비스산업에 미치는 영향으로 구성하여, 가급적 다양한 독자들이 공통적으로 이해했으면 하는 내용들을 엄선하여 다루고자 노력하였다.

서비스 경영에 대한 이해는 오랫동안 다양한 브랜드의 호텔에서 근무하면서 고객에 대한 철학을 이해하고 실행하는 기회를 통해 체득하였다. 특히 메리어트호텔에서 근무할 때 존경하는 메리어트 인터내셔널 Bill Marriott 회장과의 만남이 가장 기억에 남는다.

독자들이 본서를 쉽게 이해하고 흥미를 가질 수 있도록 최대한 노력하였다. 저술된 내용의 부족한 부분에 대해서는 널리 양해해 주시기 바라며, 향후 개정판에서 보완할 것을 약속한다. 또한 내용 중 인용된 부분에 대해서는 모든 출처를 정확하게 밝히고자 하였으나 부분적으로 확실하게 명시하지 못한 점도 있음을 밝힌다.

그동안 서비스에 관한 책들을 출간하여 서비스에 대한 이해를 넓혀주신 선배 연구자님들과 젊은 날 호텔리어를 숙명으로 여기며 함께 노력했던 선·후배님들, 늘 이해와 격려, 성원을 아끼지 않은 가족, 본서의 완성을 위해 함께 고민한 김재호 교수님 그리고 본 교재의 출판을 허락해 주신 백산출판사 진욱상 사장님과 임직원분들께 감사드리며, 본서가 서비스산업에 종사하시는 모든 분에게 도움이 되기를 희망한다.

용현동 연구실에서

차례

PART **1**

SERVICE MANAGEMENT

서비스, 품질, 서비스 접점

CHAPTER 01 서비스란 무엇인가?

제1절 서비스의 이해
제2절 서비스의 특성
제3절 서비스경제와 서비스산업

이 장을 학습한 후, 다음 내용을 이해할 수 있어야 한다.

1. 서비스의 정의를 설명할 수 있다.
2. 서비스의 특성을 설명할 수 있다.
3. 서비스산업이 국가경제에 미치는 영향을 설명할 수 있다.
4. 우리나라 서비스산업의 현황을 설명할 수 있다.

CHAPTER

(01) 서비스란 무엇인가?

개요

우리는 매일 다양한 서비스의 혜택을 받으며 생활하고 있다. 아침에 일어나 일정과 날씨 알림서비스를 이용하고, 새벽 배송을 통해 신선한 재료를 활용한 아침을 먹는다. 교통서비스를 이용해 출근하고 학교에 간다. 스마트폰을 통하여 다양한 뉴스와 통신관련 서비스를 이용하고, 교육서비스와 외식서비스를 받는다. 우리 일상생활의 모든 부분이 서비스와 관련되어 있다고 해도 과언이 아니며, 이미 우리는 서비스 중심시대에 살고 있다.

이러한 서비스산업의 발전에도 우리나라는 다른 선진국에 비교하여 서비스 비중이 비교적 낮은 편에 속한다. 즉 우리나라는 제조업 중심으로 산업이 발전해 왔고, 자영업 형태의 단순 서비스업 비중은 높았지만, 부가가치가 높은 지식기반 서비스산업은 취약했기 때문이다. 그러나 우리나라는 그동안 산업구조의 변화와 개선으로 서비스산업에 상당한 발전을 이루었으며, 향후 서비스산업의 발전 가능성은 4차 산업혁명과 더불어 매우 크다고 할 수 있다.

본 장에서는 서비스의 개념을 학습하면서 기본적으로 서비스는 무엇인가에 대해 논의하고, 서비스의 특성들이 제조업에서 강조하는 재화의 특성과 차별되는 점은 무엇인지 알아보며, 마지막으로 서비스경제와 산업 그리고 우리나라 서비스산업의 현 위치를 조망하는 기본적인 주제를 학습하고 이해한다.

제1절 〉 서비스의 이해

1. 서비스의 의미

'서비스'는 일상생활에서 자주 언급되고 쉽게 접할 수 있는 단어이다. 서비스란 단어는 받아들이는 사람에 따라 남을 위해 봉사하는 것이라 해석될 수도 있고, 상대방의 감정적, 내면적 만족을 위해 정성을 다하는 것 등으로 다양하게 인식되는데, 예를 들어 '구매후 3년간 애프터 서비스(after service)'는 일반적으로 보증기간 동안에 무료로 고쳐준다는 의미이고, '커피는 서비스로 드립니다'는 무료제공의 의미로서 '공짜, 혹은 덤으로 제공되는 것'까지 그 의미가 폭넓게 사용되고 있다.

서비스라는 단어의 어원부터 살펴보면, 라틴어의 '노예'를 뜻하는 세르부스(servus) 또는 '노예상태'를 뜻하는 세르비티움(servitium)에서 출발하여, 1300년경에는 식사를 제공하는 개념으로 활용되었으며, 이후 15세기 중반부터는 차 서비스(tea service) 또는 식사 때 도움을 주는 개념으로 주로 사용되었고, 오늘날에 이르기까지 봉사와 공헌이라는 의미가 포함되어 변화되어 왔다.[1]

서비스에 대한 정의는 다양한 관점과 시대적 변천과정에 따라 그 의미가 재정의되고 새롭게 평가되고 있다.

먼저 우리나라의 서비스와 관련한 사전적(표준국어대사전, 국립국어원) 정의를 살펴보면 아래의 4가지 뜻으로 정의되어 있다.

1) 생산된 재화를 운반·배급하거나 생산·소비에 필요한 노무를 제공함
2) 개인적으로 남을 위하여 돕거나 시중을 듦
3) 장사에서, 값을 깎아주거나 덤을 붙여줌
4) 체육 : 탁구·배구·테니스 따위에서, 공격하는 쪽이 상대편 코트에 공을 쳐 넣는 일. 또는 그 공=서브

---

1) Online Etymolgy Dictionary 참조

미국마케팅학회(AMA, 1960)는 "판매를 위해 제공되거나, 상품 판매와 관련되어 공급된 활동, 혜택 그리고 만족"이라고 정의하였다. 구글사전에서 서비스는 "재화(財貨)를 생산하지는 않으나 그것을 운반·배급하거나 생산·소비에 필요한 노무를 제공하는 일, 개인적으로 남을 위하여 여러 가지로 봉사하는 것. 특히, 장사에서 손님을 접대하고 편의를 제공하는 것"으로 정의하고 있다. 위키백과는 "물질적 재화 이외의 생산이나 소비에 관련한 모든 경제활동을 일컫는다"라고 정의하였다. 이유재(1999)는 "서비스는 물적인 제품이나 구조물이 아니며, 일반적으로 생산되는 시점에서 소멸되고, 구매자에게 편리함, 즐거움, 적시성, 편안함 또는 건강과 같은 무형적인 형태의 부가가치를 제공하는 모든 경제적인 활동을 포함한다"로 정의하였다.

서비스에 대한 동서양 인식의 차이를 살펴보면, 우선 동양적 사고 측면에서는 봉사, 헌신, 친절 등의 의미 이외에도 정을 느끼고 표현하는 감정적·심리적 만족까지도 기대하고 있으며, 서양적 사고에서는 지원(Assistance), 도움(Help)을 주고 대가를 지불하여 주는 노동 면에서 경제적인 가치와 교환가치에 상대적으로 더 많은 의미를 두는 경향이 있다.

그러나 우리는 아직 서비스에 대한 광의의 의미를 제한적으로 인식하는 경우가 많다. 예를 들면, '중식당에서 제공하는 군만두'의 경우 공짜, 에누리, 할인, 덤의 개념으로 이해한다거나 의류매장 직원들의 부수적인 지원활동의 의미로 서비스를 언급하는 경우가 많다. 심한 경우에는 아랫사람이 하는 일이라 생각하는 경우도 있다.

▲ 서비스는 고객만족을 최우선으로 하고 고객가치를 높이기 위하여 다양한 노력들이 수반된다.
출처 : www.koreanair.com

서비스는 물적인 제품이나 구조물이 아니며, 일반적으로 생산되는 시점에서 소멸되고, 구매자에게 편리함, 즐거움, 적시성, 편안함, 또는 건강과 같은 무형적인 형태의 부가

가치를 제공하는 모든 경제적인 활동을 포함한다. 즉 서비스는 행위(deeds), 과정(process) 그리고 그 결과인 성과(performance)이다.

이와 같이 현대에 와서 서비스는 어느 산업분야에서의 한정된 용어라기보다는 사회 전반에 깊숙이 침투된 불가분한 요소라고 할 수 있다. 서비스는 상대방이 원하는 것을 채워주고 만족과 감동을 주는 데 그 궁극적인 목적이 있다고 하겠지만, 근본적인 것은 상대방(고객)이 투자하고 지불하는 것에 대한 가치를 충분히 느끼게 해주는 것이라 할 수 있다. 따라서 어떠한 경우에도 고객이 금전적이나 감정적으로 손해 보았다는 느낌, 헛수고했다는 느낌 등 부정적인 영향을 주어서는 안 된다는 것을 서비스인의 입장에서 항상 유념해야 한다.

〈표 1-1〉은 서비스에 대한 정의를 정리한 것이다. 서비스 개념에 대해서 무형성, 생산과 소비의 동시성과 같은 제조업에서의 제품과 차별화되는 서비스의 속성을 강조하는 개념, 서비스의 활동이나 실용성을 강조하는 개념 그리고 편익을 제공하기 위한 유형재와의 결합 등을 강조하는 개념으로 이해할 수 있다.

<표 1-1> 서비스의 정의

분류	학자	정 의
서비스 속성을 중심으로 한 정의	W. J. Regan (1963)	생산과 소비의 불가분성은 대부분의 서비스에서 나타나는 동시 발생적 생산과 소비를 지칭하는 것으로 재화는 먼저 생산되고 후에 소비되는 반면, 서비스는 먼저 판매되고 후에 생산과 동시에 소비된다.
	L. M. Rathmell (1966)	서비스란 시장에서 판매되는 무형의 제품이다. 이때 유형과 무형의 구분방법은 손으로 만질 수 있는가의 여부이다.
	Gummenson (1987)	서비스란 사고파는 것이 가능하지만 직접 만질 수는 없는 것이다.
	채서묵 (1995)	접객서비스란 고객을 위해 제공되거나 부수되는 욕구충족의 주체적, 핵심적인 것으로 소득에 의해 소비자 효용이 일어나기보다는 행위나 성과에 의해 소비자 효용이 나타나는 소유권의 이전이 수반되지 않는 무형행위 또는 편익의 총체이다.
	전인수 · 배일현(2006)	서비스는 고객과 서비스인 사이에 일어나는 무형의 활동과 그 결과로 생기는 가치라고 말할 수 있다.
서비스의 활동성 · 실용성을 중심으로 한 정의	AMA (1966)	서비스란 판매를 위해 제공되거나 상품 판매에 수반되는 제 활동으로서 통신, 수송, 이용 고객서비스, 수신 및 정비 서비스, 신용평가 등을 말한다.
	K. J. Blois (1974)	서비스는 현재의 형태에 물리적 변화를 가하지 않으면서 편익과 만족을 산출하는 판매를 제공하는 행위이다.
	L. L. Berry (1980)	서비스는 물리적으로는 소유가 불가능한 행위나 일의 수행 또는 어떤 노력을 포함하고 있는 무형의 상품으로서 활동, 퍼포먼스 또는 노력이다.
유형재와의 복합적 효용과 편익을 중심으로 한 정의	P. Kotler (1984)	서비스란 한쪽이 상대편에게 제공하는 효용이나 그에 따른 행위로서 본질적으로 무형성을 갖고 소유권 이전 행위를 수반하지 않는다. 서비스의 생산은 유형제품에 연결될 수도 있고, 그렇지 않을 수도 있다.
기타 정의	T. Levitt (1972)	서비스란 인간의 인간에 대한 봉사이다.
	Lehtinen (1983)	서비스란 (일련의) 행동으로 물리적인 기계나 사람들과의 상호작용과정에서 발생하여 소비자 만족을 제공하는 것이다.

출처 : 안연식, 창명, 2018, p. 11을 바탕으로 논자 재작성

2. 서비스와 재화의 비교

우리는 서비스와 재화의 속성을 바탕으로 서비스를 이해한다. 경제사회에는 유형과 무형의 가치물들이 유통되고 있는데, 이 중 유형적 가치물을 재화라 부르고 무형의 가치물을 총칭하여 서비스라고 말할 수 있다. 즉 제품은 물건인 반면 서비스는 아이디어 혹은 개념이다.

이와 같이 물재는 손으로 취급할 수 있는 소유권 이전의 거래를 전제로 한 생산물로서, 시간이 지나도 존재할 수 있기 때문에 추후에 창출 혹은 사용이 가능하다. 그러나 서비스재는 재화판매를 위한 물재에 편익과 만족을 줄 수 있는 용역을 말하는 것으로서, 대부분의 경우 산출물이 유형적인 제품이나 완성품이 아니고 생산과 소비가 동시에 이루어지며, 편의성, 즐거움, 적시성, 안락함, 혹은 건강 등 구매자에게 본질적으로 무형적인 형태로 부가가치를 제공하는 모든 경제활동들을 서비스부문에 포함시킨다.

이러한 서비스의 무형적인 특성은 고객에게도 문제이다. 제품을 구매하는 경우 고객은 구매 전에 그것을 볼 수도 있고, 느끼거나 시험해 볼 수 있으나 서비스는 특성상 무형적이기 때문에 고객에게 견본(sample)의 제시가 불가능하고, 소비자가 구입하기 전에는 미각(taste), 지각(feel), 시각(see), 청각(hear), 후각(smell)이 불가능하기 때문에 서비스에서 고객은 서비스를 제공하는 회사의 명성밖에 의존할 것이 없다.

▲ 유형의 재화(goods)

▲ 무형의 서비스(service)

서비스는 고객이 공동 생산자의 역할을 수행하면서 고객에게 받아들여지고 시간이 지나면 소멸되는 무형적인 경험을 말한다. 이러한 특성은 서비스가 프로세스 형태로 동시에 창출되고 소멸되기 때문에 소비자는 서비스가 창출된 이후 실질적으로 서비스를 보유할 수는 없지만 서비스의 효과는 유지할 수 있다.

다음 〈표 1-2〉는 제조업과 서비스의 상대적 차이점을 보여주고 있다.

〈표 1-2〉 제조와 서비스의 상대적 차이점

제조업	서비스업
제품은 유형임	서비스는 무형임, 보관이 불가능
구매 시 소유권이 이전됨	소유권이 이전되지 않음
이전의 실체는 제품 자체임	이전의 실체는 전문역량(지식, 기술) 또는 이들의 효용임
제품은 되팔 수 있음	서비스는 되팔 수 없음
구매 전에 제품을 보여줄 수 있음	구매 전에 서비스는 존재하지 않음
산출물에 대한 재고축적이 가능	산출물에 대한 재고축적이 불가능
생산은 소비에 앞서 이루어짐	생산과 소비가 동시에 일어남
생산과 소비는 공간적으로 분리가 가능함	생산과 소비는 같은 장소에서 일어남
제품은 운송될 수 있음	서비스는 운송될 수 없음 (다만 서비스 생산자가 고객에게 이동하여 서비스를 제공할 수 있음)
판매자가 생산함	구매자가 생산과정에 직접 참여하여, 생산의 일부를 수행할 수 있음
고객은 상품의 수령자 역할을 함	고객이 서비스의 공동 생산자 역할을 함
가치는 제공자에 의해 결정됨	기업은 가치 제안의 역할을 하고, 고객이 인지한 가치가 결정적임
기업과 고객 간에 간접적인 접촉이 이루어짐	대부분 직접 접촉이 필요함
자본집약적임	노동집약적임
판매와 생산을 기능적으로 분리할 수 있음	판매와 생산이 기능적으로 분리되기 어려움
품질 측정이 용이함	품질 측정이 곤란함
최초 접촉 이후, 반응시간이 긺	최초 접촉 이후, 반응시간이 짧음

▲ 와인 판매를 위한 진열
제조업의 제품은 유형이며 소유권이 이전된다.

▲ 고객가치의 전달
서비스업의 상품은 무형이며 소유권이 이전되지 않는다.

심지어 그런 제품까지 판매한다고?… '마켓컬리'가 뭔가 달라졌다

'샛별배송' '풀콜드체인'이라는 키워드로 대표되는 국내 1위 장보기 앱 마켓컬리는 건강하고 맛있는 음식이 곧 삶의 가장 큰 즐거움이라 믿는 사람들이 뜻을 합쳐 시작된 기업이다.

마켓컬리의 구성원은 훌륭한 생산자와 최상의 먹거리들을 찾는 것에 기쁨을 느끼는 깐깐한 소비자다. 마켓컬리는 좋은 재료를 위해서라면 전국 방방곡곡 산지를 찾아다니는 열정으로 '진짜 맛'을 소비자에게 소개하고 뚝심과 고집으로 좋은 상품만을 생산하는 생산자에게 안정적인 판매활로를 제공하고 있다. 단기적인 이익이 아닌 장기적으로 생산자, 소비자, 유통자 모두에게 옳은 일을 하기 위해 치열하게 고민하고 노력해 온 결과다.

'내가 사고 싶은지'를 먼저 묻는 70여 가지의 깐깐한 입점기준과 최상의 상품을 가장 신선하게 배송하는 풀콜드체인 샛별배송이 마켓컬리의 경쟁력이다. 생산자의 재고부담을 줄이는 직거래 매입방식까지 고객의 마음과 편의에 꼭 맞는 마켓이 되기 위한 마켓컬리의 혁신과 노력은 계속되고 있다.

최근 마켓컬리는 온라인 신선식품몰 비식품군 카테고리를 확대하고 있다. 뷰티 제품은 물론 음향 제품까지 판매하며 그간의 행보와는 다른 모습을 보여 배경에 관심이 쏠린다.

현재 마켓컬리에서 운영 중인 비식품군 카테고리는 생활용품, 주방용품, 가전제품 등 세 가지다. 그중 비데, 청소기, 공기청정기 등이 포함된 생활가전 품목은 57개다. 지난해 입점 당시보다 상품 수는 3배가량 늘어났으며, 월평균매출은 112% 증가했다.

일각에서는 마켓컬리가 신선식품 출혈경쟁에서 생존하기 위해 생활가전 품목 수를 늘려 자금을 확보하려는 게 아니냐는 분석이 나오고 있다. 가전용품의 경우 신선식품과 달리 유통기한으로부터 자유롭고 재고관리가 비교적 쉽다. 또 판매가격이 높아 식품보다 이윤이 많이 남는다. 양파 한 망보다 음향기기 한 개를 파는 게 훨씬 이득이다.

마켓컬리가 선두로 뛰어든 신선식품 새벽배송 시장은 현재 신세계, 롯데, 쿠팡 등 굵직한 기업들이 뛰어들며 유통 격전지로 떠올랐다. 마켓컬리로선 먼저 포문을 열었음에도 워낙 경쟁이 치열해 지속적인 흥행 여부가 불투명하다.

신선식품은 소비자에게 전달하기까지 신선도를 유지하는 것이 관건인데, 냉장 및 냉동시설을 갖추는 비용이 만만찮다. 마켓컬리는 지난해 매출액 4,289억 원, 손순실 975억 원을 기록했다. 전년보다 매출이 175% 늘었음에도 손순실이 3배 가까이 늘어났다. 2015년 출범 이후 단 한 번도 흑자를 내지 못했다.

▲ 가전용품의 경우 신선식품과 달리 유통기한으로부터 자유롭고 재고관리가 비교적 쉽다. 즉 재화의 장점이 된다.
출처 : 마켓컬리에서 판매하는 턴테이블 오디오/마켓컬리

▲ 새벽까지 배송해 주는 샛별배송 서비스를 운영하는 시스템으로 경쟁력을 확보하고 있다.
마켓컬리의 신선식품은 재화의 성격보다는 신선한 서비스의 개념이 강하다. 서비스의 비저장성은 신선함과 어울려 기업경영에 강점이 되기도 하고 약점이 되기도 한다.
출처 : 마켓컬리

출처 : https://www.wikitree.co.kr/articles/522237-경제, 2020.04.09
http://www.kharn.kr/news/article.html?no=12131, 콜드체인 뉴스, 2020.03.08

3. 서비스의 범주

서비스산업의 발전과 더불어 서비스의 영역도 점차 확대되고 있다. 이러한 서비스를 다양한 범주로 구분하고 있는데, 본 장에서는 서비스가 그 대상인 수혜자, 즉 서비스 대상물에 대해 처리되는 관점으로 분류한다.

서비스의 수혜대상은 사람, 물리적 대상물, 데이터, 정보가 될 수 있다. 처리의 본질은 유형적일 수도 있고 무형적일 수도 있는데, 유형적 행동은 사람의 신체나 물리적 소유물에 수행되고, 무형적 행동은 사람의 마음이다. 서비스의 4가지 범주란 바로 사람에 대한 처리(people processing), 소유물에 대한 처리(possession processing), 정신적 자극에 대

한 처리(mental stimulus processing), 정보에 대한 처리(information processing)이다.

1) 사람에 대한 처리 서비스

이 서비스는 사람 자체를 서비스 대상으로 하는 것이다. 여기에는 물리재활치료 등 의료서비스, 항공 등 여객운송서비스, 숙박, 음식, 여행서비스, 이·미용 서비스 등과 같이 사람을 대상으로 서비스를 제공하는 경우가 해당된다. 사람을 대상으로 제공하는 서비스의 의미는 다음과 같다.

▲ 네일숍에서의 손톱 손질
서비스의 대상이 사람인 경우에 해당된다.

- 서비스 생산물과 소비가 동시에 이루어지며, 이것은 고객이 서비스 제공의 물리적 현장(서비스 공장)에 있어야 한다는 것을 의미한다. 이것은 서비스 운영에 대한 기획, 서비스 처리와 서비스 환경에 대한 주의 깊은 설계, 수요와 생산 능력 관리를 필요로 한다.
- 고객의 적극적인 협조가 서비스 제공과정에서 필요하다. 예를 들어 네일숍에서는 당신이 원하는 것을 서비스직원에게 정확히 전달해야 하며, 조용히 앉아 있어야 하며, 매니큐어를 칠하기 위해 직원이 원할 때 손가락을 적절히 바꿔주어야 한다.
- 관리자는 고객관점에서 서비스 과정과 성과를 생각하는 것이 중요하다. 금전적인 비용 이외에도 비금전적인 비용, 예를 들면 시간, 정신적·신체적 노력, 심지어는 두려움과 고통 등이 고려되어야 한다.

2) 소유물에 대한 처리 서비스

고객은 기업에게 자신이 소유하고 있는 물리적인 제품에 대한 서비스를 요구하는 경우가 있다. 이러한 물리적 제품이란 막힌 하수구가 있는 집, 비가 새는 지붕, 고장난 가스레인지 등이다.

▲ 크린토피아 코인워시
서비스의 대상이 소유물인 경우에 해당된다.

- 이 범주의 서비스는 사람에 대한 처리와 달리 소유물에 대한 처리인 생산이나 소비가 동시에 이루어지지 않는다.
- 소유물에 대한 처리에 있어서 고객의 관여는 사람에 대한 처리보다 덜 관여된다. 즉 수선 및 유지, 세탁 및 드라이 크리닝, 청소 등과 같이 사물을 대상으로 서비스를 제공하는 경우 등이 이에 해당한다. 여기의 관여는 물건을 가져다준다든지, 물건을 모아준다든지 정도로 제한된다.

3) 정신적 자극에 대한 처리 서비스

이 서비스는 사람의 마음에 감동을 주는 것이며, 태도 형성, 행동에 영향을 주기 위한 것이다. 이러한 서비스에는 교육, 뉴스와 정보, 전문적 조언, 그리고 특정의 종교적 활동 등이 있다. 이러한 서비스의 핵심 내용은 정보 기반적이다. 따라서 음악, 소리, 영상 이미지 등을 디지털이나 아날로그 형태로 변환하여 저장될 수 있다.

▲ 세미나 참가 활동
세미나에 참여하여 다양한 활동을 통해 교육 및 상담을 하는 것으로 서비스의 대상이 정신적인 활동이다.

- 이 범주의 서비스는 나중의 소비를 위하여 저장하거나 반복적으로 사

용될 수 있는데, 주로 교육, 상담, 방송, 광고 및 홍보 등과 같이 사람의 정신을 대상으로 서비스를 제공하는 경우에 해당한다. 이때 정신상태의 변환과정은 무형적이다.

▲ 서비스의 대상이 컨설팅 등의 정보처리가 된다.
출처 : https://jmmagazine.co.kr/news

4) 정보에 대한 처리

정보의 효과적인 수집과 처리에 많이 의존하는 일부 서비스는 회계 및 법률서비스, 컨설팅, 은행, 증권, 보험 등과 같이 무형자산을 처리하는 서비스를 제공하는 경우가 이에 해당한다. 서비스 대상의 변환과정은 보통 무형적이며 재무적인 서비스나 전문적인 서비스이다.

러브락(Lovelock, 1983)은 서비스의 범주를 서비스 대상(사람, 소유물, 정신, 정보처리)과 변환과정의 유·무형성에 따라 네 가지 유형으로 분류하였다.

〈표 1-3〉 서비스 범주와 변환과정

		서비스의 대상	
서비스 대상의 변환 과정	유형적 (Tangible)	① 사람 대상 서비스 (People processing : people's bodies)	② 소유물 처리 서비스 (Possession processing : physical possessions)
	무형적 (Intangible)	③ 정신 자극 처리 서비스 (Mental stimulus processing : people's mind)	④ 정보처리 서비스 (Information processing : Intangible assets)

출처 : Christopher H. Lovelock, 1983

그동안 서비스산업의 중요성이 점점 크게 인식되어 옴에 따라 서비스와 제품의 차이점 그리고 서비스가 유형제품과 다르게 인식되고 취급되어야 하는 특성에 대하여 많은 학자들이 연구를 거듭해 왔다. 그 결과, 제품과 확연하게 구분되는 서비스의 특징을 분류하면 무형성, 이질성, 비분리성 그리고 소멸성 등으로 요약할 수 있다.

▲ 항공운송서비스
서비스기업의 형태에 따라 다양한 서비스 특성을 보여준다. 안전성, 정시성, 국제성, 쾌적성, 변동성 등은 항공서비스의 주요 특성 중 하나이다.

또한 서비스산업의 특성에 따라 분류될 수도 있는데, 예를 들면 항공운송서비스의 경우에는 4가지 특성 외에도 안전성, 정시성, 국제성, 쾌적성, 변동성 등의 특성이 있다. 이와 같이 각 산업의 특성에 따라 다소 차이점은 있으나, 다음의 4가지 특성은 일반적으로 대부분의 서비스산업에서 나타나며, 서비스품질의 관리와도 밀접하게 관련되어 있다.

1. 무형성(intangibility)

제품은 소유를 전제로 하는 물재이지만 서비스는 경험을 일시적으로 향유하게 된다. 이렇게 서비스는 물체가 아닌 활동이므로 성과 혹은 경험으로밖에 상품을 인지할 수 없는데, 소유보다는 일시적 경험의 성격이 강해서 제품처럼 소유 대상이 아닌 것이다. 환대산업의 제품은 유형의 제품과 달리 서비스를 구입하기 전에 눈으로 보거나, 맛보거나, 느끼거나, 듣거나, 냄새를 맡거나 할 수 없다. 호스피탤리티와 관광산업 제품은 오직 경험적이고, 그래서 제품을 경험하기 전까지는 품질을 알 수가 없다. 식당의 고객은 식사를 하고 나서야 그것이 훌륭한지 알 수 있다. 마찬가지로, 휴가를 계획하는 가족은 휴가를 경험하고 나서야 그들의 휴가지나 리조트에 대한 선택이 좋았는지를 알 수 있는 것이다.

서비스에 대한 평가는 고객의 경험을 통해서만 알 수 있으므로, 서비스기업에서는 이러한 무형적 요소를 유형화하기 위해 다양한 유형적 단서를 제공하려 노력하고 있다.

▲ 호텔 객실 내 욕실 전경
무형적인 서비스를 수건이나 기타 욕실용품을 비치해서 청결함을 보여준다.

호텔에서 제공하는 물질적 단서의 예를 살펴보면 로비의 화려함과 웅장함, 직원의 용모와 유니폼, 식당의 메뉴, 화장실의 청결함, 회의실의 배치 및 집기들, 연회장의 화려한 샹들리에, 객실의 안락한 분위기, 헬스클럽의 수영장과 시설물 그리고 호텔의 홈페이지나 웹사이트 등이다. 또한 호텔 룸서비스의 유리잔에 종이를 씌워 놓은 이유는 그것이 잘 세척되어 있다는 것을 손님에게 알리려는 목적에서이다. 화장지를 접어놓는 것은 손님에게 화장실을 사용하지 않았음은 물론 욕실이 청소되어 있다는 것을 알려주는 것이다. 이와 같이 무형적인 요소를 사진 또는 유형적 단서를 통해 제공하는 서비스는 이에 대한 평가를 가능하게 하고 신뢰감을 줄 수 있다. 호스피탤리티 기업의 모든 것은 무엇인가를 소통하고 있는 것이다.

이와 같이 무형적이라는 것은 〈그림 1-1〉과 같이 가시적이지 않고 인지하기 쉽지 않다는 것을 의미하여, 이는 완전히 무형적이 아니라 상대적으로 유형적인 부분에 비해 무형적인 속성이 강하다는 것을 의미한다.

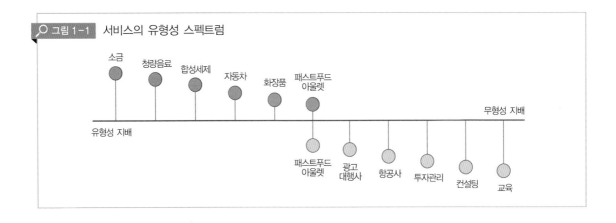

서비스의 유형성 스펙트럼

소금
청량음료
합성세제
자동차
화장품
패스트푸드
아울렛

무형성 지배

유형성 지배

패스트푸드
아울렛
광고
대행사
항공사
투자관리
컨설팅
교육

2. 소멸성(perishability)

서비스는 창조되고 수행될 때 혜택과 편익이 발생한다. 따라서 대부분의 서비스는 생산되는 동시에 소비되기 때문에 이를 저장해 두거나 재활용할 수 없이 소멸된다. 즉 서비스는 고객의 주문에 의해 생산되고, 판매시간 및 공간이 제한되며, 무형성이라는 본질적인 특성 때문에 당일에 판매되지 못한 상품은 일반 상품과 같은 재고상품으로서의 저장이 불가능하다. 이러한 소멸성의 특성을 예로 들어보면, 객실이 500개인 호텔의 객실점유율(occupancy rate)이 70%라고 할 때, 판매된 객실은 350개 객실이나 그 외 150개 객실은 판매되지 않은 객실 숫자이다. 이때 판매되지 않은 150개 객실은 당일 판매시간을 넘기면 영원히 판매되지 않고 그에 따른 수익 실현은 영원히 사라지는 것이다. 이러한 경우는 서비스를 판매하는 항공기나 레스토랑의 경우에도 마찬가지이다. 미국 LA에서 서울·인천까지 오는 비행기 좌석이 70%만 판매되었다면 나머지 30%는 판매되지 않았으므로 이는 영원히 소멸되는 것이다. 그러나 서비스업과 반대의 특성을 가진 제조업의 경우에는 100개의 연필을

▲ 비행기 좌석은 당일까지 판매되지 않으면 저장되지 않기 때문에 영원히 사라진다.
출처 : https://www.ft.com

생산하고 20개를 판매했다면 나머지 80개의 연필은 나중에 얼마든지 팔 수가 있다. 즉 보관이 가능하다는 의미이다.

따라서 서비스상품의 비저장성으로 인한 잔여분의 판매기회 상실을 최소화하는 것을 기업의 전략적인 관점으로 접근하여야 한다.

〈표 1-4〉 서비스의 본질적 특성과 시사점

특성비교		서비스의 본질적 시사점	
재화	서비스	특징	관리적 시사점
유형성	무형성	• 저장 및 진열의 불가능 • 가격설정 기준이 불명확 • 특허 등 지적재산권으로 보호받기 어려움 • 제공자와 고객 사이의 커뮤니케이션 활동의 어려움 • 서비스는 가격 책정이 어려움	• 실제화, 유형적 단서 강조 • 고객이 인지하는 효용 극대화 • 기업 이미지 관리 • 인적 접촉과 구전 커뮤니케이션 강화
비소멸성	소멸성	• 재판매나 재이용을 위한 재고저장 불가능 • 공급능력 활용이 어려움 • 소유권 이전이 어려움 • 생산과정에서 바로 소비되므로 반품되거나 재판매될 수 없음	• 수요와 공급관리 체계화 • 차별화된 부가 서비스 창출
표준화	이질성	• 서비스 제공에 대한 고객만족은 직원의 행위에 영향을 받음 • 제공자와 소비자의 상황에 따라 서비스의 일관성을 확보하기 어려움 • 품질의 표준화, 통제의 어려움 • 제공된 서비스가 계획되거나 촉진된 것과 일치하는지를 확신하기 어려움	• 표준화, 매뉴얼 통제전략 개발 • 고객맞춤형(customization) 서비스 전략 개발
생산과 소비의 분리성	생산과 소비의 비분리성	• 생산과 소비의 동시성 • 소비자가 서비스생산 및 제공시점에 참여 • 집중화된 대규모 생산이 곤란함 • 직원이 서비스성과에 영향을 미침	• 신중한 서비스직원의 선발 및 교육의 강화 • 고객관리 시스템 및 서비스 시설 강화 • 여러 지역에 서비스망 구축

출처 : 안연식, 청명, p. 14를 바탕으로 논자 재작성

3. 이질성(heterogeneity, variability)

서비스에서 이질성이란 같은 서비스라 해도 서비스를 제공하는 사람에 따라 전달되는 서비스 품질이 다르다는 것을 의미한다.

인적판매를 기반으로 하는 서비스의 특성상 동일한 서비스라 하더라도 서비스를 제공하는 구성원의 매일, 매순간의 업무 상황과 감정이 다른 만큼 서비스 품질의 일관되고 표준화된 서비스 제공이 어렵다고 할 수 있다. 왜냐하면 서비스의 품질은 특정일의 컨디션, 기분 그리고 직무상황 등에 따라 좌우될 수 있기 때문이다.

즉 서비스를 생산하고 고객에게 전달하는 과정에는 여러 가변적인 요소가 존재하기 때문에 그러한 요소들에 따라 서비스의 제공이 다를 가능성이 높으며, 또한 동일한 서비스도 고객이 어떻게 서비스를 인지하는가, 혹은 서비스에 대한 기대가 무엇인가에 따라 다르게 전달되기도 한다.

따라서 많은 서비스 기업들은 업무 지침서(manual)를 통해 일관성 있는 고객 서비스 제공을 위해 노력하고 있으며, 이질성 극복을 위해 서비스 프로세스의 표준화(process standardization) 및 관련 교육에 지속적인 노력을 기울이고 있다.

이러한 서비스의 표준화는 직원들 개개인의 특성으로 인한 오차를 줄이고 서비스의 일관성을 달성할 수 있는 효과적인 수단이 되는 것이다.

전 세계 어느 스타벅스를 가도 똑같은 맛의 커피를 맛볼 수 있는 것도 표준화 덕택이며, 5만여 가지의 표준화를 통해 '누가 만들어도 똑같은 햄버거 맛을 낼 수 있는 것도 표준화된 매뉴얼 덕택이다.

▲ 맥도날드 빅맥은 대량생산되며 맛은 거의 동일하지만 서비스는 동일하지 않다. 즉 여러 고객이 훌륭한 서비스를 받을 수 없다는 것을 의미하는 것이 아니라, 서비스 제공이 동일하게 반복될 수 없음을 의미한다.

호텔 객실 청소를 하려면 3번 이상의 노크를 통해 하우스키핑 룸 메이드의 존재를 인지시킨다거나, 전화벨은 3회 울리기 전에 받아야 하며, 레스토랑에서 식음료를 서비스한 후 3번의 고객만족 체크에 이르기까지 서비스 표준화는 서비스 프로세스 과정에 세부적으로 적용되고 있는 것이다.

4. 생산과 소비의 동시성(inseparability)

서비스는 생산 후 판매 및 소비되는 제품과 달리 제공자와 소비자가 접촉하는 과정에서 발생하기 때문에 유통과정이 없다. 즉 서비스를 생산하는 서비스 제공자와 이를 소비하는 고객이 직접 함께 참여해야 서비스가 발생하는 것으로 생산과 소비가 분리되지 않는 동시성을 지니게 된다.

예를 들면, 호텔 객실 투숙객의 경우 고객의 체크인(check in)과 동시에 객실 사용이 시작되고 숙박 후 체크아웃(check out)까지 일련의 서비스 과정(process)을 거치게 되며 이때 서비스는 고객의 참여와 함께 제공된다.

레스토랑의 경우 고객은 식당을 방문하고 주문과 동시에 주방에서 준비하게 되는데, 이때 스테이크 굽기 등 주문 메뉴에 대한 취향을 통해 생산과정에 참여하고, 제공되는 음식을 고객은 그 자리에서 소비하게 된다. 즉 제조업의 상품처럼 생산과 저장 그리고 판매가 분리되지 않는 특성을 지니고 있다.

▲ 이발 서비스의 예
고객이 이발소를 방문하면서 서비스는 시작된다. 즉 주문과 생산 그리고 소비가 동시에 이루어진다.

이러한 생산과 소비의 동시성(비분리성)은 고객이 직접 참여해야 소비가 이루어지므로 고객과 만나는 서비스 접점이 매우 중요하다. 여행사의 상담창구나 여행 가이드의 현장 안내, 비행기의 스튜어디스 그리고 호텔 프런트 등 일선 직원들의 고객응대가 조직 전체의 이미지나 기업의 브랜드 관리에 중요한 영향을 미치기 때문이다.

특히 생산하는 즉시 소비가 이루어지므로 제공되는 상품의 사전평가가 어렵고, 생산자와 소비자가 매번 다르기 때문에 제공되는 서비스품질의 균질한 관리가 쉽지 않다. 또한 생산과 소비가 이뤄지는 장소를 분리할 수 없기 때문에 방문하기 쉬운 입지와 대기시간 관리를 포함하는 고객 위주의 상품 전달 시스템 디자인이 필요하다.

5. 서비스 프로세스에의 고객 참여

서비스과정에서 고객 참여는 서비스 유형에 따라 상당히 광범위하다. 물리적 과정이나 의사소통이 필요한 경우에 고객이 서비스 생산과 제공과정에 참여하고 '공동 생산자'가 된다. 고객이 생산자원의 일부로써 서비스과정의 일부기능을 수행하는 것이다.

고객의 서비스 프로세스 참여는 패스트푸드 레스토랑에서 쉽게 볼 수 있다. 고객은 매장에 들어와 키오스크를 통해 필요한 주문과 계산을 하고, 식사를 마친 후에는 자신이 직접 치우게 된다. 고객의 입장에서는 자신이 서비스 프로세스에 참여함으로써 빠른 서비스와 저렴한 가격으로 식사할 수 있는 혜택이 주어

▲ 고객의 취향에 맞는 아이스크림 판매
　고객은 자신이 좋아하는 아이스크림을 선택하는 데 참여하고 내용을 구성한다.

지지만 서비스 제공자 입장에서도 인건비 절감 등 많은 잠재적 효익을 얻게 된다.

그 외에도 많은 전문가들이 서비스의 기본 특성에 대한 다양한 언급을 하였는데, 칼 알브레히트(Karl Albrecht)[2] 등은《서비스 아메리카》라는 저서에서 서비스의 특성을 다음과 같이 말하였다.

① 서비스는 제공하는 순간에 생산된다. 미리 만들어놓을 수도 없고 언제라도 제공할 수 있도록 저장해 둘 수도 없다.
② 서비스는 한곳에서 생산, 검사, 비축, 저장을 할 수 있는 것이 아니다. 서비스는 어디든지 고객이 있는 곳에서 경영자의 눈, 영향력 행사가 곤란한 일선 현장 담당자에 의해 제공된다.
③ 서비스는 미리 전시하거나 견본을 보여줄 수 없다. 제공자가 보여주는 여러 가지 견본은 다른 고객을 위한 것이며, 자기 자신을 위한 서비스는 아직 존재하지 않으

---

2) 독일 출신 경영 컨설턴트이자 미래학자

며 체험하기 전에는 알 수 없다.

④ 서비스를 받은 사람은 만질 수 있는 것은 아무것도 갖지 못한다. 서비스의 가치는 오로지 고객의 개인적 경험에 의존한다.(고객이 판단한다.)

⑤ 그 개인적 경험을 제3자에게 팔거나 넘겨줄 수 있는 것이 아니다.

⑥ 서비스는 만약 부적절하게 제공되더라도 취소할 수 없다. 보상이나 사과가 고객에게 할 수 있는 유일한 수단이다.

⑦ 품질보증은 서비스 제공 전에 되어 있어야지 제공 후에 보증이란 없다. 이것은 상품 생산의 경우에도 마찬가지이다.

⑧ 서비스의 제공은 사람의 상호작용에 의해 이루어진다. 고객과 서비스 제공자가 서비스 접점에서 상호작용을 함으로써 서비스가 생산된다.

⑨ 고객의 사전 기대에 의해 그 만족이 크게 좌우된다. 따라서 서비스의 품질은 아주 주관적이다.

⑩ 고객에게 서비스가 제공되는 과정에서 관계하는 사람이 많으면 고객의 만족 가능성이 낮아진다.

제3절 > 서비스경제와 서비스산업

1. 서비스경제로의 전환

산업혁명은 그동안의 노동집약적인 농업 중심 사회에서 기계공업 중심 사회로, 그리고 정보 중심의 전문적 기술로 발전하는 20세기 동안 사회가 제조업 중심에서 서비스 중심으로 진화되어 왔으며, 오늘날 4차 산업혁명의 대두는 경제에서 서비스가 차지하는 비중을 더욱 높이고 있다.

이와 같이 우리 사회는 경제 전반에서 서비스산업이 차지하는 비중과 영향력이 확대되고 있으며, 서비스 다각화를 통한 가치창출과 경쟁우위를 확보하는 수단으로서 서비스가 매우 중요해지고 있을 뿐만 아니라, 세계적인 추세와 더불어 서비스산업의 고도화 및 융합화로 서비스경제 사회 패러다임으로 빠르게 전환되고 있다.

경제의 서비스화, 또는 서비스경제화라는 용어도 과거에 비해 자주 등장하고 있는데, 이는 한 나라의 경제에서 서비스산업의 비중이 높아지는 현상을 의미한다. 서비스의 경제화라는 용어는 훅스(F. R. Fuchs)가 《서비스경제(service economy)》를 저술하면서 사용된 것으로 국가 경제 측면에서 제조업·농업·광업과 대조적인 서비스 부문에 의해 경제활동이 지배되는 경제로서 총생산이 차지하는 비중이나 고용에 기여하는 비율이 50% 이상일 때 서비스경제(Service Economy)라고 일컫는다. 미국과 유럽 등의 선진국들은 서비스 비중이 80%를 웃돌고 있으며, 전통적으로 제조산업부문이 강세를 보인 일본의 경우 2005년을 기준으로 서비스산업 비중이 GDP의 70%를 넘어섰다.

우리나라는 1974년을 기점으로 이미 서비스경제 시대에 진입하였으며, 금융, 정보, 통신, 물류, 운송, 유통 등 서비스산업 분야가 국가 산업발전에 큰 몫을 차지하고 있어 경제 시스템의 핵심이 되고 있다.

그러나 서비스산업은 전통적으로 제조 강국인 우리나라에서 근원적 부를 창출하지 못하는 사업으로 치부되어, 상대적으로 중요하게 부각되지 못하는 면이 있고, OECD 서비스산업 평균 비율이 약 71% 정도이나, 우리나라는 60%에 그치고 있으며, 고용에서 차지하는 서비스산업의 비율도 OECD보다 낮게 나타나고 있다(세계은행 2021년 통계).

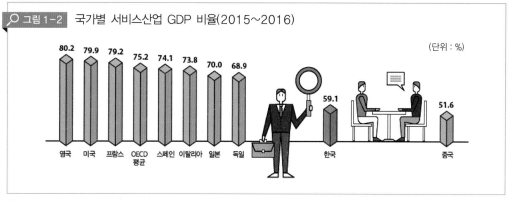

🔍 그림 1-2 국가별 서비스산업 GDP 비율(2015~2016)

(단위 : %)

80.2 영국　79.9 미국　79.2 프랑스　75.2 OECD 평균　74.1 스페인　73.8 이탈리아　70.0 일본　68.9 독일　59.1 한국　51.6 중국

출처 : World Bank, 한국은행
*부가가치기준 일본, 미국은 2015년, 나머지 국가는 2016년 기준

2. 서비스산업의 추이

〈그림 1-3〉의 산업구조의 변화 추이와 같이, 공업화 이전(A) 단계에서는 1차 산업의
비중이 매우 높아 많은 농경지를 소유하는 것이 부를 상징했다. 일반적으로 노동집약적
경공업을 중심으로 한 공업이 발달하기 시작하는데, 생산의 기계화와 상품화 비율이 낮
고, 개발도상국들이 대체로 이에 해당한다.

공업화(B) 단계는 2차 또는 3차 산업 비중이 높으며, 생산의 기계화와 상품화 비율이
높은 상태를 말한다. 노동집약적인 경공업에서 자본집약적인 중화학공업으로의 산업구
조 변화가 나타나며, 이 단계에서는 사회 기반시설의 확충과 함께 도시화가 급속히 진행
되어 도시와 농촌 간의 불균형적 분포 및 소득격차가 심화된다.

끝으로 탈공업화(C) 단계에서는 2차 산업보다 3차 또는 4차 산업의 발달이 활발하게
이루어져, 고도의 전문 서비스업이나 지식·기술 집약형 첨단산업, 정보·통신산업 등이
중심산업으로 등장하게 된다. 이 단계에서는 산업사회의 특징이 약화되고, 서비스부문에
서의 다양한 직업 및 직종의 출현과 더불어 사회가 다변화·전문화·세분화의 특징을
보이게 된다. 오늘날의 선진국들은 이러한 후기 공업화 단계에 진입한 것을 볼 수 있다.

미국이나 유럽 등 선진국의 경제구조는 서비스산업의 국가 총생산(GDP)과 고용비중

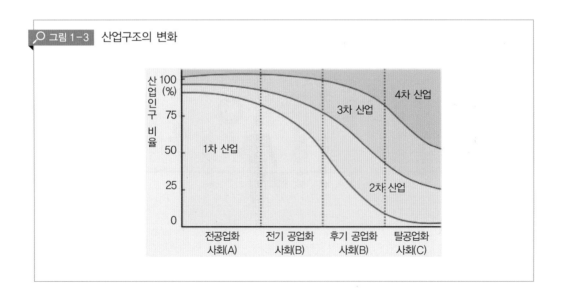

○ 그림 1-3　산업구조의 변화

도가 70% 이상을 차지하고 있고, 총생산액에서 제조업 비중이 감소하는 탈공업화가 진행되고 소프트웨어(software)나 서비스의 비중이 높은 것이 보편적이다. 그러나 우리나라는 여전히 제조업이 GDP에서 차지하는 비중이 매우 높은 수준이고 소프트웨어(software)나 서비스 부문의 글로벌 경쟁력은 취약하기 때문에, 향후 우리나라 서비스산업의 발전과 추이변화에 지속적인 노력이 필요하다.

3. 우리나라 서비스경제화의 현황

서비스산업의 중요성이 부각되면서 주요 선진국들은 서비스산업에서 새로운 성장동력을 찾고 있다. 의료, 헬스케어, 금융, 관광, 컨설팅 등을 중심으로 투자 확대 및 인력양성 등의 서비스산업 육성정책을 활발히 펼치고 있다. 반면, 우리나라는 OECD 주요국과 비교하여 서비스산업의 생산 및 교역규모, 노동생산성 등이 아직 낮은 수준에 머물고 있다. 우리나라의 서비스산업 취업자는 전체 취업자의 약 70%를 차지하고 있지만, 도소매, 음식 및 숙박업에 고용이 편중되어 있고 고부가가치 지식기반 서비스산업의 고용 비중은 OECD 주요국 중 하위권을 기록하고 있다.

또한 대부분의 선진국에서는 서비스산업이 부가가치의 70~80%를 차지하고 있으며, 고용의 80% 내외를 차지하고 있어, 서비스산업의 비중이 점진적으로 증가하고 있다. 반면에, 국내 서비스산업은 부가가치가 50% 후반~60%

▲ 서비스산업의 미래
현대의 서비스경제에서 온디맨드(on demand) 경제가 중요한 이슈로 떠오른다. 온디맨드 경제는 플랫폼과 기술력을 가진 회사가 수요자의 요구에 즉각 대응하여 제품 및 서비스를 제공하는 것을 말한다.

초반에 머물러 있고, 선진국 서비스산업에 비해, 그 비중이 적은 편이나, 국내 경제도 선진국의 경제 서비스화 현상을 따라간다고 볼 때, 서비스산업의 중요성은 더욱 증가할 전망이다.

1) 생산 및 고용의 서비스경제화

서비스산업은 전통적으로 농업, 광업, 제조업에 포함되지 않는 다양한 경제활동들을 총칭하는데, 최근에는 과학기술의 발달, 특히 IT기술의 발달로 생산과 소비의 시점 분리 등에 있어 서비스산업과 여타 산업들 간의 차이가 줄어들고 있는 실정이다.

특히, 고용 측면에서는 서비스산업의 중요성이 제조업에 비해 더욱 크고, 서비스산업이 최근 신규 창출 일자리의 대부분을 차지하고 있는 상황에서 서비스산업의 중요성은 향후 더욱 증가할 것으로 전망된다.

우리나라 서비스산업은 경쟁력 차원에서 제조업에 비해 취약한 상황이다. 그동안 제조업 중심의 투자와 자원 배분이 이루어져 서비스산업은 상대적으로 소외되어 왔다.

그로 인해 제조업의 노동생산성은 국제적인 경쟁력을 가지고 있으나, 서비스산업의 노동생산성은 낮은 수준에 머물고 있으며, 〈그림 1-4〉의 전체 GDP 대비 비중(부가가치 기준)은 2016년 기준 59.1%로 OECD 평균(75.2%)에 비해 낮은 수준이므로 경쟁력을 갖추고 선진화되기에는 아직 극복해야 할 과제가 있다.

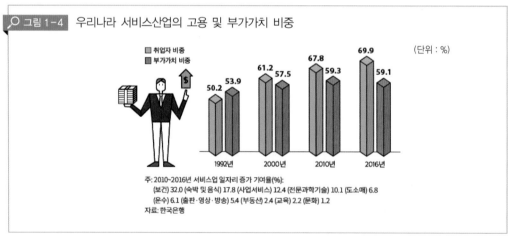

🔍 그림 1-4 우리나라 서비스산업의 고용 및 부가가치 비중

출처 : 韓 서비스산업의 GDP 비중 OECD 평균에 못 미쳐, KDI 경제정보센터, 2019.01

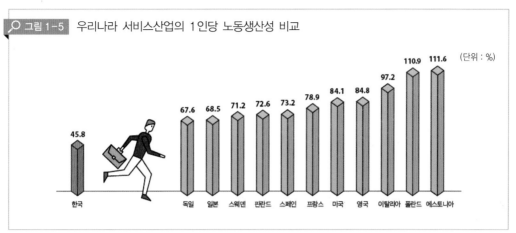

주 : 2016년 기준, 제조업=100을 기준으로 서비스업의 생산성을 비중으로 나타냄
출처 : 韓 서비스산업의 GDP비중 OECD 평균에 못 미쳐, KDI 경제정보센터, 2019.01

한편, 우리나라 서비스산업의 종사자 수(2017년 기준)는 1,569만 9,000명으로 제조업 종사자(404만 5,000명)의 3.8배 이상이다. 전체 산업에서 서비스산업의 고용(취업자 수) 비중은 70.3%로 가장 큰 비중을 차지하고 있다. 서비스산업은 절대 고용규모뿐만 아니라 연평균(2005~2017) 증가율(2.0%)에서도 제조업(0.8%)보다 훨씬 높은 수준을 나타내고 있다.(서비스경제화와 지역 서비스산업 발전전략, 2019, 산업경제, 5월, 산업 포커스)

그러나 우리나라 서비스산업의 1인당 생산성은 〈그림 1-5〉와 같이, OECD 회원국 중 가장 낮게 나타났다. 우리나라 서비스업의 1인당 생산성은 제조업의 40% 수준에 그쳐 서비스업과 제조업 간 노동생산성 격차가 큰 것으로 나타났으며, 이 수치는 OECD 회원국(26국) 중 최하위로, 미국의 절반, 일본의 70% 수준에 불과하다.

Key words

- 서비스 : 서비스는 행위(deeds), 과정(process) 그리고 그 결과인 성과(performance)로서 물적인 제품이나 구조물이 아니며, 무형적인 형태의 부가가치를 제공하는 모든 경제적인 활동을 포함한다.

- 재화 : 매일 인간의 생활에 필요한 것 중 쌀, 옷, 책처럼 만질 수 있는 것을 재화라고 한다. 사람이 바라는 바를 충족시켜 주는 모든 물건. 이것을 획득하는 데 대가가 필요한 것을 경제재라고 하며, 필요하지 않은 것을 자유재라고 한다. 일반적으로 무형적 성격을 가지는 서비스재와 반대개념의 특성을 가진다.

- 서비스업 : 서비스업이란 경제주체의 경제활동에 의하여 타 경제주체나 경제객체의 상태를 변화시키는 무형의 경제재에 대한 생산활동을 하는 산업을 통칭한다. 경제학에서는 경제활동에 있어서 사고팔 수 있는 대상이 되는 것을 재화와 용역(서비스)으로 분류하여, 물건을 만들어내는 산업은 제조업, 용역을 만들어내는 산업은 서비스업이라고 한다. 따라서 서비스업은 경제활동별로 구분된 GDP 중 농림어업, 제조업 등을 제외한 대부분의 산업을 의미한다.

- 경제의 서비스화 : 일상적인 경제활동 속에서 서비스가 차지하는 비중이 점차 증가하는 것을 '경제의 서비스화'라고 한다. 경제의 서비스화란 경제성장으로 소득이 증가하면서 서비스에 대한 수요가 늘고 이에 따라 생산과 고용 등 경제의 중심이 재화를 생산하는 제조업에서 서비스업으로 이동하는 것을 뜻한다.

- 노동집약적 산업 : 주로 노동력에 의존하여 상품을 생산하는 산업. 이 산업은 자본집약적 산업에 비해 장비의 화폐적 크기가 작고 기술·생산력 수준이 낮으며, 상대적으로 많은 노동력을 사용한다. 따라서 자본집약적 산업과는 달리 낮은 기술수준과 적은 자본으로도 풍부한 노동력만 있으면 쉽게 시작할 수 있는 산업이다.

- 자본집약적 산업 : 경제 생산에서 자본결합의 비중이 높은 산업, 즉 노동력 또는 생산량에 비해서 자본의 투입비율이 상대적으로 높은 기술이 생산요소로 채용되는 산업을 말한다.

1. 서비스의 정의를 다양한 관점에서 해석해 보세요.

2. 서비스와 재화를 비교하고 각각의 특성을 논의해 보시오.

3. 서비스의 범주에서 사람을 대상으로 하는 서비스의 예를 들고 논의해 보시오.

4. 서비스의 특성 중 무형의 서비스를 설명하고 이의 유형적 단서를 설명하시오.

5. 우리나라의 서비스경제에 대하여 논의해 보시오.

INTERNET 활용하기

- http://blog.naver.com/cerou14/130022226005 / 산업구조의 변화
- http://www.sukbakmagazine.com 숙박매거진
- http://www.busan.com/view/busan/view.php?code=20050903000053 경제의 서비스화
- https://ks-sqi.ksa.or.kr/ks-sqi/3355/subview.do 한국서비스품질지수
- https://eiec.kdi.re.kr/material/clickView.do?click_yymm=201512&cidx=2115 KDI 경제정보센터

CHAPTER 02 고객만족 서비스

제1절 고객만족 서비스와 경제적 효과
제2절 고객경험관리와 측정

이 장을 학습한 후, 다음 내용들을 이해할 수 있어야 한다.

1. 고객의 정의를 설명할 수 있다.
2. 고객을 분류하고 설명할 수 있다.
3. 고객만족 서비스를 설명할 수 있다.
4. 고객만족에 따른 경제적 효과를 설명할 수 있다.
5. 고품질 서비스의 조건과 유형을 설명할 수 있다.
6. 고객경험관리가 왜 중요한가를 설명할 수 있다.

CHAPTER

(02) 고객만족 서비스

개요

호스피탤리티 기업의 가장 큰 관심과 목적은 고객만족에 있다. 따라서 어떻게 하면 고객을 창조할 것인가? 그리고 고객을 만족시킬 것인가?에 초점이 맞추어져 있다.

즉 고객만족은 기업이 생존하기 위한 필수조건이며 지향점이다. 고객만족이란 고객에게 최대의 만족을 주는 것에서 기업의 존재 의의를 찾고 이를 통해 고객들이 계속해서 기업의 제품이나 서비스를 이용하여 이윤을 증대시키는 기본 필수조건이 된다.

고객은 조직이 제공하는 상품의 가치를 인정하고 반복적인 구매를 통해서 조직과 깊은 관계를 맺는 사람들이다. 조직은 이러한 고객에게 봉사한다는 사명을 가지고 자신의 장점과 강점을 통해 고객의 욕구를 충족시킬 수 있어야 한다.

기업이 고객과 맺는 출발점은 고객을 진정으로 이해하는 일이다. 기업은 고객이 누구인가를 이해하기 위해 항상 관심을 갖고, 노력하고, 경영자를 포함한 모든 구성원이 고객을 제대로 파악하고 고객의 요구를 실현하기 위해 노력해야 한다.

서비스에 내재된 편익을 통해 고객의 기대를 충족시키는 모든 요소들은 다양하다. 서비스의 품질뿐만 아니라 서비스에 대한 고객의 주관적 선호도, 브랜드에 대한 충성도나 서비스를 구매하고 사용하는 환경 등이 모두 포함된다.

본 장에서는 고객의 정의와 고객만족 서비스 그리고 고객가치의 의미와 중요성을 이해하는 것을 목적으로 한다.

제1절 > 고객만족 서비스와 경제적 효과

1. 고객의 정의

고객은 경제에서 창출된 재화와 용역을 구매하는 개인이나 가구를 일컫는다. 즉 기업을 포함한 경제조직들은 상품을 생산하고 고객은 조직이 제공하는 상품에 대한 가치를 인식함으로써 제품과 서비스를 반복적으로 구매하는 사람이다.

고객에 대해서는 다양한 표현이 있다. 손님, 소비자, 내부고객, 외부고객, 클라이언트 등 표현이 무엇이든지 고객의 본질은 기업의 존립근거이며 고객을 만들지 못한 기업은 생존하거나 지속할 수 없다.

고객(顧客)의 사전적 의미로는 한자인 '돌아볼 고(顧)'와 '손님 객(客)'을 사용하여 "영업하는 곳에서 물건을 사거나 서비스를 받기 위해 찾아오는 '상품의 구매자'를 높여 일컫는 말, 즉 상객"으로 표현하고 있다. 영어에서 고객은 "경제에서 창출된 재화와 용역을 구매하는 개인이나 법인, 기관 등의 고객(custormer)"과 "초대받은 사람 혹은 환대받은 사람으로 주로 호텔 등을 자주 사용하는 손님(guest)"으로 표현하고 있다.

한편 기업의 고객은 상품을 소비하는 경제주체로서 고객을 포함하는 개인적 차원의 소비자(consumer)와 기업, 단체, 정부 등이 최종 소비가 아닌 제품이나 서비스를 생산하는 과정에 투입하기 위해 상품을 구매하는 구매자(buyer)와 구별하여 개념을 파악할 필요가 있다.

고객의 다양한 분류를 Webster's 사전의 어의를 통해 살펴보면 다음과 같다.

첫째, Guest{(a person who pays for the services of an establishment(such as a hotel or restaurant)}이다. Guest는 Host(주인)의 반대말로 초대받은 손님, 환대받을 귀빈이다. 마케팅 측면에서 Guest의 의미는 고급 서비스를 제공하는 환대산업에서 고객을 지칭하며 호텔이나 고급 레스토랑에서 주로 사용한다.

둘째, Customer(a person who buys from or uses the services of a company especially regularly)이다. Customer는 "습관, 관습, 관행"을 뜻하며 습관적으로 행하는 특히 어떤

대상이나 물건을 습관적으로 이용하는 것을 의미한다. Customer에는 기업이 단순히 구매자를 끌어들이기보다는 고객을 찾아내고 만들어 나가는 것이 더 중요하다는 의미가 내포되어 있다. 즉, 고객은 습관적으로 물건을 구매하는 단골손님이라는 의미가 강한 표현이다. 일정기간 반복구매로 이루어진 단골손님이 Customer이고, 가끔식 방문하여 이용하는 손님은 고객이 아니라 구매자에 불과하다. 이 말의 어원에서 보듯이 진정한 의미의 고객은 오랜 시간에 걸쳐 만들어지는 것이다.

셋째, Consumer(a person who buys and uses up goods)이다. Consumer는 Producer(생산자)의 반대로 최종 소비자를 포함하는 포괄적인 의미로서, 모든 상품이나 서비스를 이용하는 사람을 지칭한다.

넷째, Buyer(someone whose job is to choose and buy the goods that a store will sell)이다. Seller(판매자)에 반대되는 말로 상품 구매자를 뜻하며 주로 상업거래나 회사에서 많이 쓰는 용어이다.

기업은 고객을 통해 존재하기 때문에 우리가 고객에게 서비스를 제공하는 것이 고객에게 호의를 베푸는 것이 아니라, 고객이 우리에게 서비스를 제공할 수 있는 기회를 줌으로써 우리는 고객에게 의존하고 있는 것이다.

따라서 고객의 입장에서뿐만 아니라 서비스를 제공하는 기업의 입장에서 고객 만족은 매우 중요한 일이라고 할 수 있다.

▲ Nordstrom에 대해 가장 널리 알려진 사실 중 하나는 직원이 회사에 처음 입사했을 때, 직원에게 제공되는 직원 핸드북의 효과이다.
"Nordstrom에 오신 것을 환영합니다.
우리 회사와 함께하게 되어 기쁩니다. 우리의 첫 번째 목표는 뛰어난 고객 서비스를 제공하는 것입니다. 귀하의 개인적 목표와 직업적 목표를 모두 높게 설정하십시오. 우리는 귀하의 목표 달성 능력에 대해 높은 확신을 가지고 있습니다."
Nordstrom 백화점의 목표는 고객만족서비스이다.
출처 : https://www.shopify.com

2. 고객의 분류

조직의 성립 근거이자 조직활동의 목적이 바로 고객이다. 조직은 고객을 만족시키기 위해 존재한다. 또한 고객이란 구체적인 욕구를 가진 살아 있는 실체로서 특정조직에게는 다양한 고객이 있으며, 고객은 고정되어 있지 않고 늘 변한다는 것을 알 수 있다. 또한 중요한 한 가지 사실이 있다. 고객은 주어지는 존재가 아니라 기업 스스로가 고객을 선택한다는 점이다. 즉, 고객은 기업이 특별한 관계를 맺으려는 대상이기 때문이다.

오늘날 고객은 단순한 판매의 대상이 아니라 상품을 반복적으로 구매하는 소비자, 그리고 기업과 직간접으로 거래관계를 맺고 있는 이해관계자그룹을 모두 의미한다.

고객은 상황 및 관계 정도에 따라 다양하게 분류되며 이에 따른 고객의 의미를 살펴보면 다음과 같다.

첫째, 소비자로서의 고객이다.

고객은 상품(제품과 서비스를 포함)을 반복적으로 구매하는 사람이다. 기업을 포함한 경제조직들은 상품을 생산하고 고객은 상품을 구입한다. 고객은 조직이 제공하는 상품

▲ 고객은 소비자이고, 지지자이며 기업과 특별한 관계를 맺는 사람이다.

에 대한 가치를 인식함으로써 상품을 구매하는 사람이기 때문에, 고객은 조직을 존립케하고 지속가능하게 하는 가장 중요한 존재이다.

둘째, 기업과 특별한 관계를 맺는 사람이다.

기업은 고객의 필요(수요)를 찾아내는 것을 사업의 출발점이자 궁극적 목적으로 삼는다. 이것이 조직의 사명이다. 조직의 사명은 최종적으로 고객의 필요를 충족시키는 것으로 달성되며, 고객은 조직의 존재 근거이자 사명 달성을 위해 만족시켜야 하는 특별한 사람이다.

이 정의에 따르면 고객은 모든 조직의 존재 근거로서 조직이 제공하는 상품의 가치를 인정하고, 원하며, 그것이 그들에게 중요하다고 느끼는 사람이다. 그리고 조직과 지속적으로 특별한 관계를 맺는 사람이다.

셋째, 지지자 또는 파트너로서 기업활동에 참여하고 가치를 공유하는 사람이다.

최근의 변화는 또 다른 고객의 모습을 드러내주고 있다. 즉 고객은 상품을 구매하는

행위를 넘어, 상품에 대한 평가, 판단, 요구를 하는 존재로 바뀌고 있으며, 기존 소비자와 달리 생산활동 일부에 직접 참여함으로써 인터넷의 여러 사이트에서 자신이 새로 구매한 물건(특히 전자제품)의 장단점, 구매가격 등을 다른 사람들과 비교, 비판함으로써 제품개발과 유통과정에 직간접적으로 참여하기도 한다. 이제 고객은 구매행위를 넘어서 조직과 적극적인 관계를 맺는 존재가 되었다. 즉 지지자나 파트너와 유사하다.

▷ **지지자** : 고객은 조직을 좋아하고 아끼고 친구로 생각한다.
▷ **파트너** : 고객은 상품에 대해 요구사항을 제시하고 조직이 이를 구현하기를 원한다. 또한 조직은 고객의 적극적인 참여와 더불어 지속적인 파트너십을 기대한다.

넷째, 넓은 의미에서 서비스 현장의 고객은 서비스 상품의 생산–유통채널–최종소비자에게 이르는 단계별로 내부고객, 중간고객 및 외부고객 등이 포함된다. 이러한 고객을 가치의 시점에서 분류하면 조직에서 생산된 최종가치를 이용하는 최종고객(가치구매고객)과 가치를 전달하고 조직활동을 돕는 중간고객(가치전달고객), 가치를 생산하는 내부고객(가치생산고객)이 있다.

▷ **내부고객(Internal customer)** : 내부고객은 조직과 직접적인 관련을 맺고 있는 사람으로서, 주주, 직원, 이해관계자를 말한다. 광의적으로는 채권자, 투자자, 감독조직을 포함한다. 내부고객이라는 용어는 외부고객을 제대로 만족시키기 위해서는 내부고객을 먼저 만족시켜야 한다는 주장이 널리 받아들여지면서 확산되었다. 즉, 만족한 직원이 고객을 만족시킨다는 의미이며 이들 내부고객을 가치생산고객이라 부른다. 동료나 상사, 협력부서 등의 내부구성원인 내부고객은 서비스의 생산·판매과정에서 공동으로 서비스 가치

▲ 조직 내의 모든 직원이 서로의 고객이다.
고객의 취향과 기대치가 크게 변화함에 따라 모든 호텔(소규모에서 대형까지)은 최적의 고객 경험을 제공하기 위해 모든 직원들이 새로운 기술을 적극적으로 모색하고 개발해야 한다.

를 생산하기 때문에 역할담당자 상호 간에 고객관계가 형성된다.

호텔의 구매부에서 조리부 또는 식음료부의 구매주문을 받아 이를 처리하고 입고된 식재료나 주류 등을 주방이나 레스토랑에 출고하게 되는데, 이때 구매부가 제공하는 식재료와 주류는 최종소비자인 호텔을 이용하는 고객이 최종소비자가 아니라, 고객을 위해 영업을 준비하는 식음료부와 조리부서인 것이다. 이처럼 기업에서는 부서 간, 직원 간 또는 공정과 공정 간에 서로 고객이 될 수 있으며, 자신의 다음 공정에 있는 사람이 고객이다.

▷ **중간고객(Intermittent customer)** : 기업에서 생산된 서비스나 가치를 최종소비자에게 연결하는 매개 역할을 한다. 이 과정에서 중간고객은 서비스를 생산하는 기업보다 최종고객과 직접적인 접점을 가진다. 예를 들면 서비스기업과 최종고객 간의 중간적 역할을 하는 여행사나 전문유통시스템인 OTA(Online Travel Agency) 등의 예약대행 유통채널은 기업을 대신하여 최종소비자에게 상품을 전달하기 때문에 가치전달자 또는 가치전달고객이라고 한다. 따라서 서비스 상품의 생산-유통채널-최종소비자의 과정을 거치는 서비스의 프로세스 관점에서 볼 때, 최종고객을 만족시키기 위해서는 중간고객의 관리와 만족이 우선시되어야 한다.

▲ 대표적인 온라인여행사
온라인여행사(OTA)는 여행자를 위한 온라인 플랫폼에서 숙박, 여행, 교통 및 여행을 주선하고 판매한다. OTA는 다른 회사를 대신하여 서비스를 판매하는 예약대행 유통채널이다.

▷ **외부고객(External customer)** : 나의 서비스나 행동, 생산물을 사용하는 조직 외부의 사람을 말하며 기업이 생산한 서비스를 특정한 대가를 지불하고 사용하는 사람으로 궁극적으로 서비스가치를 구매하고 경험하는 최종소비자이다.
외부고객, 즉 최종고객은 현재 기업의 서비스를 이용하는 고객뿐만 아니라 향후 기업의 서비스를 이용하고자 하는 고객까지를 포함한다.

3. 고객만족과 경제적 효과

1) 고객만족의 의미

고객만족(CS : Customer Satisfaction)이란 일반적으로 고객니즈에 대응하는 일련의 기업활동에 대한 결과로서 상품 및 서비스의 재구매가 이루어지고 또한 고객의 신뢰가 연속되는 상태를 말한다. 즉 고객이 제품이나 서비스 그리고 기업의 마케팅 활동을 포함하는 구매 전의 기대(Expectation)와 구매 후의 서비스 성과(Performance)에 대해 느끼는 포괄적인 감정이다.

고객은 제공될 서비스에 대한 사전 기대 품질을 정해놓고 서비스 수행 후의 기대와 결과를 비교하여 기대보다 높은 수준의 서비스를 제공받으면 만족하고 기대에 못 미치는 낮은 수준의 서비스에는 불만족하게 된다.

이러한 기대수준은 상대적이며 주관성이 강하다. 즉, 고객 개개인의 경험에 의해 고객의 기대는 형성되며 성별, 연령, 직업, 라이프스타일(Lifestyle), 문화, 지역성에 따라 기대의 수준은 다양하게 나타난다.

즉 서비스업체의 최신시설이나 메뉴의 다양성 그리고 인적서비스의 양과 질이 많거나 높다고 고객만족이 높아지는 것은 아니다. 서비스의 이용 목적과 종류에 따라 고객의 기대수준은 천차만별이며 그 평가도 상대적이다.

예를 들면 패스트푸드 식당에서는 음식이 신속히 제공되기를 기대할 것이고 인적서비스의 양과 질에는 그다지 큰 기대를 하지 않을 것이지만, 고급 호텔 레스토랑에서는 인적서비스의 양과 질, 우아한 분위기 그리고 음식의 품질이 훌륭할 것이라는 높은 기대감이 형성되는 것이다.

〈표 2-1〉은 상품 또는 서비스를 구매하여 사용해 본 후, 구매 전에 형성된 기대 대비

〈표 2-1〉 고객만족을 위한 가치 비교

만족도	가치 조건
고객 불만족	기대가치 > 사용가치
고객만족	기대가치 = 사용가치
고객감동	기대가치 < 사용가치

실제 성과에 대해 어느 정도 만족하는지를 평가한 비교 결과로서, 이러한 결과 인식은 제품이나 서비스의 재구매나 재방문에 직접적인 영향을 미치게 된다.

2) 고객만족 서비스

▲ Marriott International 85th anniversary 포스터
항상 고객을 최우선으로 한다는 마음을 볼 수 있다.

현대 사회에서 기업이 존립할 수 있는 근거는 바로 고객으로부터 나오기 때문에 기업들은 고객 만족을 위해 최선의 노력을 기울여야 한다. 즉 고객은 일정 기대치를 가지고 제품이나 서비스를 이용하게 되며, 이때 기업은 고객이 가진 기대치 이상으로 고객 만족을 충족시키고 감동을 줌으로써 고객이 이용한 제품이나 서비스를 다시 찾도록 하는 것은 기업의 당연한 역할이고 숙제이다.

그동안 제공된 제품이나 서비스에 대한 만족이 기업의 이익을 창출하는 가장 중요한 수단으로 평가함으로써 기업은 경영활동의 초점을 고객만족에 맞추고 있다.

성공한 서비스란 고객만족의 극대화를 통하여 고정 고객을 확보하고 그들의 구전에 의해 새로운 고객이 창출됨으로써 매출 증가의 원동력으로 작용하는 것이다.

즉 시장점유율 증대나 원가절감 등의 단기적 관점이 아닌, 장기적으로 고객을 만족시킴으로써 수익을 극대화하는 구조를 구축하는 데 목적을 두고 있다.

이와 같이 고객만족 서비스란 고객의 요구(Needs), 욕구(Wants), 기대(Expectation)에 부합되는 서비스를 제공하여 고객이 서비스를 재구매토록 유도하고 새로운 고객창출을 이끌어내는 것이다. 따라서 서비스기업은 서비스에 대한 고객의 요구, 욕구, 기대가 무엇인지 그 의견을 수렴하고 서비스 실행에 응용할 수 있도록 만전을 기하여 고객충성도(Customer loyalty)가 계속 유지되도록 해야 한다.

3) 고객만족 경영과 경제적 효과

(1) 고객만족 경영

고객만족 경영은 고객만족을 궁극의 기업목표로 추구하는 경영이념이다. "고객 없는 사업은 없다"라는 피터 드러커의 말에서도 알 수 있듯이 비즈니스의 핵심은 고객이다.

따라서 고객만족 경영이란 고객을 최우선으로 생각하고, 제품 및 서비스를 고객에게 판매하는 것이 아니라 고객에게 만족을 판매한다는 사고를 말

▲ 터키 이스탄불의 Four Seasons Sultanahmet Hotel 직원이 호텔 숙박기간 동안 COVID-19에 걸릴 위험을 없애기 위해 객실을 소독하고 있다.
출처 : https://www.businessinsider.com

하며, 고정고객을 확보하여 지속적으로 제품과 서비스를 구입하도록 하는 것이 그 목적이다.

즉 경영의 전 과정에서 고객만족을 실현하고 고객만족 극대화를 최우선 목표로 하여 모든 활동을 전개하는 경영방식으로, 서비스에 만족한 고객은 미래에 충성고객으로 반복적인 구매를 하는 동시에 다른 사람에게 긍정적인 경험을 전달한다. 반면, 불만족한 고객은 더 이상의 구매를 중지하고 입소문을 통해 부정적인 기업 이미지를 형성한다. 고객만족은 서비스기업이나 서비스 상품에 대한 고객의 충성도, 시장점유율, 신규고객 획득 그리고 수익성을 향상시켜 기업의 성과를 높이는 전략적 수단이라는 점을 인지하고, 현재의 만족도지수 자체를 높이기 위한 노력과 틀에 박힌 기존 서비스를 개선시키기 위해 장기적인 관점으로 접근해야 한다.

따라서 고객만족을 최우선의 경영목표로 삼고, 제품/서비스 개발부터 마케팅, 사후관리(A/S)까지 전반적인 경영활동으로 제품이나 서비스를 구매한 고객의 만족도를 높여주어 재구매 또는 추가구매, 반복구매를 유도하는 전략적 경영방식이다.

(2) 고객만족 경영의 경제적 효과

▲ 신규고객의 유치는 기존고객의 유지보다 6~7배의 비용을 더 지출해야 한다. 장기적인 관점에서 단골고객 확보는 기업의 수익성에 절대적 영향을 미치게 된다.
출처 : https://www.mcdonalds.co.kr

고객만족 경영은 다양한 경제적인 측면에 긍정적인 효과를 제시하고 있는데, 주요 효과를 살펴보면 다음과 같다.

① 반복구매를 통한 수익성 향상

고객만족 경영은 충성고객을 창출하고 이들의 반복구매를 통해 기업의 매출이 향상된다. 즉 충성도가 높은 고객은 오래 유지할수록 고객 단위당 수익률이 증가한다. 특히 성숙시장에서는 신규고객 확보보다는 상표 애호도를 가진 기존고객의 재구매, 반복구매가 이루어질 때 이익 극대화가 가능하다.

② 충성고객을 통한 광고효과

일반적으로 서비스에 만족하는 고객은 보다 높은 구매성향을 지닌다. 즉 만족한 고객은 반복구매를 하며 다른 사람에게 서비스에 대해 좋게 평가할 뿐만 아니라 그 회사의 다른 서비스에 대해서도 호의적인 반응을 보이기 때문에 만족한 고객은 단순한 매체광고보다 훨씬 더 효과적인 광고수단이 될 수 있다.

▲ 고객만족은 반복적인 구매행동과 수익에 잠재적인 영향을 미치기 때문에 모든 비즈니스의 궁극적인 목표이다. 고객은 좋은 경험보다 나쁜 경험을 공유할 가능성이 두 배 더 높으며, 한 고객의 서비스 실패 경험을 회복하기 위해서는 12배 이상의 노력이 필요하다.

③ 서비스 비용의 절감

소비자를 잘 알게 되면 기존 고객에 대한 서비스 비용을 낮출 수 있다. 즉 기존 고객이 재구매, 반복구매를 하게 되면, 판매, 광고비를 절감할 수 있고 그 여력을 고객의 만족 향상을 위해 몰입할 수 있다. 또한 고객의 욕구와 기대치를 예측하여 불필요한 지출을 감소시킴으로써 비용절감 효과가 있으며, 만족한 고객은 기업의 상품에 대한 가격탄력성[3]이 그렇지 않은 고객보다 오히려 둔감해지기 때문에 상품판매가 용이하다.

기업으로서는 만족한 고객의 니즈와 구매패턴을 더 잘 알기 때문에 회사 내의 서비스 자원을 더 효율적으로 활용하여 서비스 비용을 절감할 수 있다.

④ 브랜드 로열티(brand royalty) 상승

브랜드 로열티는 특정 브랜드에 대한 소비자의 선호도 및 지지도를 뜻한다. 제품을 구매할 때 특정한 브랜드를 고정적으로 선호하여 동일한 브랜드를 반복적으로 구매하는 정도를 나타내는 것으로, 브랜드 자산의 핵심적인 구성요소이다.

기업의 입장에서 볼 때 상표 충성도를 강화하기 위해서는 소비자가 과거의 행동에 근거하여 단순히 구매를 반복하는 행동적 측면뿐 아니라, 심리적 측면에서 브랜드 이미지, 친근감, 신뢰감, 사용경험 등을 바탕으로 한 재구매의 유도가 중요하다.

▲ 신라호텔의 야간 결혼식 전경
브랜드 로열티는 브랜드를 고정적으로 선호하여 동일한 브랜드를 반복적으로 구매하는 것으로 고객생애가치 측면에서 매우 중요하다.

---

3) 상품에 대한 수요량은 그 상품의 가격이 상승하면 감소하고, 하락하면 증가한다.

▲ 기존고객은 브랜드에 훨씬 더 충성스럽고 처음 매장을 방문하거나 프로그램에 참여하는 신규고객보다 더 많은 계약을 할 수 있다. 신규고객에게 판매할 가능성은 5~20% 정도이나 단골고객에게 판매할 가능성은 60~70%이다.
출처 : https://divescover.com

⑤ 프리미엄 가격의 형성

서비스에 만족한 고객은 지불하는 상품가격에 상대적으로 덜 민감하다. 구매 의사결정 과정에서 고객은 서비스가치를 높게 지각하기 때문에 프리미엄을 추가한 가격을 종종 지불한다.

실증연구들에 의하면, 우수한 서비스를 제공하는 기업은 시장 점유율의 상승폭이 상대적으로 크고 이로 인해 보다 많은 수익을 올릴 수 있으며, 추가적인 프리미엄 가격으로 동일한 상품을 판매할 수 있고 마케팅 비용도 절감할 수 있다.

⑥ 잠재고객의 창출

과거 '이윤의 극대화'에서 '고객만족의 극대화'로 바뀌는 고객만족 경영이 기본적인 기업활동의 목표로 자리 잡은 지 오래다. 왜 고객만족 경영을 하자는 것인가? 이유는 바로 만족한 고객만이 수익과 매출액 증가를 보장하기 때문이다.

서비스에 만족한 고객은 재구매하여 매출액을 늘려주고 주변의 잠재고객에게 긍정적인 입소문을 해주어 고객 증가를 도와준다. 구전의 효과는 자발적이고 간접적이며, 서비스 상품의 가치를 입증하는 효과가 있다.

결국 한 기업의 관점에서 고객만족 경영은 그 기업의 좋은 이미지와 시장 확대를 위해 매우 중요하다. '최대의 광고는 만족한 고객이다'

4. 고품질 서비스의 조건과 유형

1) 고품질 서비스

고품질 서비스란 내부고객과 외부고객의 필요와 요구 및 기대감을 서비스의 절차적인 요소와 인간적인 감성요소를 동원하여 일관되게 만족시키는 능력을 의미하는 것으로 고품질 서비스의 중요한 세 가지 요소는 다음과 같다.

• **일관된 서비스** : 어느 누구도 전 시간대에 걸쳐서 100%의 고품질 서비스를 제공하는 사람은 없다. 그러나 고객에 대한 고품질 서비스의 핵심은 성공적인 서비스 순간을 증가시키고, 실패하는 서비스의 양을 줄이는 것이 중요하다. 즉 고객에게 원하는 서비스를 제공하면서 서비스의 실패를 최소한으로 줄이고, 고객에게 약속된 시간 내에 빠른 서비스를 제공하는 것이다. 이것을 일관된 서비스라고 한다.

▲ 일관되고 예측 가능한 경험은 고객 신뢰를 만든다. 고객충성도 창출의 80%는 고객과의 약속을 지키는 것이다. 즉, 24시간 이내에 배송하겠다고 하면 그렇게 해야 하고, 한 시간 안에 누군가에게 다시 전화하겠다고 했으면 늦지 말고 해야 한다. 좋은 고객서비스를 약속했으면 더 잘 실행해야 한다. 고객의 기대에 부응하는 것이 신뢰를 얻는 것이다. 출처 : https://servicegeeni.com

• **고객의 기대에 기반을 둔 서비스** : 내부고객과 외부고객 모두를 포함하는 고객의 기대에 초점을 맞춘 서비스여야 한다. 고품질 서비스는 고객의 관점에서 표현하고 이해해야 하는데, 이것은 결코 쉬운 일이 아니다. 고객의 요구와 필요를 정확히 이해하고, 이들의 필요와 요구에 적극적으로 대응하는 것을 고객의 기대에 기반을 둔 서비스라고 한다.

• **서비스의 절차적 요소와 인간적 요소** : 서비스의 절차적 측면은 물건이나 서비스를 제공하는 데 사용되는 체계와 과정으로 구성되며, 이는 기계적 속성을 가지고 있다. 즉 서비스 수행과정에서의 서비스 절차를 말한다. 그리고 서비스의 인간적 측면은

서비스가 이루어지는 동안 서비스 제공자의 자세, 행동 그리고 말하는 기술과 같은 방법을 포함한다. 고객 서비스가 고품질이라는 평가를 받으려면 고객의 기대에 대하여 절차적 차원과 인간적 차원을 동시에 만족시켜야 한다.

2) 고객 서비스의 유형

- **찬바람형(freezer형) 서비스** : 서비스 수행과정에서 서비스의 절차가 서툴고 인간적으로도 차가운 형태의 서비스를 말한다. 〈그림 2-1〉에 나타난 바와 같이 서비스 영역이 작아서 개선의 여지가 많이 남아 있는 것으로, 이 경우에는 서비스 제공자가 부적절한 절차로 서비스를 하며, 인간적인 측면도 부족하게 된다. 찬바람형 서비스는 타이밍(적시성)과 조직의 기대를 맞추지 못하므로 고객들은 큰 불편과 허탈감을 경험하게 된다. 이와 같이 최악의 서비스는 고객의 허탈감에 대해 무감각하고, 비인간적이고 냉담한 자세를 유지하는 것이며, 서비스 제공자는 고객과의 공감대가 형성되지 않은 무관심의 상태로서 '나는 당신에게 전혀 신경 쓰고 있지 않습니다'라는 무언의 메시지를 고객에게 전달하게 되는 서비스의 유형이다.

- **공장형(factory형) 서비스** : 공장형 서비스는 인간적 서비스보다 절차적인 효율성에 더 치우쳐 있다. 이 유형의 서비스 제공자들은 적어도 손님에게 제공되는 서비스가 신속하고 효율적이지만, 고객과의 상호작용에서는 차갑고 비인간적으로 절차적인 측면에 치우쳐 고객과의 공감대 형성에 제한적인 형태이다. 이러한 유형은 인간적인 차원에서 개선의 여지가 매우 많으며, 이 유형의 서비스는 고객에게 '당신은 숫자에 불과하다. 나는 내가 할 수 있는 한 능률적으로만 처리하겠다.'라는 메시지를 전달하게 된다.

- **친구형(friendly형) 서비스** : 이 서비스의 유형은 인간적인 따뜻함에 극단으로 치우쳐 있으며, 서비스가 우호적이고, 성실하고, 따뜻하지만 느리고, 일관성이 없고, 조직적이지 못한 것이 특징이다. 서비스 제공자는 고객에게 지대한 관심과 함께 재치와 공손함을 보이지만 절차적인 문제에서의 불편함이 다른 측면에서의 따뜻하다는

평판을 무색하게 할 정도이다. 이 유형의 서비스는 '나는 열심히 노력하고 있지만 내가 정말로 뭘 하는지 모른다'라는 메시지를 전달하게 된다.

- **고품질형(quality customer service형) 서비스** : 이 유형의 서비스는 인간적인 측면과 절차적인 측면의 서비스가 모두 만족하는 고품질 서비스이다. 비록 〈그림 2-1〉에서는 거의 대부분의 영역에서 서비스가 제공된 것으로 표시되어 있지만 여전히 일부분이 비어 있는데 이는 완벽한 서비스는 불가능하거나 매우 드물기 때문에 개선의 여지가 있다는 의미이다. 그러나 전체적으로 서비스 제공자가 절차적 차원과 인간적 차원의 중요한 분야를 모두 제공하고 있다. 절차적 측면에서는 약속된 시간에 서비스를 제공하고, 효율적이며, 확실한 일관성을 가지고 있으며, 서비스의 인간적인 측면에서는 고객 친화적으로 접근하고 있다. 이 유형의 서비스는 '나는 당신을 보살피며, 서비스를 제공합니다.'라는 메시지를 전달하게 된다.

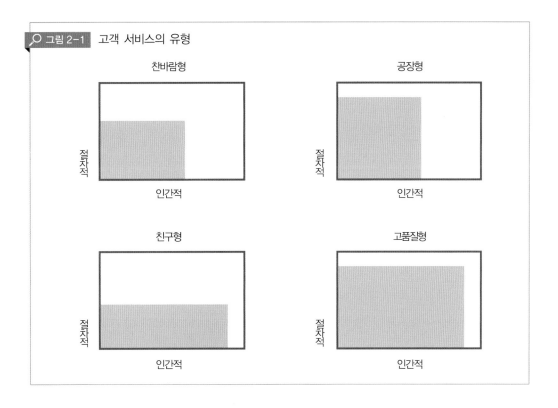

🔍 그림 2-1 고객 서비스의 유형

제2절 > 고객경험관리와 측정

기본적으로 고객은 자신이 좋아하는 브랜드와 연결되어 있다고 느끼고 싶어하고, 서비스를 제공하는 회사가 나를 잘 파악하고 존중해 주기를 원한다. 현대에서 고객이 인지하는 고객경험은 고객과의 모든 접점에서 개인화되고 만족스러운 상호작용을 통해 쌓이게 된다.

제공된 서비스를 통하여 만족한 고객은 다시 서비스를 구매하기 위해 찾아오거나 주변에 자신의 경험을 전파하고 서비스 제공자와 오랜 교류를 하게 되는 이른바 충성도 높은 고객이 된다. 이와 같이 높은 충성도를 갖는 고객은 서비스 제공자가 연출하거나 창출해 주는 기억에 남을 만한 서비스경험을 통해서 얻게 된다.

1. 고객경험의 의의

기업은 브랜드를 시장에 출시하고, 고객과 관계를 맺어가며 충성도를 높이는 일련의 모든 활동과정에서 고객경험(customer experience)에 대한 평가와 대응은 고객만족 경영을 수행하는 기업에서는 필수적인 고려요소가 되었다.

고객경험은 기업이 수행하는 서비스에 대해 소비자가 직간접적으로 접촉하면서 가지게 되는 감정적이고 주관적인 반응으로, 직접적 접촉은 고객 주도로 서비스를 스스로 이용하며 느끼게 되는 것들이며, 간접적 접촉은 광고, 구전, 뉴스 등과 같이 우연한 접촉을 통해 경험하는 것으로서, 대체적으로 고객이 브랜드와 맺는 모든 상호작용의 총합이다.

예를 들어 해외여행을 가기 위해 여행사에 직접 전화를 걸거나 홈페이지를 통해 어느 여행상품을 선택할지를 탐색할 때부터 경험은 시작된다. TV광고나 지인들의 추천 그리고 인터넷상의 다양한 정보 등은 간접적 접촉의 서비스경험이며, 상담직원의 친절도나 가격 그리고 여행일정, 홈페이지의 정보전달 등의 모든 접점들이 바로 직접적 접촉에 의한 고객의 경험이다.

고객경험은 고객 또는 잠재 고객이 브랜드에 대해 느끼는 감정에 기반하기 때문에,

고객과의 모든 접점에서 서비스기업은 고객이 인지하는 감정을 호전시킬 수도 있고 악화시킬 수도 있다. 따라서 고객접점에서 근무하는 직원들이 고객과의 상호작용 중에서 발생되는 문제점들을 자발적으로 판단하고 이에 필요한 조치를 즉각 취할 수 있는 권한위임(empowerment)이 정책적·제도적으로 실행되어야 한다.

이제 서비스기업들은 고객경험을 단순한 사용자 경험이 아니라 전략차원으로 확대하여 접근해야 한다. 왜냐하면 고객경험 자체가 가장 직접적인 효과가 있는 마케팅 룰(rule)이며, 경험은 그 자체로 복잡한 수치와 화려한 광고 문구를 넘어서는 힘이 있기 때문이다.

미래의 경쟁력을 확보하기 위해서는 사고의 전환이 필요하다. 즉 '제품 중심'의 사고로는 '기능개선'이 나오지만 '경험중심'의 사고에서는 전혀 다른 혁신이 나오기 때문이다.

〈표 2-2〉 고객만족 경영과 고객경험관리의 차이

구분	고객만족 경영	고객경험관리
출현 시기	1990년대 초	2000년대 초
출현 배경	재구매를 위해서 강조	고객만족과 서비스 접점에 대한 개념의 확장
기본목적	만족한 고객의 서비스 추천을 통해 신규 및 재구매	고객만족을 통한 기존 고객의 재구매와 고객경험 개선을 통한 잠재고객의 신규구매
제공의 본질	제품(유형), 서비스(무형)	기억할 만한 감동적 경험
대상 고객	기존 고객 (미사용 고객은 고객만족에서 제한적임)	기존고객 및 잠재고객 (사용 고객, 미사용 고객 포함)
특징	구매 및 사용 후 만족이 핵심 (구매/설치/사용/AS)	구매 및 사용 전후의 모든 접점에서 긍정적 경험 전달을 추구 (인지, 탐색, 시도, 구매, 배달, 설치, 사용, AS, 폐기)
접근방법	상품, 서비스, 브랜드 등을 크게 분류하여 개선점 도출(결과 지향적)	고객과 접촉하는 경험의 과정을 세부적으로 나누어 긍정적 경험을 유발하도록 설계하고 실행(과정 지향적)

출처 : 리마커블 서비스, p. 168을 바탕으로 논자 재구성

2. 고객경험의 관리

고객경험관리(Customer Experience Management)는 제품이나 서비스에 대한 고객의 경험을 체계적으로 관리하는 프로세스를 의미한다. 즉 기업이 고객의 제품탐색에서 구매, 사용단계에 이르기까지 모든 과정에 대한 분석 및 개선을 통해 긍정적인 고객경험을 창출하는 것이다.

▲ 긍정적인 고객경험은 고객의 요구사항을 미리 파악하고 이를 서비스 접점에서 실행할 때 창출된다.
출처 : https://www.business2community.com/

이와 같이 고객경험관리는 결국 접점(touch point)관리다. 고객은 TV, 인터넷, 매장, 친구 등 수많은 접점을 통해 기업의 제품이나 서비스를 경험하게 된다. 이처럼 다양한 접점에서 느끼는 경험은 해당기업이나 브랜드에 대한 로열티를 만들기도 하고 파괴하기도 한다. 따라서 고객경험관리의 핵심은 고객과 상호작용하는 고객접점을 통해, 기업이 제공하는 상품

과 서비스에 대해 갖고 있는 감정을 긍정적으로 관리하는 것이다.

최근 기업들은 고객경험을 어떻게 하면 극대화할 수 있는가에 몰입하고 있으며, 이에 대해 고민하는 이유는 다음과 같다.

우선, 고객들의 경험 소비에 대한 욕구가 더욱 커지고 있다. 고객은 더 이상 제품의 특징이나 편익만으로 돈을 지불하려 하지 않는다. 그들은 브랜드가 제공하는 독특한 생활양식과 제품을 사용하면서 얻는 총체적인 경험을 더 중요하게 생각한다. 예를 들어 스타벅스 커피는 일반적으로 타 커피숍에 비해 비싸지만, 사람들은 스타벅스가 제공하는 커피 한 잔의 경험을 사기 위해 기꺼이 지갑을 열고 있다.

둘째, 경험의 질(quality of Experience)이 기업의 성과를 좌우하고 있다. 최근 많은 기업들은 제품과 서비스 차원이 아닌 경험을 판매하고자 노력한다. 이제는 단순한 경험을 판매하는 것만으로 차별화하기는 어려워지고 있다. 경쟁사보다 품질이 우수하고 차별

화된 경험을 제공해야만 고객의 로열티를 높일 수 있다. 따라서 경험의 질을 높이기 위한 기업의 활동이 요구되는 것이다.

셋째, 기존의 고객관계관리(CRM)는 주로 기업이 궁금해 하는 고객의 소득이나 구매 성향 등의 고객정보를 얻는 데 초점을 두고 있다. 그러나 이보다 더 중요한 것은 기업, 혹은 기업이 제공하는 상품과 서비스가 갖고 있는 감정이다. 고객경험관리는 바로 여기서 출발한다. 고객이 해당 기업 혹은 제품과 서비스에 대해 느끼는 주관적 경험에 주목하는 것이 바로 고객경험관리이다.

〈표 2-3〉 고객경험관리(CEM)와 고객관계관리(CRM)

	정보의 대상	시기	방법	정보활용자	미래실적과 연관성
CEM	고객이 기업에 대해 생각하는 바를 파악·활용	고객접점에서 정보수집	관측, 타깃그룹 조사, 고객의견 청취 및 연구	고객의 경험증진을 통해 사업의 성과를 높이기 위한 경영진 및 각 기능 리더	고객기대와 실제 경험의 차이를 좁혀 미래실적을 이끌어 내는 선도적 역할 (Leading)
CRM	기업이 고객에 대해 아는 것을 파악·활용	고객과의 거래 이후 수집	판매시점에 수집된 데이터와 시장 분석, 판매자료 분석	효과적인 업무수행을 위한 고객접점 부서(영업, 마케팅, 서비스부서)	소비자 정보 파악을 통한 교차판매증대로서 현재에 기반한 미래실적 확대를 유도하는 후발적 역할 (Lagging)

주 : CEM - Customer Experience Management
　　 CRM - Customer Relationship Management

출처 : 박범진, 신한, FSB리뷰-매니지먼트

고객경험이 가치를 창출한다

콜롬비아의 커피농장에서 원두를 판매하면 1컵에 200원 정도 될 것이다. 원두를 캔커피처럼 제품으로 만들어 판매하면 1캔에 500원 정도를 받고, 커피숍에서 팔게 되면 1500원 이상을 받는다. 더 나아가 스타벅스 같은 커피 전문점이나 고급 호텔에서는 1잔에 최소 7000원 이상을 받는다.

스타벅스가 거두는 이윤의 진정한 실체는 '색다른 경험'이다. 원재료가 200원도 안 되는 커피를 4000원 이상 받을 수 있게 하는 힘은 커피 그 자체가 아니다. 스타벅스가 파는 것은 편안한 휴식, 최고급 원두커피, 사회적 교류라는 경험이다. 뿐만 아니라 '집과 회사를 제외한 제3의 공간'을 팔고 있는 것이라고 그들은 말한다.

미국의 한 경제잡지 기자인 대니얼 핑크는 미국 각지를 돌아다니면서 수백 명을 인터뷰했는데, 그가 쓴 책 『프리에이전트의 시대』를 보면 이런 내용이 나온다.

"나는 한 도시에 도착하기 직전 인터뷰 상대에게 전화나 전자우편을 보내 만날 장소를 정하곤 했는데, 약속장소의 대부분은 스타벅스였다. 스타벅스는 우선 어디나 편리한 장소에 있다. 그리고 손님들이 몇 시간씩 앉아서 얘기를 나눠도 뭐라 하지 않는다. 아니 오히려 환영한다. 거기에는 내가 가져간 물건들을 죽 늘어 놓을 수 있는 커다란 테이블, 내 장비에 전원을 연결할 수 있는 전기 콘센트도 설치되어 있다.

간단히 말하자면 그들은 커피 한 잔에 단돈 3달러를 받고 4시간 동안 내게 사무실을 임대해 주는 거나 마찬가지다. 어떤 날은 스타벅스 커피점 한 군데에서 테이블 하나를 차지하고, 마치 치과의사가 환자를 기다리듯 이른

▲ 스타벅스에서 다양한 업무를 처리하는 사람들

아침부터 해질 때까지 약속한 시간에 맞춰 도착하는 인터뷰 상대를 맞이하곤 했다."

스타벅스가 값은 좀 비싸지만 고급스런 커피를 내놓는다는 사실을 아는 사람은 많지만, 스타벅스가 단순한 커피전문점이 아니라는 점을 깨닫는 사람은 많지 않다. 이 인터뷰를 액면 그대로 보면 사실 스타벅스는 사무실 임대업을 하는 것이나 마찬가지다. 문자 그대로 고객의 '제3의 공간'인 것이다.

출처 : 장정빈, 리마커블 서비스, 올림, 2009

3. 고객경험의 측정

고객경험은 마케팅부터 판매, 고객 서비스에 이르기까지 구매 여정의 모든 접점에서 기업이 고객과 소통하면서 브랜드와 맺는 모든 상호작용의 총합을 의미하며, 단순한 일련의 행동이 아니라 고객의 감정에 중점을 두는 것으로 서비스 접점에서의 관리가 결과적으로 비즈니스의 성공 여부에 영향을 미치게 된다.

고객경험의 측정은 서비스에 대한 고객의 기대 수준과 자사 제품에 대한 인식 그리고 고객의 만족도를 모니터링하는 것으로 고객의 기대 수준과 수행 서비스에 대한 만족도를 정확히 파악하여 그에 적합한 경험을 전달하는 것이다.

고객경험이 기업에게 중요한 의미를 가지고 있지만, 기업의 입장에서 그것을 관리하기 위해

▲ FedEx의 가장 중요한 사명은 "모든 FedEx의 경험을 탁월하게 만들겠습니다"이다.
출처 : https://www.fedex.com

서는 많은 노력과 관심이 필요하다. 따라서 고객만족경영을 위한 첫 출발은 정확한 고객경험의 측정으로부터 비롯될 수 있다. 즉, 현 상태를 파악하는 것은 대고객 서비스의 방향을 결정짓는 중요한 시발점이 되는 것이다.

이와 같이 제품이나 서비스에 대한 고객의 기대와 만족을 파악하고 조사하는 방법에는 간단한 기법에서 복잡하고 정교한 기법에 이르기까지 다양한 방법이 있다.

1) 고객만족도 조사

고객만족도 설문조사는 회사와 고객 간에 정기적인 소통을 할 수 있는 좋은 도구이다. 이런 설문조사는 항상 고객을 지켜보고 있다는 것, 그리고 고객이 거래해 주는 것을 소중히 여긴다는 것을 상기시켜 주는 역할을 한다. 조사방법은 다음과 같다.

▷ 소비자와의 직접 면담

고객과의 직접 대화, 전화를 통해 고객을 알아내는 방법으로 표본의 크기와 면담자의 편견에 유의해야 한다.

▲ 고객만족도 설문조사는 규모, 범위, 업종에 관계없이 모든 비즈니스에서 필수적인 부분이다. 고객이 생각하는 바, 비즈니스, 제품 및 서비스에 대한 느낌, 비즈니스를 다시 사용할지 또는 다른 사람들에게 추천할지에 대한 귀중한 통찰력을 제공한다.

▷ 설문지의 사용

질문하는 내용의 범위가 제한되어 있으며, 심리학, 통계학 및 관련분야에 대한 전문적인 지식이 필요하다.

즉 고객만족도는 과거, 현재, 미래와 비교할 수 있는 정기적인 조사가 필요하며, 고객의 의견을 항목화시키고 수량화된 데이터의 통계분석을 통해 정확한 해석의 도출이 요구된다.

▷ 인터넷

전 세계적으로 인터넷의 사용은 기하급수적으로 증가 추세에 있으며 기업은 온라인을 통해 고객의 욕구를 파악하고 신속하게 대응할 수 있다.

웹을 개발하여 고객에 필요한 정보를 제공하고 고객 불평, 불만사례, 고객 의견접수 게시판 운영 등의 시스템을 이용한다.

2) 암행고객(mystery shopper)

고객서비스가 얼마나 잘 이루어지는지 알아보기 위해 내부직원이나 외부경영 상담자들이 고객으로 가장하여 방문하거나 전화를 한다. 고객서비스를 수행하는 직원들의 서비스 수준을 평가하는 데 목적이 있다.

▲ 고객경험을 개선하려면 다양한 분석을 통해 정보를 수집해야 한다. 미스터리 쇼퍼는 고객경험을 수집하는 데 중요한 방법이다.
출처 : https://www.skytreecorp.com

3) 포커스 그룹

인터뷰 참여자 간 상호작용을 적극 활용하는 인터뷰 방법으로써 특정 주제에 대해 진행자(moderator)의 주재로 6~8명 정도의 참여자들이 모여서 이야기하는 방식이다. 제품이나 서비스의 어떤 양상과 관련된 질문을 통해 고객조사를 실시하는 형식이다.

쉬어가기

다음은 서비스 정의 게임을 해보도록 하겠습니다. 다음 표를 기준으로 서비스의 정의를 만들어보세요.

일상적인 것들을	특별하게	해내는 것	기대했던 것
이상을	제공하는 것	모든 상호작용에	가치와 통합을
부가하는 것	모든 고객에게	최선을	다하는 것
당신의	만족시키기 위해	새로운 방법을	발견하는 것
숨겨진 잠재력을	발견하여	스스로	놀라는 것
가족처럼	원하는 것을	고객을	돌보는 것

▷ 고객만족 서비스의 정의 : _____

_____

_____

Key words

- **고객만족 서비스** : 고객만족 서비스란 고객의 요구(needs), 욕구(wants), 기대(expectation)에 부합되는 서비스를 제공하여 고객이 서비스를 재구매토록 유도하고 새로운 고객창출을 이끌어 내는 것이며, 이를 통해 고객충성도(customer loyalty)가 계속 유지되도록 하여야 한다.

- **고객의 니즈(needs)** : 고객의 니즈란 사람이 생활을 영위함에 있어 무엇인가 결핍되어 있는 상태를 말한다. 일상생활에 있어서 필요한 어떤 것이 존재하지 않거나 고갈되어 있는 상태로서 무엇인가를 통해 충족되어야 함을 의미한다. 예를 들면, 음식을 먹지 못해서 배가 고픈 상태이거나 열심히 일을 해서 피로가 누적된 상태인 경우에 음식을 먹어야 하거나 휴식을 취하는 것이 필요한 상태를 말한다. 인간의 본원적 욕구에 대해 결핍을 느끼는 상태로서 표면적으로는 드러나지 않으나 고객의 욕구를 생성하는 근원이 니즈이다. 따라서 서비스 개발에 적극적인 기업일수록 고객에게 잠재되어 있는 니즈를 파악하는 노력을 한다.

- **고객의 욕구(wants)** : 고객의 욕구는 결핍된 상태인 니즈를 충족시킬 특정한 무엇인가를 원하는 욕망을 말한다. 즉, 구체적인 욕구로서 결핍을 채워야 하는 수단에 대한 요구를 의미한다. 예를 들면, 배가 고픈 상태에서 빵이나 밥을 먹고 싶다거나 피로한 상태에서 휴가를 내서 여행을 떠나고자 하는 것과 같이 구체적인 대상을 원하는 심리적 상태를 말한다. 고객의 욕구는 모든 서비스 개발의 출발점이 된다.

- **시장수요(market demands)** : 상품의 수요는 실제로 특정한 상품의 구매에 대한 의지와 능력이 뒷받침된 욕구의 크기이다. 즉, 시장수요는 구매력을 갖춘 구체적 욕구에 의해 형성된다. 따라서 기업의 입장에서는 상품에 대한 고객의 욕구를 파악해야 할 뿐만 아니라 실제로 구매할 의지와 능력이 있는가를 전제로 상품의 시장수요를 파악하고 이를 예측해야 한다.

- **고객만족 경영** : 고객을 최우선으로 생각하고, 제품 및 서비스를 고객에게 판매하는 것이 아니라 만족을 고객에게 판매한다는 사고를 말하며, 경영의 전 과정에서 고객만족을 실현하고 고객만족 극대화를 목표로 하여 모든 활동을 전개하는 경영방식이다.

- **고객경험관리(customer experience management)** : 고객경험관리는 제품이나 서비스에 대한 고객의 경험을 체계적으로 관리하는 프로세스를 의미한다. 다양한 접점에서 느끼는 경험은 해당 기업이나 브랜드에 대한 로열티를 만들기도 하고 파괴하기도 한다. 따라서 고객경험관리의 핵심은 고객과 상호작용하는 고객접점을 통해, 기업이 제공하는 상품과 서비스에 대해 갖고 있는 감정을 긍정적으로 관리하는 것이다.

1. 고객의 정의에 대하여 소비자와 구매자의 관점에서 논의하시오.

2. 고객을 분류하고 각각의 특징에 대하여 논의하시오.

3. 고객만족 경영의 경제적 효과와 충성고객을 연관하여 논의하시오.

4. 고품질 서비스를 정의하고 각각의 의견을 제시하시오.

5. 고객경험이 왜 기업에게 중요한지 그리고 고객경험의 가치를 논하시오.

INTERNET 활용하기

- https://brunch.co.kr/@jakiva/84 우리의 고객은 누구인가. 브런치
- https://happist.com/, 페덱스의 철학을 잘 표현하는 슬로건 - 'Relax, it's FedEx.'
- https://news.mt.co.kr/, 우리가 미처 몰랐던 스타벅스의 철학, 머니투데이
- 동아비즈니스리뷰 335호, 광고보다 힘이 있는 고객경험, 전략화 원하면 조직부터 확 바꿔라.

CHAPTER 03 서비스품질과 평가

이 장을 학습한 후, 다음 내용을 이해할 수 있어야 한다.

1. 서비스품질이 무엇이고 왜 중요한가를 설명할 수 있다.
2. 서비스품질 측정이 왜 어려운가를 설명할 수 있다.
3. 서비스품질의 측정모형을 설명할 수 있다.
4. SERVQUAL 품질 평가 갭 모형을 설명할 수 있다.
5. 서비스품질 측정의 전략적 시사점에 대해 이해한다.

CHAPTER

03 서비스품질과 평가

개요

현대의 기업들은 어떻게 하면 보다 나은 서비스를 제공할 것인가 그리고 제공되는 서비스품질을 높일 수 있는 방법을 찾기 위해 전사적인 노력을 기울이고 있다. 왜냐하면 서비스기업에서 수행하는 서비스의 품질은 결국 기업의 영속성 보장과 더불어 경쟁적 우위를 창출할 수 있는 중요한 요소로 강조되고 있기 때문이다.

이러한 서비스품질은 유형적인 실체라기보다는 과정이므로, 제품 품질과는 달리 불량률이나 내구성과 같은 객관적 척도에 의한 측정이 어렵고 단지 고객의 인식으로 측정된다. 즉 서비스라는 무형의 특수성으로 인해 객관적 품질보다는 주관적 평가인 지각된 품질 측면이 강조되는 것이다.

따라서 서비스품질은 고객의 기대 수준과 제공된 서비스와의 일치 정도를 척도로 평가하고 있으며, 고객 기대에 일치하도록 일관성 있는 서비스 제공이 필요하다.

본 장은 서비스품질이 무엇이고 왜 기업에서 서비스품질의 확보에 심혈을 기울이는지 그리고 이러한 서비스품질은 어떻게 평가하는지를 이해하는 것이다.

제1절 > 서비스품질과 특성

1. 서비스품질이란

서비스품질이란 서비스의 우수한 성과와 관련된 전반적 판단이나 태도로서 이는 고객이 실제로 경험한 서비스와 기대한 서비스를 비교 평가한 성과차이에 의해 결정된다.

여기서 품질은 어느 물질을 구성하는 내용, 속성, 종류의 정도를 나타낸다. 일반적인 품질은 제품과 서비스가 일정한 표준에 얼마나 적합한가의 정도이며, 표준은 시간, 재료, 성과, 신뢰도, 외형 또는 제품의 특성을 계량화한 것이다.

일반적으로 상품의 제공은 재화와 서비스를 비교 설명하고 있는데, 유형적인 재화에 비해 서비스의 품질 수준 측정은 매우 어렵다. 또한 서비스의 품질은 기업이 제시한 표준적인 운영절차와 고객이 희망하는 기대치를 기준으로 규격을 제시하게 된다.

즉 서비스품질은 유형적인 실체라기보다는 과정이므로, 제품품질과는 달리 불량률이나 내구성과 같은 객관적인 척도에 의한 측정이 어렵기 때문에 고객의 인식으로 측정된다. 따라서 객관적으로 또는 획일적으로 규명될 수 있는 실제 품질이 아니라, 추상적 개념으로서 고객에 의해 인식되고 판단되는 주관적 평가인 지각된 품질 측면이 강하며, 그 평가과정은 서비스를 받는 전 과정에 걸쳐 이루어진다.

따라서 서비스품질은 고객이 갖고 있는 정보, 경험, 기업 이미지 및 개인적 욕구 등에 근거하여 기업이 제공할 것이라고 기대한(expected) 서비스와 고객이 제공받은 서비스의 과정 및 성과에 대해 고객이 인지한(perceived) 서비스를 고객의 평가기준과 비교한 것으로 정의된다.

서비스품질은 주로 다음의 세 가지 구성요소로 전달되며 그 내용은 다음과 같다.

1) 인적서비스

인적서비스는 인간에 의해 제공되는 수고와 노동이며, 서비스산업에서 인적자원의 활용은 최고의 서비스품질요소가 될 수 있다. 고용된 서비스 제공자가 주어진 서비스분야에 대해 얼마만큼의 전문적인 지식과 기술을 보유하는지, 인적서비스에 대한 고객의 요구에 얼마만큼 부응할 수 있는지 그리고 서비스 제공자가 고객의 요구에 대해 어떠한 태도를 갖고 어떻게 행동하느냐에 따라 해당 서비스의 품질이 결정될 수 있다.

▲ 고객접점 서비스, 고객만족에 가장 밀접하게 영향을 미치는 요소이다.

2) 물적서비스

서비스품질 구성요소에서 인적서비스만큼이나 중요한 부분을 차지하는 물적서비스는 물품이나 시설, 기계 등에 의해 제공되는 편익으로 핵심적 증거와 주변적 증거로 나눌 수 있다. 예를 들어 핵심적 증거는 항공사 비행기의 운항과 같이 어떤 서비스품질에 대한 비용을 지불했을 때, 그 지불된 비용에서 상당부분을 차지하는 요소를 말한다. 자체적으로 독립적 영향력은 없지만 항공사의 안내책자, 기념품, 식음료 등과 같이 서비스 구매 시 구매의 일부로써 소유할 수

▲ 음식은 호텔 숙박객에게는 주변적 증거지만 식사만을 위한 고객에게는 핵심적 증거가 된다.

있는 것들이 주변적 증거가 된다. 핵심적 증거와 주변적 증거는 다른 여러 가지 이미지 형성요인들과 결합하여 서비스에 대한 고객의 인식에 영향을 미치므로 그 어느 것도 소홀히 해서는 안 된다.

3) 시스템적 서비스

시스템적 서비스는 최근 데이터베이스와 인터넷 사용 증가 등을 통해 서비스 상품의 품질을 측정하는 데 있어서 관심이 증가된 구성요소로서, 지식, 정보, 아이디어, 프로세

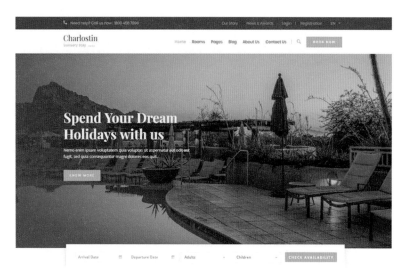

스, 제도 등의 시스템에 의하여 제공되는 편익이다. 이는 물적·인적 자원이 아닌 어떤 특정 시스템의 도입이나 제도의 개발 등을 통해 사용 고객의 만족도를 높이는 일환으로 많이 도입되는 분야이며 미래의 발전 가능성과 중요도 또한 증가하게 될 것이다.

▲ 호텔의 Homepage를 통한 예약 및 정보 획득
서비스품질 측정에서 최근 중요성이 강조되는 개념이다.

2. 서비스품질의 필요성과 특성

1) 서비스품질의 특성

(1) 서비스품질은 제품의 품질보다 평가가 어렵다

고객들이 제품(goods)을 구입할 때는 품질을 평가할 수 있는 많은 유형의 단서인 스타일, 견고성, 색상, 포장 등을 가지게 되나, 서비스를 구입하는 경우에는 품질을 평가할 수 있는 유형적 단서가 거의 없으므로 구매하는 소비자들은 어떤 다른 단서에 의존해야만 한다. 대부분의 서비스는 무형적이고, 실체(object)라기보다는 수행(performance)이므로 품질을 획일화·표준화할 수가 없다. 이러한 서비스의 무형성 때문에 서비스기업은 고객들이 어떻게

▲ 서비스품질은 유형의 제품보다 무형의 특성이 강하기 때문에 평가하기 어렵다.
출처 : www.koreanair.com

서비스를 지각하고 서비스품질을 평가·인식하는지 이해하기가 힘들게 된다.

(2) 서비스품질의 수준은 기대와 실제와의 비교를 통해 얻어진다

지각된 서비스품질의 수준은 고객의 기대(expectation)와 실제 서비스의 수행(performance)과의 비교를 통해 얻을 수 있다. 즉 서비스품질은 전달된 서비스 수준이고 고객의 기대와 얼마나 일치하는지에 따라 만족과 불만족의 평가 측정결과를 보여준다.

(3) 서비스품질은 서비스 제공과정도 중요하다

서비스품질의 평가는 단지 서비스의 산출 결과만으로 이루어진 것이 아니라 서비스의 전달과정(process of service delivery)에 대한 평가와도 연관되어 있다. 서비스품질은 서비스 자체의 결과 및 관련된 품질과 서비스가 어떻게 전달되느냐에 관한 품질로 양분된다. 서비스 전달체계의 인식차이 등이 서비스품질에 대한 고객의 지각에 영향을 미치게 된다.

(4) 주서비스보다 부가서비스가 서비스품질에 영향을 더 미친다

서비스의 수행결과 대상고객에게 남는 것(핵심(주)서비스 : 항공사의 서비스 결과에 의한 고객의 이동 및 안전)이 경쟁업체와 비슷한 수준일 경우, 서비스의 기능이 어떻게 전달되느냐에 관한 것(부가서비스 : 예약처리, 최신시설, 기내식, 로열티 프로그램, 승무원의 태도 등)이 고객이 느끼는 서비스품질의 만족 또는 불만족에 중요한 영향을 미치게 된다.

▲ 일반 기내식의 예, 항공서비스의 핵심은 이동과 안전이지만 기내에서의 식사가 고객만족경험에 더 큰 영향을 미칠 수 있다.

제2절 ▷ 서비스품질의 측정

1. 왜 서비스품질의 측정은 어려운가?

서비스품질은 유형적인 실체라기보다는 과정이므로, 제품품질과는 달리 불량률이나 내구성과 같은 객관적인 척도에 의한 측정이 어렵기 때문에 고객의 인식으로 측정된다. 즉 실제 품질이 아니라, 추상적 개념인 특수성으로 인하여 측정하기 어렵기 때문에 객관적 품질보다는 주관적 평가인 지각된 품질 측면에서 강조되고 있다.

서비스품질 평가가 어려운 이유는 다음과 같다.

먼저 서비스품질의 개념이 주관적 반응이기 때문에 객관화하여 측정하기 어렵다. 둘째, 서비스의 특성상 생산과 소비가 동시에 이루어지기 때문에 서비스품질은 고객에게 서비스의 전달이 완료되기 이전에는 검증되기 어렵다. 셋째, 고객은 서비스 프로세스에 함께 참여하는 공동생산자의 위치에 있기 때문에 서비스 제공에 영향을 미칠 수 있는 중요한 요인이 된다. 따라서 고객이 참여하는 서비스의 본질상 측정의 어려움이 존재한다.

넷째, 서비스품질의 측정은 고객의 평가를 통해 이루어지는데, 고객으로부터 데이터를 수집하는 데는 시간과 비용이 많이 들며 회수율도 낮다.

▲ Four Season Hotel Mexico
서비스품질은 경험하기 전에는 평가하기 어려운 특성이 있기 때문에 무형성의 특성을 유형화하기 위해 물리적 증거를 보여주고 있다.

2. SERVQUAL 품질평가요소

일반적으로 가장 많이 사용되는 대표적 서비스품질 측정도구인 SERVQUAL(Service +

Quality) 품질 측정 모형은 PZB (Parasuraman, Zeithmal and Berry, 1985) 세 사람에 의해 시작되었다. 이들은 서비스품질을 "특정 서비스의 우수성에 대한 고객의 전반적인 판단 혹은 태도로 파악하고 서비스품질 평가를 서비스에 대한 고객의 기대와 실제로 지각한 불일치 차이"의 정도로 정의하였다. 즉 서비스품질 평가는 서비스에 대한 고객의

▲ RATER 메트릭 이해
RATER 프레임워크는 1988년 심리학자 A. Parasuraman, Valarie Zeithmal 및 Leonard L. Berry가 설계한 SERVQUAL 요소이다. 서비스품질 측정은 고객이 서비스를 기대하는 것과 나중에 서비스를 어떻게 인식했는지의 차이를 측정하기 위해 설계하였다.

기대와 인지를 측정하는 2개 부문으로 나누고, 이의 측정을 위해 총 22개 문항으로 이루어진 다문항척도(multiple-item scale) 체계를 활용하여, 각 문항별 5점 척도 또는 7점 척도로 고객의 제공 전 서비스품질에 대한 기대와 제공 후 실제 수행된 결과를 비교 평가하는 것이다.

이와 같이 서비스품질 평가는 경쟁업체와의 서비스 수준이나 다점포 기업 등에서 매장 간의 서비스 수준을 비교하고, 서비스품질의 우월성 혹은 부적절성의 차원을 평가하는 데 유용하다.

Parasuraman, Zeithmal, Berry는 표적집단 인터뷰(focus group interview)를 통해 〈표 3-1〉과 같이 고객이 서비스품질을 평가하는 측정범주를 초기에는 유형성(Tangibles), 신뢰성(Reliability), 응답성(Responsiveness), 능력(Competence), 접근(Access), 예절(Courtesy), 의사소통(Communication), 신용도(Credibility), 안전성(Security), 고객의 이해(Understanding the Customer)의 10개 범주로 구분하였다. 이후 많은 연구를 통해 10개의 측정 범주를 유형성(Tangibles), 신뢰성(Reliability), 반응성(Responsiveness), 확신성(Assurance), 공감성(Empathy)의 5가지 범주로 품질요인을 정리하였으며, 이를 이용하여 평가하는 모형을 "SERVQUAL"이라 명명하였다.

〈표 3-1〉 SERVQUAL 서비스품질 모형의 5개 구성차원

10가지 차원	정의	5가지 차원
유형성 (Tangibles)	시설이나 장비, 인력 등과 같은 서비스 관련 물리적 환경으로 서비스평가를 위한 외형적 단서 예) 물리적 시설, 장비, 직원의 용모, 서비스 시설 내의 다른 고객, 의사소통, 도구의 외형, 비행기 기내의 청결함, 유형의 설비 및 장비 외형, 직원의 복장 등	유형성 (Tangibles)
신뢰성 (Reliability)	제공해 주기로 약속된 서비스를 정확하게 그리고 믿음직하게 수행할 수 있는 능력 예) 서비스 수행의 철저함, 청구서의 정확도, 정확한 기록, 약속시간 엄수, 비행기의 정시착, 우편물의 정확한 도착 시간대 등	신뢰성 (Reliability)
응답성 (Responsiveness)	고객을 돕고 즉각적인 서비스를 제공하려는 의지 예) 서비스의 적시성, 고객의 문의나 요구에 즉시 응답, 신속한 서비스 제공, 시간대를 미리 알려줌, 서비스 실패 시 즉각적 보상 등	응답성 (Responsiveness)
능력 (Competence)	서비스를 수행하는 데 필요한 기술과 지식의 소유 예) 조직의 연구개발력, 담당직원과 지원인력의 지식과 기술	확신성 (Assurance)
예절 (Courtesy)	직원의 친절과 배려, 공손함 예) 고객을 대하는 공손한 자세와 배려, 정중한 태도	
신용도 (Credibility)	서비스 제공자의 진실성, 정직성 예) 기업평판, 기업명, 직원의 정직성, 강매의 정도	
안전성 (Security)	위험, 의심으로부터의 자유 예) 신체적 안전, 금전적 안정, 비밀 보장	
접근 (Access)	접근가능성과 접근용이성 예) 전화예약, 대기시간, 서비스 제공시간 및 의견제시의 편리성	공감성 (Empathy)
의사소통 (Communication)	고객의 말에 귀 기울이고, 고객에게 쉬운 말로 알림 예) 서비스에 대한 설명, 서비스 비용의 설명, 문제 해결 보증	
고객의 이해 (Understanding the Customer)	고객과 그들의 욕구를 알리려는 노력 예) 고객의 구체적인 요구사항 학습, 개별적 관심제공, 우량고객 인정, 자신만의 스타일을 이해해 줌 등	

출처 : 선행연구를 바탕으로 논자 재작성

1) 신뢰성(Reliability) : 약속대로 제공

신뢰성은 약속한 서비스를 정확히 제공하는 능력으로 정의된다. 광의(廣義)로 보면 신뢰성이란 회사가 배달, 서비스 제공, 문제해결 등에서 직접적으로 한 약속이나 가격책정에서 간접적으로 한 약속을 제대로 제공하는 것이다. 고객은 약속을 지키는 회사와 거래하기를 원하며 특히 서비스의 핵심속성이나 서비스결과와 관련된 약속일 경우 더욱 그러하다.

한마디로 신뢰성은 기업이 서비스 수요에 민감하며 고객과의 약속을 존중함을 의미한다. 특별히 이것은 계산을 정확히 하고 자료들을 올바르게 기록하여, 지정된 시간에 정확히 서비스가 이행되는 것과 관련 있다.

신뢰성을 효과적으로 활용하는 회사가 페더럴 익스프레스이다. 페더럴 익스프레스의 "반드시, 더 빨리 목적지에 도착해야 한다"는 슬로건은 이 회사의 신뢰 메시지를 잘 반영하고 있다. 설혹 페더럴 익스프레스만큼 신뢰성으로 명백하게 위상을 정하지 않더라도, 이 차원은 고객에게 매우 중요하다. 따라서 모든 회사는 신

▲ FedEx는 미국 남부 전역의 악천후로 크리스마스 이브에 도착할 예정인 물품이 지연되었음에도 불구하고 약속을 지키기 위해 전력을 다해 크리스마스 패키지를 배달하고 있다.
출처 : https://time.com

뢰성에 대한 고객의 기대를 이해할 필요가 있다. 고객이 구매하겠다고 생각하는 핵심서비스를 제공하지 못하는 기업은 가장 직접적인 방법으로 고객의 기대를 저버림으로써 고객으로부터 외면당한다.

고객의 기대에 대하여 올바른 방법으로 처음에 약속한 대로 제공하는 것이다. 예를 들어, 고객들은 비행기의 출발은 비행 스케줄대로 정시에 출발하는 것이 매우 중요하다고 생각한다.

2) 응답성(Responsiveness) : 도우려는 의지

응답성이란 고객의 요구가 있을 때 즉각적으로 서비스를 제공하고자 하는 의지이다. 이 차원은 고객의 요구, 질문, 불만, 문제 등을 처리하는 주의(attentiveness)와 신속성(promptness)을 강조한다. 응답성은 도움, 질문에 대한 대답, 문제해결을 위해 기다리는 시간으로 고객에게 전달된다. 또한 응답성은 유연함과 고객의 욕구에 서비스를 맞추는 고객화란 개념도 포괄된다.

▲ 서비스직원의 즉각적인 응답자세
고객의 요구에 대한 빠른 응답은 원하는 것을 빨리 제공하겠다는 의지를 표현한다.

응답성 차원에서 앞서 가기 위해서는, 서비스 제공과정이나 문제해결과정을 기업의 관점이 아니라 고객의 관점에서 보아야 한다. 내부처리상 필요하여 만들어 놓은 처리속도와 신속성이란 기준은 속도와 신속성에 대한 고객의 요구와 다를 수 있기 때문이다. 응답성을 높이기 위해서, 기업은 숙련된 직원으로 구성된 고객서비스 부서뿐만 아니라 모든 접점에서 신속하게 반응하는 접점 직원을 갖추어야 한다. 고객이 기업에 전화했는데 기다리거나 계속해서 통화 중일 때, 음성녹음 시스템으로 연결될 때, 기업의 웹사이트에 접속장애가 발생했을 때 응답성에 대한 지각은 감소한다.

3) 확신성(Assurance) : 믿음과 확신을 심어주기

확신성은 회사와 직원의 지식, 정중함, 믿음과 확신을 심어주는 능력으로 정의된다. 이 차원은 고객에게 위험도가 높다고 지각되는 은행, 보험, 증권업, 의료, 법률 등의 서비스와 같이 결과를 평가할 능력이 제한적일 경우에 특히 중요하며, 증권 중개인, 보험대리인, 변호사, 컨설턴트 등 기업의 서비스를 고객에게 연결하는 사람에게 강조된다.

이와 같이 서비스를 제공하는 직원의 능력에 대하여 고객으로 하여금 확신할 수 있도록 하는 것은 직원의 지식과 근무태도를 의미한다. 이를 통하여 고객과의 효율적인 상호소통을 이루어내며 만족도를 더욱 높일 수 있다. 이때 기업은 핵심 접촉인물과 고객 사이에 믿음과 애호감이 형성되기를 바란다.

또 다른 경우, 믿음과 확신은 사람이 아니라 조직 자체로부터 출발한다. JW Marriott 호텔 앤 리조트의 "새로운 차원의 럭셔리를 정의하는 호텔을 만나보십시오. 당신의 성공은 우리의 최고의 소명입니다"라는 슬로건은 조직

▲ 1927년 창립 이래 Marriott International은 항상 고객과 직원의 건강과 안전에 중점을 두고 있다. 설립자인 JW Marriott은 호텔을 방문하는 동안 주방과 객실의 청결 상태를 직접 검사한다. 그는 높은 수준의 청결은 우리의 DNA 속에 있다고 강조한다. 출처 : https://news.marriott.com

전체가 고객과의 믿음과 신뢰관계에 힘쓰는 예라고 할 수 있다.

4) 공감성(Empathy) : 고객을 개개인으로 대하기

공감성은 기업이 고객 개개인에게 제공하는 관심(attention)과 보살핌(caring)이다. 즉, 공감성의 핵심은 개인화되고 고객화된 서비스를 통해 고객이 독특하고 특별하다는 것을 전달하는 데 있다.

고객은 서비스를 제공하는 조직이 자신을 이해하고 중요하게 생각해 주기를 원한다. 특히 고객 개인에 대한 자상한 관심이나 고객 입장과 요구사항에 대한 정확한 이해 그리고 고객에게 최대한 이익을 주기 위해 노력하는 것이다.

또한 서비스직원들은 단골고객의 이름을 불러주고 고객의 개별적인 욕구와 기호까지 기억하는 고객 관계 구축이 매우 중요하다.

이와 같이 서비스직원의 공감적 행동은 각 고객의 입장에서 생각하고 고객의 요구를 이해하기 위해 노력하는 것이라 할 수 있다. 사소한 부분까지 소홀히 하지 않고 고객에 대한 배려와 개별적인 관심을 가짐으로써 공감대를 형성하는 것이다.

5) 유형성(Tangibles) : 서비스를 물리적으로 표현

유형성은 물리적 시설, 서비스 제공자의 용모, 장비, 인력, 서비스 제공 시에 사용되는 도구 및 장비, 각종 커뮤니케이션 물품 등의 외양으로 정의된다. 유형성은 고객, 특히 신규고객이 품질을 평가하는 데 사용하는 서비스의 물리적 표현과 이미지를 제공한다. 유형성은 특히 레스토랑, 호텔, 소매점포, 엔터테인먼트기업 등과 같이 고객이 서비스를 받기 위해 시설을 방문하는 환대산업에서 강조된다.

▲ 호텔 결혼식장
유형성의 품질은 다른 서비스품질과 결합하여 시너지 효과를 높인다.

흔히 서비스기업은 자신들의 이미지를 높이거나 품질 신호로 유형성을 사용하지만, 대부분의 기업은 다른 차원과 함께 유형성을 결합하여 서비스 품질을 높인다.

유형성을 보여주는 서비스스케이프에 대해서는 6장에서 자세히 다루고자 한다.

아래의 〈그림 3-1〉은 고객이 서비스품질의 다섯 가지 차원을 어떻게 판단하는지 그 실례를 보여준다.

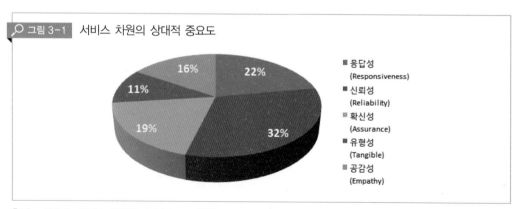

🔍 그림 3-1 서비스 차원의 상대적 중요도

- ■ 응답성 (Responsiveness)
- ■ 신뢰성 (Reliability)
- ■ 확신성 (Assurance)
- ■ 유형성 (Tangible)
- ■ 공감성 (Empathy)

출처 : 이유재, 서비스 마케팅, 2014, p. 375

3. 서비스품질의 측정 모형

서비스품질의 측정은 1980년대 중반부터 많은 연구에 의해 사용되는 SERVQUAL모형과 SERVPERF모형 그리고 Gronroos의 모형으로 대별될 수 있다.

1) 갭(gap) 모형에 근거한 SERVQUAL 품질 평가

SERVQUAL에서는 서비스품질을 서비스에 대한 고객의 기대 수준과 서비스 제공자의 서비스 수준에 대한 고객 지각수준의 차이로 정의하였다.

서비스품질은 각각의 서비스에 따라 다르게 평가된다. 이는 서비스가 다양하고 서비스를 제공하는 직원과 고객들 또한 다양하기 때문이다. 각각의 서비스에 따라 고객과 직원이 지각하는 것이 다르고, 상호작용에 대한 과정에 관여하는 모든 구성원들의 기대 또한 다르다.

따라서 소비자들이 인식하는 서비스품질은 "서비스기업이 제공해야 한다고 느끼는 소비자들의 기대와 서비스를 제공한 기업의 성과에 대한 소비자들의 인식 비교"에서 나오는 것이다. 이와 같은 서비스품질에 대한 정의는 서비스 수준이 절대적으로 어느 수준이 되어야 한다는 논리보다는 고객의 기대 품질과 그들의 경험 품질에 대한 인지의 문제로 파악하고 있는 것이다.

서비스품질에 대한 인지가 기대를 상회할 때, 서비스는 특별한 품질로 인식되며 고객감동으로 이어진다. 새로운 제품과 서비스는 조직에게는 수익성 개선, 신규 고객 유치, 기존 고객의 충성도 개선, 시장기회 구축 등 다양한 혜택을 제공한다. 그럼에도 불구하고 새로운 제품과 서비스를 활용하는 고객의 만족도는 제품, 서비스, 고객별로 다양하게 측정될 수 있다.

서비스품질 갭 모형(Quality Gap Model)에 근거한 SERVQUAL은 고객만족을 조사하기 위한 도구로, 서비스품질의 다차원을 측정하고 있는데, 형성된 기대와 실제 제공되는 서비스를 비교하여 서비스를 평가하는 방법이다. 이와 같이 서비스 기대와 성과는 서비스품질 측정을 위한 SERVQUAL모형과 서비스품질 평가를 위한 GAP모형의 기초개념으로 사용된다.

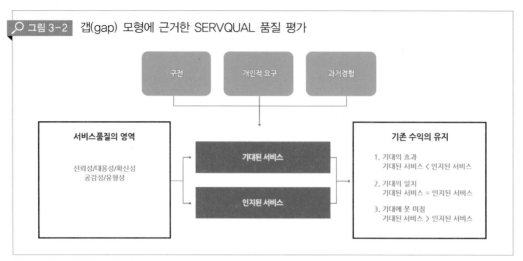

그림 3-2 갭(gap) 모형에 근거한 SERVQUAL 품질 평가

출처 : 한국표준협회, 한국서비스 품질지수

서비스품질은 고객의 기대와 실제 제공된 서비스와의 차이에 의해 결정되고, 고객들은 서비스를 제공받기 전 주변사람들의 이야기나 경험 등을 통해 제공받는 서비스의 정도를 심리적으로 결정하게 된다.

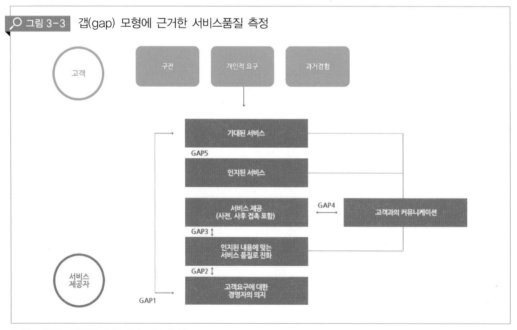

그림 3-3 갭(gap) 모형에 근거한 서비스품질 측정

출처 : 한국표준협회, 한국서비스 품질지수

Gap 모형은 고객의 기대수준과 실제 제공받은 서비스에 대해 인지한 수준의 차이를 이용하여 서비스품질을 측정하는 방법으로 고객이 서비스를 제공받는 과정을 세분화하고 각 과정에서 발생할 수 있는 차이를 이용하여 서비스 수준을 평가하게 된다.

Gap 1 : 고객의 기대와 경영자가 인식하는 고객 요구와의 차이

경영자는 '사전에 소비자는 어떤 요소들로 고품질을 인지하는지, 소비자 니즈를 만족시키기 위해 어떤 요소들을 갖춰야 하는지, 고품질 서비스 제공을 위해 어떤 수준의 능력이 필요한지'에 대해 항상 관심을 보이고 대응해야 한다. 고객의 기대에 대한 경영자의 이해부족은 소비자의 인식 품질에 영향을 줄 수 있다.

▷ **해결방법** : 고객과의 커뮤니케이션, 마케팅 조사의 수행, 상향식 커뮤니케이션의 확대(접점을 형성하는 직원들의 상향식(bottom up) 제안 및 관리단계 혹은 결제단계의 축소)

Gap 2 : 경영자가 인식한 고객의 요구와 기업에서 제공되는 서비스품질 요소와의 차이

서비스 제공 자원의 제한과 시장상황, 그리고 경영진의 무관심 등 다양한 요소들을 포함하는 소비자 기대에 대한 관리자의 인식과 실제 서비스 능력 상태 사이의 괴리로 나타나며 이는 결국 소비자품질에 영향을 미친다.

▷ **해결방법** : 단기보다는 장기적인 관점에서 최고경영자의 헌신과 서비스품질의 목표설정, 업무의 표준화 그리고 고객기대의 실행 가능성 인식

Gap 3 : 기업의 서비스품질 요소와 실제 제공되는 서비스와의 차이

좋은 서비스 전달과 올바른 고객응대에 대한 지침이 존재하는 것만으로 높은 서비스품질의 실현이 가능한 것은 아니다. 직원들은 고객이 인식하는 서비스품질에 큰 영향을 끼치려고 노력하지만 직원의 능력이 항상 일정할 수만은 없기 때문에 서비스품질 능력과 실제 전달되는 서비스 실행 간의 차이는 소비자가 인식하는 서비스품질에 영향을 준다.

▷ 해결방법 : 내부마케팅의 중요, 팀워크의 제고, 직원·직무 간의 적합성 확인, 기술·직무적합성 확인, 역할 갈등 및 역할 보호성의 감소

Gap 4 : 실제 고객이 제공받는 서비스와 기업에서 제공해 주기로 한 서비스와의 차이
미디어 광고와 기타의 소비활동은 소비자 기대에 영향을 준다. 외부 소통활동은 서비스에 대한 소비자의 기대뿐만 아니라 전달된 서비스에 대한 소비자의 인식에도 영향을 준다. 즉 서비스 전달과 외부 소통 간의 괴리는 서비스를 잘하기 위한 의도로 형성된 과장된 약속 그리고 서비스관련 정보 부재의 형태로 서비스품질에 대한 소비자 인식에 영향을 주게 되고 결국 서비스품질에 영향을 주게 된다.

▷ 해결방법 : 수평적 커뮤니케이션 강화 및 고객에 대한 과대 약속 지양

Gap 5 : 고객이 기대했던 서비스와 실제 제공받은 서비스에 대한 차이
높은 서비스품질을 보장하는 핵심은 고객의 서비스에 대한 기대치를 충족하거나 능가하는 것이다. 우수하거나 불량한 서비스품질 평가는 그들의 기대치 대비 실제 서비스품질을 어떻게 받아들이느냐에 좌우될 수 있으나 결국 소비자가 인식하는 서비스품질은 '크기'(만족의 양, 크기)의 기능과 기대한 서비스와 인지한(경험한) 서비스 간 차이의 '방향'(좋거나 나쁜)으로 설명할 수 있다.

▷ 해결방법 : 갭(Gap) 5=f(Gap 1, Gap 2, Gap 3, Gap 4)

2) SERVPERF 모형

PZB(Parasuraman, Zeithmal and Berry)에 의해 개발된 SERVQUAL모델은 이후 여러 연구자들에 의해 많이 이용되었음에도 불구하고 이후 문제가 지속적으로 제기되었고, 그 후 이를 비판하는 새로운 모델들을 연구자들이 제시하였다.
Cronin과 Taylor(1992)는 기존의 서비스품질에 대한 선행연구에서 기대와 성과의 불일치 관계만으로는 서비스품질 평가가 부족하다고 보고 서비스품질 측정을 성과 측면에서 강조한 SERVPERF를 개발해서 SERVQUAL을 반박하였다. 이들은 서비스품질이 태도

로 개념화할 수 없으며, 기대변수를 제외한 성과를 기준으로 한 측정은 장기적인 서비스 품질에 대한 태도를 훨씬 더 잘 알 수 있게 해준다고 주장하였다.

또한 이들은 PZB의 SERVQUAL 5개 차원과 척도를 구성하고 있는 22개의 성과 항목은 적절하다고 판단하면서도 사전 기대와 사후 성과에 걸쳐 2회씩이나 측정하는 것에 대한 문제점을 제기하고 있으며, 기대는 측정하지 않고 서비스 성과만을 측정하는 SERVPERF가 고객의 태도를 보다 잘 평가한다고 하였다. 또한 성과기준의 측정은 장기적인 서비스품질에 대한 태도를 훨씬 더 잘 밝혀주고, 성과만의 측정이 상대적으로 기대와 성과 간의 불일치 측정보다 예측력이 높음을 주장하고 있다.

〈표 3-2〉 SERVQUAL 모형과 SERVPERF 모형 비교

구분	SERVQUAL 모형 (PZB, 1988)	SERVPERF 모형 (Cronin & Taylor, 1992)
모형의 구성	기대 수준 - 성과 수준 $(Q = P - E)$	성과 $(Q = P)$
기대의 정의	제공해야 할 수준	기대수준 측정하지 않음
측정 차원	5개 차원, 22개 항목(44문항)	5개 차원, 22개 항목(22문항)

3) Gronroos의 모형

스웨덴의 학자인 Gronroos는 1984년 〈그림 3-4〉와 같이 2차원 품질모형을 개발하였다. Gronroos의 모형은 서비스품질이 '결과품질'과 '과정품질'로 이루어져 있다고 가정하였다. 즉 결과품질은 '기술적 품질'로서 고객이 서비스로부터 얻는 것의 품질, 즉 '무엇(what)'에 해당하는 결과품질이고, 과정품질은 '기능적 품질'로서 고객들이 서비스 상품을 얻는 전달과정의 품질, 즉 '어떻게(how)'에 해당하는 품질로서 과정품질(process quality)이라고도 한다. 궁극적으로 전달되는 서비스가 '무엇(what)'이 '어떻게(how)' 전달되는가에 초점을 두고 설명하고 있다.

다시 말해 결과품질(outcome quality)은 고객이 기업과의 상호작용에서 무엇을 (what) 받느냐를 나타낸다. 이는 서비스와 관련해 생산과정이나 구매자와 판매자의 상호작용이 끝난 뒤 고객에게 남은 것을 나타낸다. 이는 보통 객관적으로 평가할 수 있는

차원인데, 그 성격상 문제에 대한 기술적 해결책인 경우가 많기 때문에 기술적 품질 (technical quality)이라고도 부른다. 그러나 품질의 또 한 가지 중요한 측면은 과정이다. 예를 들어 스튜어디스의 자세나 행동, 서비스 절차, 직원들이 어떻게 일을 수행하는가 등이 품질에 대한 고객의 인식을 바꿀 수 있다. 즉 고객이 서비스품질을 어떻게(how) 받는가, 또는 서비스 제공과정을 어떻게 경험하는가를 나타내는 것이 과정품질(process quality)이다.

서비스기업에서의 이미지는 기업의 서비스품질을 평가하는 데 중요한 요소로 작용한다. 이러한 이미지는 기업이나 기업의 직원 또는 영업방식을 통해 인지하게 된다.

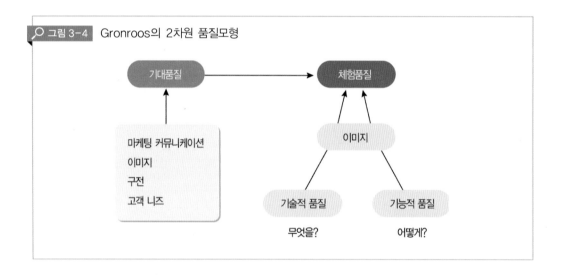

그림 3-4 Gronroos의 2차원 품질모형

4) 3차원 품질모형

Rust & Oliver는 서비스품질의 구성차원으로 〈그림 3-5〉와 같이 상품품질, 전달품질, 환경품질의 3가지를 제안하였다. 상품품질은 Gronroos의 결과품질에 해당되고, 전달품질은 과정품질과 유사한 개념이다. 그리고 환경품질은 서비스품질 연구에서 그 중요성이 점차 부각되고 있는 차원으로 서비스 전달의 배경이라 볼 수 있다. 이와 같이 3차원 모형은 서비스품질의 다면적 측면을 모두 아우를 수 있어서 직관적으로나 실용적인 관점에서 볼 때 논리적이고 포괄적인 모형으로 평가할 수 있다.

그림 3-5 Rust & Oliver의 3차원 품질모형

Gronroos 모형

3차원 품질모형

결과품질

과정품질

+

서비스환경

=

결과품질
(상품품질)

과정품질
(전달품질)

환경품질

제3절 ▷ 서비스품질의 전략적 시사점

 SERVQUAL은 고객의 서비스품질에 대한 기대와 지각 간의 격차를 항목과 서비스 차원별로 분석할 수 있게 함으로써 기업이 서비스품질 개선을 위해 노력해야 할 핵심 차원이나 차원 내의 구체적인 항목을 명확히 하는 데 일차적으로 활용할 수 있으며, 서비스품질 평가를 통해 고객과 기업 간의 소통 및 기업의 문제점 파악 그리고 고객의 니즈 평가와 기업의 서비스와 관련한 현재상황 파악에 도움을 주고 있다.

 SERVQUAL 측정을 반복 시행함으로써 고객의 기대와 지각을 시계열적으로 비교해 볼 수 있다. 이를 통해 일정기간 동안 고객의 기대수준이나 기업의 서비스 수행에 대한 평가 추이를 살필 수 있으며, 경쟁기업에 대해서도 SERVQUAL 조사를 실시함으로써 자사와 경쟁사 간의 서비스품질을 비교해 볼 수 있다.

 또한 개인의 SERVQUAL 점수를 토대로 고객들의 서비스품질 지각수준에 따라 고객 세분화를 위한 자료로 활용할 수 있다.

 ▷ **서비스품질은 기업 이익에 기여한다**

서비스품질은 기존 고객의 장기적 유지와 신규고객의 창출을 통해 기업의 이익에 기여한다. 기존고객의 장기적 유지는 비용절감, 고객충성도 상승, 구전효과 등을 통한 기존 수익의 유지에 기여하며, 신규고객의 획득은 시장점유율 증가, 기업이미지 상승, 서비스 프리미엄 등을 통한 추가 수익의 증가에 기여한다.

▷ 서비스품질은 서비스 생산성을 통해 고객가치와 기업 성과에 기여한다

서비스의 생산성을 높이면 가격이 낮아지고 고객가치도 증가되는 것으로 판단할 수 있지만, 오히려 생산성의 증대가 때로는 서비스품질을 낮추고 고객가치를 낮추는 결과를 초래할 수 있다. 서비스 생산성은 고객 관점과 기업 관점의 생산성을 동시에 높이며 서비스품질을 중심으로 지속적인 기업성과를 생산해야 한다.

▷ 서비스품질은 고객의 주관적 평가이다

서비스품질을 평가하는 주체는 고객이기 때문에, 서비스품질을 효과적으로 관리하기 위해서는 고객의 니즈나 기대를 철저히 반영해야 한다. 서비스품질은 객관적 지표로 측정할 수 있는 것이라기보다는, 제공된 서비스를 고객의 입장에서 평가하는 주관적 인식 평가라고 할 수 있다. 따라서 기업의 관리자는 고객조사를 통해 고객들이 어떤 서비스를 원하고 어떤 니즈가 충족되기를 원하는지 파악해야 한다.

▷ 서비스품질은 직원과 고객 간 상호작용의 결과이다

서비스품질은 직원과 고객 간 상호작용의 결과이다. 따라서 아무리 기업이 최고 서비스를 개발하고 막대한 노력을 기울인다고 할지라도 일률적인 서비스를 제공하는 것이 불가능하다. 따라서 기업은 서비스품질 관리를 위한 노력도 중요하지만 서비스를 제공하는 직원들의 요구사항과 권한을 위임하고 이를 통한 고객의 요구에 맞는 서비스 제공이 필요하다.

▷ 서비스품질은 전사적으로 접근해야 한다

서비스 접점 직원들만 서비스에 참여하는 것은 아니다. 고객을 직접 대하지 않는 직원들의 경우에도 고객을 직접 상대하는 일선 직원들을 직간접적으로 지원하기 때문이다. 따라서 서비스를 개선하기 위해서는 고객을 직접 대하는 직원뿐만 아니라 모든 직원이 함께 노력해야 한다. 다시 말해 서비스품질은 서비스 일선 부서와 지원부서 그리고 최고 경영자까지 함께 참여하여 개선해야 한다. 또한 부서 간의 문제 발생 시 최고경영자가 이런 문제점들을 조율하고 해결하는 서비스 리더십을 발휘해야 할 것이다.

▷ 고객도 서비스품질 생산에 기여한다

서비스의 주요 특성 중 한 가지는 고객이 서비스 생산과정에 직접 참여한다는 점이다. 따라서 고객은 자신이 제공받게 될 서비스품질에 직접 영향을 미칠 수 있게 된다. 그러므로 기업은 고객이 이러한 생산과정에 잘 참여할 수 있도록 관리할 필요가 있다. 이러한 생산과정의 참여를 통해 고객이 요구하는 사항이 무엇인지 그리고 서비스품질에서 보완해야 할 프로세스는 무엇인지를 파악하는 의사소통에도 만전을 기해야 할 것이다.

▷ 모든 마케팅 활동을 서비스품질 관리와 조율해야 한다

고객의 서비스품질 인식은 고객 기대와 성과 간의 차이를 바탕으로 결정된다. 따라서 고객의 서비스품질에 대한 기대관리는 서비스품질 개선 노력과 보조를 맞추어야 한다. 만약 비현실적인 약속을 하는 광고 때문에 고객의 기대수준이 지나치게 높아졌다면, 높은 서비스품질 평가는 얻기 어려울 것이다. 결국 비현실적인 약속으로 서비스품질에 대한 고객의 기대수준을 과다하게 높게 만든 것이 회사에 도움이 되기는커녕 오히려 부정적인 결과를 초래하는 것이다. 따라서 기업의 모든 마케팅 활동은 실제 서비스품질 개선 노력과 조율하면서 실시해야 할 것이다.

고객의 이름을 불러주는 서비스

이 세상에서 가장 듣기 좋은 것은 '자기 이름'을 부르는 소리다. 그래서일까. 시어머니에게 사랑받는 며느리는 말끝마다 "~해요, 어머님" 하고 시어머니를 자주 부르는 며느리라고 한다.

직원이 "백 사장님, 참 오랜만에 뵙습니다" 하고 이름을 기억하여 반갑게 불러주는 것이 수준 높은 서비스의 첫 걸음이다. 일본의 어느 은행에서는 '고객의 이름을 누가 많이 기억하는가'라는 재미있는 대회를 연다고 한다. 테스트는 창구를 찾는 고객을 보고 "다나카 선생님!" "하나코 양!" 하면서 이름을 맞추는 것이다.

우리나라의 품질경영상과 비슷한 미국 말콤볼드리지상을 받은 리츠칼튼 호텔도 서비스 3단계 중 첫 단계를 이렇게 시작한다.

"따뜻하고 진실된 마음으로 고객을 맞이하며, 되도록 고객의 성함을 사용한다."

K은행 연수원 교수 시절, 전 지점을 찾아다니며 서비스 순회지도를 한 적이 있다. 이것을 '임점연수'라고 부르는데, 근무 현장에서 직접 서비스를 교육하는 방법이다. 내가 모든 지점에서 빼놓지 않고 했던 일의 하나가 백지 한 장을 주고 친근하게 지내는 고객의 이름과 신상정보를 아는 대로 적어보게 하는 것이었다. 꽤 많은 이름과 근황, 거래정보를 적어낸 직원도 있었지만, 대부분은 당황스러워했고 간신히 몇 사람을 적어냈다.

나는 리츠칼튼에서 하듯 체계적인 프로그램을 만들 필요성을 절감하고 직원들에게 '고객을 기억하는 10대 실천요령'을 만들어주는 한편, '고객 기업 100명 운동'을 벌여나갔다.

〈고객을 기억하는 10대 실천요령〉
① 반드시 기억해야 한다며 의도적으로 외우려고 노력하지 않으면 외우지 못한다. 의도는 심리적 긴장을 낳고 그것이 기억으로 이어진다.
② 줄거리는 잊어도 감동적인 영화의 한 장면은 잊혀지지 않는다. 기억하고 싶은 것을 감동적인 장면으로 이미지화하라.
③ 무심코 보아 넘기면 기억에 남을 수 없다. 대상을 마음으로 보고 눈에 띄는 특징을 관찰하는 것이 기억으로 이어진다.
④ 목소리는 기억의 능률을 높여주고, 입은 눈만큼 기억할 수 있다. 한 시간에 3번 외우고 소리 내서 말하라.
⑤ 자신의 목소리를 녹음해서 듣고 따라하면 공명하는 상태와 같아 기억이 강화된다. 테이프에 자신의 목소리를 녹음하라.
⑥ 이 세상 모든 소리 가운데 가장 감미롭고 중요한 소리는 자신의 이름이다. 고객을 방문하기 전에 반드시 다시 한 번 확인하라.
⑦ 명함은 인간관계의 재산이다. 명함 뒷면을 활용해서 시간, 장소, 특징, 인상, 용무를 메모하라.
⑧ 기회 있을 때마다 내 이름을 밝히고 고객에게 인상적으로 소개하라. 고객이 당신을 오래 기억하게 하는 방법을 병행하라.
⑨ 이름을 기억해 주어도 고마운데 목소리까지 기억해 주면 금상첨화다. 전화 목소리까지 기억하라.
⑩ 시험을 봐야 긴장해서 기억효과가 커진다. '고객 기억하기 경진대회'를 열어 재확인하라.

▲ 오늘날의 기업은 시장에서 성공하려면 고객 서비스에 대한 개인적인 접촉이 필요하다는 것을 알고 있다. 고객의 70% 이상이 문에 들어서면 개인화된 경험을 기대한다. 밀레니얼 세대와 같은 새로운 세대는 개인화된 경험을 당연하게 여긴다. 고객의 이름을 기억하고 불러주는 것은 고객 개인화의 시작이다.

"이름은 모든 언어에서 가장 달콤하고 가장 중요한 소리이다."는 Dale Carnegie의 How to Win Friends and Influence People에서 가장 널리 인용된 격언 중 하나이다.

출처 : https://www.qminder.com

출처 : 장정빈, 리마커블 서비스, 올림

Key words

• 서비스품질 갭 이론 : 서비스품질은 고객만족에 중요한 요소이다. 서비스품질을 관리하기 위해서는 서비스품질에 영향을 미치는 과정이나 활동을 측정하고 측정결과에 기준과 편차가 있으면 그 편차를 수정해야 한다. 서비스품질에 대한 편차는 고객이 갖고 있는 기대와 서비스경험인 지각 간의 차이에서 발생한다. 기대와 서비스 지각이 일치하거나 초과하는 경우에는 고객이 만족하게 되며, 서비스에 대한 지각이 기대에 미치지 못할 때, 고객은 불만족하게 되는데 이를 고객 갭이라고 부른다. 즉 서비스품질에 대한 기대에 지각이 미치지 못하는 갭이 편차이다.

이와 같이 Gap 모형은 고객의 기대수준과 실제 제공받은 서비스에 대해 인지한 수준의 차이를 이용하여 서비스품질을 측정하는 방법으로, 고객이 서비스를 제공받는 과정을 세분화하고 각 과정에서 발생할 수 있는 차이를 이용하여 서비스 수준을 평가하게 된다. 기대와 인지 사이에서 발생할 수 있는 5가지 갭은 다음과 같다.

Gap 1 : 고객의 기대와 경영자가 인식하는 고객의 요구와의 차이

Gap 2 : 경영자가 인식한 고객의 요구와 기업에서 제공되는 서비스품질 요소와의 차이

Gap 3 : 기업의 서비스품질 요소와 실제 제공되는 서비스와의 차이

Gap 4 : 실제 고객이 제공받는 서비스와 기업에서 제공해 주기로 한 서비스와의 차이

Gap 5 : 고객이 기대했던 서비스와 실제 제공받은 서비스에 대한 차이

• 서비스품질 평가모형(SERVQUAL) : 서비스품질의 측정도구로 널리 활용되는 SERVQUAL 모형은 서비스기업에 대한 고객의 기대와 서비스 수행 후 경험을 평가하는 데 사용할 수 있는 총 22개 문항으로 이루어진 다문항 척도(multiple-item scale)로 구성되어 있다. SERVQUAL은 서비스에 대한 고객의 기대, 그리고 인지를 측정하는 2개 부문의 설문으로 구성되어 있으며 측정 항목은 5개 차원으로 구성되어 있다. 이러한 서비스품질 평가는 고객의 기대평가와 실제 서비스를 경험한 후의 평가를 비교하는 것으로서, 서비스품질의 만족 혹은 불만족의 차원을 확인할 수 있다.

• 서비스품질의 5가지 차원(RATER) : 서비스품질을 결정짓는 다섯 가지 차원으로 신뢰성(R), 확신성(A), 유형성(T), 공감성(E), 응답성(R) 등이 있다.

신뢰성(reliability; R) : 약속한 서비스를 믿을 수 있고 정확하게 수행할 수 있는 능력

확신성(assurance; A) : 직원의 지식과 예절, 신뢰와 자신감을 전달하는 능력

유형성(tangibles; T) : 물리적 시설, 장비, 직원, 커뮤니케이션 자료의 외양

공감성(empathy; E) : 회사가 고객에게 제공하는 개별적 배려와 관심

응답성(responsiveness; R) : 고객을 돕고 신속한 서비스를 제공하려는 태세

1. 서비스품질을 정의하기 어려운 이유는 무엇일까? 서비스품질에 대한 정의를 스스로 한번 내려보세요.

2. 서비스품질의 결정요인 다섯 가지 중에서 다음의 업종에서 가장 중요하다고 생각하는 것은 무엇인지 토론해 보시오.
   (예: 항공사, 여행서, 호텔, 카지노, 리조트)

3. 서비스품질 측정 모형을 비교 설명하시오.

4. RATER의 각 요소를 설명하고 차이점을 비교하시오.

5. 서비스품질의 전략적 시사점을 논의하시오.

INTERNET 활용하기

- https://brunch.co.kr/@donkim/34 브런치, 제품품질이 아닌 경험, 서비스품질
- https://www.millenniumhotels.com/ COVID-19에 대한 밀레니엄 호텔 및 리조트의 대응
- https://brunch.co.kr/@sungwunhyun/7, 브런치, 음식점 서비스품질, 측정할 수 없으면 관리할 수 없다
- https://www.trilyo.com/ 호텔 산업의 서비스품질 및 고객만족
- https://pdcahome.com/ SERVQUAL 모델, 서비스품질 분석

CHAPTER 04 서비스 접점과 관리

제1절 서비스 접점과 중요성
제2절 서비스 접점 유형과 관리전략

이 장을 학습한 후, 다음 내용을 이해할 수 있어야 한다.

1. 서비스 접점의 개요에 대해 설명할 수 있다.
2. 서비스의 결정적 순간의 중요성을 설명할 수 있다.
3. 서비스 접점이 왜 고객만족에 영향을 미치는지를 설명할 수 있다.
4. 호스피탤리티 산업의 고객동선에 따른 서비스 접점을 설명할 수 있다.
5. MOT의 유래와 서비스 접점과의 연관성을 설명할 수 있다.

CHAPTER

(04) 서비스 접점과 관리

서 · 비 · 스 · 경 · 영

개요

서비스는 무수한 접점이 모여서 하나의 프로세스가 형성되고 서비스는 이러한 프로세스를 통해 고객에게 전달된다. 특히 서비스의 독특한 특징 중 하나는 고객이 서비스 생산 프로세스에 적극적으로 참여한다는 것이다.

따라서 고객과 직원들의 접촉이 이루어지는 서비스 접점은 고객만족에 직접적인 영향을 미치게 되며 나아가 성공적인 서비스품질을 보장하는 기회의 역할을 한다.

따라서 서비스기업들은 서비스 접점의 중요성을 인지하고 이에 전략적인 관점으로 접근하고 있다. 왜냐하면 고객의 시각에서 서비스는 그 기업의 전체를 보여주는 것이고 서비스가 곧 기업을 대표하는 브랜드이기 때문이다.

고객은 아무리 좋은 서비스를 제공해도 한 번 나쁜 서비스를 경험하게 되면 그 기업에 대한 이미지가 나쁘게 변하기 때문에 서비스를 제공함에 있어 각별한 주의가 필요하다.

본 장에서는 서비스 접점의 관리가 왜 중요하고 관리되어야 하는지를 학습한다.

제1절 > 서비스 접점과 중요성

1. 서비스 접점4)의 의미

우리는 고객과 서비스기업과의 상호작용이 이루어지는 접점을 서비스 인카운터(service encounter)로 설명하고 이를 진실의 순간이라고 한다. 즉 고객과 서비스와의 만남이나 서비스와의 조우 또는 접촉으로 해석될 수 있으며, 고객의 관점에서 보면 고객이 서비스기업과의 상호작용을 통해 가장 생생한 경험과 인상을 받게 되는 순간을 의미한다.

서비스 접점을 광의의 개념으로 접근하면 회사의 브랜드, 상품, 첫인상, 이미지, 광고, 전화, 인터넷과 직원의 서비스 수준의 모든 수단을 포함하여 고객이 회사의 서비스에 접하는 모든 순간을 말하며, 좁은 의미의 서비스 접점은 서비스를 제공하는 직원이 고객과 상호작용하는 순간을 말한다.

▲ 고객과의 서비스 접점
고객과의 접점은 짧은 순간이지만 서비스기업의 전체적인 서비스 수준을 고객이 인지하기 때문에 기업은 직원들의 교육과 훈련 그리고 내부마케팅을 통한 직원들의 동기부여가 매우 중요하다.

고객은 서비스 접점을 통해 기업의 서비스품질을 경험하게 되고, 이를 통해 기업에 대한 고객의 전반적인 만족도를 형성케 할 뿐만 아니라 재구매 의도를 갖게 하는 데 영향을 미친다. 따라서 조직의 관점에서 볼 때 각각의 서비스 접점은 서비스 제공자의 품질을 고객에게 보여주고 고객의 애호도를 증대시킬 수 있는 기회가 된다.

고객은 서비스기업과 특정한 시간 및 장소에서 만나게 된다. 서비스 전달 시스템상으로 보면 고객은 예약, 주문, 처리(배달), 지불, 애프터서비스 등 일련의 과정을 거치게

---

4) 본 장에서는 서비스 접점과 고객접점을 동일 표현으로 혼용해서 사용한다.

된다. 고객은 이러한 과정의 전부 또는 특정의 부분에서 그 기업의 서비스를 경험하게 되고, 하나하나의 접점이 고객의 기억 속에 회사의 긍정적 또는 부정적인 이미지를 형성하는 데 중요하게 작용한다.

특히 사람, 즉 인적서비스로 대표되는 호텔·항공·외식·의료·교육 등과 같은 서비스기업일수록 서비스 인카운터의 빈도는 높아지게 되며, 그러한 접점에서 고객이 갖게 되는 인상은 대개 그 기업에 대한 이미지로 굳어지게 되므로 서비스 기업에서 고객접점에 대한 관리는 매우 중요한 사항이라 할 수 있다.

2. 결정적 순간의 유래

MOT는 Moments Of Truth의 약자로 우리말로는 '진실의 순간' 또는 '결정적 순간'으로 해석될 수 있으며, 원래 스페인의 투우에서 사용되는 전문용어로 시작되었다. 서비스업에서는 서비스를 받아들이는 고객의 입장에서 그 서비스의 진가를 평가하는 결정적인 순간을 뜻하는 말로써 투우사가 소를 상대하여 승부를 결정짓는 짧지만 운명을 가르는 최초의 15초를 스웨덴의 마케팅학자인 리차드 노만(R. Norman)이 서비스품질관리에 처음으로 사용하였다.

이후 MOT의 개념을 경영에 도입한 것이 1987년 스칸디나비아항공사의 사장이었던 얀 칼슨이며, "고객이 조직의 한 부분과 만나는 접점으로써 서비스 제공 조직과 품질에 대해 인상을 각인하는 순간"으로 정의하고 있다.

얀 칼슨은 현장에 있는 직원과 고객이 처음 만나는 '15초' 동안의 고객응대 태도에 따라 기업 이미지가 결정된다고 주장하였다. 결국 '15초'는 기업의 운명을 결정짓는 가장 소중한 순간이며, 고객의 불만을 초래해서는 안 되는 순간으로 "100번의 고객접점에서 99번 만족시켰더라도 고객이 한 번 불만을 느끼면 고객의 종합만족도는 0이 된다. 따라서 고객과 접하는 최초의 15초에서 100−1=0이다"라고 주장하며 고객접점관리를 강조하였다.

각각의 서비스 접점에서 서비스인이 고객에게 어떠한 인상을 주는가가 해당 조직의 전체 이미지에 영향을 미치고 그 회사의 성패를 가른다. 당시 스칸디나비아항공에서는 연간 천만 명의 고객이 평균 5명의 직원들과 상대했음을 알았고, 이는 1년에 회사

▲ 스페인의 투우경기 모습
투우사가 소를 상대하여 승부를 결정짓는 최초의 15초를 리차드 노만(R. Norman)이 서비스품질관리를 위한 전략으로 처음으로 사용하였다.

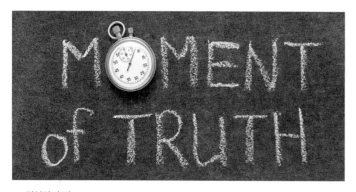

▲ 진실의 순간
우리가 어떤 제품을 사고 싶다면, 우리는 그것을 SNS를 통해 다른 사용자들이 제공한 리뷰를 확인한다. 마케터로서 구매를 위한 사전 리뷰 순간은 시장에서 더 많은 제품을 판매하는 데 중요한 진실의 순간이 된다.

▲ 스칸디나비아 항공 사장인 얀 칼슨은 "고객이 사업체와 접촉할 때마다, 그것이 아무리 먼 곳이더라도, 인상을 형성할 기회를 갖게 된다."라며 진실의 순간을 설명한다.
출처 : https://www.forbes.com

의 인상을 결정지을 오천만 번의 기회가 있었다는 뜻이었다.

칼슨은 MOT의 개념을 소개하기 위해 불결한 트레이(접시 또는 쟁반)를 자주 예로 들었다. 만약 승객들이 자신의 트레이가 지저분하다는 것을 발견하게 된다면, 같은 순간에 그들은 탑승하고 있는 비행기가 불결하다고 느끼게 된다는 것이다. 이처럼 MOT는 서비스 제공자가 고객에게 서비스품질을 보여줄 수 있는 극히 짧은 시간이지만, 자사에 대한 고객의 인상을 좌우하는 매우 중요한 순간인 것이다.

이렇게 결정적 순간(MOT)은 서비스 제공자가 고객을 대하는 짧은 순간에 서비스에 대한 인상이 좌우되기 때문에 그들로 하여금 최선의 선택을 하였다는 기분이 들도록 만들어야 한다.

〈표 4-1〉 MOT의 법칙

MOT 법칙	내 용
곱셈의 법칙	각 서비스 항목의 점수를 처음부터 우수하게 받았어도, 어느 한 항목에서 0점을 받았다면 그 결과는 0으로 형편없는 서비스가 된다는 것이다. 즉, 처음부터 끝까지 각 단계마다 인상적인 서비스를 제공해야 한다. 서비스의 전체 만족도는 MOT 각각의 만족도 합이 아니라 곱에 의해서 결정된다.
통나무 물통의 법칙	통나무 조각으로 만든 통나무 물통은 여러 조각의 나무조각을 묶어서 만들었기 때문에 어느 한 조각이 깨지거나 낮으면 낮은 높이만큼 물이 빠지는 최소율의 법칙이 적용된다. 즉, 고객은 가장 안 좋은 서비스를 유독 잘 기억한다는 것이다.
100-1=0의 법칙	깨진 유리창의 법칙을 설명해 주는 수학식으로 사소해 보이는 것 하나가 중요한 결과를 초래할 수 있다는 것이다. 100가지 서비스 접점 중 어느 한 접점에서 느끼는 불만족이 그 서비스 전체에 커다란 영향을 미칠 수 있다는 것이다.

3. 서비스 접점의 중요성

결정적 순간은 서비스 제공자가 고객에게 서비스의 품질을 보여줄 수 있는 기회로서 지극히 짧은 순간이지만 고객의 서비스에 대한 인상을 좌우한다.

서비스직원과의 상호작용을 통해 고객은 마음속으로 서비스품질을 결정하는데, 이 단순한 접점이 고객 서비스를 평가하고, 서비스품질에 대한 견해를 형성하는 시점이다. 즉 고객은 다양한 서비스 제공자로부터 여러 가지 접점을 경험하며, 그러한 접점에서 고객이 갖게 되는 인상은 대부분 그 기업에 대한 이미지로 굳어지게 되므로 서비스기업에서 고객접점에 대한 관리는 매우 중요한 사항이라 할 수 있다.

서비스 전달시스템상으로 보면 고객은 예약, 주문, 처리(배달), 지불, 애프터서비스 등 일련의 과정을 거치게 되는데, 고객은 이러한 과정의 전부 또는 특정의 부분에서 그 기업의 서비스를 경험하게 된다.

예를 들어 비행기 탑승객은 일련의 서비스 접점을 경험하게 되는데, 우선 전화

▲ 행복한 직원! 행복한 노동!
행복한 고객을 통해 비즈니스를 성공하고 싶다면 직원이 먼저 행복해야 한다.

나 인터넷 또는 온라인 플랫폼을 통해 비행기표를 구매하고, 공항에서 수화물 접수, 기내
서비스 제공과 도착 후 수화물 찾기, 그리고 마일리지 적립까지 각 단계별 서비스 제공자
와 상호작용을 하게 된다. 이때 고객과 직원 간에 서비스 단계별로 접점의 기회를 가지
게 되며 대부분의 서비스품질이 결정된다.

제2절 > 서비스 접점 유형과 관리전략

1. 서비스 접점의 유형

MOT는 고객이 기업에서 제공하는 서비스의 어느 일면과 접촉하는 것으로 조직의 서
비스 품질에 대한 인상을 결정짓는 순간을 말한다. 즉 서비스품질은 수많은 접점으로부
터 영향을 받으며 순간적으로 결정된다. 서비스품질에 영향을 미치는 서비스 접점의 유
형에는 고객과 직원의 대면접점 이외에도 전화
접점이나 원격접점 등이 있으며, 간접적 접점으
로서 물적 서비스 접점과 시스템적 서비스 접
점이 있다.

▲ 원격접점 ATM
기술근간서비스 인카운터로서 원격접점의 사용은 점차 확대되고 있다.

1) 직접서비스 접점

(1) 원격접점(remote encounter)

원격접점 서비스란 서비스기업과 고객의 상
호작용에서 인적 접촉이 완전히 배제된 형태의
서비스 인카운터를 의미한다.

예를 들면, 고객이 ATM이나 인터넷 뱅킹을
이용하여 은행과 거래하거나, 자동티켓발매기
로 티켓을 구입, 또는 인터넷 웹사이트를 통한 소매상과의 거래 등이 원격접점에 해당되

며, 최근 키오스크(kiosk)의 활용이나 인터넷 애플리케이션을 통한 서비스가 빠르게 확산되고 있다. 또한 비행기표의 구입, 국내외 호텔 및 숙박관련 예약, 여행상품의 비교와 예약 등 원격접점의 활용은 고객의 수요에 맞추어 빠르게 성장하고 있다.

서비스기업들의 기술을 근간으로 하는 원격접점 서비스 비중은 향후 지속적으로 증가될 전망이다. 왜냐하면 서비스 제공과정에서 적용된 첨단정보기술은 서

▲ 호텔은 홈페이지를 활용한 홍보나 예약 그리고 호텔정보를 고객에게 전달하게 된다. 최근의 추세는 음성접점보다 오히려 원격접점의 사용도가 높아지는 경향을 보인다.
출처 : https://seoul.intercontinental.com

비스 질의 일관성 유지와 편의성 향상 그리고 인건비 절약 등 여러 긍정적 영향을 보여주고 있으며, 점차 많은 고객들이 기술 근간 서비스 인카운터 활용에 적극적인 반응을 보이는 추세이기 때문이다.

특히 원격접점은 직접적인 인적 접촉은 없지만 고객의 품질지각을 긍정적으로 높이거나 강화시킬 수 있는 기회를 제공한다.

(2) 음성서비스 접점(Voice to voice service encounter)

음성서비스 인카운터란 말 그대로 고객과 서비스 생산자가 직접 접촉하지 않고 음성을 매개로 하여 서로 접촉하는 순간을 말한다. 은행, 보험업무 등이 대표적인 서비스 인카운터의 예라고 할 수 있다.

대부분의 서비스기업에서 운영하고 있는 콜센터는 그 업무영역이 확대되고

▲ 원격접점과 더불어 음성서비스 접점의 중요성이 커지고 있다. 최근 감정노동의 심각성이 부각되면서 이에 대한 대책이 필요하다.
출처 : http://www.bizinsight.co.kr, 콜센터

있으며, 기존의 예약 이외에도 마케팅·거래처리·판매·상담·정보제공 등 과거 대인서비스 인카운터 형태로 이루어졌던 다양한 서비스가 음성서비스 접점에서 이루어지고 있다.

음성서비스 접점을 통한 서비스 제공은 고객과의 상호작용을 통해 이루어지므로 서비스를 제공하는 직원의 음색, 직무 지식, 고객 문제를 처리하는 능력 등이 음성서비스 접점의 품질을 높이는 데 중요한 기준이 된다.

(3) 대인서비스 접점(face to face service encounter)

대인서비스 접점이란 서비스 현장에서 고객들과 직접 대면하면서 서비스를 수행하는 상호교류의 순간을 말하며, 고객만족에 직접적인 영향을 미치는 접점이라 할 수 있다.

대표적인 인적산업인 호스피탈리티 산업에서는 서비스 제공자와 고객 간의 상호작용에 의해 서비스가 이루어지며 이러한 과정 속에서 고객은 서비스를 경험하게 되는 것이다. 따라서 물적 요소와 프로세스가 아무리 훌륭하게 갖춰진 호텔이라도 고객들이 호텔 근무자들과의 상호관계 속에서 이루어지는 서비스경험이 불쾌하였다면, 그 역시 좋은 평가를 받지 못할 것이다. 따라서 대인서비스 접점에서 업무를 수행하는 직원들에게 여러 상황에서 발생하는 문제들을 적극적으로 해결할 수 있는 권한위임이 우선시된다.

대인서비스를 수행함에 있어 직원이 가져야 하는 인적 요소에는 서비스마인드, 접객 태도와 매너, 직원의 청결도, 직원의 표정, 공감성, 적극성, 전문지식 등의 모든 응대들이 포함된다.

─────────────────────────────────

⋮⋮⋮⋮⋮⋮⋮⋮⋮⋮ '진실의 순간'이 회사의 이미지를 결정한다 ⋮⋮⋮⋮⋮⋮⋮⋮⋮⋮

아무리 탄탄하게 잘 운영되는 회사라 하더라도 서비스 접점 직원(customer service representative)과 고객이 대화하는 순간 엉터리 회사로 전락해 버릴 수도, 반대로 사실은 그렇게 잘 운영되는 회사가 아님에도 불구하고 서비스직원의 역량 덕분에 서비스를 제공받은 고객은 최고의 회사로 기억할 수도 있다. 이것이 '진실의 순간'이다. 서비스직원과 만나거나 통화하면서 고객은 회사의 실체를 스스로 평가해 버리는 것이다. 고객과의 만남에서, 그 만남이 대면(face-to-face)이든 비대면(non-face-to-face)이든 상관없이, 기업에 대한 인상 혹은 선입견을 심어주게 되는 '진실의 순간'이 발생한다. 최근에는 이

'진실의 순간'을 '마법의 순간(moment of magic)'이라고도 부른다. 같은 기업을 최고의 기업으로 만들기도 하고 반대로 최악의 기업으로 만들어버리기도 하는 정말 마법과도 같은 순간이기 때문이다.

직원의 역량, 고도화된 시스템, 잘 디자인된 프로세스, 세련된 대응 매너, 대화의 기술 등 고객에게 서비스를 제공할 때 많은 서비스 준비가 필요하고 더불어 서비스직원에 대한 지속적인 교육과 훈련이 요구되는 것은 바로 이 짧은 '진실의 순간' 혹은 '마법의 순간'에 승패가 판가름 나기 때문이다. 군대가 365일 힘들게 전투 준비를 하고 군사훈련을 하는 것은 언젠가 있을지 모를 단 한 번의 전투에서 승리하기 위해서라는 설명과 같은 맥락이다.

▲ 고객접점에 있는 직원은 기업을 대표하여 직무를 수행하고 있기 때문에 진실의 순간의 중요성을 인지해야 한다.
출처 : www.koreanair.com

▲ 고객접점은 대기업이든 소매업이든 고객경험에 미치는 영향은 같다. 결과적으로 고객이 남느냐 떠나느냐의 문제이기 때문에 모든 접점에서 최선을 다해야 한다.

경영자 중에 이 '진실의 순간'을 정확하게 이해하고 그 중요성을 진지하게 받아들이는 사람이 얼마나 될까? 아직도 재무적 성과요소(KPI, key performance indicator)를 금과옥조로 생각하고 기업을 경영하고 있다면 지금이라도 이 '진실의 순간' '마법의 순간'이 얼마나 중요하며, 오히려 무시무시한 단어인지를 깨달아야 한다.

단기적이며 과거지향적인 성과라고 할 수 있는 재무적 성과에만 몰입하는 폐해를 줄이려고 균형성과표(BSC, balances score card)를 도입하여 단어의 뜻 그대로 균형을 맞추려고 기업들은 노력하고 있다. 하지만 성과 측정방법의 종류와 내용에 우선하여 의사 결정권자인 경영자의 경영철학과 생각의 틀부터 바꾸는 노력이 더욱 필요한 것은 아닐까?

어떤 기업이든 의사 결정 라인에서 단 한 명이라도 이 '진실의 순간'에 대하여 고민하는 사람이 있는지를 알아보는 가장 좋은 방법은 그 회사의 컨택센터에 전화를 걸어보는 것이다. 만약 화가 날 정도로 반복되는 자동응답시스템(ARS: automatic response system 혹은 IVR: interactive voice response)이 열심히 돌아가고 있다면, 그 기업은 '파멸의 순간(moments of destruction)'으로 들어가고 있다고 보아도 별 무리가 없다.

출처 : 서비스딜루전, 이상기 외, 2016, p. 37

2) 간접서비스 접점

(1) 물적 요소(physical environment)

고객과의 접점에서 물적 요소는 상호작용에서 고객의 구매행동과 신뢰 형성에 도움을 주는 역할을 한다. 즉 기업은 눈에 보이지 않는 서비스의 특성 때문에 물리적 근거를 통해 서비스기업이 제공하는 서비스품질을 고객들에게 전하려 한다. 호텔의 객실 및 그 공간 내에 존재하는 침대ㆍ의자ㆍTV 등과 같은 다양한 가구들과 항공사의 비행기와 기내의 시설 그리고 기내식 등이 대표적인 물적 요소의 예라고 할 수 있다. 이러한 물리적 근거는 고객과 직원들의 인지적, 정서적, 심리적 반응을 불러일으키며, 결과적으로 긍정적 경험에 영향을 미치게 된다.

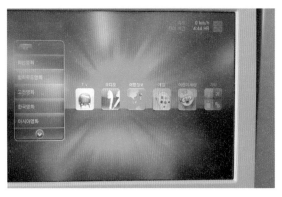

▲ 장시간 비행의 지루함을 덜어주는 편안한 여정을 위해 고객의 니즈에 맞추어 세분화한 후 클래식 영화부터 최신 콘텐츠까지 엄선하여 제공한다. 출처 : www.koreanair.com

▲ 기내식은 고객의 기호에 맞추는 메뉴는 물론 디테일한 준비를 통해 새로운 고객경험을 창출한다. 기내식에 대한 기대와 만족은 전체적인 기내품질에 영향을 미친다. 출처 : www.koreanair.com

(2) 프로세스(Process) : 시스템적 서비스 접점

시스템적 서비스는 고객이 선택 구매하고 이용하는 데 있어 간접적으로 영향을 주는 접점을 말한다. 즉 지식, 정보, 아이디어에 의한 흐름, 절차, 체계, 제도 등으로 고객에게 편익을 제공하려는 노력 등을 의미하며, 서비스를 받기 위해 방문한 고객에게 처음부터 마지막까지 경험하는 모든 서비스가 물 흐르듯 막힘없이 제공되도록 하는 여러 프로세스를 의미한다. 예를 들어, 예약관리, 대기시간 관리, 서비스 운영시스템, 불만처리체계, 정보채널의 운영 및 관리 등이 이에 속한다.

2. 서비스 접점의 삼각구조

서비스 접점의 삼각구조에서 파악해야 할 3개 주체 간의 상호작용은 각 주체별 역할 사이에 나타나는 상호관계 및 이들 관계 간의 적절한 균형이 요구된다. 서비스 접점 삼각구조는 ① 서비스 조직(기업) ② 서비스 제공자(접점 직원) ③ 고객의 3개 주체가 있고, 이들 주체 간의 상이한 이해가 3개 주체들 간의 상호작용과 동시에 갈등의 원인을 제시하기도 한다. 따라서 3개 주체 간의 균형있는 서비스 접점을 구성함으로써 상호이익을 창출하는 것이 중요하다.

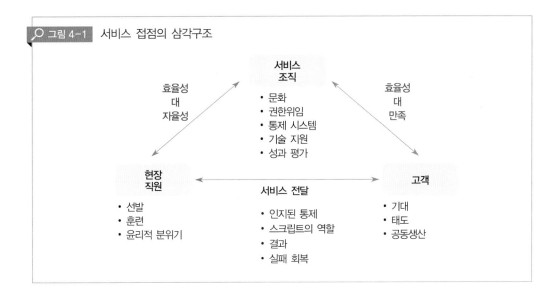

🔍 그림 4-1 서비스 접점의 삼각구조

1) 서비스 조직과 서비스 제공자 사이의 상호작용

이익을 추구하는 서비스 조직의 경영진은 수익(margin)을 확보하고 경쟁력을 유지하기 위해 가능한 한 효율적으로 서비스를 전달하는 데 관심을 기울인다. 그 결과 경영진은 서비스 전달을 통제하기 위해 고객에게 서비스를 제공할 때 일선 직원의 자율권과 재량권을 제한하는 규칙과 절차를 부과하려는 경향이 있다. 이러한 규칙과

절차는 고객에게 제공되는 서비스의 범위가 제한될 수 있기 때문에 결과적으로 고객화의 결여에 따른 고객 불만을 가져오기도 한다. 따라서 서비스 조직과 서비스 제공자의 접점에서 업무의 효율성과 자율성의 균형이 필요하다.

2) 서비스 제공자와 고객 사이에 나타나는 상호작용

서비스 접점에서 서비스를 전달하는 직원과 고객이 상호작용하는 과정은 서비스품질이 전달되고 결정되는 중요한 핵심과정이다.

▲ 프런트데스크의 check in 모습

상호작용 과정에서 접점 직원들은 자신들이 좀 더 쉽게 업무를 수행하고, 스트레스를 적게 받기 위해 고객의 행동을 통제하려는 경향을 보인다. 이와 동시에 고객은 서비스 접점에서 최대한의 혜택을 이끌어내기 위해 서비스 접점에 대한 통제권을 가지려고 한다.

따라서 상호 갈등 속에서 고객 욕구를 충족시킬 수 있는 원활한 서비스 전달을 위해서는 접점 직원에게 권한을 창의적으로 행사할 수 있는 자율권, 즉 권한위임(empowerment)의 부여가 필요하다.

3) 고객과 서비스기업의 상호작용

서비스기업은 보다 효율적으로 서비스를 제공하려 하고, 고객은 보다 높은 최대의 이익과 최고의 만족을 얻으려고 노력한다.

따라서 고객의 만족과 서비스 조직의 효율성 확대를 위해서는 동등한 상호관계를 유지해야 비로소 서로 이익이 되는 서비스 접점을 창출할 수 있다.

〈표 4-2〉 서비스 접점의 구성요소

접점 구성요소	역할	지배자가 되는 경우
서비스 조직	• 고객의 니즈가 무엇인지를 결정 • 접점 직원이 서비스를 어떻게 전달할 것인지를 결정	• 원가주도 전략을 추구하는 기업에서 주로 서비스효율 제고 • 직원과 고객의 불만 발생
서비스 제공자 (접점 직원)	• 고객과 상호작용 • 조직의 경영방침을 인식하고 이를 고객에게 전달	• 직원 스스로 고객을 통제하는 중요한 등급을 지닌 것으로 인지
고객	• 조직과 커뮤니케이션을 함 • 서비스직원과 상호작용을 하면서 서비스의 생산과 소비를 동시에 수행	• 최대한의 이익 추구

출처 : 안연식, 창명, 2019, p. 282을 바탕으로 논자 재구성

3. 서비스기업의 고객접점 이해

1) 항공사 서비스 흐름에 따른 주요 MOT

고객의 항공사 이용목적이 단체여행인지 개인여행인지 또는 환자와 같은 특수 서비스가 필요한지에 따라 고객과 서비스의 접점은 일부 상이할 수 있으나, 공통적으로 발생할 수 있는 주요 MOT는 다음과 같다.

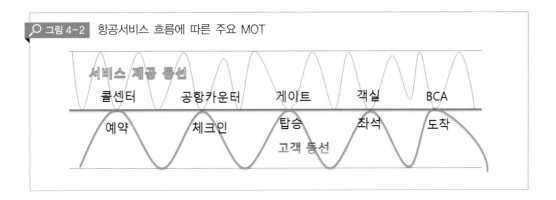

○ 그림 4-2 항공서비스 흐름에 따른 주요 MOT

서비스 제공 동선
콜센터   공항카운터   게이트   객실   BCA
예약   체크인   탑승   좌석   도착
고객 동선

항공기 예약을 위해 고객은 전통적으로 항공사에 전화를 하고, 항공사는 콜센터를 운영하여 각종 예약사항을 응대하게 되는데, 이 예약 MOT는 고객과 항공사와의 첫 MOT이면서 이후에 연결되는 서비스에 민감한 영향을 미치게 된다. 또한 시스템적 서비스 접점인 홈페이지에 의한 예약도 고객의 서비스품질 인지에 커다란 영향을 미치게 된다. 최근에는 항공사 홈페이지 또는 온라인 플랫폼을 통해 대부분의 예약이 진행되고 있으나, 이 또한 MOT의 중요성이 강조되고 있다.

두 번째 접점은 출발을 위해 공항 체크인 카운터에서, 그리고 CIQ(Customs, Immigration, Quarantine)를 지나 탑승 게이트에서 연이은 접점이 생성되고, 탑승 이후 객실 내에서는 좌석안내, 기내식 과정 등에서 크고 작은 서비스 접점이 연속적으로 이어질 것이다. 항공기가 목적지에 착륙하여 도착공항의 BCA(baggage claim area)에서 위탁수하물을 찾게 되는 순간을 마지막 접점이라고 할 수 있다.

항공서비스의 경우를 예로 들어보면 〈표 4-3〉과 같이 여러 결정적 순간들을 경험할 수 있다.

▲ 기내에서 객실승무원들이 유니폼을 입고 기내 서비스를 하는 모습
출처 : www. koreanair.com, 중앙일보

<표 4-3> 항공서비스의 결정적 순간들의 예

	결정적 순간	세부 접점	접점서비스 종류
예약	• 정보를 얻기 위해 전화를 하거나 홈페이지에 접속했을 때 • 예약할 때	• 홈페이지 • 온라인 플랫폼	• 원격서비스 • 음성서비스
공항서비스	• 공항 카운터에 다가갔을 때 • 순서를 기다리고 있을 때 • 예약권으로 탑승권을 교환할 때 • 탑승권 발행 및 수하물 수속 • 출발 입구를 찾고 있을 때 • 보안 검사대를 통과할 때 • 출발 라운지에서 출발을 기다릴 때	• 항공사 카운터 • 발권 키오스크 • 보안검사대 • 출국심사대 • 항공사 라운지	• 원격서비스 • 음성서비스 • 대인서비스
기내서비스	• 탑승하여 승무원의 환대를 받을 때 • 좌석을 찾고 있을 때 • 음료를 제공받을 때 • 식사를 제공받을 때 • 필요한 것을 요청했을 때 • 입국카드 작성을 요청받을 때 • 면세품 구입 • 화장실 이용할 때 • 기타	• 기내서비스 (안내, 식음료, 비상대비 시연, 면세품 계산 등)	• 대인서비스 • 음성서비스 (기내방송) • 물적 증거 서비스 (기내시설, 기내식, TV프로그램, 면세품, 화장실 등)
입국서비스	• 환송 인사	• 기내서비스	• 대인서비스

2) 호텔 서비스 흐름에 따른 주요 MOT

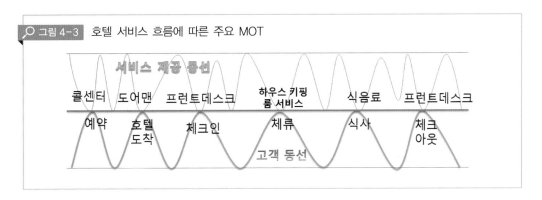

그림 4-3 호텔 서비스 흐름에 따른 주요 MOT

서비스 제공 동선

콜센터	도어맨	프런트데스크	하우스 키핑 룸 서비스	식음료	프런트데스크
예약	호텔 도착	체크인	체류	식사	체크 아웃

고객 동선

　고객이 호텔을 이용하는 경우, 고객은 호텔이용과 관련한 정보를 얻거나 예약을 하기 위해 호텔의 콜센터나 홈페이지 또는 온라인 플랫폼을 방문하여 원하는 정보나 예약을 하는 첫 번째 서비스 접점이 이루어지며, 호텔에 도착하면서 발렛파킹, 도어맨의 영접, 벨맨의 안내로 프런트데스크에서 프런트 클럭을 통해 체크인을 하게 된다.

　호텔 체재기간 동안에는 하우스키핑 관련뿐만 아니라 호텔을 이동하면서 물적 서비스 접점을 인식하게 되고, 룸서비스를 포함해서 그 밖에 호텔 내 식당이나 피트니스 센터 등 편의시설 이용과정에서 대인서비스 접점이나 물적·시스템적 서비스 접점을 경험한다. 프런트데스크에서 최종 체크아웃을 끝으로 고객은 전체적인 호텔서비스에 대하여 평가하게 된다.

▲ 고객서비스는 서비스 접점들이 모여서 하나의 프로세스로 전달된다. 일부 서비스 접점에서의 실패는 전체 서비스에 부정적인 결과를 보여준다. 출처 : https://careers.marriott.com

〈표 4-4〉 호텔서비스의 결정적 순간들의 예

	결정적 순간	세부 접점	접점서비스 종류
예약	• 정보를 얻기 위해 전화를 하거나 홈페이지에 접속했을 때 • 예약할 때	• 홈페이지 • 온라인 플랫폼	• 원격서비스 • 음성서비스
객실서비스 (Check in- Check out Service)	• 발렛 서비스를 받을 때 • 주차장을 이용할 때 • 도어맨이 영접할 때 • 벨맨에게 물품을 보관할 때 • 컨시어지에서 정보를 얻을 때 • 체크인 순서를 기다리고 있을 때 • 배정된 객실의 시설물을 확인할 때 • 하우스키핑을 이용할 때 • 룸서비스를 이용할 때 • 미니바를 이용할 때 • 모닝콜을 이용할 때 • TV프로그램 시청	• Door desk • Valet service • Front desk • Bell desk • Concierge desk • Room service • Mini bar • Operator • Housekeeping	• 음성서비스 • 대인접점서비스 • 원격서비스 • 물적 증거서비스
부대시설 서비스	• 레스토랑을 예약할 때 • 레스토랑에서 식사를 제공받을 때 • 바에서 음료서비스를 제공받을 때 • 피트니스 센터를 이용할 때 • 비즈니스 센터를 이용할 때 • 연회장에서 행사에 참여할 때 • 세탁서비스를 요청했을 때 • 호텔로비 등 공공장소를 이용할 때 • 기타	• Restaurant • Bar • Fitness center • Business center • Housekeeping • Public area	• 음성서비스 • 대인접점서비스 • 원격서비스 • 물적 증거서비스 (청결, 위생, 시설, 시스템 등)
Check out 및 환송서비스	• Check out 서비스를 이용할 때 • 환송 인사	• Front desk • Valet service	• 대인서비스 • 원격서비스 (호텔 앱을 이용한 Check out 서비스)

4. 서비스 접점 관리전략

고객의 관점에서 보면 서비스에 대한 가장 생생한 인상은 서비스기업과 접점직원이 서로 상호작용하는 서비스 접점(service encounter)을 통해 경험하게 된다.

이 결정적 순간을 어떻게 관리하느냐에 따라 고객을 잃어버릴 수도 있고 고객을 감동시킬 수도 있다. 따라서 서비스기업과 조직은 고객에게 항상 새로운 경험을 제공할 수 있어야 서비스가 성공한다.

　　많은 서비스기업들이 고객의 기대를 알기 위해 노력하고 있으며 서비스경험을 바탕으로 시시각각 변하는 고객의 기대를 파악하고, 고객의 관점에서 바람직한 서비스가 될 수 있도록 서비스에 유연성을 발휘할 수 있어야 한다. 접점서비스를 관리하기 위해서는 고객과 상호작용하는 서비스직원이 최종의사 결정권자가 되어야 하며, 접점서비스 관리는 각 MOT의 연속에서 서비스직원이 불만족 요인을 제거하고 만족을 이끌어낼 수 있도록 해야 한다.

1) 고객의 관점에 의한 MOT 관리

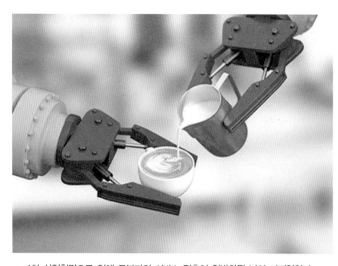

▲ 4차 산업혁명으로 인해 로봇과의 서비스 접촉이 일반화될 날이 머지않았다.
출처 : https://www.robotics.org

서비스직원들은 접점서비스의 경험이 많을수록 고객의 욕구와 기대에 대해서 고객보다 더 잘 알고 있을 것으로 생각하지만, 서비스 제공자와 고객의 시각이 일치하지 않는 경우가 많다.

① 1단계 : 고객의 입장이 되어보기

　　"진실의 순간"을 관리하기 위해서는 매 순간의 서비스 접점을 고객의 입장에서 접근해야 한다. 즉 고객이 서비스를 제공받는 전 과정에서 사람, 시스템, 제도 등과 접촉하는 매 순간을 세부적으로 나누고 이를 고객 관점에서 분석 평가해야 함을 의미한다. 여행사의 경우, 고객이 인터넷으로 여행상품을 검색하는 순간, 고객이 홈페이지에 방문하는 순간, 고객이 공항에서 여행사의 안내를 받는 순간, 고객의 여행 중에 인지하는 관련 활동 등 구매 전부터 구매 후 모든 과정의 세분화가 필요하다. 고객이 직간접적으로 경험하는 모든 순간에서 직원이나 기업의 업무 편의가 아닌 고객의 관점과 상황에 맞게 고민되어야 한다.

② 2단계 : 서비스직원의 고객 기대(expectation) 부응하기

서비스기업의 지속적 경영은 고객의 철저한 니즈 파악을 통한 고객만족에 있다. 즉 고객이 무엇을 원하고 기대할지를 고민하고 개선해야 한다. 서비스 디자인은 서비스기업의 관점이 아닌 고객의 관점에서 서비스 프로세스 내의 고객접점을 분석하고 고객의 기대에 부흥하는 서비스를 제공해야 한다. 물론 고객접점에서 서비스를 제공하는 직원의 서비스 효율성 관리에도 신경을 써야 한다.

서비스 프로세스 내의 모든 접점에서 "고객은 ~을 기대할 것이다"라는 즉 고객이 어떠한 기대와 가치를 가지고 이용하려 하는지에 대한 파악이 반드시 필요하다.

③ 3단계 : 고객의 행동을 유심히 관찰하고 서비스 사이클 작성하기

고객이 기업을 방문하여 직간접적으로 제품이나 서비스를 경험할 때, 고객 경험의 시작부터 끝까지 고객 동선을 시간 흐름에 따라 분석하는 것은 매우 중요하다. 보통 직원들은 자신이 맡고 있는 업무에만 관심을 갖고 일하는 경향이 있는데, 고객은 서비스 과정에서 경험하는 전체를 통해 서비스품질을 평가하기 때문에 MOT사이클 도표를 통한 시간별 MOT 분석은 매우 필요하다. 즉 서비스 프로세스상에 나타나는 '진실의 순간'들을 모아 시계방향으로 작성된 도표를 '서비스 사이클 차트'라고 하며, 직원들이 각각의 서비스 접점 순간들을 성공적으로 수행하기 위한 방법을 찾는 데 도움이 된다.

④ 4단계 : 모든 고객이 '적어도 이만큼'은 서비스를 받을 수 있게 표준화하기

MOT사이클 도표가 만들어지면 순서대로 고객의 기대에 부응하는 고객응대 행동요령과 응대 화법을 만든다. 이 모든 과정을 나열하면 고객응대 매뉴얼이 만들어지는 것인데, 고객응대 매뉴얼은 이렇게 '해야만 한다'의 기준이기보다 "적어도 이만큼은 통일되게 해야 한다"는 서비스 표준화 작업이라고 할 수 있다. 고객이 서비스를 제공받는 입장에서 세부적인 사항까지 '서비스를 받고 있다는 느낌'을 받을 수 있도록 하는 것이 중요하다. 고객과의 접점에서 직원의 신속하고 정확한 응대를 위해서는 직원에게 해당 업무에 적합한 권한을 위임해야 한다.

⑤ 5단계 : 실행을 위한 지속적 교육과 꾸준하게 개선하기

고객을 만족시킨다는 것은 쉬운 일이 아니다. 고객만족을 위해 시스템을 만들고 전사적으로 접근하지 않으면 결코 좋은 결과를 얻을 수 없다. 많은 사례에서 보듯이 고객만족의 가장 큰 포인트는 고객과 만나는 첫 번째 접점이며 이후 고객만족을 유지 관리함으로써 가능하다.

고객접점에서 서비스직원의 역량과 태도는 매우 중요하기 때문에 탁월한 서비스를 위해 지속적인 교육과 훈련이 필요하다. 왜냐하면 서비스 제공자는 자신이 알고 있는 범위 내에서만 서비스 제공이 가능하기 때문이다.

2) 고객접점 서비스 관리제도

고객과 직원들의 상호작용이 이루어지는 서비스 접점은 고객만족에 영향을 주며 나아 가 성공적인 서비스 사업으로 이어지는 역할을 한다. 고객의 시각에서 서비스는 그 기업의 전체를 보여주는 것이고 서비스가 곧 브랜드이기 때문에 서비스 접점은 고객의 재방문을 높이고 긍정적인 경험을 이끌어내는 전략적 접점인 것이다.

▲ 호텔 룸서비스
고객접점 서비스는 다양한 접점에서 고객의 만족에 영향을 미치기 때문에 일선 직원들의 중요성이 강조된다.

고객접점 서비스품질 관리를 위한 방법은 다음과 같다.

(1) 고객의 소리(Voice of Customer)

고객의 소리란 고객이 기업에 들려주는 모든 종류의 피드백을 뜻하는 용어이다. 기업의 경영활동에 대한 고객의 피드백으로 각종 문의, 불만, 제안, 칭송 등이 모두 "고객의 소리"에 포함된다. 다양한 방식으로 접수된 고객의 소리는 서비스 개선과 혁신을 위한 마케팅에 널리 이용된다. VOC관리시스템은 콜센터에 접수되는 고객 불만 등의 사항을

접수부터 처리가 완료될 때까지 처리상황을 실시간으로 관리하고 처리결과를 담당부서별로 지표화하여 관리하고 평가함으로써 고객서비스를 향상시키는 관리시스템이다.

다양한 방법으로 수집된 고객의 피드백은 고객의 만족도 파악, 고객의 니즈와 기대를 반영한 서비스 개발, 고객의 제안을 반영한 서비스 개선, 고객과의 유대감 강화, 고객의 충성도 강화의 목적으로 활용된다.

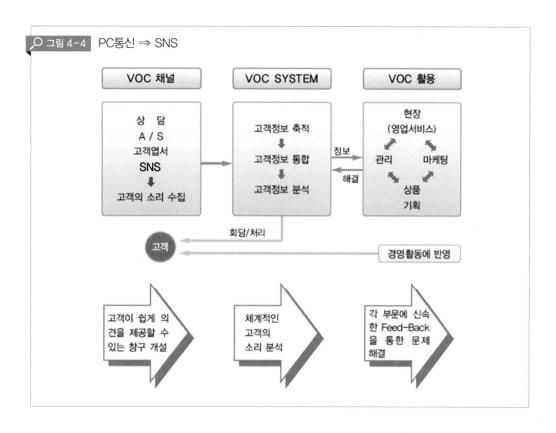

그림 4-4 PC통신 ⇒ SNS

이러한 고객의 소리(VOC)를 통합 관리하는 방법은 고객의 니즈(Needs)와 불만사항 등을 실시간으로 모니터링 및 분석하는 것이다.

(2) 불편/불만 처리제

"관광불편신고"는 고객들의 불편사항을 처리하는 제도로 고객이 제기한 불편이나 불만을 원활하게 해결하기 위한 제도이다.

▲ 기업의 고객의 소리 이벤트

(3) 서비스 평가제도

서비스 부문의 질적인 성장을 위한 중요한 시도가 바로 서비스품질 평가다. 이러한 시도는 서비스품질 평가제도들을 도입·개발하고 고객으로부터 기업이나 직원들의 서비스 상태를 정기적으로 평가받거나 모니터링을 통해 고객의 서비스 경험을 축적하고 이에 대한 해결책을 강구하는 데 목적이 있다.

〈표 4-5〉 서비스 평가제도

서비스 평가제도	평가제도 내용
모니터링	가상 고객이 되어 대상 직원 모르게 서비스 현장을 점검한다.
전문기관 이용	외부 전문기관과 계약하여 평가를 실시한다.
고객서비스팀 운용	고객서비스 전담 부서를 설치하고 고객서비스 사항을 점검, 조사, 검토 후 최고 경영자에게 직접 보고한다.

- 서비스 접점 : 서비스 인카운터(service encounter)라고도 하며, "고객과 서비스 생산자 사이의 상호작용"이라는 협의의 개념에서 "고객이 직접적으로 특정서비스와 상호작용하는 시간" 등의 광의의 개념으로 정의하고 있다.

  고객과 직원들의 접촉이 이루어지는 일대일 상호작용인 서비스 접점은 고객만족에 영향을 주며 성공적인 서비스를 전달하는 기회의 역할을 한다. 고객의 시각에서 서비스는 그 기업의 전체를 보여주는 것이고 서비스가 곧 브랜드이기 때문에 서비스 접점은 전략적 관리가 요구된다.

- 진실의 순간(moment of truth) : 원래 MOT라는 용어는 스페인의 투우경기에서 유래하여, 투우사가 소를 상대하여 승부를 결정짓는 짧지만 운명을 가르는 순간을 의미한다. MOT란 개념을 경영에 도입한 것이 1987년 스칸디나비아항공사의 사장이었던 얀 칼슨이며 서비스품질 관리에 처음으로 적용하였다. 진실의 순간은 고객이 조직의 한 부분과 만나는 접점으로써 서비스 제공 조직과 품질에 대해 인상을 각인하는 '결정적 순간'으로 정의하고 있다.

- 서비스 곱셈의 법칙 : 서비스의 전체 만족도는 MOT 각각의 만족도 합이 아니라 곱셈에 의해서 결정된다. 각 서비스 항목의 점수를 처음부터 우수하게 받았어도, 어느 한 항목에서 0점을 받았다면 그 결과는 0으로 형편없는 서비스가 된다는 것이다. 아무리 좋은 서비스를 제공해도 한 번 나쁜 서비스를 인지하게 되면 그 기업에 대한 이미지는 제로가 되기에 서비스를 행함에 있어서 각별한 주의가 필요하며 처음부터 끝까지 각 단계마다 정성을 다해야 한다.

- 서비스 접점의 유형 : 일반적으로 서비스 접점은 고객이 서비스조직과 상호작용할 때마다 발생한다. 서비스 접점은 일반적으로 원격접점(remote encounter), 전화접점(phone encounter), 대면접점(face-to-face encounter)의 세 가지 유형으로 나눌 수 있다. 원격접점 서비스란 서비스기업과 고객의 상호작용에서 인적 요소가 완전히 배제된 상태에서 서비스기업과 접촉하는 원격접점이다. 예를 들면, 고객이 ATM을 이용하여 은행과 거래하거나, 인터넷 웹사이트를 통한 물품 구입 등이 원격접점에 해당된다. 둘째, 음성서비스 인카운터란 말 그대로 고객과 서비스 생산자가 직접 접촉하지 않고 음성을 매개로 하여 서로 접촉하는 순간을 말한다. 전화를 통해 호텔 객실예약이나 레스토랑 예약 그리고 각종 예약 등이 여기에 포함된다. 셋째, 대인서비스 인카운터란 서비스 생산자와 고객, 즉 사람과 사람의 접촉을 통해 발생하는 모든 서비스 접점을 의미한다.

| 논 | 의 | 과 | 제 |

1. 서비스 접점이 고객만족과 서비스기업에 왜 중요하지 설명하시오.

2. 하나의 서비스를 예를 들고 여러분이 인지하는 서비스 접점에 대하여 논의하시오.

3. 서비스 접점의 유형을 설명하고 원격접점의 예를 들고 설명하시오.

4. 서비스 접점의 삼각구조를 설명하고 접점의 상호작용을 설명하시오.

5. 서비스기업(호텔, 항공사)의 서비스 접점을 기술하고 논의하시오.

INTERNET 활용하기

- https://eiec.kdi.re.kr/publish/naraView.do?cidx=8225 기업 생사 가르는 '진실의 순간', MOT 마케팅, KDI 경제정보센터
- http://www.iconsumer.or.kr/news/articleView.html?idxno=6337 짧은 시간 안에 당신을 홀리게 만들게요! MOT마케팅, 소비자 평가
- https://ks-sqi.ksa.or.kr/ks-sqi/3356/subview.do 서비스산업분류, 한국서비스 품질지수

PART **2**

SERVICE MANAGEMENT

서비스 디자인과
수요 · 공급 관리

CHAPTER 05 서비스 수요와 공급관리

제1절 서비스 수요와 공급관리 개요
제2절 서비스 수요관리
제3절 서비스 공급관리
제4절 서비스 대기와 고객관리

1. 서비스기업의 수요와 공급의 불균형 상황을 설명할 수 있다.
2. 서비스 수요를 효율적으로 관리하는 방법을 설명할 수 있다.
3. 서비스 공급을 효율적으로 관리하는 방법을 설명할 수 있다.
4. 예약시스템을 통해 어떻게 수요를 재고화시킬 수 있는지를 설명할 수 있다.
5. 공급능력과 수요가 일치하지 않을 때 대기시간을 관리하는 전략을 제시할 수 있다.
6. 대기시스템을 통해 어떻게 수요를 재고화시킬 수 있는지를 설명할 수 있다.

서비스 수요와 공급관리

개요

리조트의 경우 계절적으로 보면 여름과 겨울의 극명한 수요와 공급의 차이로 인해 매년 고민을 하게 된다. 만약 수요와 공급이 연중 평준화된다면 서비스기업의 입장에서는 매출이나 인력관리 그리고 설비 등에서 원활한 관리가 가능할 것이다. 그러나 현실은 많은 차이가 발생하고 이를 해결하기 위해 많은 노력을 기울이는 것이 사실이다.

서비스는 제조업의 상품과 달리 서비스의 고유 특성인 서비스의 소멸성, 생산과 소비의 동시성 이라는 근본적 특성 때문에 보관이 불가능하다는 데 문제가 있다. 즉 서비스기업의 서비스 상품 을 성수기에 대비하여 비수기에 생산해서 쌓아놓을 수 없다는 것이다. 예컨대, 고객에게 판매되 지 않은 비행기 좌석은 손님이 이용하지 않은 채로 시간이 지나면 영원히 사라지는 것이다. 즉 비행기 이륙 후 바로 소멸되어 이후에 재판매될 수 없다. 마찬가지로 호텔 객실의 경우도 당일까 지 판매되지 않으면 당일 판매되지 않은 객실은 영원히 소멸된다.

운영 면에서도 문제가 발생한다. 즉 서비스에 대한 수요가 공급 용량을 초과하면 직원들이나 시 설에 지나친 부담을 주기 때문에 서비스품질은 저하될 수밖에 없으며, 일부 고객은 서비스를 제 공받지 못할 수도 있다. 수요가 적은 시기에는 가격을 낮추거나 부가적인 서비스를 제한할 수밖 에 없는데, 이렇게 될 경우 고객 구성이나 서비스 특성이 달라져 단골고객들이 기대하는 것을 제공하지 못하는 위험을 감수해야만 한다.

서비스 조직에 있어서 공급능력을 어떻게 효과적으로 사용하는지가 핵심 성공요인 중 하나 이다.

본 장에서는 서비스기업의 수요와 공급 그리고 이에 대한 관리방안에 대하여 학습한다.

제1절 > 서비스 수요와 공급관리 개요

1. 서비스 수요와 공급

서비스의 수요는 매우 탄력적인 데 비해 공급능력은 지극히 비탄력적인 특성을 가지고 있다. 따라서 서비스기업의 고객만족과 생산성을 최대화하면서 수요와 공급을 일치시키는 것이 이상적이기는 하지만, 수요가 공급을 초과하거나 반대로 공급이 수요를 초과하는 경우가 대부분이다.

우리는 흔히 점심시간에 식당 앞의 긴 줄을 볼 수 있는데, 이는 제한적인 공급능력의 어쩔 수 없는 한계를 보여주는 것이다. 또한 텅 빈 식당을 흔히 볼 수 있는데, 이때 식당의 설비나 직원들은 유휴상태인 경우가 많다.

▲ 식당의 서비스 수요
수요와 공급능력의 적절한 조화는 외식서비스의 이상점이다.

따라서 탄력적인 수요에 최적으로 대응하기 위해서는 효율적인 계획과 전략적 접근을 통한 체계적인 수요예측 및 공급의 관리가 필요하다.

이와 같이 서비스의 수요와 공급을 체계적으로 예측하고 관리함으로써 인건비, 가용능력(수용능력), 장비, 시설의 효율적이고 효과적인 운용 결과를 창출해 낼 수 있다.

1) 서비스 수요

수요는 고객의 상품 및 서비스 이용과 관련된 내용으로 제조업에서 수요는 연중 비교적 안정적인 재고관리를 통해 대응할 수 있는 데 비해, 서비스업에서는 상대적으로 매우 불규칙적인 수요로 공급능력에 유연하게 대처하기가 어렵다.

서비스의 수요는 시시각각 변한다. 하루 중에도 변동패턴을 찾을 수 있고, 주간별, 월별, 혹은 계절별로 그 변동의 패턴을 파악할 수 있다. 도심 식당의 수요는 하루 중에도 시간별로 변화하고, 주간별, 월별, 계절별로 그 변화의 폭이 매우 다르다.

예를 들어 계절별 수요의 경우 성수기인 여름철에 집중되어 있는 항공사나 호텔 그리고 리조트 등은 이용 고객수요를 모두 수용하지 못하지만, 반대로 비수기에는 수요가 적어 경영 악화의 원인이 되기도 한다.

〈표 5-1〉 서비스 수요 변동에 따른 상황

구분	예상되는 상황
수요 〉 최대 공급능력	잠재적 고객에 대한 서비스 수용불가, 잠재고객의 수익실현 실패
수요 〈 최대 공급능력	인적자원의 사기 저하, 과다한 비용발생, 기업의 수익성 악화, 서비스품질 저하
수요 = 최대 공급능력	공급능력의 최대 가동, 서비스품질 상승 및 고객만족 향상

2) 서비스 공급

서비스 공급, 즉 수용능력은 한정되어 있다. 공급 측면에서 제조업의 경우 수요예측에 의한 계획생산과 공급량 조절이 가능하나 서비스에서의 공급은 시설의 고정화로 인해 상대적으로 탄력적인 수요에는 적절하게 대응하기 어렵다.

서비스의 한정된 공급은 여러 가지 요인에서 발생하게 되는데, 우선 시간(time)의 한정성을 들 수 있다. 변호사, 컨설턴트, 회계사, 배관수리공, 미용사 등은 그들의 시간을 판매한다. 따라서 그들에게 주어진 한정된 시간을 어떻게 잘 활용하는가에 성공과 실패가 달려 있다. 두 번째로 인력적인 문제인데, 한정적인 인력은 수요가 많더라도 이에 적절히 대응할 수

▲ 항공화물서비스
서비스 수요에 비해 낮은 운송장비의 공급은 서비스 수요와 공급의 불균형을 이룬다.

없다. 세 번째로 장비 의존도가 높은 서비스인 항공사의 비행기나 운송의 트럭 같은 경

우, 소유하고 있는 장비로 서비스를 생산하는 데는 한계가 있다. 넷째, 시설에 의존하는 서비스시설의 한계에 따라 공급이 한정되어 있다. 호텔이나 레스토랑, 병원 입원실의 경우, 객실이나 테이블 그리고 입원실의 수가 한정적이기 때문에 이를 단기간에 늘리는 것은 어렵기 때문이다.

다시 말하면, 제품은 재고의 활용 등을 통하여 공급량의 조정이 어느 정도는 가능하나 서비스는 무형성, 동시성, 소멸성의 특성에 따라 저장판매 및 재고를 가지지 못하고, 공급량의 증설에는 많은 시간과 비용이 수반되는 특징이 있어 수요에 맞춰 유연하게 서비스를 제공하기 어렵다.

〈표 5-2〉 공급능력의 제약조건

제약조건의 변질	서비스 유형
시간	법률, 컨설팅, 회계, 의료
인력	법률회사, 회계사무소, 컨설팅회사, 건강클리닉
장비	배달서비스, 전화, 네트워크 서비스, 공공서비스, 헬스클럽
시설	호텔, 레스토랑, 병원, 공항, 학교, 극장, 교회

2. 서비스 수요와 공급의 차이(gap)

서비스 제공능력이 정해진 서비스기업의 경우, 가장 고민스러운 문제가 수요가 너무 많거나 너무 없는 것이다. 성수기에는 잠재고객의 고객화에 한계가 나타나고, 비수기에는 직원과 시설들의 활용이 제한적이기 때문에 서비스기업의 입장에서는 수익성에 문제가 발생하게 된다.

〈그림 5-1〉의 서비스 제공능력 즉 공급(supply)은 시간의 경과에 따라 긴 수평선으로 표시된다. 이에 비해 소비자들의 서비스에 대한 수요(demand)는 매우 가변적이다. 특히 수요의 계절성이 뚜렷한 관광관련 서비스(예: 항공사, 호텔, 리조트)의 경우, 수요곡선은 시간의 경과에 따라 그림에서처럼 커다란 물결모양을 그리며 나아가는 것을 볼 수 있다. 성수기에는 과잉수요, 비수기에는 과잉공급현상이 발생하는 것이다. 이때 공급곡선과 수요곡선 간의 차이(gap)가 문제가 된다.

고정된 서비스 생산능력은 다음의 네 가지 상태 중 하나에 직면하게 된다. 본서에서 는 수요가 최대 공급능력 초과, 수요가 적정 공급능력 초과, 수요와 공급이 적정수준에서 균형(이상적 활용), 수요의 저하로 공급능력 초과 등의 상황으로 구분하였다.

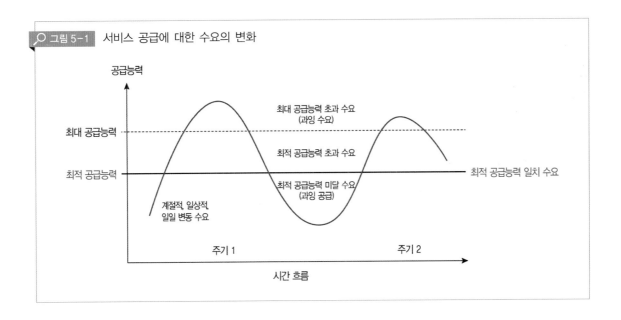

○ 그림 5-1   서비스 공급에 대한 수요의 변화

1) 수요가 최대 공급능력 초과

수요가 최대 공급능력 수준을 초과하여 과잉수요(excess demand)의 상황이다. 흔히 성수기에 발생하며 시설, 인력, 장비 등이 최대로 가동되는데도 불구하고 고객이 대기해 야만 하는 상황이다. 만약 고객의 입장에서 대기할 수 없다면 고객들은 서비스를 받지 못하고 돌아가게 돼 사업기회를 잃게 되고, 서비스 수준이 기대보다 미흡하여 고객의 불만이 발생하기 쉬운 상황을 초래하게 된다.

2) 수요가 적정 공급능력 초과

서비스의 적정 공급능력을 초과하는 수요 상황으로 모든 고객에게 서비스를 제공 할 수 있으나 서비스의 질적인 문제가 발생한다. 직원들이 모두 서비스에 동원되고 시설과 장비가 모두 가동되는 상황으로 직원들의 업무과부하로 인한 피로와 혼잡 상황(crowding)

으로 인하여 고객들의 불만이 야기될 가능성이 높다.

3) 수요와 공급이 적정수준에서 균형(이상적 활용)

기업에서 가용할 수 있는 최적 공급능력에 가장 이상적인 수요의 상태로서, 공급과 수요가 균형을 이루고 있다. 직원의 업무 과부하가 없고 시설 또한 가동률이 적절히 유지되어, 고객은 지연 없이 양질의 서비스를 제공받을 수 있다.

4) 수요의 저하로 공급(생산)능력 초과

서비스 수요가 적정 공급능력에 미달하는 과잉공급(excess capacity)의 상황이다. 시설 및 장비, 그리고 인력이 초과 공급되어 유휴상태에 놓이게 되고, 결과적으로 생산성 및 수익성 저하로 이어지게 된다.

이런 경우 고객 개인으로서는 시설을 충분히 활용

▲ 서비스 수요가 공급능력 초과
레스토랑에서 수요보다 공급능력이 낮은 경우 대기열이 발생된다.

할 수 있고, 기다리는 일도 없고, 직원들로부터 높은 관심을 받을 수 있기 때문에 고객 개인으로서는 탁월한 품질의 서비스를 받을 수 있지만, 반대로 손님이 적을 경우 질 낮은 서비스 제공으로 손님이 없다고 판단할 수도 있다.

결국 이러한 상황이 지속되면 서비스 수준이 떨어지고 결과적으로 고객이 이탈되고 직원도 이직하는 등 악순환이 이어진다.

▲ 수요 저하로 인한 공급의 초과, 수요 확대를 위한 전략 필요

3. 서비스 수요와 공급의 균형

서비스의 고유 특성으로 수요와 공급의 적절한 균형을 찾기가 어렵기 때문에, 생산능력의 차이에 따른 수요의 관리전략이 필요하다.

수요관리전략은 수요의 변화에 전혀 반응하지 않음으로써, 수요가 저절로 조정되도록 방치하는 무반응 전략과 수요를 증대시키거나 수요를 감소시키는 수요 조절 전략 그리고 예약시스템이나 대기시스템을 채택하여, 수요의 재고화를 추구하는 수요 재고화 전략이 있다.

〈표 5-3〉과 같이 부족한 서비스 능력 즉, 초과수요에 따른 관리전략과 과도한 서비스 능력, 즉 수요 부족에 따른 관리전략을 활용할 수 있다.

한편, 서비스기업이 고객의 수요를 분산시킬 수 없을 때는 수요의 변동에 적응하기 위해서, 공급을 변화시키는 공급관리전략을 선택해야 한다. 특히 수요예측이 불가능하다면 공급능력 고정 전략을, 수요예측이 가능하다면 공급능력 변동 전략을 사용할 수 있다.

수요와 공급에서 가격의 변화를 주도하는 4가지 기본 법칙은 다음과 같다.

▷ **공급이 증가하고 수요가 일정하면 가격이 하락한다.** 수요의 변화 없이 공급이 증가하면 일반적으로 잉여가 발생하고, 특히 유통기한이 임박한 경우, 공급업체는 수요확대를 통해 가격을 낮추게 된다.

▷ **수요가 감소하고 공급이 일정하면 가격이 하락한다.** 공급에 변화가 없더라도 고객이 상품이나 서비스에 대한 수요가 하락할 때, 재고 즉 잉여가 발생하게 되고 가격이 낮아진다.

▷ **공급이 감소하고 수요가 일정하면 가격이 상승한다.** 공급이 감소하면, 고객은 원하는 상품과 서비스를 얻기 위해, 더 높은 가격을 기꺼이 지불한다. 이때 공급이 회복되면, 가격은 원래의 기준선으로 돌아가는 경향이 있다.

▷ **수요가 증가하고 공급이 일정하면 가격이 상승한다.** 제품 수요는 증가하지만, 공급은 증가하지 않는 경우, 또는 수요가 생산 증가보다 더 빨리 증가하는 경우, 부족 현상이 발생할 수 있다. 결국 공급이 수요를 따라잡으면 가격은 안정화되는 경향이 있다.

〈표 5-3〉 생산능력의 차이에 따른 수요관리 전략

수요관리방법	생산능력 상황	
	부족한 서비스능력(초과수요)	과도한 서비스능력(수요부족)
무대응	• 비조직화된 대기결과(고객을 화나게 하거나 재구매로 이어지지 않음)	• 서비스 능력 낭비(고객은 서비스제공에 대한 실망스런 경험을 가짐)
수요감소	• 높은 가격은 수익을 증대시킴 • 상품요소(예 : 피크타임에는 시간이 걸리는 서비스를 제공하지 않음) • 서비스 전달의 시간과 장소변화(예 : 영업시간 연장)	• 무대응
수요증대	• 훨씬 더 수익성 있는 세분시장을 자극시킬 수 있는 기회가 있지 않으면 무응대	• 선택적으로 가격을 인하(기존 사업의 잠식을 피하기 위해 노력할 것. 모든 관련 비용을 확인할 것) • 상품 요소 변화(비성수기의 서비스를 위한 대안적 가치 제안 찾기) • 상품과 유통의 다양성과 커뮤니케이션을 활용(그러나 추가비용을 확인하고 수익성과 이용 정도가 적절한 수준이 되도록 할 것)
공식화된 대기시스템을 통한 수요의 재고화	• 서비스 프로세스에서 적절한 대기형태 구성 • 가장 바람직한 고객집단을 우선시하고, 다른 고객들이 한가한 시간을 이용하도록 만들 것 • 서비스의 긴급성, 지속성, 프리미엄가격에 기초한 각각의 대기형태를 고려할 것 • 고객들의 대기를 좀 더 편안하게 만들고, 대기시간을 고객이 짧게 인식하도록 만들 것	• 적용 불가
예약시스템을 통한 수요의 재고화	• 가격이 덜 민감한 고객들을 위해 생산능력을 예약하고 수익률에 초점을 맞출 것 • 중요한 세분시장을 위한 우선적 시스템을 고려할 것 • 다른 고객들이 비성수기에 이용하도록 만들 것	• 사용가능한 생산능력을 명확히 하고, 고객들이 선호하는 시간에 예약하도록 할 것

출처 : 서비스마케팅, 김재욱 외, 2015, p. 272

제2절 > 서비스 수요관리

1. 서비스 수요관리 개요

미래 경영환경 변화를 정확히 예측하고 이에 적극적으로 대처하는 기업만이 지속적인 경쟁력을 확보할 수 있다. 따라서 향후 수요를 예측하고 적절히 대응하는 것, 즉 수요의 관리가 매우 중요하다.

서비스에서 수요는 제품에서의 수요와는 다른 차별적 특성을 지닌다. 서비스업에서는 수요를 적시에 충족시키지 못하면 판매되지 않은 서비스는 제조업처럼 재고로 처리되지 못한 채 소멸되고 만다. 따라서 부정확한 수요예측과 미흡한 대응은 손실과 직결된다. 이와 같이 서비스 수요예측에 대한 오류가 커지면 고객의 요구에 적절한 대응이 어렵고, 제공되는 서비스품질이 낮아질 수밖에 없다.

서비스의 특성상 서비스시설의 수용능력과 수요를 균형있게 조절하기도 쉽지 않다. 따라서 서비스기업에서는 미래 수요를 적극 관리하려는 노력을 기울이고 있는데, 우선 수요발생의 원천인 고객의 특징과 관련자료를 수집해야 한다. 이어 수요에 영향을 미치는 다양한 요인들의 인과관계를 분석해 수요를 세분하려는 노력이 필요하다.

시장의 세분화를 바탕으로 다양한 가격정책을 사용하거나, 신축성 있는 예약제도의 도입, 그리고 효과적인 수요분할 방식을 활용하는 것도 모두 수요와 공급관리의 일부이다.

수요관리의 예에서 '사라지는 재고(perishable inventory)'를 보유한 항공사, 호텔, 렌터카업체 등이 적극적인 수요관리를 실행하고 있는데, 대한항공의 경우 자사항공기의 좌석이 200석이라면 항공권 가격도 200개나 된다. 이는 가격차별을 뜻하기도 하지만 구입자의 형태(학생, 성인 등), 왕복여부, 표를 사용할 수 있는 개월 수, 마일리지 적립여부 등에 따라 다양한 수요를 창출하기 위한 고객세분화의 한 예이다.

현실적으로 수요와 공급을 정확하게 맞추는 것은 불가능하기 때문에 항상 공급의 부족이나 과잉에 따른 비용이 발생하게 된다. 따라서 이러한 매몰비용을 줄이기 위해서는 자체 공급전략과 주문전략 가운데 가장 적합한 방법을 선택해서 사용해야 하며, 다양한

▲ 호텔 객실 대 사과. 부패하기 쉬운 재고 관리 : 부패하기 쉬운 상품과 부패하지 않는 상품의 주요 차이점은 바로 타이밍이다.
농산물도 부패하기 쉬운 것으로 간주되지만 호텔 객실은 훨씬 더 나쁘다. 평균적으로 사과의 유통기한은 2~4주이기 때문에 판매하는 데 최대 28일이 주어진다. 그러나 7월 4일에 호텔 객실을 이용할 수 있는 기회는 단 한 번뿐이다. 하루가 끝나면 호텔객실은 즉시 손상된다. 따라서 7월 5일에는 새로운 것을 전시해야 한다.
출처 : https://revenue-hub.com

보완적 관리방안을 활용하는 것도 고려해야 한다.

2. 서비스 수요관리 전략

서비스 수요의 불균형은 서비스의 특성상 다양한 요인으로부터 발생하게 되는데, 완전한 수요와 공급균형을 맞추기는 어려울지라도 수요를 조절하는 관리전략을 통해 주기적 변동상황을 줄임으로써 고객이나 서비스기업의 수요조절 오류에 따른 서비스 실패를 방지할 수 있다.

서비스 분야에 있어서는 수요예측의 오류가 발생했을 경우 비즈니스적인 충격이 더욱 크게 작용한다. 서비스 수요가 대부분 일시적이고 무형의 특징을 가지고 있으며, 사전에 재고를 가지고 있거나 이동하기가 불가능하기 때문이다.

▲ 심야영화 할인 이벤트
심야영화 할인을 통해 수요의 이동을 통한 수요 균등화 전략이다.

1) 수요의 균등화

서비스 수요가 일시에 폭증할 경우, 서비스는 공급의 한계성으로 인해 전체적인 서비스 공급을 어렵게 하는 경우가 많다.

서비스기업에서는 수요가 집중되는 시간 또는 시기에 폭증하는 수요를 공급능력에 맞추는 전략이 필요하다. 즉 수요가 감소하는 시간 또는 시기에 다양한 인센티브를 통하여 수요 발생 패턴을 고르게 조정하고 수요를 분할하여 가급적 서비스의 적정 공급수준으로 맞추는 것이 바람직하다.

항공사의 예에서 보듯이 성수기의 경우 항공료가 높게 책정되나 비수기에는 보다 낮은 가격으로 책정하여 비수기의 수요를 끌어올리는 전략을 활용하고 있으며, 영화관의 조조할인이나 심야영화 할인 또한 피크타임의 서비스 수요를 이동시키고 고객의 만족도를 높일 수 있다. 이러한 전략을 사용하기 위해서는 서비스에 대한 수요패턴을 정확하게 파악하고 있어야 한다.

2) 수요 분할(segmenting demand)

수요를 분할하기 위해서는 비슷한 특성을 가진 고객들을 집단으로 나누는 것으로부터 시작한다. 이를 통해 고객을 서비스하기 좋은 집단으로 나누고, 집단별로 적절한 서비스 전략을 수립하는 것이 중요하다.

예를 들어, 항공서비스의 경우 평일 비즈니스 여행객과 주말의 레저 여행객이 각기 다른 수요 패턴을 가진다. 호텔 서비스의 경우는 장기 투숙객, 여행객은 GIT(Group Inclusive Tourists, 단체여행객)와 FIT(Free Independent Traveler, 개별자유여행객), 가족 단위 투숙객 등이 각기 다른 수요 패턴을 가진다. 이와 같이 각각의 수요층을 분류하고 각 수요군의 특성에 따른 특화된 서비스를 개발해야 한다.

3) 예약시스템의 활용 : 초과예약 (overbooking)

예약을 받는다는 것은 잠재적인 서비스를 미리 파는 것이다. 서비스기업에서는 서비스 상품의 비저장성으로 인해 수요가 낮은 시간이나 비수기의 수요를 재고화하려는 노력을 하고 있다. 즉 예약제도(reservation system)를 도입하고 수요가 저조한 시기나 시간대를 파악하여 미래의 잠재고객을 확

▲ 2017년 시카고에서 루이빌로 출발하는 유나이티드 항공 비행기에서 구매가 확정된 티켓을 소지한 승객을 강제로 끌어내리면서 전 세계 여행객들에게 충격을 주었을 뿐만 아니라 "항공사가 항공편을 초과 예약하는 이유는 무엇인가?"라는 질문이 제기되었다. 왜 항공편 초과예약은 항공산업의 국제부문에서 일반적인 관행이 될 수밖에 없는 것일까? 출처 : https://www.hollandsentinel.com

보하여 서비스 수요를 어느 정도 균등화할 수 있다.

예약제도는 고객에 대한 편의를 제공하면서 사전 판매를 통해 시설의 가동률을 높이는 효과를 얻을 수 있다. 즉 예약을 통해 고객의 입장에서 대기하는 경우가 줄고 서비스 제공을 약속받을 수 있는 이점이 있다. 그러나 고객이 예약을 지키지 않았을 때 문제가 발생한다. 이러한 고객을 노쇼(no show)라고 부른다. 노쇼 때문에 발생하는 빈 객실 혹은 빈 좌석에 대한 손실을 줄이기 위해 호텔이나 항공사는 나름대로의 예약 취소율을 계산하여 그만큼의 초과예약(overbooking)을 받는 전략을 채택하고 있다.

4) 자동화 기술의 활용

최근 서비스기업에서는 자동화 시스템으로 수요를 분산시키고 생산성을 높이고 있다. 스타벅스 사이렌 오더는 스타벅스 앱으로 미리 주문과 결제를 해놓고 다 만들어진 음료를 찾아가는 서비스이다.

매장에 들어가기 전 혹은 매장에 입장하여 자리에 앉아 스타벅스 앱을 통해 주문하면 편리하고 여유롭다. 커피는 물론 샌드위치, 베이커리 등 모든 메뉴를 주문할 수 있고, 포장 여부, 퍼스널 옵션 등의 세부적인 내용도 선택할 수 있으며, 테이크 아웃이나 드라이브 스루도 가능하다.

▲ 스타벅스 사이렌 오더는 기본적으로 매장에 가기 5분 전에 주문하면 바로 픽업을 할 수 있다. 출처 : 스타벅스 코리아 제공

이와 같이 인터넷을 통한 예약 판매 시스템이나 문의사항접수 등도 이에 해당되며, 은행의 자동화 기기나 공공기관의 무인발급 시스템, 도서 대출 및 반납 자동화기기 등이 가장 대표적인 예라고 할 수 있다.

5) 가격 인센티브 제공(offering price incentives)

서비스 수요가 적정 공급을 상회할 경우 가격을 인상한다든가, 수요가 감소할 경우에는 저가 정책을 통해 수요를 증가시키게 된다.

대표적인 예로 식음료를 테이크아웃할 때 할인해 준다든가 비수기의 호텔 객실이나 항공권, 여행 패키지의 가격 할인, 심야전기요금 할인 등을 들 수 있다. 공급이 모자라는 시간대와 공급이 충분한 시간대가 서로 다르게 분포할 때, 가격 인센티브를 제공하면 수요를 공급이 충분한 시간대로 이동시키는 효과가 있다.

호텔의 바(Bar)에서는 오후 8시 이전까지 주문하는 음료에 대해 할인이나, "2+1" 프로모션을 통해 고객이 없는 이른 시간대에 수요를 증대시킬 수 있는 전략으로 활용하고 있다.

▲ 음료 Happy Hour 프로모션
가격인센티브 제공을 통한 수요관리 전략

6) 비수기 수요 창출(promoting off-Peak demand)

서비스산업의 특징 중 하나는 수요가 계절별 또는 시간별로 편중되기 쉽다는 점이다. 따라서 기업들은 비수기의 수요를 성수기만큼 끌어올려 활성화시킴으로써 비수기와 성수기의 수요 정도를 맞추기 위해 노력한다. 즉 비수기의 수요 감소 원인을 파악하고, 이를 보완하고 적절히 대응하는 서비스 상품을 개발하거나 프로모션 전개를 통해 미래 수요를 적극 관리하려는 노력을 기울여야 한다.

한 예로 여름에 비수기인 스키리조트의 경우 기업연수, 수련회, 교육 프로그램 운영을 통해 인력 및 기존 설비의 효율적 활용과 더불어 이에 따른 매출향상을 도모하고 있다.

7) 보완적 서비스 개발(developing complementary service)

보완서비스는 수요가 급증하는 시간대에 기다리는 고객을 위하여 잡지를 제공하거나 음료 제공 등을 통해 대기시간에 지루함을 느끼지 않도록 하는 세심한 배려와 더불어 고객이 이탈하지 않도록 한다.

이에 대해 수요관리 차원의 보완서비스는 주 서비스에 대해 추가적인 서비스를 말하며 수익의 확대방법으로 활용될 수 있다. 예를 들어 영화관이나 공연장에 함께 입점되어 있는 오락공간이나 카페 그리고 음료 매장 등은 대기 중인 고객을 통해 수익성을 높일 수 있는 새로운 시장을 확장하는 보완서비스라고 할 수 있다.

일드 매니지먼트(yield management)

Revenue Management와 Yield Management는 최근에는 혼용하여 사용되고 있는데, Yield Management는 revenue management가 개발되기 전의 초기개념이었다.

객실수익률관리(YM : yield management)는 1980년대 초 미국의 대형 항공사들에 의해 개발된 매출극대화 방안으로 소개되었으며, 이 방법은 적절한 유형의 고객(right kind of customer)에게 적절한 형태의 좌석(right type of capacity)을 최적의 가격(right price)으로 판매하려는 것이었다. 이 프로그램의 기초개념은 수요가 공급을 초과할 때 객실가격을 최대화하고, 공급이 수요를 초과할 때 객실점유율을 최대화하는 것으로써 주어진 상황에서 적절한 객실 판매전략을 적용하는 개념이다.

이후 Revenue management는 호텔산업에도 적용되는데, 메리어트 인터내셔널을 비롯한 글로벌 호텔기업들의 "Revenue Management Program"의 핵심은 상품이 수요와 공급에 의한 적절한 가격에 있음을 강조하고, "sell the RIGHT product to the RIGHT customer at the RIGHT time for the RIGHT price: 알맞은 상품을 적정한 고객과 적정한 시간에 적정한 가격으로 판매한다."라는 Revenue management의 개념을 적용하고 있다.

리조트 호텔에서의 계절별 고객층별 객실 할당

	성수기 (30%) 여름	준성수기 (20%) 가을	비수기 (40%) 겨울	준성수기 (10%) 봄
일등급	30%	20%	20%	20%
표준	60%	50%	30%	50%
			50%	
저비용	10%	30%		30%

참조 : Adapted from Christopher H. Lovelock, "Strategies for Managing Demand in Capacity-Constrained Service Organizations", Service Indurstries Journal, 1984, 4(3): 23

호텔에서 Revenue management는 고객으로 하여금 최고의 객실요금을 지불케 하여 최대의 매출을 올리는 기술 및 방법이다. 이를 성공시키기 위해서는 객실부에서 객실예약에 대한 다양한 접근과 관리가 필요하다. 즉 같은 기간 내에서도 다른 가격을 적용한다. 예비고객들의 잠재시장을 지속적으로 개발하여 유치하는 것은 물론, 프런트오피스 매니저의 노하우(know-how)와 경험을 통하여 100%의 객실투숙률과 최고의 매출을 실현하는 데 목표를 두어야 한다. 이를 위해 조직 내 모든 구성원들이 Revenue management에 대한 이해가 우선시되어야 한다.

출처 : 호텔경영론, 채신석, 2020, p. 192

제3절 > 서비스 공급관리

1. 서비스 공급능력 관리

서비스 공급능력이란 기업이 재화나 서비스를 만들어내기 위해 활용할 수 있는 자원 혹은 자산을 말한다.

대표적인 서비스 공급으로 고객을 수용하기 위해 설계된 호텔이나 병원과 같이 시설과 장비를 포함하는 물적시설과 호텔 및 병원의 운영과 식당의 서비스를 담당하는 인력 등이 포함된다.

서비스공급을 관리한다는 것은 변동적인 수요에 대응하여 기업의 서비스 공급능력에 따른 변화를 조절하는 것이다. 즉 수요가 많을 때는 증가된 수요에 맞추어 공급 수준을 높이는 방법을 강구하고 수요가 적을 때는 비용이나 낭비적인 요소를 줄이도록 공급수준을 낮추어야 한다. 즉 수요를 처리할 수 있는 시설과 장비가 충분치 못할 경우, 서비스는 매우 지체되거나 완전히 멈춰버릴 수 있다. 만약 서비스직원이 충분치 않다면, 고객은 기다려야 하고, 서비스는 혼잡해질 것이다.

따라서 서비스 수요를 최적의 상황에서 처리하려면, 최적의 공급관리가 필요하다. 제한된 서비스 공급능력을 가진 기업이 서비스 수요를 만족시키기 위해서는 시간의 흐름에 따른 수요의 변동, 수요자의 적정 요구수준의 파악 그리고 해당 서비스의 수요 패턴을 정확하게 이해하여야 한다. 업종에 따라 계절별로 성수기와 비수기 사이에 발생하는 수요의 변동폭이 큰 경우도 있고, 월 단위로 또는 요일, 일, 시간대에 따라 수요의 패턴이 달라지는 경우도 많다.

따라서 적절한 수요의 예측은 수요의 변동에 따른 서비스기업의 공급능력을 전체적인 수요에 맞추어 조절할 수 있다. 즉 시설, 장비, 시간, 인력요소 간에 균형을 유지하는 것이 서비스 공급관리에 있어 중요하다.

〈표 5-4〉 서비스 공급능력 핵심 구성요소

구분	핵심 구성요소	서비스 업종 예시
노동집약적 서비스	시간	변호사, 컨설턴트, 회계사, 의사, 미용사 등
	인력	법률, 컨설팅, 회계, 의료법인 등
자본집약적 서비스	장비	택배회사, 항공사, 택시회사 등
	시설	호텔, 병원, 레스토랑, 전력 및 통신회사 등

출처 : 안연식, 서비스경영, 2019, p. 431

2. 서비스 공급관리 전략

어떤 서비스 시스템에서나, 현재 수요가 서비스 제공능력을 넘어설 때 서비스 지연이나 대기행렬이 발생한다. 즉 서비스 공급망 내에서의 흐름이 늦어지면 서비스 창출의 정체현상이 발생하게 되고 고객 불만, 서비스 리드타임 증가 및 이로 인한 생산성 저하, 서비스 시설의 회전율 저하 등으로 이어져 현금흐름이 나빠지게 된다.

서비스 공급 시 수요에 대비하여 충분한 시설과 인력을 보충하는 방법이 있으나, 수요 예측이 쉽지 않으며 수요의 발생 패턴이 불규칙하기 때문에 수익성을 고려할 때 무한정의 규모로 확충할 수는 없다. 따라서 서비스 공급 문제를 최소화할 수 있는 다양한 방법을 제시하면 다음과 같다.

1) 시간과 인력의 임시 확대

서비스 공급프로세스 내 서비스의 흐름이 원활하지 못하다는 것은 서비스 수요에 비해 공급능력과 서비스 처리역량이 부족하다는 것이다. 따라서 인력 부족으로 인한 서비스 공급의 부족은 영업시간의 연장 및 업무의 난이도가 낮은 직무의 경우 충분히 일시적인 초과근무 또는 시간제 직원의 활용을 통해 공급능력을 확대할 수 있다.

그러나 무분별한 임시직의 고용은 전체적인 서비스의 실패로 연결될 수 있기 때문에 업무에 배치하기 전에 충분한 교육과 서비스 절차의 이해 그리고 직무역할 등을 명확히 설정하는 것이 좋다.

2) 서비스의 고객참여 증대

▲ 키오스크를 통한 햄버거 주문
서비스 프로세스에서 고객참여를 증대함으로써 서비스 공급이 원활하게 진행될 수 있다.

고객의 서비스 참여가 주목받는 이유는 고객이 서비스 프로세스에서 서비스의 성공을 위해 일정한 역할을 담당함으로써, 고객만족 및 서비스 품질 등에 영향을 미치기 때문이다.

고객참여 증대의 가장 좋은 예는 고객이 직접 셀프 서비스를 수행하는 패스트푸드 음식점이다. 고객은 서비스 프로세스에 참여하여 정해진 메뉴를 보고 직접 주문과 서빙, 식사 후 반환까지 완료한다.

고객은 당연히 이러한 도움의 대가로 빠른 서비스와 저렴한 가격의 혜택을 받게 된다.

고객 참여는 기업 입장에서도 이득을 보게 된다. 즉 서비스 인력의 감축을 통한 인건비 절약이나 서비스 공급능력의 신축성이 높아지는 등의 이익을 얻게 되며, 나아가 고객참여가 기업의 생산성을 높이기 위한 전략으로 활용되는 것이다.

3) 예약제도 활용

예약제도는 수요와 공급 관리 측면에서 매우 활용도가 높은 요소이다. 특히 업무가 폭증하는 시간이 분산되므로 서비스 증대 및 인력관리 측면에서 많은 영향을 미친다.

즉 수요와 공급의 균형화로 서비스 공급능력의 100% 활용은 기업 입장에서는 재무적인 측면에서 매우 중요한 역할을 한다. 그러나 예약고객의 노쇼(no show)로 인한 공급자원의 미활용은 수익성에 부정적인 영향을 미치기 때문에 노쇼에 대비한 적절한 초과예약제도의 활용이 필요하다.

4) 서비스 능력의 유연성 제고

공급시설 및 장비의 공유화나 임차, 그리고 아웃소싱 등을 통해 서비스 능력을 확충할 수 있다. 호텔이나 병원 등에서는 인근지역의 호텔들과 병원들의 협력하에 초과수요를 해결하기 위해 시설을 공동으로 활용하는 것도 가능하다.

항공사들은 수년간 이러한 방식으로 서로 협력해 왔다. 소규모 공항인 경우 항공사들이 같은 승강구와 램프, 수하물 처리, 정비, 육상근무자 등을 공동으로 사용한다. 또한 비수기에는 항공사들이 다른 항공사에 비행기를 임대해 주기도 한다.

특히 대한항공이 소속된 스카이팀의 경우, 여러 주요 항공사가 협력하여 더욱 편안하고 쾌적한 여행 경험을 제공해 드리는 글로벌 네트워크로서 더 많은 목적지, 더욱 저렴한 가격과 편리한 환승을 제공하고 있다.

▲ 스카이팀(sky team) 제휴사. 출처 : https://www.klm.com/travel/kr

5) 서비스직원 교차훈련 및 활용

여러 개의 운영작업으로 이루어진 서비스 시스템의 경우 어느 작업은 바쁜데 다른 작업은 유휴상태인 경우가 있다. 이때 다양한 유형의 작업을 수행할 수 있도록 직원을 교차 훈련시키면 부분적으로 발생하는 피크 수요를 충족시키기 위한 신축성 있는 서비스 공급이 가능하다.

패스트푸드 음식점의 경우 교차 훈련된 직원을 활용하면 직무확대를 통한 서비스 능력을 창출할 수 있다. 즉 손님이 적을 때에는 적은 수의 근무자만으로 업무를 담당하게 하고(일시적 직무확대), 바쁠 때에는 보다 세분화된 업무를 수행하도록 한다(분업).

호텔에서도 대형 연회행사의 경우, 호텔의 전 부서 직원들이 유니폼을 착용하고 서비스에 동참하게 된다. 이러한 접근방식은 단결심을 고취시킬 뿐만 아니라, 타 부서의 직무를 이해하는 계기가 되며, 개인적 관점에서 미래의 승진, 급여 인상 및 보다 도전적인 직업으로 이어질 수 있는 확장된 기술 세트를 제공한다.

제4절 > 서비스 대기와 고객관리

1. 대기와 대기형태의 이해

1) 서비스의 대기

높은 서비스 수요와 낮은 서비스 공급의 불균형으로 서비스 대기가 발생하게 된다. 즉 서비스는 상품의 재고화가 제한적이기 때문에 공급능력에 비해 서비스 수요가 클 경우 대기상황이 발생하게 되는 것이다.

이와 같이 대기는 어쩔 수 없이 발생하는 것이지만 모든 고객들이 이러한 상황을 이해하고 당연한 것으로 받아들이는 것은 아니다. 고객들은 서비스를 받기 위해 기다리는 대기 경험을 통해 서비스에 대한 부정적인 감정과 불만족을 인지하게 된다.

고객이 서비스를 받기 위해 기다리는 것은 고객의 기분을 상하게 하는 부정적 경험이고, 이는 서비스에 대한 만족수준뿐만 아니라 서비스기업에 대한 충성도(loyalty)나 재구매 성향에 부정적인 영향을 미치게 된다.

기다림의 경제학에서 경제비용의 측면으로 보면, 기업의 입장에서는 직원(내부고객)의 대기비용은 비생산적인 임금으로 측정하고, 외부고객의 대기비용은 시간 낭비 비용, 지루함, 불안감, 심리적 스트레스로 인한 비용 그리고 그 시간에 할 수 있었던 다른 일의 가치로 측정된다.

이와 같이 서비스의 대기는 서비스 제공 능력이 그 서비스를 받고자 하는 수요를 감당하지 못하기 때문에 발생하는 것으로, 이들 양자의 불균형으로 대기행렬이 생기거나 서비스시설이 유휴상태가 된다.

▲ 여행객들이 공항에서 대기하는 모습
지나친 대기시간은 고객의 재구매에 부정적 영향을 미치게 된다.

2) 대기형태

대기에는 다양한 형태가 존재하며, 관리자들은 가장 적합한 대기형태를 선택해야 하는 문제에 직면한다. 〈그림 5-2〉에서는 몇 가지 형태의 도식을 보여주고 있다.

▷ 카페테리아와 같은 **단일대기선, 순차적 단계**(single line, sequential stages)에서는 고객이 하나의 라인을 형성하여 복수의 서비스 설비를 순차적으로 지나가게 된다. 맥드라이브나 많은 카페테리아의 경우 계산대 또는 키오스크에 대기선이 존재하게 되며, 음식 준비 및 제공하는 시간이 길어지는 경우에 대기가 발생하게 된다. 또한 서비스 공급능력의 제한으로 식당 내 좌석 확보가 될 때까지 기다려야 할 때, 대기의 원인이 된다.

▷ **다수 서비스 제공자에 대한 병행대기선**(parallel lines to multiple servers)은 다수의 서비스 담당자가 동일 서비스를 제공한다. 이러한 대기는 소비자들로 하여금 몇 개의 대기선 중 하나를 선택하도록 한다. 티켓 창구나 대형 마트의 계산대가 그 예라고 할 수 있는데, 이의 단점은 대기선의 이동속도가 고객의 상황이나 직원의 숙련도에 따라 차이가 발생할 수 있다는 것이다.

▷ **다수의 서비스 제공자에 대한 단일대기선**(a single line to multiple servers)은 일명 '뱀형'으로 불린다. 이는 앞에서 언급된 다수의 서비스 제공자에 대한 병행대

▲ 아파트 분양 모델하우스 대기선으로 단일대기선의 예이다.
출처 : https://biz.chosun.com

▲ 설 귀성 시작은 줄서기부터 목적지마다 지정대기선을 설정하는 경우이다.
출처 : http://www.munhwa.com

기선의 문제점을 해결해 준다. 이 방법은 공항 수속이나 보안 및 출입국 수속 등에서 주로 적용된다.

▷ **지정대기선**은 특정 범주의 고객들에 대하여 별도의 대기선을 할당한다. 그 예로 슈퍼마켓 계산대의 소량 품목(12개 이하 품목) 계산줄과 일반 계산대, 비행기의 1등석, 비즈니스석, 이코노미석에 대한 각각 다른 탑승 서비스를 들 수 있다. 단골고객 혹은 조직에 큰 공헌을 하는 고객에게 남다른 대기장소나 분리된 대기열을 제공함으로써 서비스에 있어서 우선권을 부여한다. 즉 병원 응급실 같은 업무의 긴박성이 요구되는 고객은 먼저 서비스를 제공받을 수 있다.

▷ **번호표 순번 대기(take a number)**는 대기하는 고객들로 하여금 자리에 앉아 기다릴 수 있으며 또한 기다리는 시간의 추측이 가능함에 따라 잠시 다른 일을 볼 수도 있다. 물론 이 경우 예상보다 서비스가 일찍 진행되었을 때, 자신의 순서를 놓칠 위험도 있다. 이러한 방법은 은행, 영화관, 관공서, 병원 접수 및 수납 등이 포함된다.

▷ **대기목록(wait list)**은 레스토랑의 경우 보통 고객들의 이름을 적은 목록이나 대기표가 있고 고객들은 자신의 이름이 불릴 때까지 기다린다. 서비스의 수요가 폭증하거나 공급이 제한적일 때 주로 사용되며, 인원수가 이용가능한 좌석 수와 맞지 않을 경우 늦은 순번이 먼저 이용할 가능성이 있다.

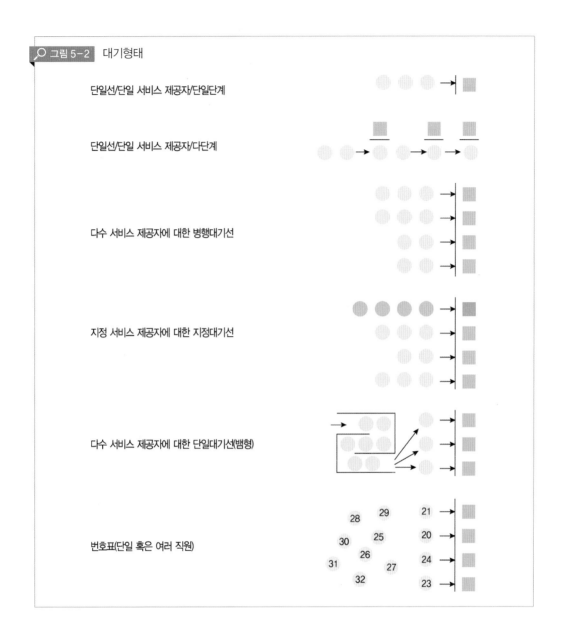

🔍 그림 5-2 대기형태

단일선/단일 서비스 제공자/단일단계

단일선/단일 서비스 제공자/다단계

다수 서비스 제공자에 대한 병행대기선

지정 서비스 제공자에 대한 지정대기선

다수 서비스 제공자에 대한 단일대기선(뱀형)

번호표(단일 혹은 여러 직원)

2. 대기 중의 고객관리기법

1) 기다림에 대한 고객인식 관리기법

고객의 입장에서는 실제 기다리는 시간보다 기다림에 대한 느낌이 더 강하게 인식된다. 즉 기다리는 시간에 대한 부정적 느낌을 개선하는 것이 실제로 기다리는 시간의 길

이를 줄이는 것 이상의 효과를 낼 수 있다. 결국 기다리면서 느끼는 첫인상이 나머지 서비스경험에 영향을 미치기 때문이다.

기다림에 대한 관리적 의미는 서비스 관리자가 기다림에 대한 고객의 지각을 창조적으로 이용하거나 긍정적으로 관리할 수 있다는 뜻이다. 따라서 고객을 기다리게 하는 서비스는 기다리는 시간을 즐거운 경험으로 만드는 전략이 요구된다.

기다림에 대한 고객인식 관리기법은 다음과 같다.

(1) 서비스가 시작되었다는 느낌을 준다

서비스 제공 전 대기가 과정 중의 대기보다 더 길게 느껴지기 때문에 기업은 고객에게 서비스가 시작되었다는 느낌을 주는 것이 필요하다.

왜냐하면 서비스를 위해 기다리는 시간은 서비스가 진행되는 과정의 기다림보다 더 큰 지루함을 느끼게 하며, 결국 시간의 흐름에만 신경 쓰게 되기 때문이다. 고객이 실제로는 기다리고 있지만 기다리고 있는 것

▲ 대기시간에 음식 사전주문
대기시간에 사전 음식주문을 통해 착석 후 바로 음식이 제공됨으로써 대기시간을 최소화할 수 있다.

이 아니라는 느낌을 주는 것이 필요하다.

예를 들어, 식당에서 기다리는 고객에게 메뉴판을 미리 제공하여 선택할 수 있게 하거나, 병원에서 환자에게 문진표를 직접 작성하게 하는 등 '서비스와 관련된' 주의 분산 자체가, "서비스가 시작됐다는 생각을 갖게 한다"는 것이다.

서비스가 일단 시작되면 고객의 지루함은 상당히 줄어든다. 사실 사람들은 그냥 기다리는 것보다 서비스가 시작되었다고 생각하는 것을 더 편안하게 생각하기 때문에 더 오래 기다릴 수 있다.

(2) 총대기시간을 알려준다

기다림에 대한 우려는 고객이 얼마나 더 오랫동안 기다려야 하는지를 모를 경우에 더 커지기 마련이다. 따라서 고객들에게 예상되는 차례나 고객들이 얼마나 기다려야 하는지 그리고 소요시간 등을 미리 알려주는 것이 중요하다.

고객들은 대기시간에 대한 현실적인 기대치를 설정할 수 있으며, 기다림의 끝을 알려줌으로써 계속해서 기다릴 것인지 말 것인지를 결정할 수 있다. 고객들은 기다림이 정당하다고 생각할 경우, 더 참을성 있고 덜 걱정하게 된다.

따라서 대기시간을 미리 설명해 주면 고객의 불확실성이 줄어들 뿐만 아니라 대기시간을 어떻게 보낼 것인가에 대해 스스로 결정하게 되며, 결과적으로 서비스에 대해 보다 긍정적인 평가를 하게 된다.

(3) 기다리는 고객 앞에서는 바쁘게 움직여라

고객의 오랜 기다림에 대한 불확실성이 증대할수록 고객은 더 화를 내게 되며 그에 비례해서 불만족은 증가한다고 한다.

따라서 서비스기업은 일하지 않는 직원이나 고객과 상호작용하지 않는 활동은 고객이 볼 수 없는 곳에서 수행하는 것이 중요하다. 즉 서비스 생산과 서비스 전달 등을 분리하는 디커플링[5]을 적용하는 것이 효과적이다. 반대로 생각하면 기다리는 고객들 앞에서는 분주히 움직이는 모습을 보여주어야 한다. 많은 고객들이 기다리는 바쁜 와중에 은행의 빈 창구는 고객들로 하여금 서비스에 대한 부정적인 평가를 가중시킨다.

(4) 고객 유형별로 대응하라

고객은 자신이 선호하는 가치에 따라 시간보다 서비스를 중요시한다거나 서비스의 질보다 짧은 대기시간을 중요시하는 경향이 있다. 따라서 서비스 제공 시 고객 유형에 따른 차별적인 서비스 제공은 대기로 인한 불만을 최소화시킬 수 있는 기회가 된다.

예를 들면 VIP, 단골고객, 예약고객, 응급으로 방문한 고객 등을 별도의 라인으로 서비스하는 방법이 만족도와 충성도를 높이는 데 효과적일 수도 있다. 항공사에서는 1등석 승

---

5) 같은 흐름을 보이지 않고 탈동조화되는 현상

객이나 어린이나 노약자 동반 고객의 경우에 대해서는 기다리지 않고 바로 탑승하도록 하며, 은행에서도 자산이 많고 실적이 우수한 VIP는 별도의 PB(private banking) 센터에서 우대하여 상담을 진행한다.

(5) 즐거움으로 대체하라

일반적으로 제공된 서비스에 대한 첫인상이 다음에 제공되는 전체 서비스의 긍정적인 경험에 큰 영향을 미치므로, 서비스가 시작되는 대기시간을 즐거운 경험으로 만들어주는 것이 좋다.

가장 널리 알려진 '빈 시간'을 채우는 방법 중 하나는 승강기 근처나 승강기 내에 거울을 설치하는 것이다. 거울로 자신의 옷차림을 점검할 수도 있고, 기다리는 다른 사람을 몰래 관찰할 수도 있다. 또한 레스토랑 프로모션 메뉴나 바(bar)의 홍보 그리고 웨딩 홍보 포스터는 고객의 기다림을 서비스의 과정으로 이끌게 된다.

즉 기다림을 견딜 만하게, 즐겁고 생산적으로 만들기 위해, 창조적이고 경쟁적인 서비스 관리가 필요하다.

(6) 판단을 흐리게 한다

대기 관리를 위한 물리적 시스템은 거리감을 낮출 수 있다. 거리는 고객 자신이 서 있는 지점에서 대기선의 시작점(서비스가 시작되는 점)까지로 측정된다. 만일 1백 명을 일직선으로 배치하는 것보다, 대기 줄이 여러 개의 통로로 지그재그로 배열되어 있다면 거리감에 따른 지루함을 낮출 수 있다. 즉 테마파크(theme park)의 대기선 관리가 이에 해당되며, 한번에 여러 명씩 입장시킴으로써 이동 속도감을 높여주어 대기시간에 대한 인식을 바꿀 수 있다.

(7) 서비스의 진행을 예상하게 한다

'얼마나 기다려야만 하는가?'에 대한 고객의 염려를 완화시켜 주는 것이 필요하다. 서비스 시 직전에 고객들은 많은 근심과 걱정을 한다. 나를 잊은 건 아닐까? 주문된 음식은 제대로 만들고 있을까? 이 대기선은 꼼짝도 않는데 서비스를 받기는 할까? 화장실에 가면 내 자리가 없어질까? 근심 걱정은 기다리는 고객에게 부정적 영향을 주는 가장 큰 원인이 될 것이다.

서비스 제공자는 고객의 존재를 인지하고 있다는 사실을 알리는 것이 중요하며, 고객에게 얼마나 기다려야

▲ 테마파크의 대기행렬
테마파크의 지그재그 대기줄은 고객들로 하여금 거리감을 낮추는 효과를 보여준다.

하는지를 알려주면 충분한 안도감을 줄 수 있다. 즉 병원이나 은행의 모니터에 자기 이름이나 번호를 통해 자기 순서를 인지함으로써 안정감을 갖게 된다.

(8) 공정하게 관리한다

불확실하고 설명도 없는 기다림은 고객에게 걱정과 분노를 안겨준다. 늦게 온 고객이 먼저 서비스받는 것을 보면 얼마나 더 기다려야 하는지에 대한 걱정이 불공평에 대한 분노로 바뀐다. 분노가 폭발하지 않는다면 불편한 상황이 되어 서비스 제공자는 분노의 표적이 되기 쉽다. 고객의 대기관리에서는 공정성의 문제를 해결하는 것이 매우 중요하다.

2) 기다림의 고객심리

기다림에 대한 인간적 측면과 이런 경험을 관리방식으로 접근한 최초의 연구자는 데이비드 마이스터(David H. Maister)이다.

Maister(1985)는 대기열 심리(The Psychology of Waiting Lines) 연구에서 고객만족이 실제 대기시간(objective waiting time)보다는 지각된 대기시간(perceived waiting time)에 근거를 두고 있기 때문에, 실제 대기시간뿐만 아니라 고객들이 대기시간을 어떻게 지각하는가에 대해 주목하였으며, 대기 관리의 기본 원칙을 아래와 같이 설명하였다.

① 대기 중에 아무 일도 하지 않고 있는 시간(unoccupied time)이 길게 느껴지고, 사소한 일이라도 할 때(occupied time) 대기시간이 짧게 느껴진다. 손님들에게 메뉴판을 미리 보여줌으로써 메뉴 선택을 하게 한다.

② 서비스가 시작되었다는 느낌을 주어야 한다. 대기자는 프로세스에 '들어갔다'는 느낌을 받고 싶어 한다.

③ 현재 가지고 있는 근심(anxiety)은 대기시간을 더 길게 느껴지게 한다. 근심을 해결할 수 있는 방법을 찾아야 한다.

④ 명확한 대기시간을 모르면 길게 느껴진다. 즉 언제 서비스를 받을지 모른 채 무턱대고 기다리는 것이 알고 기다리는 것보다 대기시간을 더 길게 느껴지게 한다. 대기열 스크린에 예상대기시간을 명시하는 것이 도움이 된다.

⑤ 서비스가 지체되는 원인을 모르면 길게 느껴진다. 특히 한가한 직원을 보면 필요 이상으로 오래 기다린다고 느낀다.

⑥ 불공정한 대기시간이 더 길게 느껴진다. 나중에 도착한 사람이 먼저 서비스를 받는 차별이 발생되지 않도록 관리하고, 어쩔 수 없는 경우에는 설명을 통해 양해를 구한다.

⑦ 서비스의 가치가 더 높을수록 사람들은 더 오랫동안 기다린다. 별로 가치가 없는 것은 기다리기 싫어한다. 비행기 승객들은 비행기가 탑승구에 닿자마자 1~2분이라도 빨리 나가려고 하는 행동이 그러한 예이다.

⑧ 혼자 기다리는 것이 더 길게 느껴진다. 동행이 있는 경우 기다림이 즐거움의 일부가 된다.

3. 서비스 타이밍의 중요성

서비스 타이밍(service timing)은 고객의 기대를 충족시키고, 운영의 효율성을 높이며, 경쟁력을 강화하는 중요한 요소가 된다. 고객 만족도와 비용 절감, 브랜드 신뢰도를 높이기 위해서는 서비스 타이밍을 잘 관리하는 것이 필수적이다. 또한, 직원의 생산성을 높이고, 서비스 제공 시 법적 요구사항을 충족시키기 위한 중요한 요소로 작용한다.

1) 고객 만족도 향상

▷ **기대 충족** : 고객은 기업이 서비스나 제품을 약속된 시간 내에 제공되기를 기대하

며, 지연은 좌절, 불만족, 신뢰 상실로 이어질 수 있다.

▷ **시간적 가치** : 고객은 시간에 민감하다. 특히 바쁜 일정을 가진 사람들에게, 빠르고 정확한 서비스 제공은 중요한 경쟁 요소가 된다.

2) 운영 효율성 증대

▷ **자원 최적화** : 서비스 타이밍은 조직의 흐름을 원활하게 해주고, 적시에 서비스를 제공하면, 자원(예: 직원, 장비 또는 재고)이 효과적이고 효율적으로 사용된다. 서비스 지연은 병목 현상을 일으키고, 다른 운영을 방해하여, 시간 낭비와 더 높은 비용으로 이어질 수 있다.

▷ **업무 흐름 관리** : 각 서비스가 정해진 시간에 제공하는 것은 업무 흐름을 관리하고, 불필요한 대기 시간이나 지체를 줄이는 데 중요한 역할을 한다. 효율적인 서비스 타이밍은 작업 간의 자연스러운 연계를 만들어 업무 효율성을 높인다.

3) 경쟁력 강화

▷ **시장 내 차별화** : 정확하고 빠른 서비스 제공은 고객에게 강력한 인상을 주고, 경쟁 업체와 차별화를 해주며, 고객의 신뢰감과 브랜드 충성도를 높이는 데 기여한다.

▷ **고객 유치** : 정확한 시간에 일관성 있는 서비스를 제공하는 기업은 '신뢰할 수 있는' 이미지를 구축하게 되며, 이는 다른 기업과의 경쟁에서 우위를 점하는 요소가 된다.

4) 비용 관리

▷ **지연 최소화** : 지연으로 인하여 초과 근무, 유휴 직원 또는 고객의 대기하는 시간에 따른 추가적인 운영비용이 발생할 수 있다. 따라서 서비스 타이밍의 정확한 관리는 이러한 불필요한 비용을 방지할 수 있다.

▷ **작업 속도 개선** : 서비스 타이밍을 정확하게 맞추면, 각 직원이나 팀의 작업 속도를 최적화할 수 있으며, 이를 통해 서비스와 관련된 비용을 줄일 수 있다.

5) 고객 신뢰 구축

▷ **충성도 구축** : 서비스 시간을 최적화하는 것은 고객 만족도를 높이고, 견고한 브랜드 평판을 높여, 고객의 재방문 및 장기적인 고객 충성도를 공고히 한다.

▷ **서비스 예측 가능성** : 고객이 서비스 제공받는 시간을 예측할 수 있으면, 일정이나 계획을 세울 때, 더 편리하고 고객과의 신뢰를 더욱 강화시킬 수 있다.

6) 직원 동기부여 및 생산성

▲ 서비스 타이밍은 고객이 다시 방문할 가능성을 높일 뿐만 아니라 긍정적인 입소문을 만든다.
출처: https://fasterlines.com

▷ **효율적인 업무 분배** : 서비스 타이밍을 맞추는 과정에서 직원들의 역할과 책임이 명확히 분배되며, 각 직원이 맡은 일을 적시에 처리하도록 하는 것은 전체적인 팀워크와 생산성을 높이는 데 도움이 된다.

▷ **스트레스 감소** : 업무 지연은 스트레스가 많은 업무 환경을 만들어, 직원의 사기와 생산성에 부정적 영향을 미치기 때문에, 정시 서비스 제공은 더욱 건강하고 효율적인 업무성과에 도움이 된다.

7) 법적 및 계약적 요구사항 충족

▷ **계약상의 의무 이행** : 많은 업종에서 서비스 제공 시간이 계약에 명시되어 있는 경우가 많다. 계약을 지키지 않으면 법적 책임이나 벌금을 물을 수 있으므로, 서비스 타이밍을 지키는 것은 법적 문제를 피하고 신뢰를 공고히 하는 데 필수적이다.

- 서비스 수요와 공급 : 서비스의 수요와 공급은 서비스의 특성인 생산과 소비의 동시성으로 재화의 수요공급보다 유연하게 대처하기가 어렵다. 서비스에서 수요는 상대적으로 매우 불규칙적이므로 이에 대한 대응의 어려움이 있어 공급능력에 맞추어 수요관리를 전략적으로 실행한다. 서비스에서의 공급은 시설의 고정화에 의하여 상대적으로 탄력적인 수요에는 적절히 대응하기 어려운 단점이 있다.

- 일드 매니지먼트 : 우리는 객실 자체를 사는 것이 아니라 숙박할 수 있는 시간을 사는 것이고, 좌석을 사는 것이 아니라, 비행기로 이동하는 거리를 사는 것이다. 이러한 무형성 때문에 생기는 특징이 바로 비저장성이다. 즉 한 번 만들어진 상품의 경우는 유통기간 내 언제든 판매할 수 있는 재화의 특성에 비해 비탄력적이다. 그래서 알맞은 시간에 알맞은 고객에게 최적의 가격을 제공함으로써 점유율을 높이고, 이를 통해 이익을 극대화하고자 하는 경영기법이 바로 일드 매니지먼트(Yield Management)이다.

- 초과예약(overbooking) : 예약한 고객이 나타나지 않는 노쇼(no show)를 예상하여 활용 가능한 서비스능력을 초과해서 예약을 받는 것이다.

- 대기행렬 : 대기행렬(queue)이란 하나 혹은 그 이상의 서비스 제공자(server)에게 서비스를 요구하며 기다리는 고객의 줄이다. 대기행렬은 식당 앞에서 차례를 기다리는 고객일 수 있고, 전화 상담원과 통화하기 위해 대기 중인 사람일 수도 있다. 즉 서비스를 기다리는 행렬로써 현재 수요가 서비스 제공능력을 넘어설 때 대기행렬이 생긴다.
  어떤 서비스를 받으려 할 때, 서비스의 수요와 공급이 일치하지 않으면 대기행렬이 생기거나 서비스시설이 유휴상태에 이르게 된다.

- 서비스 대기는 고객에게 부정적인 영향? : 부정적으로 인식될 수 있지만 오히려 소비자의 구매 욕구를 상승시키고 매출을 올릴 수 있는 긍정적 요소가 있다. 우리가 목표를 향해 줄을 서서 기다릴 때, 나를 기준으로 '앞에 있는 사람들'은 목표를 향해 내가 아직 해야 할 남아 있는 노력을 상징한다. 반대로 '뒤에 있는 사람들'의 존재는 내가 이 목표를 향해 그동안 이룬 어떤 성취를 상징하게 된다. 줄을 선 사람들은 자신의 뒤에 있는 사람들로부터 성취감을 느끼게 되고 이 성취감은 자신의 '목표', 즉 구입을 위해 기다리고 있는 제품이나 음식, 서비스의 가치를 더 높이 평가하게 하는 요소가 된다.

| 논 | 의 | 과 | 제 |

1. 서비스기업에서 수요와 공급의 불균형 상황이 발생하는 이유를 설명하시오.

2. 서비스의 수요균등화를 위한 방안을 논의하시오.

3. 서비스의 공급 측면에서 초과예약을 하는 이유를 설명하시오.

4. 일드 매니지먼트에 대하여 호텔 객실을 주제로 논의하시오.

5. 서비스의 대기관리가 중요한 이유를 설명하시오.

INTERNET 활용하기

- https://eiec.kdi.re.kr/publish/naraView.do?cidx=8053 고객을 찾아가는 것이 아닌, 찾아오게 만드는 '창조적 수요관리 전략', KDI 경제정보센터
- https://dbr.donga.com/article/view/1203/article_no/524/ac/a_view 항공기 좌석 200개 가격도 200개, Dong A Business Review, 2008.05
- https://www.klm.com/ 스카이팀 제휴사, KLM Royal Dutch Airlines
- https://www.hollandsentinel.com/ 유나이티드는 항공편 초과예약으로 최악의 경로를 취했다.
- https://dbr.donga.com/article/ 줄을 세워라, 기다림이 상품가치를 키운다, DBR. 2012.01

왜 서비스 기업에서 크로스 트레이닝이 필요한가?

많은 회사에서 조직 내의 다양한 이유로 교차 훈련(cross training)을 실시한다. 부서의 예상 가능한 바쁜 시간, 직원이 병으로 인해 결근하는 경우, 직원이 사임하거나 은퇴한 후 직무 공백이 오래 유지되는 경우, 또는 위기 상황 대처 차원에서 수행하는 훈련이다. 또한 새로운 직원을 고용하는 것보다 훨씬 비용이 적게 들고, 직원이 다른 직무나 관련 업무에 대해 배울 수 있는 기회를 제공한다.

특히 서비스 산업에서 교차 훈련과 서비스 인력의 효과적인 활용은 효율성 개선 및 고객 경험 향상 그리고 인력비용을 최적화하는 데 필수적인 전략이다. 교차 훈련은 조직 내에서 직원에게 여러 역할과 책임을 가르치는 것이 포함된다. 예를 들어, 호텔의 프런트 데스크 직원은 하우스키핑 절차를 배우고, 레스토랑 서빙 직원은 컨시어지 서비스 교육을 통해 성수기나 인력 부족 시 해당 역할 수행뿐만 아니라, 조직 내 서로의 직무를 더 잘 이해하여 팀워크를 촉진한다.

크로스 트레이닝의 주요 이점은 다음과 같다.

▷ 유연한 인력 육성

현재의 역할에서 다른 역할로 원활하게 전환할 수 있는 능력은 더욱 유동적인 조직 운영을 가능하게 하여, 직원 부족이나 예상치 못한 손님 수의 급증에 따른 호텔 상황에 더 잘 대비할 수 있다.

▷ 팀 사기와 유지력 강화

교차 훈련을 받은 직원은 보다 가치 있고 참여적이라고 느끼는 경향이 있으며, 더 광범위한 호텔 운영에서 자신의 필수적인 역할을 이해한다. 또한 직원의 이직률을 낮추는 중요한 요소가 된다.

▷ 고객 서비스와 만족도 향상

직원이 다재다능하면 서비스 제공을 신속히 진행하고, 고객의 요구를 신속하고 전문적으로 처리함으로써 서비스의 일관된 품질을 보장한다. 또한 고객 경험 향상은 고객의 높은 충성도와 긍정적인 리뷰로 이어질 수 있다.

▷ 유연성과 효율성 증가

교차 훈련 직원은 적응력 있는 인력을 만든다. 인력 부족이나 업무량 증가와 같은 예상치 못한 변화 중에도 비즈니스가 원활하게 전환되도록 돕는다. 이러한 유연성 덕분에 회사는 효율적으로 운영되고 직원의 업무 성과와 생산성을 향상시키는 중요한 이점을 제공한다.

▷ 팀 협업 개선

교차 훈련은 더 나은 팀워크를 촉진한다. 직원들은 동료의 책임에 대한 더 깊은 이해를 얻어 더 큰 공감과 협업을 촉진하며, 조직의 공유된 목표를 위해 원활하게 협력하게 된다.

CHAPTER 06 서비스스케이프 관리전략

학 습 목 표

제1절 서비스스케이프
제2절 물리적 증거 환경 구분

이 장을 학습한 후, 다음 내용을 이해할 수 있어야 한다.

1. 서비스스케이프의 중요성을 이해한다.
2. 서비스스케이프의 역할에 대해 이해한다.
3. 서비스스케이프의 유형을 이해한다.
4. 서비스의 무형성 극복을 위한 물리적 증거의 중요성을 설명할 수 있다.
5. 서비스스케이프의 혼잡도 지각에 대해 설명할 수 있다.

CHAPTER

06 서비스스케이프 관리전략

개요

서비스는 무형성이 지배적이기 때문에 서비스 상품의 유형화가 어렵다. 따라서 서비스기업은 유형적 단서인 물리적 환경, 즉 유형적인 단서들(tangible clues)을 이용하여 고객의 만족도 향상 및 구매결정을 높이게 된다.

즉 고객들은 물리적 증거(physical evidence)를 통해 구매 전에 서비스의 가치를 측정하고, 서비스 제공과정이나 소비 후의 서비스에 대한 만족을 평가한다.

이러한 물리적 증거의 총합을 서비스스케이프(servicescape)라고 하며 서비스의 제공과 관련되는 내 · 외적 공간을 의미한다. 실제로 칵테일 바의 은은한 조명이나, 패스트푸드의 경쾌한 음악, 베이커리의 빵 굽는 냄새 그리고 레스토랑의 고급 메뉴판 등도 서비스스케이프의 한 부분으로 말할 수 있다.

본 장에서는 서비스기업에서 고객이 지각하는 서비스스케이프, 즉 물리적 증거의 중요성과 이를 통해 고객만족에 미치는 영향을 학습한다.

제1절 > 서비스스케이프(servicescape)

1. 서비스스케이프란 무엇인가?

서비스스케이프(servicescape)란 무형적인 서비스를 전달하는 데 동원되는 모든 유형적 요소를 포함하며, 서비스가 전달되고 서비스기업과 고객의 상호작용이 이루어지는 서비스공간 내의 물리적 환경을 말한다.

서비스스케이프라는 용어는 서비스(service)와 경치, 경관을 의미하는 스케이프(scape)의 합성어로서, 분위기(atmosphere), 환경적 단서(environmental clues), 물리적 환경(physical surrounding) 등의 의미로 사용되고 있으나, 자연적 환경이나 사회적 환경이 아닌 특히 인위적인 물리적 환경을 강조하는 개념이다.

서비스스케이프(servicescape)에 대한 연구는 시각, 청각, 후각, 촉각의 인식에서부터 서비스 시설물과 기능적인 측면 그리고 인적 요소를 포함하는 의미로 확대되었다.

Bitner(1992)는 서비스 물리적 환경을 서비스스케이프(servicescape)라는 용어를 사용하여 기업이 통제할 수 있는 객관적이고 물리적인 요인으로 보았다. 이 연구에서는 서비스스케이프를 주변 요소(ambient condition), 공간적 배치와 기능성(spatial layout and functionality) 그리고 표지판, 상징물과 조형물(signs, symbols and artifacts)을 포함하는 광범위한 개념으로 정의하였다.

이러한 서비스스케이프는 고객의 구매행동에 영향을 미치는 물리적 증거(service evidence)들의 총합으로써 기업의 이미지와 목적을 전달하는 데 중요한 역할을 담당 한다. 예를 들어 호텔, 레스토랑, 은행, 소매점, 병원 등에서 지각된 서비스스케이프는 점포 이미지를 형성하고 자신이 받게 될 서비스 수준의 추론과 함께 서비스 이용자의 감정적 반응을 불러일으킴으로써 구매의도 및 만족도에 영향을 미친다.

2. 서비스스케이프의 유형

서비스스케이프는 물리적 환경 그 자체로서 가치를 발휘하기도 하고 고객과의 적극적인 상호작용을 통해 훌륭한 서비스 운영자로서의 역할을 하기도 한다. 즉 물리적 환경으로 인해 영향받는 대상이 고객인지, 직원인지, 아니면 양쪽 모두인지 여부에 따라 서비스업체의 유형은 달라지게 된다. 각각의 서비스스케이프와 관련한 세 가지 유형은 다음과 같다.

▷ 셀프서비스

셀프서비스(self service)는 고객이 서비스직원의 도움 없이 스스로 역할에 참여하는 것으로 고객 스스로가 대부분의 활동을 수행하고 직원이 관여하더라도 많은 영향을 미치지 않는 것을 말한다. 은행의 ATM이나 티켓 자동발매기, 세차나 주유 서비스 그리고 패스트푸드점 등이 있다. 이러한 경우 기업은 고객들이 편리하게 서비스받을 수 있도록 하거나 아니면 특정하게 세분화된 고객들만 이용할 수 있도록 물리적 환경을 설계하는 것이 좋다. 물리적 환경이 이렇게 조성되면 시장은 자연스럽게 세분화되고 기업의 포지셔닝도 효율적으로 이루어진다.

▲ 셀프주유소
셀프서비스 접점은 고객 스스로 필요한 부분을 처리하는 것으로 고객 편의 중심으로 설계가 이루어져야 한다.

▷ 원격서비스

원격서비스(remote service)는 기업에서 제공하는 물리적 환경과 관련하여 고객의 참여가 거의 없는 경우를 말한다. 즉 유무선 통신회사, 회계법인, 통신판매 회사 그리고 금융 컨설팅과 같이 고객이 서비스스케이프를 방문할 필요 없이 서비스를 이용할 수 있어 직원만 이용하는 시설을 의미한다.

예를 들어, 통신 서비스를 받는 고객들은 불만사항이나 서비스 관련 문의를 할 때 직접 회사에 방문하는 것이 아니라 전화나 인터넷을 통해 관련 서비스를 받게 된다. 즉 온라인 환경이나 모바일 환경에서 고객 스스로 활용할 수 있는 원격 서비스가 확대되고 있기 때문에, 고객이 서비스기업의 물리적 환경을 보지 않고도 서비스가 이루어진다.

따라서 고객의 원격서비스 지원을 위한 물리적 환경은 서비스직원의 니즈와 선호에 맞게 설계되어야 한다. 직무에 맞게 설계된 물리적 환경은 직원의 생산성을 향상시킬 수 있고, 팀워크와 생산 효율성을 증대시킬 수 있다.

▷ 대인서비스

대인서비스/상호서비스(interpersonal service)는 고객과 직원이 물리적 환경 안에서 같이 활동하여 서비스를 생산하는 것으로 원격서비스와 셀프서비스의 중간형태이며, 호텔, 레스토랑, 기내서비스, 병원, 은행 등 대부분의 서비스가 이에 속한다. 기업은 고객과의 서비스 접점 관리를 통해 고객만족에 최선을 다해야 하며, 고객의 서비스 접근이 용이하게 설계되어야 한다.

또한 고객과 직원이 상호소통의 과정에서 모두 만족할 수 있도록 서비스의 편의성과 고객만족을 높일 수 있는 물리적 환경 조성이 필요하다.

〈표 6-1〉 서비스스케이프의 역할별 유형 분류

유형	역할	예시
셀프서비스 운영지원 (고객만 이용)	• 상호작용이 없기 때문에 직관적 디자인을 통해서 고객의 행동을 유도하는 역할을 수행	• 셀프서비스, 세차나 주유서비스, 패스트푸드점의 이용 편리성 등
원격서비스 운영지원 (직원만 이용)	• 직원 만족, 동기유발, 운영의 효율성 등을 고려해야 함 • 직접 방문이 없기 때문에 물리적 설계에서 가장 신경을 써야 하는 요인	• 인터넷상의 정보획득, 원격민원, 원격의료, 콜센터 등
상호작용 서비스 운영지원 (고객과 직원 모두 이용)	• 직원과 고객 또는 고객과 고객 사이의 상호작용 • 서비스의 효율성과 고객가치 향상을 위한 물리적 환경이 매우 중요	• 호텔이나 기내서비스를 통해 잊지 못할 고객경험 제공

3. 서비스스케이프의 역할

고객이 경험하는 물리적 서비스환경은 서비스에 대한 경험을 형상화하고, 고객만족을 높이거나 떨어뜨리는 데 결정적인 역할을 한다. 특히 이러한 역할은 고객과의 상호작용이 많은 서비스에서 더욱 두드러지게 나타난다. 서비스스케이프의 역할은 다음과 같다.

1) 서비스 구매결정에 영향

고객의 서비스 구매결정과정에서 서비스를 제공하는 직원들의 원활한 업무수행이나 고객이 지각하는 기업의 물리적 환경은 긍정적인 고객경험을 형성하는 데 매우 중요한 역할을 한다. 특히 서비스 물리적 환경 내에 있는 많은 요소들은 고객의 행위와 구매 그리고 고품질 서비스 인지에 잠재적으로 영향을 미친다. 즉 어떤 서비스 구매상황에서 분위기(atmosphere)는 상품 그 자체보다 구매결정에 더 큰 영향을 미치고, 고객의 태도와 이미지 형성에 직접적으로 영향을 미칠 수 있다. 물리적 환경은 고객과 직원이 적절한 감정과 반응을 형성하는 데 도움을 주고 이는 궁극적으로 기업에 대한 충성도로 연결될 수 있다.

2) 서비스의 무형성 극복

서비스스케이프는 조직의 외적인 형상으로 고객의 최초 인상과 기대를 형성하는 데 매우 중요하다. 즉 무형의 서비스를 시각적으로 은유한 것이다. 즉 서비스의 물리적 환경은 서비스나 그 품질에 대한 정보적 단서를 고객들에게 제공해 주는 커뮤니케이션의 역할을 한다. 서비스의 무형성 때문에 고객들은 서비스 상품을 이해하거나 평가하기가 다소 어려울 수 있다. 따라서 소비자는 종종 그 상품이 어떤가를 결정하는 데 도움이 될 수 있는 유형적 단서를 필요로 하며, 기업은 적절한 유형적 단서 제공을 통해 서비스의 무형성을 극복하고자 노력하고 있다. 이때 서비스 제공자는 소비자들의 이러한 요구에 부응하여 물리적 환경이라는 유형적 형상을 제공함으로써 소비자의 이해와 의사

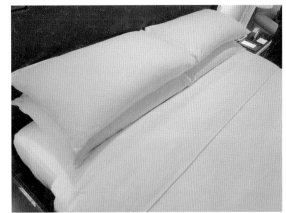

▲ 침대의 베드메이킹
깔끔하게 정리된 침대는 고객으로 하여금 객실의 신뢰감을 높인다.

▲ 객실 욕실의 청결함
욕실의 경우 청결함과 위생까지 연관되어 있기 때문에 고객의 관점에서 민감한 부분이다.

결정을 돕는 것이다.

예를 들어 호텔의 객실에서는 침대의 베드메이킹, 화장실 어메니티의 제공 등 다양한 물리적 증거를 통해 안락함과 청결을 강조하고 있다. 즉 호텔 객실이 깨끗하며 새로운 고객을 맞이할 준비가 되어 있다는 것을 보여주는 것이다.

▲ IBIS 호텔 로비
Limited Service를 제공하는 전형적인 호텔로서 객실을 제외한 다른 서비스는 제한적으로 제공된다.

▲ 그랜드 인터컨티넨탈 서울 파르나스 로비라운지
Full Service를 제공하는 전형적인 호텔로서 객실 및 식음료 서비스 그리고 피트니스 센터까지 모든 서비스를 제공하는 호텔이다.

3) 이미지, 포지셔닝, 차별화 수단

서비스기업의 물리적 환경은 또한 서비스 기업에 대한 이미지를 형성하는 데 있어서도 매우 중요하다. 서비스는 눈에 보이지 않기 때문에 소비자는 서비스의 품질을 판단하는 데 어려움을 느낀다. 따라서 고객들은 서비스 환경을 품질 판단의 중요한 단서로 활용하기도 한다. 이에 기업들은 서비스환경이 서비스 품질을 나타내고 원하는 이미지를 전달할 수 있도록 많은 노력을 기울이고 있다. 사진 속의 호텔 로비를 보면 서로 상반된 세분시장을 가지고 있음을 알 수 있다. 이비스(ibis) 호텔은 합리적 가격의 제한적인 서비스를 제공하고 있고, 인터컨티넨탈 호텔(Intercontinental hotel)의 경우는 비즈니스 여행객을 포함하여 보다 고급스럽고 풀서비스(full service)를 필요로 하는 고객을 대상으로 하고 있다. 두 호텔의 서비스스케이프는 호텔이 추구하는 포지셔닝을 명확하게 보여주며 제공하는 서비스에 대한 기대수준을 형성한다.

4) 편의 제공(facilitator)

물리적 환경은 환경 내에서 활동하는 사람의 성과를 돕는 역할을 한다. 여기서 사람은 물론 고객과 직원 모두를 말한다.

최근의 많은 호텔들은 4차 산업의 기술적 발전과 더불어, 객실 내 자동화 시스템을 갖추는 추세이다. 즉 사물인터넷(IoT) 및 인공지능(AI) 기술을 활용한 키리스(Keyless) 도어락, 모바일 객실 제어 등 호텔운영 자동화 시스템 도입 그리고 방범 카메라 및 객실 동작 감지를 통한 이상징후 등 사전 위급상황 감지 서비스 등을 제공하고 있다.

예를 들어, KT는 인공지능(AI) 플랫폼 '지니'를 기업 간 거래(B2B) 영역인 호텔산업으로 확장한다. 음성명령으로 조명, 온도 등 객실제어, 어메니티(호텔용품) 주문이 가능한 스마트 컨시어지폰 '지니폰'을 투숙객에게 제공하는 것이다. 객실에는 AI 단말기 '기가지니 호텔'이 설치되었으며, 이는 24시간 응대가 가능할 뿐만 아니라, 외국어도 인식해 외국인 투숙객의 편의성을 높이고 있다. 이러한 물리적 증거의 개념이 정보시스템의 편의성을 통해 확장되고 있다.

TV 리모컨 대신, "기가지니"

▲ KT 기가지니(GIGA Genie)
객실에서 인공지능(AI)을 기반으로 고객의 응대서비스를 제공하는 편의기기이다.

5) 서비스의 차별화

서비스스케이프는 서비스 제공 장소에서 고객이 경험하는 물리적 환경의 스타일, 외관 또는 기타 요소를 의미한다. 이러한 서비스환경은 한번 설계되고 구축되면 변경하는 것이 쉽지 않다.

서비스스케이프의 설계는 경쟁자로부터 기업을 차별화할 수 있으며, 그 기업이 목표로 삼고 있는 세분시장을 알릴 수도 있다. 또한 재설계를 통해 서비스 기업을 재포지셔닝할 수도 있고 새로운 고객을 끌어들임으로써 신시장 개척이 가능하다. 커피 전문점의 경우도 각각의 특성에 맞게 인테리어나 좌석의 편안함 그리고 실내에서의 컴퓨터 작업을 위한 편의기기 등을 갖추는가 하면 반대로 테이크아웃 전문점의 심플한 디자인은 차별화 된 서비스 제공을 보여주고 있다. 스타벅스는 고객이 커피를 빨리 마시고 나가는 것보다 는 사회적 시간을 여유있게 보낼 수 있게 하는 집, 이외의 또 다른 공간으로 변화하고 있다. 사회화를 촉진하기 위해 스타벅스는 고객들이 넓은 공간에 머무르며 상호작용을 할 수 있도록 편안한 안락의자와 테이블을 제공하고 컴퓨터 등을 통해 다양한 업무도 볼 수 있는 분위기를 제공하고 있다. 또한 항공기의 경우 보다 넓은 공간을 갖춘 좌석이 다른 좌석에 비해 비싼 것과 마찬가지로, 물리적 환경이 고객의 세분화와 차별화를 가능 하게 하고 있다.

〈표 6-2〉 고객관점에서 본 물리적 증거의 예

서비스업체	물리적 환경	기타 유형적 요소
보험회사	중요치 않음	보험증서, 보험료 청구서, 영수증, 상품 안내서, 회사 팸플릿, 웹사이트, 정기간행물 등
병원	건물의 외관, 안내 표지판, 주차장, 진료 대기실, 진료실, 회복실, 안내데스크, 의료장비	의사, 간호사의 유니폼, 진료 차트, 진료비 명세서 등
항공사	비행기의 색상과 외형, 기내 좌석의 편리함과 안전벨트, 기내TV, 실내온도, 탑승구 등	항공 티켓, 기내 음식, 승무원의 유니폼, 기내TV 프로그램 등
호텔	호텔의 외관 및 진출입구, 로비, 레스토랑, 객실, 헬스클럽, 연회장 등	메뉴, 조명, 식음료, 직원의 유니폼 등
어린이 놀이방	건물의 외관, 주차장, 놀이시설, 실내 분위기	안내문, 간식, 등록금 영수증

출처 : 이유재, 2014 자료를 바탕으로 논자 재구성

4. 서비스스케이프의 통합적 행동모델

서비스스케이프에 대한 전략적 결정을 위해서는 이러한 요소들이 어떠한 과정을 통해 최종적인 소비자 행동에 영향을 미치는지를 알아보는 것이 매우 중요하다.

〈그림 6-1〉은 서비스스케이프 행동모델을 보여준다. 즉 이 모델에서는 기업의 서비스 현장에 구현된 물리적 환경요인들이 고객과 직원의 반응을 통해 전체적인 서비스스케

이프에 대한 인식을 행동으로 나타내게 된다.

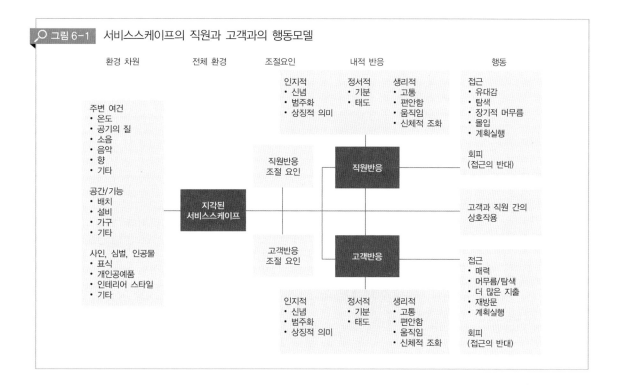

그림 6-1 서비스스케이프의 직원과 고객과의 행동모델

특히 〈그림 6-1〉과 같이 Bitner(1992)는 서비스환경에 직원의 반응을 포함하였다. 결국 직원은 고객보다 서비스환경에 더 많이 머무르며 서비스를 제공하게 된다. 따라서 서비스환경 설계자는 서비스를 제공하는 직원의 관점에서 서비스의 효율성과 생산성을 높이고, 최적의 서비스품질 전달 시스템을 디자인하는 것이 매우 중요하다.

본 행동모델에서는 연결구조를 크게 1) 환경차원과 전체 환경 2) 서비스스케이프에 대한 고객과 직원의 반응 3) 고객과 직원의 행동 등의 3개 구간으로 구분하여 파악하기로 한다.

1) 서비스스케이프의 환경차원과 전체 환경

서비스기업의 환경차원은 서비스 제공과정을 촉진시키고 직원과 고객의 원활한 상호작용을 유도하기 위한 모든 객관적 · 물리적 요소를 말한다.

고객과 직원들은 물리적 환경요소들 각각에 대해 반응한다기보다는 상호결합된 환경 차원요인들을 통해 전체적인 기분과 분위기를 인식하는 것으로서 이는 전체적 환경의 서비스스케이프를 통해 지각하게 된다.

이때 물리적 환경요인들은 온도나 음악 등의 주변여건, 설비나 기구 등의 공간배치, 표식이나 심벌 등으로 구성되며 서비스스케이프를 지각한다. 이러한 물리적 환경요인들은 서비스 제공과정들을 촉진시키고 직원과 고객의 원활한 상호작용을 이끌어내기 위해 사용하는 객관적, 물리적 요소들이다.

2) 서비스스케이프에 대한 고객과 직원의 반응

서비스스케이프의 여러 자극에 대한 서비스 직원과 고객들의 반응유형은 크게 ① 인지적 반응 ② 정서적 반응 ③ 생리적 반응으로 나눠지며, 이들은 상호 의존적이고 동시다발적으로 발생한다. 예를 들면 기내의 잘 정돈된 내부시설을 보고 안전운항을 기대하고 불안감을 감소시키는 감정적 반응과 스튜어디스가 좋은 서비스를 제공할 것이라는 믿음을 갖는 인지적 반응 등이 나타나는 것이다.

(1) 인지적 반응

서비스스케이프는 소비자들의 서비스에 대한 생각이나 신념에 영향을 주게 된다. 서비스 현장의 고급가구, 장식 그리고 직원들의 유니폼을 통해서 신뢰감이 형성되며 이와 같은 서비스 현장의 이미지는 서비스품질에 대한 소비자들의 기대 형성에 영향을 준다.

▲ 호텔 바(bar)의 조명과 전경. 서비스 현장의 환경요소들은 서비스에 대한 이미지와 신뢰감을 형성한다.

(2) 정서적 반응

서비스 현장의 제품환경 요소들에 의해 형성된 이미지는 고객들의 기분, 즉 감정적 반응에 영향을 미친다. 감정적 반응은 어떤 상황이나 자극, 대상에 대한 주관적인 감정상태로서 정서, 느낌, 기분, 분위기를 포괄하는 의미이다. 예를 들어 호텔 연회장의 대형 샹들리에를 통해 고객들은 호텔의 고품질 서비스에 대한 기대와 체계적인 행사 진행을 기대하게 된다.

(3) 생리적 반응

소비자들이 지각한 서비스스케이프는 즉각적으로 생리적 반응에 영향을 주는데, 레스토랑의 테이블, 의자 크기, 좌석 간의 간격 등과 같은 공간 구성 및 동선 체계에 따라 고객과 직원은 신체적 안정감 혹은 불편함을 갖게 된다. 따라서 서비스기업에서는 인체 공학을 고려하여, 좀 더 과학적으로 사람들이 편하고 즐겁게 이용하거나 직원이 효율적으로 서비스를 제공할 수 있는 환경을 설계할 필요가 있다.

▲ 도시의 노천카페
　카페에 편안한 의자를 제공하여 고객들에게 편안함과 여유를 제공한다.

3) 고객과 직원의 행동

조직의 물리적 환경이 고객과 직원의 내적 반응에 영향을 미치고, 이들의 반응은 결과적으로 소비자의 개인행동과 직원의 효율적인 서비스 제공 그리고 서비스기업의 직원과 소비자의 사회적 상호작용에 영향을 미치게 된다.

(1) 고객반응과 행동

고객들은 서비스스케이프의 내적 반응을 통해 접근(approach) 혹은 회피(avoidance) 행동을 보이게 되는데, 긍정적인 내적 반응은 높은 재방문율과 더 많은 지출을 통해 충성고객으로 서비스기업과의 관계를 유지하게 된다. 반대로 부정적인 내적 인식은 회피행동을 유발하게 된다.

(2) 사회적 상호작용 행동

사회적 상호작용은 고객과 직원 사이의 상호 원활한 교류를 말하며 직원 간의 물리적인 거리, 좌석배치, 공간의 규모, 이동 동선 등과 같은 물리적 변수가 사회적 상호작용에 영향을 미치는 중요요인으로 나타나고 있다.

(3) 직원 반응과 행동

서비스 효율성을 바탕으로 한 직원의 서비스스케이프 설계는 직원들 간의 소통을 높이고 직무몰입 및 낮은 이직의도를 보인다. 즉 직원이 근무하기에 적절한 공간 및 시설을 배치하는 것이 직원의 신체적 피로감을 덜어주어 근무의욕을 증진시키게 되며, 결과적으로 고객만족 서비스로 연결된다.

제2절 〉 물리적 증거 환경 구분

1. 물리적 환경 디자인의 중요성

서비스스케이프(servicescapes)는 서비스가 제공되는 공간을 의미한다. 이러한 공간은 서비스에 추가적인 무엇인가를 더하지 않고도 고객에게 새로운 경험을 제공하는 아이디어의 총합이다. 물리적 증거들이 어떻게 설계되느냐에 따라 서비스환경 내에서 활동의 흐름이 촉진되거나 억제될 수 있으며, 고객과 직원의 목적 달성에 긍정적 또는 부정적인 영향을 미치게 된다.

이와 같이 물리적 환경은 추구하는 서비스의 목표와 일치하는 느낌 및 이미지를 주도록 설계되어야 하며, 잘 설계된 시설은 고객에게는 유익한 서비스 체험으로, 직원에게는 만족스러운 서비스의 수행으로 연결된다.

예를 들어 해외여행객들은 수면을 취하기 좋은 비행기 좌석의 가치를 높게 생각할 것이다. 서비스의 물리적 증거의 일부분으로서 항공기 좌석은 숙면을 취하려는 여행자의 욕구를 충족하기 위해 해마다 개선되어 왔다. 사실 더 좋은 좌석을 설계하려는 경쟁은 국제선 항공사 간의 주요 쟁점이고, 그 결과 비즈니스 여행자에게 더 나은 고객만족을 줄 수 있게 되었다. 그 외 호텔의 호캉스에 따른 객실에 머무는 시간을 활용한 물리적 환경도 매우 중요하다. 목욕하면서 창밖의 경

▲ Four Season Hotel Mexico
호텔의 서비스환경에서 시원한 풀장은 고객에게 휴식과 여유를 주는 물리적 증거가 된다.

치를 감상할 수 있는 욕조의 창가 배치, 창가에서 남산이나 경희궁 등을 볼 수 있게 침실을 배치하는 등 가성비와 가심비까지 고려하는 물리적 환경의 디자인이 요구된다.

서비스기업의 물리적 환경은 서비스 실패 상황에서도 소비자의 평가에 작용하고 그 결과 서비스 만족에 영향을 미친다. 즉 고객에게 제공한 서비스가 기대한 대로 이행되지 않은 경우라 할지라도 서비스기업의 환경이 조직적이고 정연한 것이었다면 고객은 서비스 실패의 원인을 다른 곳에서 찾는 경향을 보인다.

2. 물리적 증거의 내·외부환경

고객에게 영향을 미치는 서비스스케이프는 표지판, 주차장, 조경 같은 외부속성(exterior attributes)과 설계, 배치, 실내장식과 같은 내부속성(interior attributes)으로 구성된다. 인터넷으로 전달되는 웹페이지와 가상 서비스스케이프(virtual servicescape)는 구매 전·후에 고객으로 하여금 서비스를 좀 더 유형적으로 체험하도록 하여 커뮤니케이션이 용이하도록 해주는 좀 더 진보되고 현대화된 형태의 물리적 증거이다.

〈표 6-3〉은 전체적인 물리적 증거의 구성요소로 서비스스케이프를 비롯하여 여타 유형적 단서를 보여준다.

〈표 6-3〉 물리적 증거의 요소

서비스스케이프	기타 물리적 증거
• 외부환경 : 시설의 외형(외관설계), 간판 방향 등의 안내표지, 주차장, 조경, 주변환경 • 내부환경 : 내부설계, 내부 장식과 표지판, 벽의 색상, 가구, 시설물, 공기의 질/온도, 설비나 장비, 레이아웃 등	업무용 명함, 사무용품, 광고 팸플릿, 메모지, 청구서, 보고서, 직원의 유니폼, 팸플릿, 웹페이지, 가상적(virtual) 서비스스케이프

1) 외부환경(exterior)

외부의 물리적 환경은 특히 신규고객을 끌어들이기 위해서 중요하다. 호텔 외부의 전경이나 조경 그리고 진입로의 웅장함이 호텔의 전체 이미지에 긍정적인 영향을 미치게 된다.

도심의 전경과 어울리는 시내호텔이나 멋진 전원 속의 리조트 호텔들은 외부환경이 호텔의 경쟁력을 나타내기도 한다.

시설의 외형이나 주변 환경 등의 외부환경은 서비스기업의 차별화된 이미지를 확립하는 데 결정적인 역할을 한다. 특히 테마파크나 콘도 등 엔터테인먼트 산업의 경우 시설의 외형이 사업의 성패를 좌우한다. 또한 주차의 용이성이 음식점 선택의 주요 기준이 되기도 한다.

▲ 마리나베이샌즈 호텔(Marina Bay Sands Hotel)
외부환경은 서비스기업의 차별화된 이미지를 확립하는 데 결정적인 역할을 한다. 마리나베이샌즈 호텔은 독특한 외형으로 싱가포르의 랜드마크가 되고 있다.

서비스기업의 건물은 고객들에게 기업을 알리고, 사람들의 시선을 사로잡는 기업이 지닌 특유의 이미지를 시각화하여 보여주는 하나의 수단이다. 최근에는 기능성과 심미성을 모두 갖춘 다양한 건축물들이 서비스기업의 브랜드와 이미지를 강력하게 구축하기 위한 수단으로 이용되고 있으며, 고객들의 마음을 사로잡고 있다.

2) 내부환경

내부 벽의 색상이나 장식, 의자나 책상 등의 가구, 서비스 생산에 필요한 시설물 등이 내부환경 즉 점포환경을 구성한다. 내부환경은 특히 고객과 직원의 만족 및 생산성에 직결된다.

호텔의 웅장한 로비공간이나 휘황찬란한 샹들리에 그리고 대리석의 바닥 등은 무형적인 서비스의 특성을 유형화시키는 단서로 활용되며 이러한 단서들은 고급호텔로서의 이미지와 훌륭한 서비스 제공을 가늠할 수 있는 근거가 된다.

또한 병원에 걸려 있는 의사의 박사학위증, 고객만족 수상 상장 등은 고객들로 하여금 서비스기업을 신뢰하게 만든다. 레스토랑의 오픈키친은 조리사들의 음식 만드는 과정을 보여줌으로써 식당의 위생과 청결을 믿을 수 있게 한다.

① 점포이미지(store image)

점포이지미란 특정의 점포에 대해 고객이 느끼는 전반적인 인상을 말하는데, 이는 고객이 오감을 통해 받아들이는 점포 관련 자극(store-related stimulus)에 바탕을 둔 인식의 모든 측면을 말한다. 구매시점의 점포 분위기는 소비자의 정서적 상태에 영향을 미치고, 이는 다시 쇼핑행동에 긍정적, 또는 부정적 영향을 미치게 되므로 점포 이미지는 매우 중요하다.

▲ 맥주 펍(Public House)의 전경
외부의 점포이미지는 고객의 오감을 자극하는 촉매제의 역할을 한다.

② 공간배치 및 기능성

가구 및 설비를 통한 공간의 배열은 서비스 전달을 위한 서비스 동선을 효율적으로 배치하는 공간적 관계를 의미하고, 기능성은 장비, 기기류, 가구 등이 음식점의 성과와 목표를 달성하도록 촉진하는 능력을 말한다.

즉 직원은 잘 정리되고 효율적인 동선을 통해 성공적인 서비스가 가능하며 적절한 공간배치는 고객의 높은 구매력과 함께 오래 체류하는 계기가 된다.

패스트푸드 식당에서는 고객으로부터 다음 행동을 예상하고 스스로 상황에 대처할 수 있게 관련 설비의 배치를 셀프서비스에 적용하여 배치하게 된다. 이와 같이 고객의 모든 동선은 식당의 컨셉(concept)과 업태 그리고 성취하려는 목표에 맞추어 설계된다.

▲ 신비감을 주는 레스토랑의 사인(sign)
간결하면서도 강력한 컬러의 점포사인은 고객들로 하여금 레스토랑의 품질을 미리 짐작할 수 있는 역할을 한다.

▲ KFC동상
KFC의 창시자인 커넬 샌더스(Colonel Harl-and Sanders)의 동상인데, KFC의 상징성뿐만 아니라 편안함과 푸근함의 이미지를 제공한다.

③ 사인, 심벌, 조형물

물리적 환경 내에는 고객이 지켜야 할 행동 규범을 묵시적 또는 명시적으로 알려주는 시그널의 역할을 하는 요소들이 많이 있다. 기내 화장실문의 "금연"이라는 명시적 사인은 행동의 규칙을 알려주는 신호이며, 삐에로는 맥도날드의 대표적인 상징물이고 맥도날드에서 채택한 빨강, 노랑, 흰색은 햄버거의 맛을 한층 맛나게 해주는 역할을 하고 있다. KFC의 심벌인 할아버지 캐릭터는 설립자 샌더스(Colonel Harland Sanders)를 모티브로 하여 만들었다. 즉 치킨에 대한 본인의 집념을 볼 수 있으며 푸근한 이미지로 인해 많은 사람들로부터 사랑받고 있다.

사인, 심벌, 조형물은 기업의 제공물에 대한 은유적인 표현과 더불어 기업을 대표하는 차별화된 상징성을 전달하는 역할을 한다.

3. 점포 내 자극

일단 점포의 입지가 결정된 후에도 서비스기업은 여러 가지 의사결정을 하지 않으면 안 된다. 특히 가속화되는 경쟁과 상품에 대한 평가가 쉽지 않다는 서비스 분야의 특징을 감안할 때 점포 내 자극(in-store stimuli)은 앞서 설명된 점포 이미지와 더불어 중요한 물리적 증거라고 할 수 있다. 특히 온도, 조명, 소음, 음악 그리고 향기와 같은 배경환경은 우리의 오감에 영향을 준다. 예를 들면 음악의 템포는 고객의 쇼핑속도, 머무는 시간, 총지출비용 등에 영향을 준다. 쿠키 전문점에서는 가게 문을 열어 갓 구운 쿠키향을 주위에 퍼트려 손님을 가게로 유인하는 전략을 사용하기도 한다. 그뿐만 아니라 레스토랑의 컨셉에 따라 인테리어의 색감이 다르게 표현되며, 고객으로 하여금 점포 내 자극을 통해 이용하는 장소의 서비스 내용을 즉시 판단케 한다.

점포 내 자극을 구성하는 항목은 매우 다양하나 여기서는 향기와 색상 그리고 배경음악과 조명에 대해 설명하기로 한다.

① 색상

색상은 점포 내·외에서 고객들의 인식에 물리적·생리적인 영향을 미치는 것으로 알려져 있다. 실내 인테리어의 컬러와 외부간판 컬러의 컨셉도 각 레스토랑의 전략적 관점으로 접근한다. 아메리칸 캐주얼 다이닝 레스토랑 T.G.I.F 엠블럼(emblem)의 붉은색, 회색, 검은색 그리고 흰색의 조합은 사람들의 식욕을 자극하는 컬러 조합으로 유명하다.

색상과 직접적으로 관련되는 것은 아니지만 점포 내의 시각적 자극으로서, 조명의 강도 또한 고객의 행동에 영향을 주는 것으로 나타났다. 따라서 점포가 지향하는 분위기와 컨셉에 따라 조명을 달리해 주는 것도 중요한 점포 전략이 된다. 일례로 레스토랑의 경우 조명이 강할수록 식사시간이 단축되는 것으로 나타났으며, 특히 패스트푸드점인 경우에는 강한 조명을 사용하는 것이 전략적으로 유리하다고 볼 수 있다. 그러나 고급 레스토랑이나 고급 바와 같이 고객이 느긋하게 오랫동안 점포에 머물기를 원한다면 은은한 조명을 사용하는 것이 더 좋은 전략이 될 것이다.

▲ T.G.I.F 엠블럼
컬러의 조합으로 식욕을 돋우는 emblem이다.

▲ 컬러를 통해 구매욕구를 높임
컬러별로 포장되어 있는 캔디를 색깔별로 박스에 담아 포장하는 방법으로 고객들의 흥미를 유발한다.

▲ 빵 굽는 베이커리
매장 내에서 직접 빵을 굽거나 빵 굽는 냄새는 고객들의 구매욕구를 상승시킨다.

② 향기

점포 내·외에서 맡게 되는 향기도 고객의 행동에 영향을 주는 것으로 나타났다. 단순히 에센셜 오일의 아로마를 들이마시는 것만으로도 불안감과 초조감을 줄여주는 효과가 있다. 이와 같이 향기는 분위기, 느낌, 평가, 나아가 구매의도와 점포 내·외의 행동에 이르기까지 상당한 영향을 미칠 수 있다.

특히 레스토랑이나 호텔의 로비 또는 베이커리 등에도 각각의 특징을 살려주는 향기를 연출하고 있다. 향이 사람에 미치는 영향은 〈표 6-4〉와 같다.

<표 6-4> 아로마 테라피 향이 사람들에게 미치는 영향

향기	아로마타입	아로마테라피 구분	전통적 사용법	잠재적 심리효과
유칼립투스 (Eucalyptus)	캠퍼에이셔스 (Camphoraceous)	토닝, 활력	데오도란트, 항균, 진정제	활력과 에너자이징
라벤더 (Lavender)	허바셔스 (Herbaceous)	안정, 밸런싱, 진정	근육이완제, 진정제, 수렴제	이완과 안정
레몬 (Lemon)	시트러스 (Citrus)	에너자이징, 기분전환	항균제, 진정제	에너지 레벨 조절
블랙페퍼 (Black pepper)	스파이시 (Spicy)	밸런싱, 진정	근육이완제, 강정제	정서적 밸런싱

출처 : 이유재, 서비스마케팅, 2014

③ 배경음악과 조명

배경음악의 템포에 대한 효과 역시 여러 학자들에 의해 측정되었는데, 슈퍼마켓에서 배경음악이 없는 상황, 느린 템포의 배경음악, 빠른 템포의 배경음악 등의 3가지로 매출 관련 실험을 한 결과, 점포 내 고객의 구매는 배경음악이 없는 상황이 가장 낮았고, 느린 템포 음악의 경우 매출액은 오히려 빠른 템포의 배경음악보다 높았다. 재미있는 사실은 정작 고객들은 자신들이 들은 노래를 구분하지 못했다는 점이다.

호텔의 경우 레스토랑의 음악 선택은 조식이나 중식의 경우 보다 경쾌하고 빠른 음악을, 저녁 만찬의 경우는 조용한 음악을 들려주게 되는데, 이러한 선택은 고객의 회전율 및 매출에 영향을 미치게 된다. 또한 고객의 회전율을 높여 이익을 극대화하기 위해서는 빠른 템포의 배경음악을 들려주는 것이 그 하나이고, 다른 하나는 단기적

▲ 컨셉에 맞는 조명 설치
음악의 종류나 템포에 따른 조명은 서비스환경을 더욱 돋보이게 한다.

인 이익은 떨어질 수 있겠지만 느린 음악을 제공하여 편안한 분위기를 조성함으로써 장기적으로 단골고객을 형성하는 것이다. 이와 같이 배경음악은 점포 분위기와 고객의 감정을 일치시키고 나아가 점포 내에서 고객이 보내는 시간에 영향을 미친다. 또한 조명의 강도가 강할수록 식사시간이 단축되므로 고객이 느긋하게 오랫동안 매장에 머물기를 원한다면 은은한 조명을 사용하는 것이 좋다.

④ 기타 유형적 요소

항공사 스튜어디스의 유니폼은 그가 속한 항공사의 대표적인 이미지를 보여준다. 그들이 착용한 유니폼은 일하기에 편리하며 세련된 유니폼을 입은 직원은 자신의 일에 몰입하고 고객에게도 깔끔한 이미지를 전달할 수 있다. 또한 호텔의 부서별 유니폼은 각각의 직무에 대한 전문성을 보여주고, 레스토랑 웨이트리스의 단정한 머리모양은 고품질의 서비스 제공에 대한 믿음을 주기도 한다.

▲ 기내의 안내책자 비치
기내 안내책자의 비상시 대피요령이나 면세 카탈로그는 기내 서비스품질을 높여주는 역할을 한다.

이외에도 기업을 알리는 기내의 홍보책자, 레스토랑의 메뉴, 테이블 위의 포크나 나이프 그리고 기업체의 홈페이지의 화면구성이나 접근용이성도 무형적 서비스 전달에 수반되는 유형적인 요소이며 서비스의 품질이나 첫인상에 영향을 미친다.

4. 점포 내 혼잡성

1) 혼잡성이란?

물리적 환경은 고객의 이용공간에 대한 감정이나 행동에 영향을 미칠 수 있다. 실제 고객들의 구매행동은 개인적인 특성이나 제품 등과 같은 제품관련 요인들의 영향을 많이 받지만 특정지점이나 장소에서 일어나는 물리적 환경 역시 커다란 영향을 미치게 된다. 특히 물리적 환경에 있어서의 혼잡성은 환경적 자극의 양과 정도가 과도함을 느끼게 하는 부정적이고 주관적인 경험으로서, 제한된 공간에서의 과도한 설비나 테이블 배치, 비좁은 통로 공간에 의한 서비스 동선의 겹침 등 공간적 밀도뿐만 아니라, 사람의 수와 같은 사회적 밀도가 과도함으로 인해 야기되기도 한다.

▲ 뜨거운 여름의 소몰이 축제, 산 페르민(San Fermin)
에스파냐 팜플로나에서 열리는 축제로 많은 사람들이 모여 축제를 즐긴다. 축제의 혼잡성이 높을수록 긍정적 효과를 보인다.

혼잡성(crowding)과 밀도(density)라는 용어는 서로 다른 개념으로 사용되는데, 일반적으로 밀도란 일정한 공간에 있는 사람의 수를 의미하며, 이를 객관적으로 측정할 수 있는 밀집도를 말하는 것이다. 즉 밀집도가 높다고 인지되거나, 이로 인하여 상황에 대한 통제가 낮아진다고 인지함으로써 생기는 불쾌한 감정이나 느낌으로 개인의 마음속에 존재하는 주관적·심리적 요소와 관련된 개념이라고 할 수 있다.

혼잡성은 같은 점포에서도 고객 개개인의 특징이나 상황과 같은 여러 가지 요인에 따라 혼잡성 인지 정도는 달라질 수 있다고 하였다.

혼잡성을 생각할 때 가장 먼저 떠오르는 것은 많은 수의 사람들, 지하철과 백화점 등에서의 꽉 찬 인파, 제한된 공간 등일 것이다. 그러나 모인 사람의 수나 제한된 공간과 직접적인 관련이 있는 것은 아니다. 엘리베이터 안 10명의 수가 혼잡하다고 한다면 야구장의 30,000명의 수가 혼잡하다고 할 수 있을까? 지하철에서 혼잡하다고 느낀 사람들이 파티에서도 혼잡하다고 느낄 것인가?

즉, 밀도는 혼잡성의 필요조건이지만 혼잡성의 충분조건은 아닌 것이다. 음악회의 관객이 밀도 높은 공간에 있을지라도 매우 혼잡하다고 인식하지 않을 수 있을 것이다.

혼잡성은 사회적 혼잡성과 공간적 혼잡성의 두 가지 요인으로 구분된다. 즉 지각된 혼잡성을 점포 내 상품이나 진열대의 수와 진열상태 등의 물리적인 자극과 관련된 공간적 혼잡성(spatial crowding)과 점포환경 내 사람들 간의 사회적 상호작용이나 사람들의 수에 의해 유발되는 사회적 혹은 인적 혼잡성(social or human crowding)으로 세분하고 있다.

2) 혼잡성에 영향을 미치는 요소들

▷ **환경적 단서** 기본적으로 서비스 시설 내에 고객의 수를 비롯하여 시설 내의 음악이나 잡음, 무질서한 시설 배치 등의 영향을 받는다. 즉 소음이 심하고 시설물이 무질서하게 놓여 있다면 고객들은 같은 상황에서 더 혼잡하다고 느낀다.

▷ **구매동기** 같은 수의 사람들이 모여 있더라도 구매동기가 강한 사람은 그렇지 않은 사람보다 더 혼잡하다고 생각한다. 예를 들어 백화점에서 세일 중인 유명 가방을 구매하러 간 사람은 단순히 윈도 쇼핑(window shopping)을 하기 위해 방문한 고객보다 더 혼잡하다고 느낄 수 있다.

▷ **고객의 제약조건** 아침 비행시간이 촉박한 호텔 고객이 조식을 먹기 위해 호텔 레스토랑에서 줄을 서야 할 경우, 고객은 초조하고 혼잡하다고 생각할 것이다. 그러나 시간 여유가 있는 고객들은 흔히 있는 호텔 조식의 대기시간을 일상적인 상황으로 받아들이고 여유있게 조식을 마무리하게 되며, 바쁜 사람보다 덜 혼잡하다고 생각한다.

▲ 가이드와 함께하는 도시여행
　미리 예상한 혼잡도는 불만을 덜 느낀다.

▷ **혼잡에 대한 기대** 미리 혼잡할 것이라고 기대한 고객은 상대적으로 혼잡성에 대한 불만을 덜 느낀다. 휴가기간의 공항이나 여행지처럼 많은 사람들이 모일 것이라고 예상하는 경우에는 그것을 예상치 못하고 갑자기 닥친 상황보다 덜 혼잡하다고 느낀다.

3) 혼잡성 감소를 위한 디자인 구성요소와 전략

혼잡성으로 인하여 고객의 기업에 대한 이미지나 구매회피 등의 행동은 서비스기업의 입장에서는 매우 심각한 문제가 아닐 수 없다.

특히 외식산업의 특성상 레스토랑의 이용시간대가 식사시간에 한정되어 이용률이 높다 보니 레스토랑 내의 혼잡함으로 야기되는 이미지 실추는 장기간 관점으로는 고객들에게 불만족을 발생시킬 수 있다. 즉 레스토랑으로 유입된 다수의 고객들이 레스토랑의 혼잡함으로 인하여 서비스품질을 폄하하고 부정적인 이미지를 형성할 수 있다는 것이다.

따라서 레스토랑의 혼잡성을 사전에 파악하고 이에 대한 대책이 우선되어야 한다. 음식점의 디자인 구성요소와 전략은 다음과 같다.

첫째, 음식점의 내부와 외부는 업종에 적합한 컨셉을 설정한 이후에 디자인되어야 한다. 예를 들면 좌석 수와 좌석 회전율, 메뉴의 내용, 영업의 성격에 따라 목표고객에게 어느 정도의 가격으로 어떻게 상품과 서비스를 제공할 것인지 결정한 이후에 물리적 증거에 대한 실현이 가능하다. 명확하고 일관된 컨셉이 수립되어 목표하는 물리적 증거가 계획되었다고 하더라도 실제 인테리어와 익스테리어로 구현하는 것은 다른 문제로 인식될 수 있기 때문이다.

둘째, 물리적 증거가 구체적인 형태로 구현되려면 디자인이 필요하다. 따라서 디자인 구성요소 측면에서 물리적 증거의 검토가 필요하다.

음식점의 물리적 증거에 대한 디자인은 매출과 같은 성과에 큰 영향을 미친다. 제한된 공간을 어떻게 디자인하느냐에 따라 좌석의 회전율을 높이기도 하고 낮추기도 한다. 예를 들어 좁은 탁자와 딱딱한 재질의 의자는 좌석 회전율을 높이는 역할을 한다.

▲ 컨셉에 따른 레스토랑 디자인
컨셉과 서비스 방식 그리고 혼잡도를 반영하여 레스토랑의 디자인을 달리 적용한다.

셋째, 물리적 증거의 효율적인 계획을 위해서는 소비자 심리를 비롯해 태도와 행동을 이해하는 것이 선행되어야 한다. 이러한 이해를 바탕으로 음식점의 생산성을 높이고 결과적으로 이익을 극대화할 수 있다. 다만 음식점의 단기간 이익을 추구하는 것이 최종 목표가 되어서는 곤란하다. 물리적 증거의 계획은 직원의 만족과 고객만족에 영향을 미치고 궁극적으로 음식점의 높은 성과로 연결되는 구조로 이루어져야 한다.

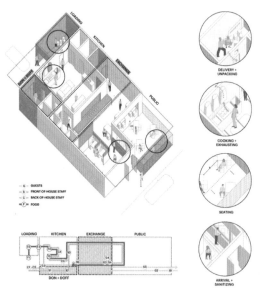

▲ 레스토랑의 평면도는 사용 가능한 공간, 원하는 수용 인원, 고객이 즐기기를 원하는 레스토랑 경험 유형을 고려하여, 고객에게 깨끗하고 편안한 환경을 제공하고, 직원이 일할 수 있는 기능적인 장소를 제공하는 것이다.
출처: https://www.dezeen.com

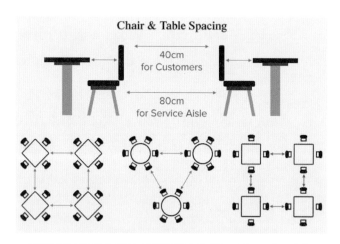

▲ 원활한 서비스를 위해 테이블 사이의 공간을 약 170cm 정도로 하고, 서비스 공간을 80cm, 고객 통로로 40cm 정도의 공간을 확보한다.
출처: https://www.atlanticshopping.co.uk

| 논 | 의 | 과 | 제 |

1. 호텔 서비스스케이프의 종류와 중요성을 설명하시오.

2. 레스토랑의 서비스스케이프에서 무형성을 극복하는 물리적 단서에 대해 논의하시오.

3. 서비스스케이프의 통합적 행동모델에 대하여 설명하시오.

4. 내부 서비스스케이프의 물리적 증거의 중요성을 설명하시오.

5. 서비스스케이프의 혼잡도 지각에 대해 설명하시오.

INTERNET 활용하기

- https://ko.wikipedia.org/wiki 뜨거운 여름의 소몰이 축제, 산 페르민(San Fermin)
- https://www.yeongnam.com/web/view.php?key=20140419.010140753480001, 장현미의 브랜드 스토리. KFC(Kentucky Fried Chicken)
- http://www.inews24.com/view/1094137 [브랜드 스토리] 美 캐주얼 다이닝 'T.G.I 프라이데이스'

CHAPTER 07 서비스 프로세스와 디자인

학 습 목 표

제1절 서비스 프로세스의 개념과 구현
제2절 서비스 프로세스 플로차트 작성
제3절 서비스 프로세스의 디자인과 청사진

이 장을 학습한 후, 다음 내용을 이해할 수 있어야 한다.

1. 서비스 프로세스의 중요성을 이해한다.
2. 주요 서비스기업의 서비스 제공 절차를 청사진을 통해 이해한다.
3. 서비스 프로세스의 청사진과 플로차트를 비교 설명할 수 있다.
4. 서비스 청사진의 목적을 이해하고 작성할 수 있다.
5. 서비스 디자인의 중요성을 이해한다.

CHAPTER

07

서비스 프로세스와 디자인

개요

서비스는 고객과의 첫 접점부터 마무리될 때까지의 전 과정이 유 · 무형의 요소가 복합되어 묶음(bundle)으로 전달되기 때문에, 어느 한 순간 혹은 한 부분을 떼어내어 설명할 수 없다. 고객이 매장을 찾는 순간부터 떠나는 순간까지 매 순간이 프로세스로 연결되며, 고객은 이를 하나의 서비스 상품으로 인식하게 된다.

이와 같이 고객에게 전달되는 절차나 메커니즘 또는 활동들의 흐름을 서비스 프로세스라고 하며 서비스의 매 순간 접점들이 패키지화하여 고객에게 전달되는 것이다.

서비스기업은 고객의 기대와 서비스의 규격(specification) 그리고 주요한 특징을 서비스 프로세스를 통해 객관적으로 서술하고 있는데, 이를 한눈에 볼 수 있도록 만든 것이 청사진이다. 중요한 문제는 서비스의 특성상 나타나는 복잡한 프로세스를 모든 직원들이 알기 쉽게 표현하는 서비스 청사진이 왜 필요한지를 이해하는 것이다.

본 장에서는 서비스 프로세스의 이해와 서비스 청사진의 필요성 및 작성목적을 학습하는 데 주안점을 둔다.

제1절 > 서비스 프로세스의 개념과 구현

서비스는 시작부터 종료될 때까지의 과정으로 완성되기 때문에 상품의 일부분 또는 서비스 접점의 어느 한 순간을 떼어내어 설명할 수 없다. 즉 고객이 매장을 찾는 순간부터 떠나는 순간까지의 매 순간이 모두 서비스 상품의 일부분이며, 모든 순간이 모여 고객이 지각하는 하나의 서비스로 인식되기 때문이다.

최근 서비스는 더욱더 추상적이고 모호해지고 있다. 서비스기업은 고객의 긍정적인 서비스경험을 위해 고객입장에서의 서비스 프로세스 설계가 필요하다.

1. 서비스 프로세스의 개념

서비스 프로세스는 서비스가 전달되는 절차, 메커니즘(mechanism), 또는 활동들의 흐름으로 고객이 서비스를 받을 수 있도록 기업이 서비스를 전달하는 방식으로 정의할 수 있다.

즉 제조업에서 생산이란 용어는 서비스업에서는 프로세스라는 용어와 같은 의미를 지닌다. 즉 서비스는 고객과의 첫 접점부터 마감될 때까지의 전 과정이 시스템화되어 있고 유무형의 요소가 복합되어 묶음(bundle)으로 제공되기 때문에 일련의 과정이 제조업의 생산과정과 같은 것이다.

▲ 여행은 프로세스로 이루어진 활동의 흐름이다.

이와 같이 고객이 경험하는 서비스는 일련의 과정(process)이며 흐름(flow)의 형태로 전달되기 때문에, 프로세스는 서비스 상품 그 자체이기도 하면서 동시에 서비스 전달과정인 유통의 성격을 가지고 있다.

예를 들어 관광객들은 여행코스와 현지의 볼거리만으로 만족을 표시하지 않는다. 서비스 프로세스의 시작인 예약부터 여행 안내가이드와의 상호작용, 여행지에서의 안전과

가이드의 상황대처 능력, 최종적으로 여행이 종료될 때까지의 프로세스 경험이 향후 고객의 여행사 선택은 물론 주위의 긍정적 구전에 상당한 영향을 미치게 된다.

이렇게 여행하는 전 과정이 하나의 프로세스로 연결되며 서비스단계별 원활한 진행과 서비스 수행능력을 포함하는 체계적인 프로세스가 고객의 긍정적 경험을 위해 필수적인 요소이다.

2. 서비스 프로세스의 중요성

서비스는 서비스 수요자들에게 경험(Experience)을 제공하는 것이다. 서비스를 생산하는 과정에 소비자가 참여하면서 서비스 제공자와 접촉하게 된다. 예를 들어, 레스토랑에 식사를 하러 간 고객들은 단순히 최종결과물인 '배고픔의 해소'에만 관심을 두는 것은 아니다. 레스토랑에 도착하여 자리에 앉고 안락한 분위기를 즐기며, 주문을 하고, 음식을 받고 식사를 하는 전 과정(process) 안에서 직원과 소통하며 거기서 얻어지는 서비스 프로세스의 경험이 훨씬 더 중요한 것이다.

이러한 서비스 제공과정에서 고객의 참여는 즉각적인 서비스품질 판단의 기초가 될 뿐만 아니라 구매 후 고객의 만족과 재구매 의사에 결정적 영향을 미치게 된다.

따라서 고객만족을 위한 서비스 프로세스의 설계는 고객관점에서 혜택이 주어지고 정교하게 구성되어 있을수록, 고객의 만족도가 높아지기 때

▲ 탁월한 고객 서비스경험을 제공하면 충성도가 높은 고객을 확보할 수 있다. 브랜드에 대해 열광하는 충성도 높은 고객은 경쟁에서 이기기 위해 필요한 핵심 요소 중 하나이다.
출처 : https://www.etechgs.com

문에 서비스 프로세스 개발의 전략적 접근이 필요하며, 잘못 설계된 프로세스는 결과가 느리거나, 실망스럽거나, 혹은 매우 낮은 품질의 서비스가 전달되기 때문에 고객을 불만족하게 하고, 또한 일선 직원의 업무 비효율로 인해, 결과적으로 낮은 생산성과 서비스

실패의 위험까지 이르게 된다.

따라서 서비스 프로세스의 효율성뿐만 아니라 서비스 생산 프로세스에서 제공자와 고객의 상호작용을 통해 발생하는 고객의 경험까지 관리할 수 있도록 고려되어야 한다.

그림 7-1 고객관점의 서비스 프로세스

3. 서비스 프로세스의 실행

서비스 프로세스를 실행함에 있어서는 고객과의 상호작용, 프로세스의 효율, 프로세스의 품질 등을 고려하여 작성되어야 하며, 구현방법으로는 크게 프로세스의 표준화 방법과 개별화된 고객화 프로세스 방법 등의 두 가지로 구분할 수 있다.

1) 서비스 프로세스의 표준화

표준화(standardization)는 주로 제품의 생산에서 많이 사용되는 것으로 과연 서비스에서도 표준화가 가능할 수 있는지에 대해 의문을 제기하는 사람들이 있다.

하지만 많은 서비스는 구체적인 규칙과 기준으로 표준화가 될 수 있다. 예를 들어 맥도날드는 현재 전 세계에 27,000여 개의 매장을 두고 있는 햄버거 체인점이다. 이 회사는 총 5만여 종의 서비스 항목이 수록된 표준화된 매뉴얼을 운용하고 있다. 우선 햄버거 재료로 사용되는 쇠고기의 크기와 무게, 모양을 정확하게 통일했다. 예컨대 지방의 양은 19% 이하, 무게는 1.6온스, 지름은 3.875인치, 양파는 0.25온스 등으로 정했다. 또한 이 매뉴얼에는 햄버거의 고기를 어느 정도 두께로 자를 것인지에서부터 몇 도에서 몇 분 동안 익힐 것이며, 감자를 써는 요령과 두께까지 꼼꼼하게 기록했다. 또한 신선한 맛을 유지하기 위해 햄버거는 만든 지 10분, 프렌치 프라이드는 튀긴 후 7분이 지나면 모두 폐기하게 했으며, 가능한 한 고객이 주문한 지 30초 이내에 제품을 서비스하도록 했다.

또한 햄버거 빵의 두께는 17mm씩 아래 위로 34mm, 가운데 고기 다짐 패치는 10mm로 만든다. 보통 사람이 입을 벌렸을 때 평균 크기가 50mm이고, 50mm의 입에 44mm짜리 햄버거를 물고 있을 때 가장 행복감을 느낀다는 원리를 적용하였다. 카운터의 높이는 72cm인데, 이것은 사람들이 가장 주저하지 않고 불편 없이 지갑을 꺼낼 수 있는 높이에 따른 것이다. 햄버거나 감자튀김을 시키면 무조건 "감사합니다"라고 말한다. 그리고 3초 이내에 "콜라도 드시겠습니까?"라고 묻는다. 조사 결과 "감사합니다"라는 한마디가 3초의 최면효과를 가지고 있기 때문인데, 5초가 지나면 콜라를 주문할 확률은 50% 이하로 떨어진다.

이와 같이 표준화는 유형적 제품의 전유물로 간주되어 왔다. 그러나 서비스도 위의 맥도날드의 예와 같이 고객접점을 청사진, 플로차트(Flow chart), 사이클(Cycle) 등으로 도식화하여 각각의 과정에 서비스 매뉴얼 및 표준화를 시도하고, 각 과정을 통합하는 매뉴얼을 통해 철저한 직원교육으로 고객에게 일관된 서비스를 제공하고 있다.

▲ 맥도날드 창업자 레이 크록과 마스코트 로널드
출처 : https://www.theatlantic.com/

2) 프로세스의 고객화

고객화된 서비스 프로세스에서는 서비스 전달과정을 다양한 고객 유형에 따라 고객 맞춤식을 기본으로 접근하는 컨셉으로서, 고객들의 다양한 요구에 즉각 응대할 수 있는 프로세스를 실행하는 방식이다. 표준화를 추구하고 있는 맥도날드와 달리, 써브웨이에서는 고유의 주문제작 서비스와 건강한 패스트푸드를 제공할 수 있도록 프로세스의 고객화를 추구한다.

▲ 사진 : Subway의 로고 변천과정과 상품의 예

써브웨이[Subway : Submarine(잠수함) + way(방식)]의 주문방식은 여느 프랜차이즈와 달리 독특하다. 바로 '주문제작 서비스'다. 이 주문제작 서비스는 다른 기업에서도 쉽게 찾아볼 수 있지만 패스트푸드 업계에서는 쉽게 찾아볼 수 없다. 써브웨이는 신선함을 강조하여 고객이 주문함과 동시에 제품이 만들어진다. 이로 인해 써브웨이는 독특한 주문방식을 갖고 있다. 샌드위치의 기본이 되는 빵부터 시작하여 야채, 소스 등 샌드위치의 모든 재료를 고객이 원하는 대로 주문이 가능하다.

소비자 맞춤형 제품 생산은 '오더 투 메이드' 방식이라 칭할 수 있다. 이는 소비자의 주문과 동시에 생산이 이루어지는 것을 뜻한다. 판매할 제품을 미리 만들어두지 않는다는 써브웨이의 3F원칙 때문이다. 3F는 매장에서 직접 구워낸 신선한 빵, 매일 배송되는 신선한 야채를 제공, 주문과 동시에 바로 만드는 신선함을 뜻한다. 실제로 써브웨이는 주문을 받을 때, 어떤 빵을 선택할 것인지, 빵을 구울 것인지, 야채는 어떤 것을 추가하거나 뺄 것인지 등을 일일이 물어본다. 이 3F원칙과 '오더 투 메이드' 방식의 결과, 무엇보다 골칫거리인 재고율이 0에 가까울 정도로 체계화된 시스템을 갖춰 점주들에게 호평받고 있다.

이 써브웨이의 전략은 성공적이었고, 최근 프레시포워드(Fresh Forward)디자인은 고객의 기억에 남는 써브웨이 경험을 제공하면서 미국 패스트푸드 프랜차이즈 시장에서 맥도날드를 넘어 가장 많은 점포를 가지게 되었고, 국내에서도 전국에 400개(2020년 03월 기준)의 매장을 보유하고 있다.

이와 같이 프로세스의 고객화는 프로세스의 고객접점에서 서비스 조직과 상호작용하게 되고, 직접 참여하게 된다. 그리고 이때 서비스품질의 경험에 따른 고객만족도가 결정된다.

4. 서비스 프로세스 모델

〈그림 7-2〉는 서비스 프로세스의 개념도이며 본 모델은 상호작용을 통한 서비스의 전달과 서비스 전달이 가능하게 지원하는 지원부문으로 구분하여 작성된다. 서비스 프로세스 모델이 디자인되면 서비스 청사진을 작성하여, 누가 보아도 쉽게 이해할 수 있도록

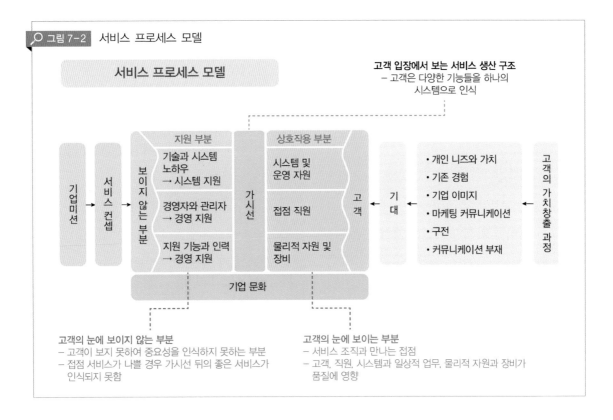

그림 7-2 서비스 프로세스 모델

그림으로 기술하여 고객에게 최적의 서비스를 제공할 수 있는 매뉴얼로 완성된다.

1) 전달 프로세스

서비스의 전달 프로세스는 고객과의 접점에서 상호작용을 통해 서비스경험을 제공하는 프로세스라고 할 수 있다. 이 프로세스는 고객과 굉장히 밀접한 직접적 관계를 형성하고 있으며, 사실상 고객에게는 상호작용이 발생하는 전달 프로세스가 서비스의 전부로 지각된다. 이 프로세스는 서비스 프로세스에 참여하는 고객, 고객과의 접점에서 서비스를 제공하는 일선 직원, 고객접점에서 발생하는 서비스 시스템의 운영지원 그리고 물리적 설비 및 자원 등에 의하여 이루어진다.

(1) 고객

서비스 프로세스에서 고객은 서비스의 공동 생산자이다. 즉, 서비스에서는 생산과 소비가 동시에 일어나는 특성이 있기 때문에, 고객은 서비스 생산과정에 능동적으로 참여하는 역할을 통해 서비스를 소비하게 된다. 예를 들어 기내 서비스에서 식사 제공 시 고객은 의자 뒤편의 접이식 테이블을 준비함으로써 서비스가 진행될 수 있다. 이와 같이 고객의 서비스 참여가 강조되는 서비스의 특성상 서비스 프로세스에서 고객의 활동은 매우 중요해졌다.

(2) 고객접점 직원

고객과의 접점에서 직접 서비스를 제공하는 직원들은 대면 접촉 및 전화, 이메일 등 다양한 기회와 채널을 통하여 적극적으로 접촉하며 상호작용을 하게 된다. 서비스기업에서 서비스 접점 직원들은 기업의 모습을 대변하고 있기 때문에, 서비스의 품질은 사실상 고객과 상호작용하는 일선 직원들에 의해 좌우된다고 할 수 있다.

따라서 현장 직원들의 프로세스가 서비스 실패로 이어지지 않도록 철저한 관리와 권한 위임이 필요하다.

(3) 업무와 운영관리 시스템

일반적으로 고객접점에서 발생하는 업무는 일상적으로 이루어지는 업무와 이를 운영 및 관리하기 위한 시스템으로 구분할 수 있다. 고객들이 서비스를 구매하는 과정에서 다양한 상호작용에 영향을 주는 많은 프로세스는 고객들이 지각하는 서비스품질에 깊은 영향을 준다.

예를 들어, 고객들의 대기시간을 관리하는 것은 매우 중요한 업무이며, 이를 위해서는 대기시간을 관리할 수 있는 시스템과 고객들이 지루하지 않게 할 수 있는 서비스 업무가 필요하다.

▲ 서비스에 만족한 경험은 서비스 접점 직원들에 의해 결정된다.

이렇듯 상호작용 부분에서는 고객들의 순조로운 서비스경험을 위해 업무와 시스템은 철저히 고객지향적이고 서비스지향적이어야 하며, 고객접점 직원들의 동기부여도 고객만족에 영향을 미치게 된다.

(4) 물리적인 설비 및 자원

서비스 프로세스상에서 사용되는 모든 유형적 형태를 지닌 자원들을 포함하며, 물리적인 설비 및 자원은 서비스 프로세스상에서 서비스 환경을 구성한다. 여기서는 고객이 서비스를 실제로 지각하고 특유의 분위기를 느끼는 데 영향을 주는 탁자나 의자 등의 비품이나 음악, 향기 등도 포함된다.

▲ 레스토랑의 컨셉에 맞는 디자인과 비품

2) 지원 프로세스

　서비스를 구매하는 고객들의 입장에서는 서비스 접점의 상호작용에 따른 서비스경험을 서비스 프로세스의 전부라고 생각하기 쉽지만 실제로 서비스 프로세스는 전체 프로세스의 일부분에 지나지 않는다.

　서비스 접점에서의 원활한 서비스 제공을 위해 배후에서 지원하는 부분 역시 서비스 프로세스상에서 큰 역할을 차지하고 있다. 이러한 지원 프로세스는 크게 경영 지원, 물리적 지원, 마지막으로 시스템 지원으로 구분할 수 있다.

▲ 고객지향적인 서비스문화는 호스피탤리티 산업에서 기본적인 요소이다. 서비스문화의 형성은 경영지원이 뒷받침되어야 가능하다.
출처 : https://www.smartmeetings.com

(1) 경영 지원

　경영 지원은 서비스의 효율적 제공을 위해 일선 직원들이 최대한 고객에게 집중하고 그들의 능력을 발휘할 수 있도록 하는 것이 지원 부서의 업무이다. 마케팅, 인사, 회계, 재무 등 기업을 운영하는 데 있어 필요한 경영 전반의 활동들을 지원함으로써 현장에서 근무하는 직원들이 고객에게 집중할 수 있는 것이다. 여기서 주의할 점은 지원 부서에서 근무하는 직원들 역시 현장에서 근무하는 직원들과 동일한 서비스기업 문화와 교육을 공유해야 한다는 점이다.

(2) 물리적 지원

　서비스의 제공은 일선 직원들의 서비스역량도 중요하지만 서비스를 효율적으로 수행할 수 있도록 지원해 주는 물리적 여건 또한 중요하다. 물리적 여건이 준비되지 않을 경우, 전체적인 서비스 수행에 문제가 생기고 서비스의 실패를 초래할 가능성이 높으며, 부족한 인력도 준비한 서비스를 제대로 전달하지 못하는 결과를 만들 수 있다.

(3) 시스템 지원

아무리 뛰어난 서비스 역량을 지닌 일선 직원이라 하더라도 시스템이 부실하면 그 능력을 발휘하기가 힘들다. 여기서 시스템은 서비스기업의 컴퓨터 시스템 및 각종 기술 등을 포함한다.

예를 들어, 호텔에서는 부서별 다양한 시스템이 운용되고 있는데, 예약시스템, 회계관리시스템, 객실관리시스템(PMS : property management system), 그리고 식음료부서의 운영시스템들이 서로 유기적으로 연결되어 운영되고 있다. 따라서 시스템의 오작동은 결국 전체 서비스의 흐름을 끊게 되는 결과를 초래하기 때문에 서비스 수행을 위한 적절한 시스템적 지원은 매우 중요하며, 서비스직원들이 기업 내 시스템과 기술을 잘 다루고 가장 잘 활용할 수 있도록 교육을 강화해야 한다. 고객들이 서비스직원에게 원하는 것은 거창한 것이 아닌 당연하다고 생각하는 것이기 때문에 제대로 제공되는 것이 중요하다.

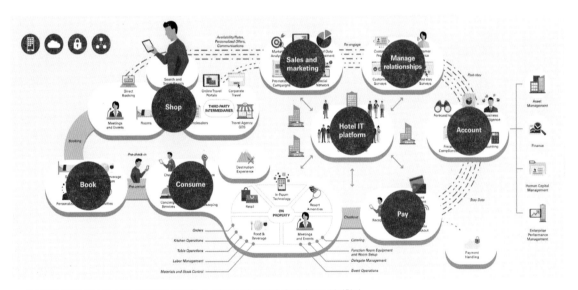

▲ 시스템은 호텔서비스를 보다 원활하게 진행할 수 있도록 타 부서와 유기적으로 연결한다.
출처 : Oracle OPERA PMS

제2절 > 서비스 프로세스 플로차트 작성

프로세스는 서비스가 어떻게 준비되고, 연결되며, 이런 과정들이 어떻게 고객경험을 창출하는지를 구체적으로 명시한 단계들이라 할 수 있다.

플로차트(서비스 흐름도)는 고객이 서비스를 어떤 순서로 이용하는지 쉽게 파악하기 위해 제작하는 문서로서, 서로 다른 단계의 순서와 특징을 통해 전체적인 고객 서비스 경험을 이해하는 기법이다. 즉 서비스 조직에서 고객이 경험하게 되는 접점의 순서를 플로차트로 작성함으로써 현재 제공하는 서비스에 대한 문제점이나 효율성을 확인할 수 있다.

1. 항공서비스의 플로차트

항공사의 업무는 운항, 객실, 정비, 영업, 기획, 일반사무 등 그 특성별로 다양하고 각 업무가 고객과 직간접적으로 연관되어 있다. 그중에서도 고객과의 접촉 밀도가 가장 높은 것이 콜센터, 공항, 기내 객실 업무라고 할 수 있을 것이다.

여기서는 〈그림 7-3〉 국제선 출국 운송서비스 업무 흐름도를 중심으로 항공 운송서비스의 예를 들어보자.

공항에서 '운송서비스'는 고객이 여정의 시작을 위해 공항에 도착한 후 비행기에 탑승 후 입국 수속 안내까지 연속된 서비스의 흐름으로 이루어진다.

운송서비스 흐름

항공편 수속 준비작업 → 탑승수속 → 탑승수속 마감 → 출국(게이트) 업무 → 승객탑승 → 항공기 출발 → 비행 → 항공기 도착 → 통과 여객안내 → 입국수속 안내

먼저 항공편 운항준비는 운항시간, 예약상태, 통과여객 및 특별승객, 음식 등을 준비하는 단계이고, 다음으로 탑승 수속업무는 여권, 비자 관련 업무와 항공권의 확인, 좌석

의 배정, 수하물 접수, 출국 절차 안내 등을 실시하는 단계이다.

비행기(flight)별로 출발시간이 임박해져 일정시간(예, 출발 40분 전)에 다다르면 해당 비행기의 탑승 수속을 마감하게 되며, 탑승 수속 마감 업무는 운항에 필요한 제반서류를 준비하는 업무 단계이다.

다음으로 게이트 업무는 승객의 탑승을 위한 준비 및 안내 등의 업무이다. 고객의 보딩패스 등을 확인하고 안내 방송 등의 업무를 수행하게 된다. 승객 탑승 단계에서는 승객의 명단과 특별승객의 명단, 연료 탑재량, 화물 탑재목록 등의 필요서류를 탑승하는 승무원에게 전달한다. 승객 탑승이 완료되면 관제탑으로부터의 출항 허가에 따라 항공기가 출발한다.

비행기가 이륙하면 객실 승무원을 통해 기내 서비스가 이루어지는데, 주로 음료 및 식사 제공, 기내 판매 서비스 그리고 착륙 전 객실 안전과 입국 관련 서비스를 수행한다.

다음으로 비행기가 목적지에 도착하면 특별승객, 기내 제한품목 등을 접수하고 승객에 대해 도착장에 대한 안내 업무를 하게 되며, 통과여객에 대해서는 별도의 정해진 절차에 따라 통과여객 안내 업무를 수행한다.

승객은 입국을 위해 검역, 출입국관리를 거쳐 수하물 인도장에 도착하고 본인의 위탁 수하물을 찾아 세관을 지남으로써 입국수속이 마무리되는데, 이 과정에서의 각 단계에서 위탁수하물 관련 문제 해결 등 관련된 서비스를 제공하는 것이 입국을 담당하는 서비스인의 업무가 된다.

그림 7-3 국제선 출국 운송서비스 플로차트

▲ 체크인 과정

▲ 출입국 심사

▲ 기내서비스

▲ 공항 수하물 인도

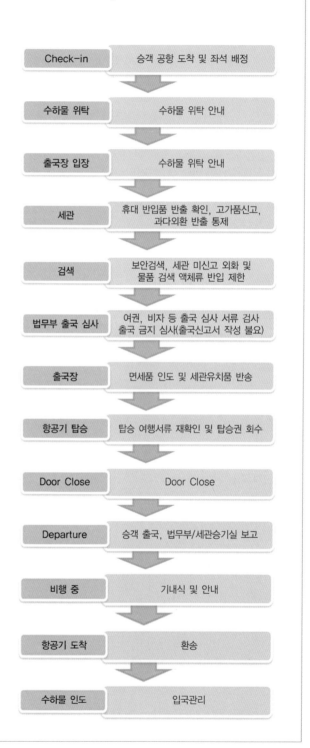

Check-in	승객 공항 도착 및 좌석 배정
수하물 위탁	수하물 위탁 안내
출국장 입장	수하물 위탁 안내
세관	휴대 반입품 반출 확인, 고가품신고, 과다외환 반출 통제
검색	보안검색, 세관 미신고 외화 및 물품 검색 액체류 반입 제한
법무부 출국 심사	여권, 비자 등 출국 심사 서류 검사 출국 금지 심사(출국신고서 작성 불요)
출국장	면세품 인도 및 세관유치품 반송
항공기 탑승	탑승 여행서류 재확인 및 탑승권 회수
Door Close	Door Close
Departure	승객 출국, 법무부/세관승기실 보고
비행 중	기내식 및 안내
항공기 도착	환송
수하물 인도	입국관리

2. 호텔 레스토랑 서비스의 플로차트

🔍 그림 7-4 호텔 레스토랑 서비스의 플로차트

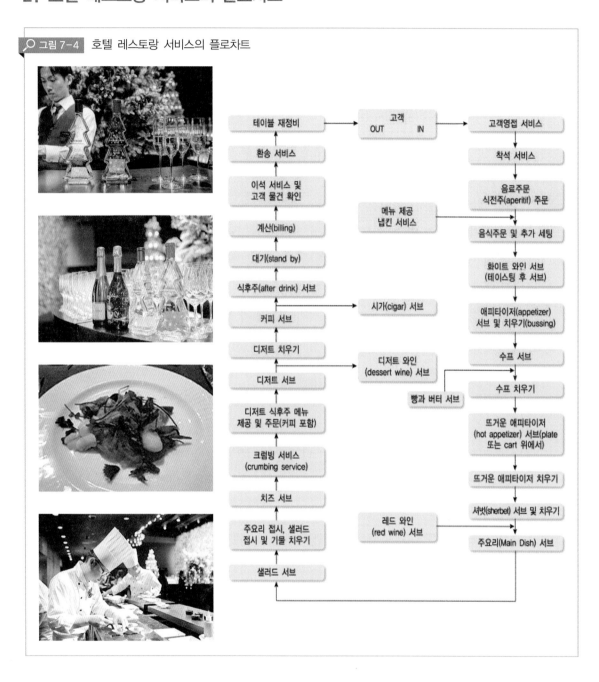

제3절 > 서비스 프로세스의 디자인과 청사진

1. 서비스 디자인

1) 서비스 디자인이란

서비스 디자인은 경쟁기업과 차별화된 특징을 지닌 서비스를 제공하기 위해 서비스 개념과 전략으로부터 시작된다.

서비스 디자인은 서비스 제공자와 고객들 사이에서 품질과 상호작용을 향상시키기 위해 사람, 서비스 환경, 커뮤니케이션, 서비스를 구성하는 물질요소 등을 서비스를 제공하는 제공자와 제공되는 서비스에 대해 반응하고 행동하는 소비자가 만족스러운 교감을 공유할 수 있도록 계획화하고 조직화하는 활동이다. 즉 고객이 무형의 서비스를 구체적으로 경험하고 평가할 수 있도록 고객과 서비스가 접촉하는 모든 경로의 유·무형 요소를 창조하는 것이다.

부연하면 서비스 디자인이란 고객이 서비스를 통해 경험하게 되는 모든 유·무형의 요소(사람, 사물, 행동, 감성, 공간, 커뮤니케이션, 도식 등) 및 모든 경로(프로세스, 시스템, 인터랙션, 감성 로드맵 등)에 대해 고객 중심의 관점에서 평가하고 이해관계자 간에 잠재된 요구를 포착하여 이것을 창의적인 디자인 방법을 통해 실체화함으로써 고객 및 서비스 제공자에게 효과적이고 매력적인 서비스경험을 향상시키는 방법 및 분야를 의미한다.

이러한 서비스 프로세스 디자인의 핵심사항은 고객의 만족한 '서비스경험'을 설계하고 전달하는 과정 전반에 대해 디자인을 적용함으로써 고객의 생각과 행동을 변화시키고

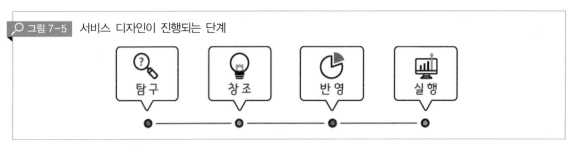

○ 그림 7-5 서비스 디자인이 진행되는 단계

탐구   창조   반영   실행

출처 : https://fpost.co.kr

경험을 향상시키는 것이다.

2) 서비스 프로세스 디자인의 특성

서비스 디자인이란 고객에게 전달되는 서비스 전반에 대해 기존의 서비스 제공자 입장이 아닌 사용자의 입장에서 고객의 니즈를 만족시킬 수 있게 서비스 프로세스를 설계하는 것이다. 즉 서비스 프로세스 디자인은 제공할 서비스의 방법과 역할을 정의하고, 고객에게 긍정적 서비스 경험을 제공하는 프로세스를 개발하는 것이다.

이와 같이 효과적인 서비스 설계는 고객에게 만족스러운 교감을 공유할 수 있도록 계획하고 조직화하는 것으로, 이를 통해 제공된 서비스는 서비스품질이라는 결과로 평가받게 된다.

제품과 달리 서비스의 다양한 특성은 차별화된 프로세스를 요구하게 되는데, 특성에 따른 디자인을 살펴보면 다음과 같다.

▷ 서비스의 무형성으로 인한 디자인 특성

서비스는 눈에 보이지 않는다. 서비스 자체는 보이지 않지만, 구체적인 가치를 사용자에게 전달하기 위해서는 서비스가 눈에 보이도록 해야 한다. 그렇다면 보이지 않고 형태가 없는 서비스를 어떻게 가시화할 수 있을까? 서비스에 사용되어 거쳐가는 인공물을 통해 서비스를 가시화할 수 있다. 예를 들어 호텔 레스토랑의 경우 직원의 복장, 메뉴, 인테리어, 화장실의 청결 등은 제공되는 서비스를 가늠케 하는 가시화의 주요 예이다.

▲ 음식의 정갈함과 준비된 서비스를 연상케 하는 가시화의 예

▲ 호텔 욕실의 청결을 가시화하는 물리적 증거

▷ 서비스의 이질성으로 인한 디자인 특성

동일한 서비스일지라도 고객별 그리고 맥락별로 느끼는 서비스가 모두 다르다. 사용자에게 일관성 있는 서비스를 제공해 주기 위해서는 시스템적으로 접근하는 게 필요하다. 이는 곧 서비스에 대한 전체 설계를 의미하는 서비스 청사진을 만들고 이를 통해 표준화된 서비스를 일관성 있게 제공한다.

▷ 서비스의 생산과 소비의 동시성으로 인한 디자인 특성

서비스의 생산과 소비의 동시성은 일선 직원과 고객과의 접점에서 이루어진다. 서비스 접점이란 사용자가 서비스를 경험하는 과정에서 개인이 거치는 물리적 인공물, 인적 상호작용, 커뮤니케이션 등의 모든 요소를 의미한다. 따라서 고객이 서비스를 경험하면서 거치는 모든 접점을 고객 입장에서 파악하고 완성해야 하며, 이를 위해 서비스 디자인을 통한 매뉴얼, 시스템화된 고객관리 가이드가 필요하다.

▷ 서비스의 소멸성으로 인한 디자인 특성

서비스가 제공할 수 있는 가치는 순간적이고 그때뿐이다. 따라서 서비스를 디자인할 때 기억에 남는 고객경험을 제공할 수 있는 서비스에 대한 고민이 필요하며, 서비스를 사용하고 나서도 오랫동안 잊히지 않는 경험을 지속적으로 제공해 줄 수 있어야 한다.

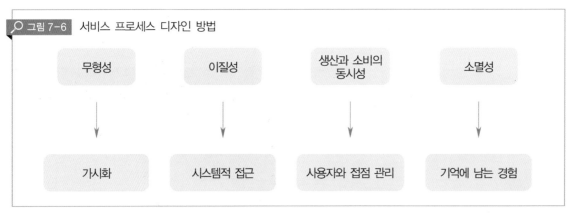

🔍 그림 7-6 서비스 프로세스 디자인 방법

출처 : 김진우, 서비스경험 디자인, 2017

2. 서비스 청사진을 통한 서비스 프로세스 설계

1) 서비스 청사진의 의의

  기업은 효율적이면서 긍정적인 고객경험을 제공하기 위해 서비스 프로세스의 주요 특징들을 객관적으로 서술할 필요가 있는데, 이러한 목적에 유용한 서비스 프로세스 개발/개선 기법이 서비스 청사진(service blueprint)이다. 즉 서비스 제공의 전체 프로세스를 도식화(mapping)한 것이다.

  청사진 기법은 서비스 흐름도(flow chart)보다 더욱 복잡하다. 서비스 흐름도는 일반적으로 고객이 경험하는 다양한 서비스 단계와 실행 순서를 명확하게 보여주는 단순한 형태를 시각적으로 표현한 것으로서, 호텔의 경우, 고객이 호텔에 도착할 때부터 체크아웃 후 호텔을 떠날 때까지, 서비스의 흐름을 포함하는 것이다.

▲ 친화도(Affinity Diagrams)는 유사한 문제점끼리 묶어서 상위개념으로 정리하는 것으로 청사진 작성에 이용한다. 출처 : service design council

  청사진은 고객이 볼 수 있는 부분과 후방에서 일어나는 모든 일을 포함하여 어떻게 서비스 프로세스가 형성되는지를 더욱 자세하게 구체화하고 있다.

  청사진의 작성은 고객기대와 서비스 규격(specification)을 맞추는 핵심사항 중 하나로 서비스 프로세스의 주요한 특징을 객관적으로 서술하는 것이며, 서비스 제공과정의 각 단계, 그리고 서비스 제공과정에서 직원과 고객이 수행해야 할 역할을 파악할 수 있도록 그림으로 묘사함으로써 서비스를 시각적으로 볼 수 있게 한다.

  따라서 서비스는 물체(object)라기보다는 '체험'이기 때문에, 특히 청사진은 서비스를 유용하게 설명할 수 있는 도구가 된다.

2) 서비스 청사진의 구성요소

  호텔의 서비스직원들은 고객의 호텔 도착단계에서부터 이용 후 호텔을 떠날 때까지

고객과의 직간접의 다양한 접촉을 통해 〈그림 7-7〉과 같이 서비스활동을 수행한다.

호텔 서비스 청사진에서 볼 수 있듯이 서비스 생산활동은 전면의 일선활동으로만 구성되어 있는 것이 아니다. 실제 생산공정의 후면에서도 다양한 생산활동이 수행되고 있다. 후면이란 고객들이 볼 수 없는 지원활동 부분으로 연극무대의 뒷면과 같은 역할을 담당한다. 호텔의 서비스는 고객접점에 있는 직원들을 통해 서비스의 품질을 평가하게 된다. 그러나 호텔의 서비스는 단지 고객접점에 있는 직원들의 서비스로만 고객만족이 결정되지는 않는다. 당연히 하우스키핑의 호텔 내 청소라든가 객실 청소 그리고 시설부의 객실 내 온도 또는 따스한 물의 제공은 보이지 않는 부분에서 훌륭한 스태프들의 지원에 상당한 영향을 받는다. 결국 서비스 생산활동에서 전면과 후면의 활동은 서로 밀접한 관계가 있음을 알 수 있다.

서비스 청사진은 먼저 수직축에 서비스 프로세스에 관련된 모든 행위자를 나열하고, 수평축에 서비스를 제공하는 데 필요한 모든 단계를 나열하여 작성한다.

이상과 같이 서비스 청사진이란 서비스라는 무형적 생산활동을 쉽게 이해할 수 있는 형태로 기술하는 기법의 하나이며, 고객의 행동, 일선 직원의 행동, 지원 직원의 행동, 지원프로세스로 구성되어 있다.

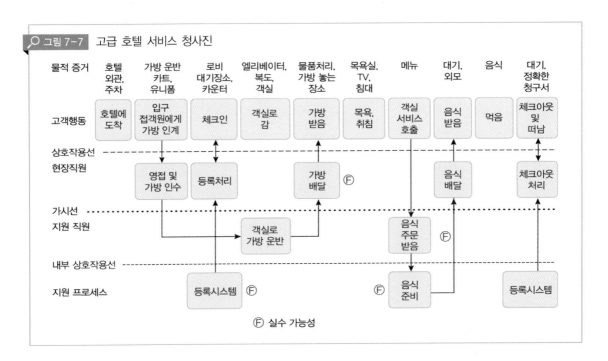

그림 7-7 고급 호텔 서비스 청사진

▷ **물리적 증거(physical evidence)** 물리적 증거는 고객이 볼 수 있고, 들을 수 있고, 냄새 맡을 수 있고, 만질 수 있는 모든 것이 해당하며, 여기에는 상점과 웹사이트뿐만 아니라 표지판, 양식 및 제품도 포함된다.

▷ **고객행동(customer actions)** 고객의 행동은 고객이 서비스를 구매하여 소비하고 평가하는 프로세스에서 고객이 행하는 선택, 상호작용, 기타 활동이 포함된다. 고객체험 전체가 고객행위 영역으로 청사진에 나타나는데, 고객이 도착해서 숙박과 식사 그리고 떠나는 과정을 포괄한다.

즉, '상호작용선' 위에 있는 첫 번째 줄의 활동들은 고객이 서비스를 구매하고, 소비하고, 평가하는 과정 속에 고객주도로 이루어지는 단계, 선택 그리고 상호작용을 나타낸다. '상호작용선'을 가로지르는 수직 흐름선들은 고객과 기업(예 : 서비스 카운터) 간의 직접적 접촉을 묘사한다.

▷ **상호작용선(line of interaction)**

고객과 기업의 지속적인 상호작용이 발생하는 것을 기준으로 한다. 고객과 기업이 상호작용할 때는 수직선을 내려 고객과 직원의 관계가 성립된다는 것을 표시한다.

▷ **직원의 행동(employee actions)** 고객행동은 두 영역으로 이루어진 고객접점 직원과 이를 지원하는 직원 행동과 병행하여 이루어진다. '가시선' 행동 위에 있는 행동들은 고객이 흔히 볼 수 있는 것들로서 '무대 위에 올려진' 행동들이라 표현할 수 있다. 가시선 아래는 '무대 뒤'와 같이 고객들이 볼 수 없는 행동들이 나타나 있다.

▷ **가시선(line of visibility)** 이것은 매우 중요한 역할을 하는데, 말 그대로 가시선은 고객에게 보이는 활동과 그렇지 않은 활동을 구분한다. 청사진을 볼 때, 가시선을 기준으로 하여 서비스의 물리적 증거를 제공받는지 여부를 알 수 있다. 또한 이 선을 기준으로 직원의 일선활동과 후방활동을 나눌 수 있다.

▲ 대형 연회행사에 제공할 음식을 준비하는 셰프들의 서비스 지원활동
출처 : https://amimagazine.global

객실로 가방을 옮기는 것과 주문에 의한 식사의 준비 등이 여기에 포함된다.

▷ **내부 상호작용선(line of internal interaction)** 서비스를 지원하는 활동과 고객과 접촉하는 활동으로 구분한다. 여기서는 주로 지원프로세스로서, 예약정보 시스템, 주방 등과 같은 후방지원 시스템을 포함한다.

▷ **지원프로세스(support process)** 이것은 서비스를 전달하는 직원을 지원하기 위한 내부적 서비스이다. 체크인, 체크아웃을 위한 등록시스템과 식당에서의 음식준비 등이 여기에 포함된다.

3) 서비스 청사진의 이점

서비스 청사진은 일반적으로 고객 관점과 운영 관점에서 기본 서비스를 설명하는 것으로, 주로 다음과 같은 목적으로 사용된다.

(1) **제공 서비스에 대한 정확한 이해** : 이는 특히 복잡한 서비스와 관련하여, 팀 또는 자신이 수행해야 할 역할을 명확하게 제공한다. 또한 커뮤니케이션이 촉진되어 기업이 고객을 이해하고, 요구사항을 효과적으로 충족시킬 수 있다.

(2) **서비스 개선** : 기업에서 제공해야 할 서비스가 무엇인지에 대한 정확한 이해가 가능하며, 이를 통해 문제점을 확인, 제거 또는 개선할 수 있다. 또한 고객과 서비스 팀 간의 커뮤니케이션을 통해, 서비스의 병목 현상을 명확히 하고 채널 간 협력을 개선할 수 있도록 한다.

(3) **새로운 서비스 설계** : 새로운 서비스를 청사진에 도식화하여 표현해 보고, 고객에게 제공하기 전에 서비스 프로토타입[6]을 만들어 서비스를 테스트할 수 있는 기회가 된다.

(4) **서비스 이해** : 많은 서비스가 깊이 고착화된 기업 문화 때문에 변화되기 어렵고, 종종 조직 내부에서도 서비스의 방향성을 이해하지 못하는 경우가 발생한다. 청사진은 기존 프로세스의 잠재적 문제점과 불투명 영역을 확인할 수 있다.

(5) **해당 서비스의 주체 이해** : 청사진은 프로세스의 격차 또는 중복을 정확하게 식별하여, 상황의 복잡성을 관리하는 데 필요하며, 특히 서비스에 많은 주체(고객, 지원부서, 시스템, 직원, 팀 등)가 참여하는 경우, 해당 주체를 확인하는 데 도움을 준다.

---

6) 프로토타입은 서비스 프로세스의 디자인과 기능을 시뮬레이션하는 초기 모델이다. 이는 최종 서비스 프로세스가 개발되기 전에 컨셉을 테스트하고, 피드백을 수집하고, 디자인을 반복하기 위해 만들어진다.

• 서비스 프로세스(Service process) : 서비스 프로세스란 전달되는 절차나 메커니즘 또는 활동들의 흐름을 의미한다. 서비스는 고객과의 첫 접점부터 마감될 때까지의 전 과정이 시스템화되어 있고 유·무형의 요소가 복합되어 묶음(bundle)으로 제공되기 때문이다. 서비스 프로세스는 서비스가 생성되어 전달될 때까지의 전 과정을 포함한 것으로서 제조업의 생산공정과도 같다. 이와 같은 서비스 상품은 여러 과정이 패키지화하여 고객에게 전달되는 것을 의미한다.

• 서비스 청사진(Flow chart) : 청사진의 의미는 서비스관리자가 서비스를 최종적으로 실행하기 전에 종이 위에 도표를 작성함으로써 서비스 개념을 검증하도록 하여 서비스 시스템의 정확한 정의를 내릴 수 있도록 하는 것이다. 즉, 고객의 기대와 서비스의 규격(specification)을 맞추는 핵심사항 중 하나는 서비스 프로세스의 주요한 특징을 객관적으로 서술하는 것이다.

• 서비스 표준화 : 고객들에게 일관성 있는 서비스품질을 제공하기 위하여 서비스 관리나 직원 교육, 매뉴얼을 개발하는 등의 활동을 의미한다. 즉, 관광 서비스 또는 호텔 서비스에서는 제공 품질의 일관성을 유지하기 위해서 서비스 프로세스를 확립하고, 직원을 교육하며, 인테리어나 시설 등의 물리적 환경들을 일관성 있게 유지하는 활동을 의미한다.

• 서비스 디자인 : 서비스를 설계하고 전달하는 과정 전반에 디자인 방법을 적용함으로써 사용자의 생각과 행동을 변화시키고 경험을 향상시키는 분야로서 사용자 중심의 리서치가 강화된 새로운 디자인 방법으로 제조에 서비스를 접목하거나 신 서비스 모델을 개발함으로써 새로운 부가가치를 창출하는 디자인 영역이다.

• 고객여정맵(map) : 총체적인 서비스과정을 시각화하는 과정으로 서비스 사용자들의 경험을 생생하고 체계적으로 시각화하는 방법이다. 일반적으로 고객의 '여정(그들의 경험을 바탕으로 한 매력적인 이야기)'은 고객이 서비스와 상호작용하는 터치포인트(Touch point)를 바탕으로 구성되며, 이야기는 서비스 상호작용과 그에 따라 고객이 느끼는 감정을 이해하기 쉬운 방식으로 설명한다. 이를 통해 사용자 관점에서 사용자 경험에 영향을 끼치는 요인에 대한 수준 높은 이해를 돕는다.

| 논 | 의 | 과 | 제 |

1. 서비스 프로세스 구현에서 프로세스의 표준화와 고객화의 차이를 설명하시오.

2. 서비스 플로차트와 청사진을 비교하고 그 차이점을 설명하시오.

3. 패스트푸드의 서비스 플로차트를 작성해 보시오.

4. 서비스 프로세스의 디자인이 왜 중요한가를 논의하시오.

5. 서비스 청사진 각각의 구성요소를 설명하시오.

INTERNET 활용하기

- https://brunch.co.kr/@brunchxecm/46, 서브웨이 샌드위치 이야기
- https://momocookie.tistory.com/42, 서브웨이 성공사례조사
- https://www.logolynx.com/search?q=subway, 서브웨이 로고 변천사
- Wikipedia, 2013, 서비스설계
- https://www.theatlantic.com/entertainment/archive/2017/01/the-founder-mcdonalds-ray-kroc-review/513590/ 맥도날드 창시자 레이 크록

PART 3

소비자 행동과
고객관계의 개발

CHAPTER 08 서비스에서의 소비자 행동

이 장을 학습한 후, 다음 내용을 이해할 수 있어야 한다.

1. 서비스기업에서 소비자 행동을 이해하는 것이 왜 중요한가를 설명할 수 있다.
2. 서비스 상품의 구매결정 단계를 설명할 수 있다.
3. 서비스의 탐색품질, 체험품질, 그리고 신뢰품질을 비교 설명할 수 있다.
4. 서비스 구매의 3단계 모델을 설명할 수 있다.
5. 소비자의 구매행동에 영향을 미치는 요인은 무엇인지 설명할 수 있다.

(08) 서비스에서의 소비자 행동

서 · 비 · 스 · 경 · 영

개요

서비스마케팅의 궁극적인 목표는 고객의 욕구와 기대를 충족시킬 수 있는 상품을 개발하고 제공하여 기업의 생존과 영속성을 도모하는 것이다.

이러한 목표를 달성하기 위해 서비스 제공자는 소비자가 서비스 상품을 어떻게 선택하고, 체험하고, 평가하는지 이해할 필요가 있다.

즉 서비스의 사용과 구매에서 소비자들은 어떻게 구매를 결정하는가? 상품을 소비하고 난 후 만족에 영향을 주는 요인은 무엇인가? 이러한 이해가 없다면 어떠한 기업도 소비자를 만족시키는 서비스를 창출하고 전달할 수 없다.

이와 같이 마케팅에서는 소비자 행동분석 방법과 소비자의 의사결정 과정, 구매행동에 영향을 미치는 요소들에 대해 이해하는 것이 매우 중요하다.

본 장에서는 서비스의 구매가 어떠한 과정을 거치면서 이루어지는가에 대해 이해하는 것이며, 개인 및 조직이 제품이나 서비스 구매와 관련한 일련의 소비자 행동에 관하여 학습한다.

제1절 > 소비자 행동의 개요

1. 소비자 행동의 의의

빠르게 변화하는 시장환경에서 서비스기업이 소비자 행동 분석에 기초를 두고 경영 활동을 수행하는 것은 현재 및 미래의 소비자 행동을 정확히 파악하고 예측하여 경영에 적용하는 것이 곧 그 회사의 경영 전략 내지 마케팅 활동의 유효성을 높일 수 있는 결정적인 기초가 되기 때문이다.

기업은 소비자가 구매 전 어떻게 필요를 느끼게 되는지, 어디에서 정보를 얻는지, 어떻게 각각의 대안을 평가하는지 등 구매와 소비에 관련된 프로세스를 파악하고 있어야 한다. 또한 구매단계에서 실제로 결정한 제품을 구매하는지, 구매한 후에 어떤 요인이 만족과 불만족에 영향을 미치는지, 불만족한 소비자는 어떻게 행동하는지 등을 알아야 한다.

▲ 소비자 행동은 탐색하고 결정하는 과정이다.
출처 : https://multimediamarketing.com

따라서 기업 경영에서 소비자들의 빠른 변화를 읽고 선제적 대응을 하지 못하는 기업은 순식간에 경쟁에서 밀려 시장에서 퇴출될 수 있다. 즉 기업이 소비자의 트렌드 변화에 상응하는 효과적인 마케팅 전략을 수립하기 위해서는 무엇보다 소비자 행동에 대한 연구를 통해 소비자를 이해해야 한다.

소비자 행동이란 '소비자가 자신의 욕구를 충족시킬 수 있으리라 기대하는 제품이나 서비스를 탐색, 구매, 사용, 평가, 처분하는 일련의 모든 행동 및 심리적 의사결정 과정'이라고 정의할 수 있다. 또한 다양한 선택과 행동의 과정이고 다양한 요인들이 그 과정에 영향을 미치게 된다.

2. 서비스 상품의 속성별 유형

서비스 기업에서 시장에 판매하는 상품을 다음 세 가지의 유형으로 분류할 수 있는데, 먼저 소비재가 제품을 구매하기 이전에 파악할 수 있는 속성인 탐색품질 속성과 오로지 구매 후나 소비 중에만 느낄 수 있는 체험물질 속성으로 구분하였다. 또 하나의 속성품질인 신뢰품질 속성은 소비자가 구매 후나 소비 이후에도 평가하기 어려운 속성을 나타내는 경험이다.

속성에는 세 가지 유형이 있으며 이는 다음과 같다.

1) 탐색재

탐색재는 구매하고자 하는 품질을 소비자가 구매 전에 평가할 수 있는 상품을 말한다. 가전제품이나 의류, 자동차, 가구 등의 유형재는 우리가 구매 전에 눈으로 확인하고, 테스트해 봄으로써 그 품질을 어느 정도 가늠할 수 있다. 탐색재는 이러한 특성 때문에 소비자 입장에서 비교적 평가하기 쉽다.

▲ 유형재는 우리가 구매 전에 눈으로 확인하고 판단할 수 있다.
출처 : http://www.lgnewsroom.com

탐색속성은 많은 서비스 환경에서 찾을 수 있다. 예를 들어 TV를 구매하기 전에 디자인이나 성능 그리고 화질을 확인함으로써 구매를 결정할 수 있다. 또한 호텔에서 체크인(check in)할 때, 다른 방으로 교체해 달라고 요구할 수 있으며, 헬스클럽 이용을 원할 경우 설비의 한두 개는 시범적으로 사용해 볼 수 있다. 이러한 구매 이전의 재화나 서비스에 대한 탐색은 고객들에게 더 나은 상품 속성을 이해하게 하고, 서비스를 평가함으로써 구매와 관련된 불확실성과 위험을 줄일 수 있게 한다.

2) 경험재

상품에 대한 품질을 소비자가 구매한 후, 소비과정 중에 평가할 수 있는 상품을 경험재라고 한다. 즉 구매 전까지는 평가될 수 없는 속성이다. 음식점이나 헤어스타일리스트와 같은 서비스의 경우, 우리가 직접 경험해 보기 전에는 어디가 잘하는지 알기 힘들다.

▲ 미용실의 헤어컷은 구매 전까지는 평가될 수 없는 속성을 지니고 있다.
출처 : Keren Perez on Unsplash

구매하고자 하는 서비스의 신뢰성, 이용편리성, 고객 지원 등과 같은 속성은 고객이 이를 구매 후 구매서비스를 반드시 경험한 후 평가해야 한다. 식당의 예에서 알 수 있듯이 레스토랑 웨이터의 서비스 능력이나 제공되는 메뉴의 맛에 대한 평가는 고객이 해당 서비스를 이용하기 전까지는 정확히 알 수 없다. 따라서 경험재의 이러한 특성 때문에 탐색재에 비해 평가하기 어렵다.

3) 신뢰재

▲ 의료행위는 상대방의 서비스 행위를 신뢰에 바탕을 두는 속성을 가지고 있다. 출처 : https://www.healthline.com

고객이 서비스를 경험하고 나서도 그에 대한 서비스품질을 평가하기 어려운 상품을 신뢰재라고 한다. 이러한 신뢰재는 우리가 서비스를 제공받은 후에도 그것이 잘 되었는지 잘못되었는지 판단하기 어렵기 때문에, 이 속성에서 고객들은 특정의 서비스가 약속된 품질 이상으로 수행되었다고 믿을 수밖에 없다. 예를 들어 레스토랑 주방의 위생상태나 재료의 신선도는 믿을 수밖에 없고, 또한 전문적인 서비스를 제공하는 의사나 변호사 등과 같이 전문적인 지식을 필요로 하는 서비스는 신뢰품질 속성이 높은 제품의 경우 소비 후에도 기대가 충족되었는지 평가하는 것이 용이하지 않거나 그럴 만한 충분한 지식이 없기 때문에 가장 평가하기 어렵다. 따라서 서비스 사용자 입장에서는 그저 전문가의 서비스를 믿을 수밖에 없기 때문에 그런 의미에서 신뢰재라고 일컫는다.

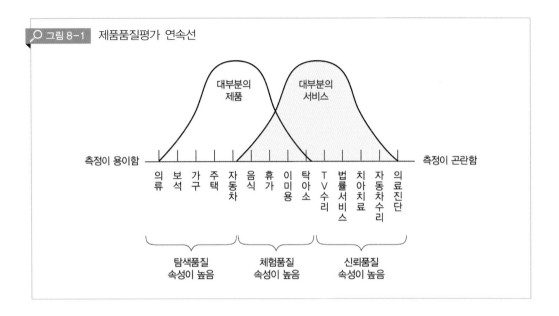

○ 그림 8-1 제품품질평가 연속선

대부분의 제품

대부분의 서비스

측정이 용이함 ─ 의류 보석 가구 주택 자동차 ─ 음식 휴가 이미용 탁아소 ─ TV수리 법률서비스 치아치료 자동차수리 의료진단 ─ 측정이 곤란함

탐색품질 속성이 높음

체험품질 속성이 높음

신뢰품질 속성이 높음

〈그림 8-1〉과 같이, 모든 상품들은 탐색속성, 경험속성, 신뢰속성인가에 따라 '측정의 용이성'에서 '측정의 곤란함'까지 한 연속선상에서 파악할 수 있다. 그림에서 가장 물리적인 재화는 탐색속성이 높기 때문에 연속선상의 왼쪽에 위치해 있고, 대부분의 서비스들은 경험속성과 신뢰속성이 높기 때문에 연속선상의 중간이나 오른쪽에 위치한다.

따라서 어떠한 제품도 무형의 서비스적인 요소를 내포하고 있고(예 : 자동차나 가전제품 A/S), 반대로 어떠한 서비스도 유형의 요소를 활용한다(예 : 치과의사와 의료기기). 따라서 모든 상품은 탐색속성과 경험속성, 그리고 신뢰속성을 동시에 가지고 있다고 할 수 있다.

예를 들어 호텔 객실의 경우, 우리가 눈으로 판단할 수 있는 탐색속성(예 : 청소상태, 전망, 어메니티(amenity), 가구의 노후화 및 디자인)도 있고, 경험해 보아야 알 수 있는 체험속성(예 : 침대의 편안함, 환기 및 온도 등)도 있으며, 경험해 보아도 잘 알지 못해서 그저 신뢰할 수밖에 없는 속성(예 : 화장실, 물컵, 침대 시트의 위생상태)도 있다.

제2절 > 서비스 구매의 3단계 모델

소비자 행동에서 첫 번째로 중요한 부분은 고객이 제품을 선택하고, 결정하고, 특정 서비스를 구매하는 방법에 대해 이해하는 것이다. 서비스의 구매와 사용에서 그들이 어떻게 의사결정을 하는가? 상품을 소비한 후에 만족을 주는 요인은 무엇인가를 이해하지 못한다면 소비자를 만족시킬 수 있는 상품을 창출하고 전달할 수 없다.

이러한 서비스의 특성을 염두에 두고 서비스 구매 절차에 따른 소비자 행동을 살펴보면, 〈그림 8-2〉와 같이 크게 세 단계로 나누어진다.

첫 번째 단계는 소비자가 그들의 어떤 욕구를 충족하기 위해 정보를 구하고 대안을 평가해서 구매를 결정하는 소비자 선택의 단계이고, 두 번째 단계는 소비자가 구매한 서비스를 체험하는 소비자 체험의 단계이며, 세 번째 단계는 소비자가 서비스를 경험한 후 만족 또는 불만족을 결정하게 되는 체험 후 평가의 단계로서 서비스에 대한 재구매와 친구들에 대한 추천과 같은 미래의 의사결정에 영향을 미친다.

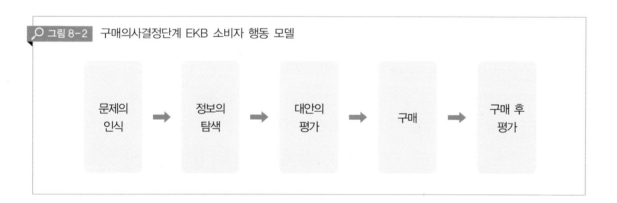

🔍 그림 8-2 구매의사결정단계 EKB 소비자 행동 모델

문제의 인식 ➡ 정보의 탐색 ➡ 대안의 평가 ➡ 구매 ➡ 구매 후 평가

1. 서비스의 구매 전 단계

소비자들의 서비스에 대한 구매 전 행동은 유형재에 대한 행동과 유사하다. 즉, 욕구의 인식(need recognition), 정보의 탐색(information search), 대안의 평가(alternative evaluation), 그리고 특정 서비스에 대한 구매(purchase)의 순으로 이어진다.

1) 욕구인식

개인이나 조직의 서비스 구매나 사용은 잠재되어 있는 욕구나 욕구각성에 의하여 촉발된다.

이러한 욕구는 개인이 현재의 상태가 이상적인 상태와 차이가 있다고 지각할 때 나타나게 되는데, 배고픔이나 갈증과 같은 내적인 결핍, 그리고 시각적 또는 감각에 의한 새로운 외적 자극 등에 의해 환기된다. 이러한 욕구가 충분히 높은 수준에 도달하여 행동을 유발할 만큼의 동기(motive)가 있을 때 소비를 통해 문제해결을 시도하게 된다. 즉 사람들은 욕구를 인식하면, 그 욕구를 해결하기 위한 해결책을 찾으려 한다.

소비자들의 욕구는, 고객행동이나 태도의 변화는 이 같은 변화하는 욕구를 이해하고 충족시키려는, 서비스공급자들에는 기회가 되는 것이다.

본 장에서는 사람의 욕구를 나누는 여러 가지 방법 중 〈그림 8-3〉과 같이 매슬로 (Maslow)의 욕구위계설(hierarchy of needs)의 5가지의 욕구 단계를 통하여 소비자들의 서비스 욕구를 살펴본다. 그는 사람들이 여러 형태의 욕구 중 생리적 욕구부터 순차적으로 충족하고자 한다고 주장하였다. 물론 개인차나 문화의 차이는 있지만 소비자들도 대개 이런 식으로 그들의 욕구를 해결해 나간다고 볼 수 있다.

🔍 그림 8-3 매슬로(Maslow)의 욕구위계설

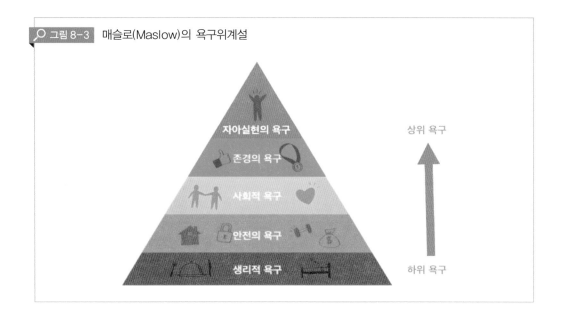

① 생리적 욕구(physiological needs)

생리적 욕구는 음식섭취나 수면과 같은 인간의 기본적인, 생물학적 욕구로써, 우리 생활에서 가장 기본적인 요소들이 해당된다.

② 안전 욕구(safety needs)

일단 생리적 욕구가 어느 정도 충족되면 안전의 욕구가 생겨난다. 이 욕구는 근본적으로 신체적 및 감정적 그리고 경제적인 위험으로부터 보호되고 안전해지기를 바라는 욕구이다.

③ 애정과 소속감에 대한 사회적 욕구(love & belonging)

사회적 욕구는 남들로부터 인정받고, 사랑받으며, 존경받고 싶어 하는 욕구를 말한다. 또한 사람들은 친구들과 교제하고 싶은 욕구, 가족을 이루고 싶은 욕구가 나타나며 사회적 소속감을 중시하고 남들로부터 인정받길 원한다.

④ 존경의 욕구(esteem)

우리가 흔히들 말하는 명예욕, 권력욕 등이 이 단계에 해당한다. 많은 사람들은 음식, 안전, 사회적 인정 외에도 자신의 목표를 달성했을 때 느끼는 성취감이나 자아 만족감을 추구한다.

⑤ 자아실현 욕구(self-actualization)

자아실현 욕구는 자아 욕구에서 한 단계 더 나아가 삶을 풍요롭게 하는 즐거운 체험에 대한 욕구를 말한다. 사람들은 인생에서 자신의 잠재능력을 충분히 발휘하고 즐겁고 신나게 살기를 원한다.

2) 정보의 탐색

욕구인식은 의사결정에 도달하기 전에 정보탐색과 대안평가 과정으로 이어진다. 소비자가 욕구를 인식하면, 이러한 욕구를 충족시킬 수 있는 제품과 서비스에 관한 정보를 찾게 된다. 이때 소비자의 머릿속에는 몇 가지 의사결정을 위한 대안들이 떠오르게 된다. 정보 탐색의 단계는 문제를 해결하기 위한 방안을 마련하는 단계로 내적 탐색과 외적 탐색으로 나누어진다. 내적 탐색은 문제를 해결하기 위해 기억으로부터 정보를 회상하는 것으로 기존에 가지고 있는 과거의 경험이나 지식에서 정보를 탐색하는 것을 말하며, 외적 탐색은 내적 탐색으로 충분한 정보를 얻을 수 없을 때, 외부의 새로운 정보를 찾는 것으로서 광고, 소매, 진열, 뉴스, 온라인 탐색, 서비스 직원, 친구나 가족의 조언과 같은 외부 정보를 통해 복잡한 문제를 해결하기 위해 스스로 정보를 찾아내거나 스스로 정보에 노출시키는 것을 말한다.

서비스의 구매는 유형제품의 구매에 비해 소비자 입장에서는 많은 위험부담이 따르는 상황이다. 따라서 소비자는 이러한 위험부담을 줄이기 위해 사전에 어디가 서비스를 잘 하는가에 대한 정보를 구하는 것이다.

① 개인적 정보원, 비개인적 정보원

서비스를 구매할 때 소비자는 여러 가지 이유로 인적 정보원에 보다 많이 의존한다.

첫째 이유는 대중매체나 선택매체는 탐색품질 속성에 대한 정보는 제공해 줄 수 있지만, 체험품질 속성은 거의 제공할 수 없기 때문이다. 그러나 소비자는 친구나 전문가에게 서비스에 대해 문의하여 대리체험으로 체험품질에 대한 정보를 얻을 수 있다.

둘째, 소비자는 타인의 경험을 바탕으로 간접적인 경험을 통해 정보를 얻을 수 있다. 대표적인 예로 소비자들은 인터넷이나 블로그를 통해 서비스의 시각적 형태, 사진, 그리고 본인의 경험에 등급을 평가함으로써 서비스 상품 탐색에 도움을 준다.

▲ "Experience more at Marriott" 캠페인은 Marriott 브랜드 호텔에서 제공되는 다양한 경험을 보여주고 있다.
출처 : https://hotelsmag.com

셋째, 소비자가 서비스 구매 전에 구할 수 있는 정보가 그리 많지 않기 때문에 그들이 느끼는 위험부담은 높은 수준이다. 따라서 이러한 위험부담을 줄이고 구매의사결정에 따른 복잡성을 줄이기 위해 소비자는 유경험자들의 의견을 존중하는 것이다. 특히, 경험 속성이나 신뢰 속성이 높은 서비스의 경우, 경험 있는 사람이나 전문가들의 구전정보는 큰 도움이 된다.

② 위험부담

위험부담 혹은 지각된 위험(perceives risk)은 소비자들이 구매함에 있어서 잘못될 수 있는 결과에 대해 미리 걱정하는 것을 말한다. 모든 구매에는, 정도의 차이는 있겠지만, 어느 정도의 위험부담이 따른다. 서비스 구매에 있어서 소비자들이 느끼는 위험부담은 더욱 크다. 서비스는 기본적으로 무형이고, 표준화되어 있지 않아 서비스를 구매할 때마다 성과에 관한 불확실성이 존재하기 때문이다.

또한 소비자는 이미 서비스가 소비되고 난 후에 불만족을 지각하기 때문에 서비스 구매 후 설령 마음에 들지 않더라도 반환할 수 없다.

이러한 불확실성을 줄이기 위해 기업에서는 직원들에 대한 서비스 교육을 철저히 해서 그들의 서비스가 하나하나 표준화될 수 있게 하는 것이 서비스의 표준화(standardization) 방법이다.

▲ 서비스의 특성상 구매의 위험부담은 항상 존재한다.

3) 서비스 대안의 평가

소비자의 욕구가 발생했을 때 선택대상으로 생각하게 되는 대안들을 고려상품군(evokes set 혹은 consideration set)이라 한다. 제품의 경우에 비해 서비스의 경우, 고려상품군에 속하는 대안의 수는 일반적으로 적다. 그 이유는 먼저 어떤 서비스에 대한 정보를 얻는 일은 제품에 대한 정보를 얻는 일에 비해 그다지 수월하지 않기 때문이다. 또한 유형제품의 경우에는 소매점에서 한번에 많은 수의 대안들을 보고 비교할 수 있지만, 서비스의 경우에는 소비자가 직접 그 서비스 장소에 가야 하는 경우가 많다. 왜냐하면 같은 서비스를 제공하는 업체를 특정지역 내에서 찾기는 어렵기 때문이다. 세 번째 이유는 구매 전에 서비스에 대한 충분한 정보를 찾기가 어렵다는 것이다.

서비스 대안의 평가 즉 구매의사결정은 일반적으로 다속성 모델(multi-attribute model)을 활용하게 되는데, 이 모델은 소비자들이 자신들의 고려상표군에서 대안을 평가하고 비교하는 데 사용하는 중요한 상품 속성을 보여주고, 이때 각 속성의 중요도와 가중치를 가지고 서비스 구매에 대한 의사결정을 한다.

▲ 각 속성의 중요도와 가중치를 통한 구매의사결정은 일반적으로 다속성 모델(multi-attribute model)을 활용하게 된다.

4) 서비스 구매결정 단계

구매결정 단계에 이르면 소비자들은 가능한 대안들의 성과를 경쟁 서비스 제공물과 비교하게 되며, 각 제공물과 관련된 지각된 위험을 평가하고, 그들이 원하는 서비스 수준, 적절한 서비스 수준, 예측된 서비스 수준을 비교 평가하게 된다. 이후 평가가 완료되면 소비자들은 가장 좋다고 생각한 대안을 하나 선택할 준비가 된 것이다.

유형의 재화는 소비자가 구매하기 전에 충분히 생산되어 있어 이를 구매 이전에 살펴보고 시험해 볼 수 있으나, 서비스의 경우에는 대개 선택되고 구매되는 순간부터 이용된다.

구매에 대한 최종 의사결정 단계에서 자신이 선호하는 대안의 구매로 연결되지 못하는 경우가 발생하게 되는데, 이는 첫째, 상품에 대한 평판이다. 다른 사람들의 태도에 의해 소비자 스스로 평가한 대안의 구매의도가 영향을 받는다. 둘째, 예상치 않은 상황 요인으로서 재정상태의 악화, 경쟁상품의 가격인하, 새로운 대안의 출현 등이다. 이 경우에 소비자는 구매를 연기하거나 평가과정을 새로 거치게 된다.

▲ 유형의 재화와 달리 호텔 숙박객의 경우 객실을 이용하기 전까지는 서비스를 평가할 수 없는 것이다.

2. 소비자의 서비스 대면 체험

구매 결정이 이루어지면 고객들은 서비스경험의 핵심으로 이동하게 된다. 서비스 대면은 고객이 서비스기업과 상호작용할 때를 의미하며, 소비자 경험 혹은 소비자 체험(consumer experience)이라고 한다. 위에서 설명한 것처럼 서비스는 주로 경험 속성과 신뢰 속성이 강하기 때문에 그 선택과정이 매우 힘들고 위험부담이 높다. 따라서 소비자가 실제 서비스를 어떻게 경험하고 체험하느냐가 그 서비스에 대한 만족도와 재구매의도를 결정한다. 따라서 서비스에서 가장 중요한 부분은 바로 소비자의 경험이다.

소비자의 서비스 대면 체험에는 다음의 서비스 특성이 나타난다.

▷ 과정으로서의 서비스
서비스는 고객을 위해 고객과 함께하는 행동이나 성과이기 때문에 행동과 성과의 연속적 단계로 되어 있다. 서비스를 체험하고 나면 필연적으로 고객은 좋은 체험, 나쁜 체험, 대수롭지 않은 체험을 갖게 된다.

▷ 고객이 생산에 참여

고객은 서비스 체험에 지대한 영향을 미칠 수 있는 공동 생산자적 역할을 수행한다. 고객은 제품을 공동창조하는 파트너로서 고객의 아이디어는 서비스뿐만 아니라 전 산업에 걸쳐 그 중요성이 증가하고 있다. 많은 경우 고객이 원하는 요구에 맞추어 고객화된 방법으로 제품을 수정하고 변화시키기 위해 기업들은 기꺼이 노력한다.

▲ 레스토랑에서 고객들은 Main dish만 주문하고 Appetizer를 샐러드바에서 선택하므로 서비스의 원활한 진행을 도우며, 고객입장에서도 다양한 Appetizer를 선택할 수 있어 만족도가 높다. 뷔페 레스토랑의 경우도 같은 예이다.
출처 : JW Marriott Hotel FLAVORS Restaurant

▷ 서비스 대면은 고접촉과 저접촉의 범위를 가지고 있다

서비스는 고객접촉의 범위에 따라 크게 3가지 범위로 나뉜다. 고객접촉 정도를 스펙트럼으로 볼 수 있듯이 고객접촉도가 높을수록 서비스시스템과 고객 사이의 상호작용은 커지게 되고 이에 따른 불확실성은 높아진다. 반대로 고객접촉도가 낮을수록 고객으로 인한 불확실성은 낮아지기 때문에 서비스 공정을 보다 효율적으로 설계할 수 있다.

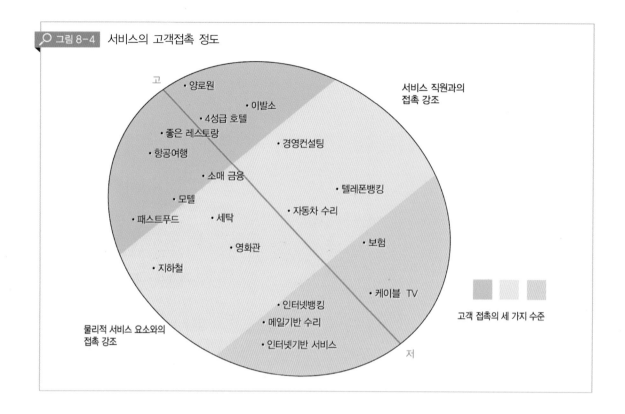

○ 그림 8-4   서비스의 고객접촉 정도

고

• 양로원

• 이발소

• 4성급 호텔

• 좋은 레스토랑

• 항공여행

• 소매 금융

• 모텔

• 패스트푸드   • 세탁

• 영화관

• 지하철

서비스 직원과의
접촉 강조

• 경영컨설팅

• 텔레폰뱅킹

• 자동차 수리

• 보험

• 케이블 TV

물리적 서비스 요소와의
접촉 강조

• 인터넷뱅킹

• 메일기반 수리

• 인터넷기반 서비스

저

고객 접촉의 세 가지 수준

3. 서비스 체험 후 평가

마지막으로 소비자가 제품 구매 후 그 제품을 사용해 보고 평가하는 단계로서 구매 후 소비자들은 만족과 불만족을 느끼게 되며 이러한 만족과 불만족은 향후 재구매 및 불평행동에 영향을 미치게 된다.

이러한 평가의 단계는 앞으로 이 서비스기업을 다시 찾을 것인가 아니면 다른 쪽으로 전환할 것인가를 결정하게 된다.

기업의 입장에서는 구매 후 행동에 대한 만족도를 높이기 위해 애프터서비스(A/S)를 강화하고 다양한 소통채널, 즉 고객의 소리(voices of customer, VOC)를 통해 불만을 인지하고 즉각적으로 이를 해소하는 피드백(Feedback) 체계를 구축해야 한다.

1) 구전 커뮤니케이션

소비자들의 구매 후 만족도는 그들의 구전행동에 지대한 영향을 미친다. 만족한 고객들은 서비스에 대해 다른 사람에게 긍정적으로 이야기할 것이고, 불만족한 고객들은 부정적인 악소문을 퍼뜨릴 것이다. 즉 서비스 소비자들은 서비스를 구매할 때 주로 구전정보에 의존하기 때문에 고객들의 이러한 구매 후 구전 커뮤니케이션 활동은 서비스기업의 존속과 성장에 큰 영향

▲ 긍정적 구전에서 가장 좋은 점은 브랜드 신뢰도와 충성도를 높이는 것이고, 반대로 부정적 구전은 회사의 이미지를 실추시킨다.
출처 : https://www.trustmary.com

을 미치게 된다. 특히 스마트 시대의 인터넷 발전과 보급으로 SNS(social networking service) 활성화와 인터넷 커뮤니티 사이트, 블로그 등을 통한 온라인 구전에 대해 기업에서 어떻게 대응하고 관리해 나가는가 하는 것이 주요 이슈로 등장하고 있다. 기업의 입장에서는 좋은 입소문을 최대화하고 부정적인 입소문을 최소화해야 한다. 따라서 기업이 긍정적인 구전을 얻기 위한 가장 좋은 방법은 인상적이고 긍정적인 서비스체험을 창조하는 것이다.

2) 긍정적 또는 부정적 편견

소비자 행동에서 사람들은 긍정적인 사건보다 부정적인 사건을 더 잘 기억하고, 긍정적인 정보보다 부정적인 정보에 더 영향을 받는다. 따라서 소비자가 인지하는 부정적인 서비스 체험을 낮추는 것이 중요하다.

3) 고객충성도

서비스 체험 후 소비자의 특정 제품이나 서비스를 반복적으로 구매하는 태도를 고객충성도라고 한다. 고객이 서비스 제공기업에 몰입하는 이유는 브랜드를 바꾸는 비용(전환비용)의 과다, 대체제의 이용가능성, 기업과의 사회적 결속(social ties), 구매에 수반되는 지각된 위험, 기존 제품에서 얻었던 만족 등 때문이다.

▲ Marriott International은 회원을 위해 Marriott Rewards, The Ritz-Carlton Rewards 및 Starwood Preferred Guest(SPG) 전반에 걸쳐 하나의 통합 혜택을 도입함으로써 빠른 포인트 적립, 풍부한 환대 로열티 프로그램을 준비하여 지속적인 고객관리를 제공하고 있다. 출처 : PRNewsfoto / Marriott International, Inc.

따라서 기업은 고객충성도가 높은 단골고객 창출을 위해 고정고객의 취향과 기호를 확보하고 보다 나은 대우를 보장하며, 고객과 기업 간의 만족스런 관계를 구축하기 위해 고객만족에 보다 많은 관심을 기울여야 한다.

4) 서비스경험의 기대 성과

구매 후 단계에서 고객들은 경험한 서비스 성과를 자신의 기대와 비교하여 평가하고, 이를 통해 만족과 불만족을 인지하게 된다.

만약 성과 지각이 기대보다 나쁘면, 부정적 불일치(negative disconfirmation)라 하고, 서비스가 기대 이상이면 긍정적 불일치(confirmation of expectation)라고 한다.

다시 말해, 지각된 성과가 적절한 수준보다 높으면 합리적으로 만족하게 되고, 기대된 성과에 못 미치면 고객은 나쁜 서비스에 대하여 불만을 느끼게 되고, 부정적 구전을 하게 된다.

🔍 **그림 8-5** 만족의 기대-불일치 모델

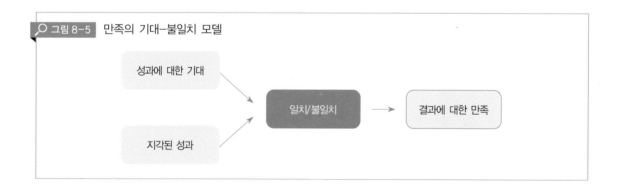

〈그림 8-6〉은 소비자의 구매결정 과정에서 소비자의 구매에 대한 관여도가 구매의사결정 수준에 미치는 영향을 보여주고 있다.

여기서 관여도란 '주어진 상황에서 특정한 상황에 대한 개인의 중요성 지각 정도 혹은 관심도'이며, '주어진 상황에서 특정 대상에 대한 개인의 관련성 지각도'라고 정의한다.

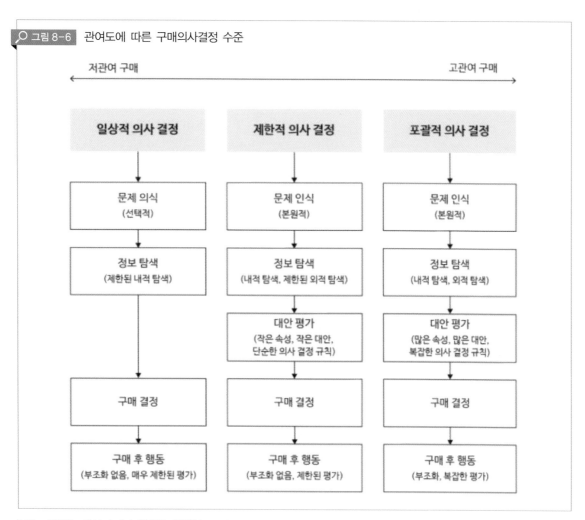

그림 8-6 관여도에 따른 구매의사결정 수준

출처 : 최병룡, 최신 소비자 행동론, 박영사, 1987, p. 509

제3절 > 구매행동의 영향요인

1. 문화적 요인

1) 문화

　문화(culture)란 한 사회의 개인이나 인간 집단이 자연을 변화시켜 온 물질적·정신적 과정의 산물로서 구성원들의 심리와 행동에 영향을 미치는 환경 요소이다. 소비자들은 자신이 속한 문화의 영향권에서 기본적 가치와 인식, 욕구, 행동 양식을 습득한다. 문화는 소비자 행동에 전반적인 영향을 미친다. 이어 그 사회의 일부 집단에 한정되어 공통적인 삶의 방식에 따라 서로 비슷한 가치관을 갖는 사람들끼리 공유하는 종교, 국적, 지리적 위치, 인종 등의 하위문화가 형성된다. 기업은 하위집단의 문화적 차이를 이해하고 이들 구성원들의 구매행동에 적합한 상품의 가치를 창출하는 것이 중요하다.

▲ 문화는 소비와 구매의 형태에 다양한 영향을 미친다.

2) 사회계층

　한 사회 안에서 구별되는 인간집단을 말하는 것으로 대부분의 사회는 상류층, 중류층, 하위층 등 사회계층(social class) 구조를 형성하고 있다. 사회계층은 소득, 직업, 연령, 교육 수준, 사회적 영향력 등의 다양한 기준에 따라 분류된다. 동일한 계층에 속하는 사람들은 비슷한 가치관과 욕구·소비행태를 지니게 된다. 기업은 사회계층을 기준으로 분류한 소비자집단의 구매행동을 규명하고, 이들의 욕구를 파악한다.

2. 사회적 요인

1) 준거집단

우리는 사회적 존재이며, 항상 사람들과 함께 있고 싶어 한다. 준거집단(reference group)이란 개인행동에 직접 혹은 간접적인 영향을 미치는 개인이나 집단을 말하며, 구매 결정 과정에서 비교의 기준으로 삼는 것을 말한다.

준거집단은 가족이나 동료, 동호회 등 자신이 속해 있는 집단 그리고 자신이 소속되기를 원하는 집단으로 개인의 생활양식이나 태도, 자아실현의 목표 나아가 개별상품에 대한 선호도에도 영향을 미친다.

"And what would you suggest, Mr. Smartie Pants?"

▲ 식사하는 사람들이 웨이터 / 웨이트리스에게 무엇을 주문해야 하는지에 대한 조언을 구하는 이유는 그들이 무엇을 주문할지 결정하는 데 도움이 될 수 있는 참조 프레임으로 간주하기 때문이다.
출처 : http://www.buyerbehaviour.org

2) 가족

가족은 소비자의 구매 행동에 가장 큰 영향을 미치는 요소이다. 우리는 가족으로부터 많은 가치, 태도, 신념 및 관점을 습득한다. 가족 구성원들의 상품구매에 대한 관여의 정도나 역할은 구매의 대상이나 구매과정, 생활양식에 따라 달라진다. 전통적으로 주택이나 자

▲ 캔디로 만든 모형을 전시하여 상품 홍보
최근의 구매행동에서 어린이의 영향력이 커짐에 따라 어린이를 대상으로 마케팅을 실시하고 이를 통해 가족 구매력을 확장한다.

동차 등의 고가 상품인 경우, 가장인 남편의 영향력이 컸으나, 오늘날에는 자녀와 부인의 영향력이 커지고 있다. 이와 같은 영향력의 변화는 상품의 계획단계부터 판매에 이르기까지 기업의 마케팅에 새로운 조류를 형성하고 있다.

3. 개인적 요인

1) 연령과 성별

상품의 구매는 나이가 들면서 행태가 변화한다. 특히 의류와 외식, 가구 등은 연령에 따라 선호도에 차이가 있다. 가족의 라이프스타일 단계에 따라서도 구매행동이 달라진다. 최근 1인 가구의 증가, 신혼부부, 육아와 청소년 자녀를 둔 가족, 노년부부 등의 단계를 거치면서 일상생활과 행동양식이 변화한다. 기업은 주요 고객의 연령이나 라이프스타일을 파악하고 그들이 어떠한 상품을 선호하는가에 따라 마케팅 전략을 수립한다.

▲ 이태리 베네치아에서 여행하는 관광객들
라이프스타일은 구매하는 상품의 유형이나 시장수요를 결정한다.

2) 라이프스타일

라이프스타일(lifestyle)은 우리가 매일 살아가는 방식, 일상 활동을 수행하는 방식, 외부 자극에 대한 행동 및 반응 등을 말하는 것으로, 개인 또는 집단이 현재의 삶을 만들어 가는 행동패턴이나 사고방식이다.

최근에는 여기에 오락, 레저, 취미와 트렌드, 소비패턴, 사회적 관계 모델 등 일상생활에 가치를 두는 개별적인 관심이나 견해 등으로 표현된다.

즉 소비자의 라이프스타일은 인간의 태도와 가치 또는 세계관을 반영하며 구매하는 상품의 유형이나 시장수요 형태를 결정한다. 따라서 기업은 소비자 유형별로 라이프스타일을 분석함으로써 구매자의 가치관이나 생활방식, 소비패턴 등이 어떻게 구매행동에 영향을 미치는가를 파악한다.

3) 개성과 자아

개성(personality)은 개인을 특징짓는 속성으

로서 생리적, 심리적, 사회환경적 요인을 모두 포함하는 개념으로 특정상품이나 브랜드를 선택하는 데 많은 영향을 미치기 때문에 기업은 주요 고객이 어떤 개성을 가지고 있는가를 파악하는 것이 매우 중요하다. 또한 자아(self image)는 자신에 대해 지니는 생각을 말한다. 자아개념에는 스스로 어떤 사람인가에 대한 인식, 그리고 어떤 사람이고자 하는가에 대한 이상적 개념이 포함된다. 소비자는 실제적 자아개념에 어울리는 특정상품이나 브랜드를 통해 이상적인 자아를 실현하고자 하는 욕구를 지닌다.

4. 심리적 요인

1) 동기

인간이 지니는 다양한 요구들 가운데 행동을 불러일으킬 만큼 충분한 수준의 강도를 가지고 있을 때 이를 동기(motive)라고 한다. 욕구에는 배고픔, 갈증, 피곤함 등의 생리적 욕구, 존경과 안정감 등의 심리적 욕구가 있다. 이들은 모두 본능적인 충동에서 비롯된다. 이 욕구들 가운데 행동을 결정짓는 욕구를 동기라고 하며, 사회적 규범을 수용하는 과정에서 억제되어 무의식 속에 자리 잡게 된다. 기업은 소비자의 무의식적 동기를 파악하기 위해 심층면접이나 심리적 도구를 이용하기도 한다.

▲ 서비스기업은 고객들의 잠재적 동기를 지속적으로 파악해서 대처해야 한다.
출처 : http://raitgroup.com/en/in-depth-interview/

2) 학습

학습(learning)이란 본능적 변화인 성숙과는 달리, 직간접적 경험이나 훈련에 의해 지속적으로 지각하고, 인지하며, 변화시키는 행동 변화를 말한다. 인간의 모든 행동은 학습의 결과, 즉 경험에 의한 행동의 지속적인 변화로서 동인(drive), 단서, 반응 및 강화의 상호작용을 통해 이루어진다. 동인은 행동을 유발하는 강한 내적 자극을 말한다. 예를 들어, 배고픔은 음식점을 찾도록 동기화시킨다. 단서(cue)는 언제 어디서, 어떻게 반응할 것인가를 결정하는 데 영향을 주는 자극이다. 예를 들어, 음식의 광고나 인터넷 검색으로 확인된 사이트는 구매에 영향을 주는 단서가 된다. 반응(response)은 충동이나 단서에 자극을 받아 취하는 행동을 말한다. 단서를 통해 발견한 음식에서 만족할 만한 결과를 얻었다면 반응은 강화된다. 이와 같은 과정을 통해 배가 고플 때 구매자는 그 음식점을 다시 찾게 될 가능성이 높아진다. 습관적 구매와 같은 일상적 구매행동은 모두 학습의 결과이다.

Marriott Hotel의 핵심 성공 요인

Marriott의 성공은 호텔 업계에서 브랜드를 차별화하는 등 몇 가지 핵심 요인에 기인할 수 있다. 이러한 요인은 고객의 뛰어난 경험과 충성도 높은 고객을 유치하고 유지함으로써, Marriott를 럭셔리 호스피탈리티 산업의 리더로 차별화한다. 주요 성공 요소는 다음과 같다.

▶ **기억에 남는 경험** : Marriott 마케팅 전략의 기본 요소 중 하나는 고객에게 기억에 남는 경험을 제공하는 데 중점을 두고 있으며, 고객의 숙박이 독특하고 잊을 수 없는 경험이 되도록 최선을 다한다. Marriott는 개인화된 서비스와 세부 사항에 대한 주의를 기울임으로써, 고객 기대치를 뛰어넘고, 경쟁사와 차별화하며 강력한 브랜드 평판을 구축하는 것을 목표로 한다.

▶ **뛰어난 고객 서비스** : Marriott는 고객에게 뛰어난 서비스를 제공하기 위해, 숙박하는 동안 고객의 요구와 선호도에 맞춰 제공하는 것에 최선을 다한다. Marriott 직원은 개인화되고, 세심한 서비스를 제공하도록 훈련받았으며, 고객이 소중하게 여겨지고 보살핌을 받는다고 느끼게 한다. 특히 Marriott는 개인화된 고객 경험을 향상하기 위해, 모바일 체크인, 키리스 엔트리 등의 기술을 도입함으로써, 현대 여행객의 마음을 끌고 있다.

▶ **Marriott Bonvoy 로열티 프로그램** : Marriott Bonvoy Loyalty Program은 Marriott의 성공에 중요한 역할을 한다. 이 프로그램은 충성도 높은 고객에게 객실 업그레이드, 늦은 체크아웃, 특별 이벤트 참여 등의 독점적인 혜택을 제공한다. Marriott는 이러한 인센티브를 제공함으로써, 반복적인 숙박을 장려하고, 고객 충성도를 높인다. Marriott Bonvoy 프로그램을 통해, 고객은 향후 숙박이나 기타 보상으로 교환할 수 있는 포인트를 적립할 수 있어, 충성도 높은 고객에게 더욱 높은 가치를 제공한다.

▶ **지속 가능성 이니셔티브** : Marriott는 지속 가능성의 중요성을 인식하고, 이를 마케팅 전략으로 추진하고 있다. 이 브랜드는 탄소 발자국을 최소화하고, 책임 있는 관광을 촉진하는 데 전념하고 있으며, 여기에는 에너지 효율, 폐기물 감소, 지역 사회 참여와 같은 이니셔티브가 포함된다. Marriott는 지속 가능성 가치에 맞춰 환경 의식이 강한 여행객에게 어필하고, 사회적 책임에 대한 헌신을 보여준다.

▶ **다양한 포트폴리오** : Marriott는 럭셔리(예: Ritz-Carlton, St. Regis)부터 저렴한(예: Fairfield Inn, Courtyard) 호텔 브랜드까지, 다양한 호텔 브랜드 세그먼트를 통해, 비즈니스 및 레저 여행객의 선호도에 부응하고 있다.

• 소비자 행동 : 소비자들의 빠른 변화에 선제적 대응을 하지 못하는 기업은 순식간에 경쟁에서 밀려 시장에서 퇴출될 수 있다. 즉 기업이 효과적인 마케팅 전략을 수립하기 위해서는 무엇보다 소비자 행동에 대한 연구를 통해 소비자를 이해해야 한다.
소비자 행동이란 "소비자가 자신의 욕구 충족을 위해 기대하는 제품이나 서비스를 탐색, 구매, 사용, 평가, 처분하는 일련의 모든 행동 및 심리적 의사결정 과정"을 의미한다.

• 탐색재 : 탐색재는 특징과 특성이 구매 이전에 쉽게 측정되는 재화나 용역으로서 구매하고자 하는 품질에 대해 소비자가 구매 전에 평가 가능한 상품을 말한다. 특히 유형재는 구매 전에 눈으로 확인하고, 테스트해 봄으로써 그 품질을 어느 정도 가늠할 수 있기 때문에 소비자 입장에서 비교적 품질을 평가하기 쉽다.

• 경험재 : 상품에 대한 품질을 소비자가 구매한 후, 소비과정 중에 평가할 수 있는 상품을 경험재라고 한다. 즉 구매 전까지는 평가될 수 없으며, 직접 경험해 보기 전에는 가치를 평가하기 어려운 재화를 말한다.

• 신뢰재 : 소비자가 효용성에 대해 가치판단을 하기 어려운 재화이며, 경험재와 달리 상품의 소비 이후 효용성의 증가 및 감소에 대한 신빙성을 입증하기 힘든 특징이 있다. 이러한 신뢰재는 우리가 서비스를 제공받은 후에도 그것이 잘 되었는지 잘못되었는지 판단하기 어렵기 때문에, 이 속성에서 고객들은 특정의 서비스가 약속된 품질 이상으로 수행되었다고 믿을 수밖에 없다.

• 서비스 소비의 3단계 모델 : 서비스 소비는 다음의 세 단계로 나누어진다.
(1) 구매 전 단계 (2) 서비스 대면 단계 (3) 구매 후 단계
첫 번째 단계는 소비자가 그들의 어떤 욕구를 충족하기 위해 정보를 구하고 대안을 평가해서 선택 구매에 이르게 되는 소비자 선택의 단계이고, 두 번째 단계는 소비자가 구매한 서비스를 체험하는 소비자 체험의 단계이며, 세 번째 단계는 소비자가 서비스를 경험한 후 만족 또는 불만족을 결정하게 되는 체험 후 평가의 단계로서 서비스에 대한 재구매와 친구들에 대한 추천과 같은 미래의 의사결정에 영향을 미친다.

• 다속성 모델(multi-attribute model) : 이 모델은 소비자들이 자신들의 고려상표군에서 대안을 평가하고 비교하는 데 사용하는 중요한 상품속성을 보여주고 있다. 각 속성은 중요도 가중치를 가지고 있다. 높은 가중치를 가진 속성이 더 중요하다는 것을 의미한다. 즉 다속성 모델은 고려상표군 내에서 각 기업에 대한 소비자들의 속성 성과에 대한 기대와 각 속성의 중요도를 결합하여

평가점수를 만들어내고 높은 점수를 받은 기업을 선택하게 된다.

• 지각된 위험 : 서비스는 미리 경험할 수 없는 특징 때문에 그 결과가 어떻게 될지에 대하여 확신할 수 없다. 즉 서비스의 불확실성은 고객의 지각된 위험을 증가시킨다. 경험속성과 신뢰속성이 높은 서비스들은 지각된 위험이 더욱 크다. 또한 최초 사용자들은 높은 불확실성에 직면한다. 그러므로 기업은 무료사용, 보증과 같이 지각된 위험을 줄이기 위한 전략을 사용해야 한다.

• 구전 커뮤니케이션 : 서비스 소비자들은 서비스를 구매할 때 주로 구전에 의존하기 때문에 고객들의 서비스 구매 후 긍정적 구전활동은 서비스기업의 존속과 성장에 큰 영향을 미치게 된다. 만족한 고객들은 서비스에 대해 긍정적인 구전을 할 것이고, 불만족한 고객들은 부정적인 악소문을 퍼뜨릴 것이다. 따라서 기업은 소비자의 긍정적인 구전활동을 위한 적절한 대응이 필요하다.

| 논 | 의 | 과 | 제 |

1. 서비스 대안의 평가에서 다속성모델을 중심으로 논의하시오.

2. 서비스 상품의 속성별 유형을 재화와 서비스를 비교하여 논의하시오.

3. 욕구인식의 정보탐색에서 내적 탐색과 외적 탐색을 비교 설명하시오.

4. 서비스 대면이 고접촉과 저접촉의 범위를 포함하는 3가지 범위를 비교 설명하시오.

5. 소비자의 구매행동에 영향을 미치는 요인은 무엇인지 개인적 요인을 바탕으로 설명하시오.

INTERNET 활용하기

• https://brunch.co.kr/@eunjongseong/17, 소비자 행동이란 무엇인가? 소비자는 어떻게 행동하는가? 브런치
• https://brunch.co.kr/@zhoyp/198, 구매의사결정과정, 브런치

CHAPTER 09 고객관계 마케팅과 가치편익

학 습 목 표

제1절 서비스마케팅의 개념
제2절 서비스마케팅 믹스
제3절 관계마케팅과 편익
제4절 고객가치와 경쟁전략

이 장을 학습한 후, 다음 내용을 이해할 수 있어야 한다.

1. 서비스마케팅의 삼위일체 모델을 설명할 수 있다.
2. 내부마케팅의 중요성을 설명할 수 있다.
3. 서비스마케팅 믹스를 기본마케팅 믹스와 비교 설명할 수 있다.
4. 관계마케팅의 정의와 전략적 활용을 설명할 수 있다.
5. 관계마케팅의 기업과 고객의 편익을 설명할 수 있다.
6. 고객생애가치를 이해하고 산출할 수 있다.

09 고객관계 마케팅과 가치편익

서 · 비 · 스 · 경 · 영

개요

"거래처 한 곳을 지키는 것이 결과적으로 거래처 백 곳을 늘리는 길이요, 반대로 거래처 한 곳을 잃는 것은 거래처 100곳을 잃는 것과 같다" 는 마쓰시타 고노스케의 말처럼 고객과의 관계유지는 기업의 커다란 화두이다.

기업에 적합한 고객을 표적화하고 고객화하여 유지하는 것은 대부분 성공한 서비스기업의 핵심이다. 서비스기업의 목표는 고객과의 관계구축을 통해 단골고객을 중심으로 충성도 높은 고객을 확보함으로써 미래에 기업을 더욱더 성장시키는 데 있다.

신규 고객 창출에는 5달러가 들지만 기존 고객을 유지하는 데는 1달러의 비용이 발생한다는 매킨지 컨설팅의 보고와 같이, 현대에는 고객 관계 관리에 대한 중요성이 강조되면서 고객과 이해관계자와의 강한 유대관계 형성을 통해 장기간에 걸친 이익을 확보하는 데 목적을 두고 있다. 관계마케팅은 신규고객의 획득보다는 기존고객의 유지와 향상에 초점을 맞추는 것으로, 기업의 거래 당사자인 고객과 지속적으로 유대관계를 형성, 유지하고 대화하면서 관계를 강화하고 상호 간의 이익을 극대화할 수 있는 다양한 마케팅활동을 말한다.

본 장에서는 고객관계 구축이 왜 필요하고 장기적인 고객관리가 기업과 고객의 입장에서 모두 행복할 수 있는 이유를 가치편익 관점으로 학습한다.

제1절 > 서비스마케팅의 개념

서비스는 유형상품과 다르기 때문에 제조기업을 위하여 개발된 마케팅 개념과 실행방안을 그대로 서비스조직에 적용할 수 있는가에 대한 물음에 꼭 그렇다고 말할 수는 없다. 왜냐하면 서비스의 특성이 재화의 특성과 상반되는 개념이기 때문에 마케팅의 적용도 차별화의 필요성이 있는 것이다.

서비스마케팅은 고객과 직원 그리고 기업이 삼위일체가 되어 약속을 만들고 그것을 잘 지켜 나가는 과정으로 고객과 직원의 필요와 욕구를 충족시킴으로써 기업의 활동을 극대화하는 데 목적이 있다.

서비스의 효과적인 마케팅을 위해서는 이러한 서비스의 특성을 파악하여 상품 마케팅과는 차별화된 전략과 활동을 적용해야 한다. 특히 마케팅 믹스를 계획하고 실행함에 있어서 제품(product), 가격(price), 유통(place), 촉진(promotion) 등의 4p믹스 이외에 사람(people : 직원·고객 등 서비스 참여자), 물리적 증거(physical evidence : 서비스환경), 서비스 제공과정(process of service assembly)의 3p 믹스 요소를 추가하여 함께 고려해야 한다.

이러한 서비스마케팅은 생산과 전달과정에서 상호 커뮤니케이션이 강조되는 일련의 가치창출 활동들이 효율적으로 수행될 수 있도록 지원하는 시스템을 서비스마케팅 삼각형으로 표현하고 있다.

〈그림 9-1〉의 서비스마케팅 삼각형은 서비스를 개발·촉진·전달하는 세 그룹을 연결시켜 설명한 것이다. 꼭짓점에는 각 기업과 서비스 제공자, 그리고 고객이 있다. 이를 바탕으로 외부마케팅, 내부마케팅 그리고 상호작용마케팅에 적용할 수 있다.

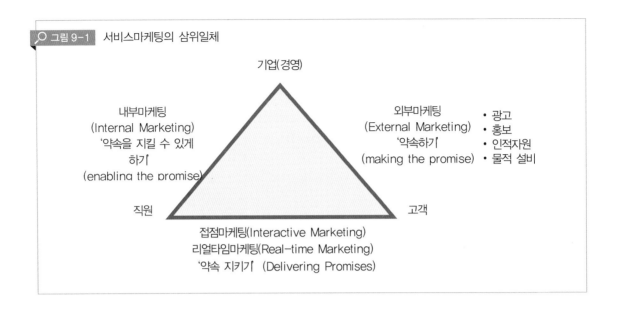

그림 9-1 서비스마케팅의 삼위일체

기업(경영)

내부마케팅
(Internal Marketing)
'약속을 지킬 수 있게
하기'
(enabling the promise)

외부마케팅
(External Marketing)
'약속하기'
(making the promise)

• 광고
• 홍보
• 인적자원
• 물적 설비

직원

고객

접점마케팅(Interactive Marketing)
리얼타임마케팅(Real-time Marketing)
'약속 지키기' (Delivering Promises)

1. 외부마케팅(약속 만들기)

외부마케팅(external marketing)은 새로운 잠재고객의 확보와 신규시장의 진입 그리고 자사의 브랜드 인지도를 높임으로써 수익을 창출하는 기업과 고객 사이의 전통적인 마케팅 활동을 말한다.

서비스 마케팅 삼각형 모델은 회사, 직원, 고객의 3차원 접근방식을 적용하고 있는데, 이때 외부마케팅은 회사와 고객 사이에서 발생하게 된다.

즉 회사는 고객에게 제공될 것으로 예상되는 일정한 약속을 하게 되고 기

▲ 옥외 광고 모습
최근의 SNS 마케팅과 더불어 옥외 광고는 전형적인 마케팅의 한 형태가 되었다.

대된 서비스를 제공하기 위해 다양한 노력을 수행한다. 즉 서비스 제공 전에 회사가 고객에게 제공하는 서비스를 홍보하기 위해 취하는 모든 커뮤니케이션 즉, 광고, 개인 판

매, 판촉 등이 외부마케팅의 일부가 된다.

이와 같이 기업은 외부마케팅을 통해 고객의 기대 설정과 더불어 서비스 전달을 약속하고 인적자원과 물적 설비를 통해 이를 실행하는 것이다.

2. 내부마케팅(약속 가능하게 하기)

내부마케팅(internal marketing)은 기업이 고객에게 했던 약속을 직원을 통해 이행할 수 있도록 직원을 대상으로 수행하는 마케팅 활동으로서, 서비스의 대상은 직원이다. 즉 직원은 소비자와 접촉하는 모든 사람을 포함하며 고객과의 상호작용 마케팅에서 필수적인 역할을 수행한다.

이와 같이 기업은 서비스 제공자의 역량을 키움으로써 고객과의 약속을 가능하게 한다. 즉 기업은 외부마케팅과 상호 마케팅 활동을 하기 전에 내부마케팅을 철저히 수행하여야 한다. 왜냐하면 내부 마케팅이 없으면 고객이 수준 이하의 서비스를 받을 가능성이 높기 때문이다.

만약 서비스직원들이 고객에게 한 약속을 기꺼이 전달할 준비가 되어 있지도 않고, 그럴 만한 능력도 되지 않는다면 고객과의 약속을 지키는 데 실패하게 되는 것이고 결국 서비스는 부정적 평가를 받게 될 것이다.

따라서 내부 마케팅은 직원들이 탁월한 서비스를 제공할 수 있도록 최고 수준으로 직원을 교육하는 데 중점을 두며, 그들을 만족시키기 위한 복리후생과 업무지원 그리고 동기부여를 포함하는 일련의 활동들을 통해 항상 그들을 지원해 주고 후원해 줌으로써 그들이 자신감과 긍지를 가지고 현장에 설 수 있게 해야 한다. 고객이 왕이라면 내부직원, 특히 현장직원은 황제이다. 내부직원조직이 튼튼하면 외부마케팅과 상호마케팅은 자연스럽게 저절로 이루어질 수 있다.

많은 연구자들은 내부마케팅의 활성화를 위해 다음과 같이 경영층 지원, 권한위임, 보상제도, 교육훈련, 내부 의사소통 등의 5가지 요인을 제시하고 있다.

① 경영층 지원 : 기업에 있어 가장 영향력 있는 경영층이 내부고객을 지원하는 활동
② 권한위임 : 상급자가 점유하고 있던 의사결정권한을 하급자에게 나누어줌으로써

직무와 권한의 폭을 넓혀주는 전략

③ 보상제도 : 기업의 중요한 자산인 내부고객들의 동기부여에 있어 중요한 영역

④ 교육훈련 : 인적자원 개발 지원으로 조직목적을 달성하기 위한 직원 개발 활동

⑤ 내부 의사소통 : 조직 내 쌍방향 정보교환으로 내부고객과 경영자 간의 상호작용

3. 상호작용 마케팅(약속 지키기)

상호작용 마케팅(interactive marketing)은 서비스기업 직원들이 고객과 직접적인 접촉을 통해 실제로 서비스가 제공되는 것으로, 기업이 외부고객을 대상으로 약속한 사항을 실현하는 모든 활동이며, 고객과의 약속이 제공, 전달되는 지점이 바로 이곳이다.

서비스에서는 생산과 소비가 동시에 일어나는 특성으로 인하여 전체 직원이 마케팅에 참여하고 또한 고객과 직원의 상호작용 및 접점관리의 기능이 강조되는 것으로, 외부마케팅을 통해 약속되는 것과 상호작용적 마케팅을 통해 전달되는 것을 일치시키는 것이 중요하다.

따라서 직원들이 잘 훈련되어 있고 스스로 결정을 내릴 수 있는 권한이 있을 때 상호작용 마케팅에서 고객만족도를 높일 수 있는 기회가 된다.

〈표 9-1〉 전통적 마케팅과 서비스마케팅

구분	전통적 마케팅	서비스마케팅
특성	생산과 소비가 분리	생산과 소비가 동시에 발생
마케팅 기능	생산과 소비 매개	전통적 마케팅 기능 + 상호작용 및 접점 관리
담당 조직	마케팅 부서	전 직원에 의한 마케팅

제2절 〉 서비스마케팅 믹스

마케팅 믹스는 시장에서 자사의 브랜드나 제품을 홍보하는 것으로, 기업의 목적을 달성하기 위해 여러 형태의 통제 가능한 마케팅 수단들을 마케팅 관리자가 적절하게 결합

내지 조화시켜서 사용하는 전략을 의미한다.

전통적으로 기업의 마케팅은 제품(Porduct), 가격(Price), 유통(Place), 촉진(Promotion) 등의 4P 마케팅 믹스라는 개념이 강조되어 왔으나, 유형상품을 기반으로 마케팅 개념과 실행방안을 그대로 서비스 조직에 적용하는 데는 한계가 있다. 즉 서비스의 고유 특징인 무형성, 이질성, 생산과 소비의 동시성 그리고 산출물의 소멸성 등에는 유형상품과 다른 마케팅 전략이 필요하다.

서비스 상품의 차별화된 마케팅 믹스를 위해 사람(people : 직원, 고객 등 서비스참여자), 물리적 증거(physical evidence : 서비스 환경), 서비스 제공과정(process of service assembly)의 3P 믹스 요소를 추가하여 〈그림 9-2〉와 같이 서비스마케팅을 고려한 7P 마케팅 믹스 접근법이 적용되고 있다.

서비스의 마케팅 믹스를 살펴보면 다음과 같다.

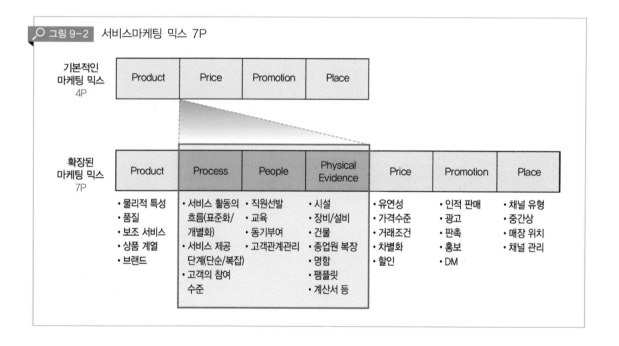

그림 9-2 서비스마케팅 믹스 7P

1. 기본 마케팅 믹스

전통적인 마케팅 믹스(marketing mix)는 상품이나 서비스의 마케팅과 관련된 핵심요소로서 기업은 이러한 마케팅 수단들을 적절하게 결합 내지 융합해서 사용하는 전략을 의미한다. 기본적 서비스 마케팅 믹스는 다음과 같다.

1) 상품

상품(product)은 기업이 고객에게 제공하는 재화나 서비스를 말한다. 서비스 고객들은 구매 전에 상품을 눈으로 직접 보거나 손으로 만져보기 어렵다. 즉 여행사의 관광상품이나 호텔에서의 숙박 및 레스토랑의 메뉴, 리조트의 수영장이나 스키장, 은행의 금융상품, 항공사의 좌석 등급이나 영화 등이 바로 서비스 상품이다. 서비스에서 상품은 하나의 아이디어일 수도 있고, 사람, 조직, 장소, 스타일, 판매 후 서비스(AS), 신용(credit) 등의 무형의 요소와 필요에 따라서는 유형제품과 통합되기도 한다.

서비스 상품은 고객의 신뢰가 우선시되며 이질적인 서비스를 표준화하거나 고객화(고객 맞춤식)하는 방향으로 차별화하는 것도 전략적으로 중요하다.

2) 가격

가격(price)이란 서비스를 구매하거나 소비하면서 고객들이 지불하는 돈, 시간, 기타 노력들을 말한다. 가격요인은 서비스에서 상품의 매력, 만족도, 충성도에 영향을 미치는 핵심요인이기 때문에 제조상품보다 서비스에서 고객에게 더욱 민감하게 영향을 미치는 강력한 변수이다. 서비스가 제공되는 시간대에 따라 적정 가격을 설정하는 문제를 포함하여 할인 여부와 정도, 할부기간 등과 같은 가격 정책에 대한 의사결정이 중요하게 작용한다.

이러한 서비스의 경우에는 원가요소를 객관적으로 정확히 산정할 수 없는 경우가 많기 때문에 가격결정 메커니즘이 매우 주관적이고 어렵다.

3) 유통

▲ 광장에서 인력거가 고객을 기다리는 모습
서비스의 특성상 소비자의 주문과 생산이 동시에 이루어지기 때문에 유통의 다양한
방식이 존재한다.

서비스의 유통(place)은 제조업에서처럼 생산과 판매가 분리된 전통적인 유통채널과 차이가 있다. 즉 서비스는 주문과 생산이 동시에 이루어지기 때문에, 서비스에서 유통보다는 서비스 제공 위치의 선정과 고객의 편의성 제공이 중요하다. 고객이 기업을 찾아가야 하는 경우도 있고, 기업이 고객을 찾아가야 하는 방식도 있다. 최근에는 인터넷이나 모바일 기술 그리고 자동화 기술에 의해 서비스를 전달받는 장소와 시간의 측면에서 혁신적인 서비스 제공방식이 활용되기도 한다.

4) 촉진

일반적으로 촉진(promotion)이란 서비스기업이 고객들에게 특정 서비스 상품을 알리고 선호도를 높이기 위한 모든 커뮤니케이션 활동을 말한다.

즉 소비자에게 자사의 상품을 알리고 다수의 경쟁상품 속에서 자사의 상품을 선택하게 하여 최종구매까지 이끌어내는 시장 개척 수단이다.

▲ 호텔 객실 전경
객실 분위기를 통해 고객이 편안함을 느낄 수 있게 보여줌으로써 고객으로부터 서비스결과를
예측하게 한다.

서비스의 촉진활동은 무형성을 전제로 이루어지기 때문에 서비스를 직접적으로 보여줄 수 없고 서비스를 소비함으로써 얻게 되는 혜택이나 결과를 강조하는 촉진활동을 하게 된다.

2. 확장 마케팅 믹스

서비스의 특성상 고객접점 관리를 위해 확장된 마케팅 믹스에는 사람, 물리적 증거, 서비스 제공과정(process) 등이 있다.

1) 사람

상품만 가지고 마케팅 활동을 할 수는 없다. 마케팅 활동은 상품을 만들고, 판매하고, 운영하는 사람들에게 의존하기 때문이다. 그렇기 때문에 적절한 인적자원을 확보하는 것이 중요하다.

서비스 제공에서 직원의 태도는 서비스품질에 직접적인 영향을 미치므로 직원의 선발, 교육, 동기부여에 특별한 노력을 기울여야 한다. 즉 대인 기술과 태도 그리고 잘 동기부여된 직원은 서비스기업의 경쟁우위를 확보할 수 있는 자원이기 때문이다.

현대에는 기업이나 조직이 제공하려는 서비스를 창출하는 과정에 참여하는 모든 사람들을 고객의 범위에 포함시키고 있다. 기업이 생산한 가치를 소비하는 최종 소비자뿐만 아니라 조직내부의 직원이나 관련부서와 같이 조직의 가치 생산과 전달에 관련한 모든 주체를 고객으로 보게 된다. 이것은 서비스 기업 내부의 직원이나 부서를 하나의 고객으로 간주하고 내부고객을 마케팅의 대상으로 인식한다는 것을 의미한다.

이와 같이 성공적인 서비스기업이 되기 위해서는 직원들을 1차 고객으로 인식하여 직원들의 만족도를 높일 수 있는 각종 제도와 정책을 실행하고, 서비스운영에 적합한 사람을 채용하고 고객접점 직원들에게 과감하게 재량권을 부여하는 권한위임(empowerment)을 통해 높은 성과를 낼 수 있도록 동기부여하는 차별화된 내부마케팅 활동이 선행되어야 한다.

▲ 직원들의 팀워크
서비스기업의 인적자원은 매우 중요하기 때문에 직무에 대한 권한위임은 고객만족에 직접적인 영향을 미치게 된다.

2) 물리적 증거

▲ 대한항공의 프레스티지 클래스 평면 좌석 : 항공사는 다양한 물리적 증거를 통해 서비스의 무형성을 예측 가능하게 한다.

〈표 9-2〉와 같이 물리적 증거(physical evidence) 또는 서비스스케이프는 서비스의 무형적 요소를 유형화하는 서비스마케팅의 전략적 접근방식이다. 따라서 유형제품을 다루는 일반적 마케팅과 달리 무형의 상품을 대상으로 하는 서비스기업의 물리적 증거들은 고객들의 구매의사결정에 영향을 미치게 된다.

따라서 서비스 비즈니스에서는 물리적 증거에 대한 확충과 설계에 많은 시간과 노력을 투자해야 한다. 빌딩의 모양, 조경, 이동수단, 인테리어 가구, 설비, 직원들의 복장, 사인, 인쇄물, 기타 가시적인 단서들은 모두 서비스 질을 위한 유형의 증거가 된다. 서비스기업은 서비스환경이 고객만족과 직원들의 서비스 생산성에 큰 영향을 주기 때문에 이를 잘 관리할 필요가 있다.

고객들은 같은 조건이면 깨끗한 식당에서 식사하길 원하고 또한 호화스러운 호텔에서 숙박하기를 원한다. 베이커리에서는 구수한 빵 굽는 냄새와 커피숍의 커피 로스팅 향은 구매욕구를 자극하는 효과가 있으며, 가구 스타일과 배치, 음악의 음량과 음폭, 공기의 신선함과 온도 등의 물리적 환경요인을 통해 기업 이미지의 차별화 요소로 활용하고 있다. 이러한 물리적 환경하에서의 차별화된 마케팅 요소들은 소비자 체험의 흐름을 촉진시키고 소비자 감성과 만족도를 높이는 역할을 한다.

〈표 9-2〉 물리적 증거의 분류

구분		예시
서비스스케이프 (servicescape)	외부 환경요소	시설의 외형, 간판 등의 안내 표지판, 주차장, 주변환경 등
	내부 환경요소	내부장식과 표지판, 벽 색상, 가구, 시설물, 공기의 질/온도, 매장의 음악이나 향기 등
기타 유형적 요소		종업원 유니폼, 광고 플랫폼, 메모지, 입장티켓, 영수증, 인터넷 홈페이지 등

3) 프로세스

프로세스(process)는 서비스 제조과정이다. 즉 서비스 상품이 전달되는 실제적인 절차, 제도적 장치 및 상품 전달 활동의 흐름을 의미하며, 고객들에게는 서비스를 경험하는 과정이다.

서비스의 상품요소를 창출하고, 전달할 때에는 효과적인 서비스 전달과정을 설계하고 실행하는 것이 필요하다. 만약 서비스과정이 잘못 설계되었다면 직원들의 고객에게 제공되는 서비스 전달은 늦어지고 비효과적인 결과를 보여줄 것이다. 고객들의 입장에서는 시간 낭비와 실망스러운 경험을 의미한다.

특히 서비스 전달 프로세스에서 경험하는 대기시간의 관리, 고객의 요구사항이나 제안에 대한 직원의 반응, 변경 및 취소의 편리성, 이용가능 시간, 서비스 계획과 실행과정의 일치성 등이 고객의 프로세스과정 중에 경험하는 사례의 일부분들이다.

제3절 〉 관계마케팅과 편익

1. 관계마케팅의 정의

최근 경쟁우위를 확보하기 위한 수단으로서 많은 관심을 끌고 있는 개념이 관계마케팅(relationship marketing)이다.

그동안 기업은 대체적으로 신규고객을 창출하는 데 초점을 두었지 그들을 지속적으로 단골고객으로 유지하는 데에는 별로 관심을 두지 않았다. 즉 일회적 거래(transaction)나 교환(exchange)이 중심이었다.

이러한 관계마케팅의 출현은 거래의 관점을 바꾸게 되는데, 기존의 마케팅에서 적용하던 신규고객의 유치를 통해 1회적 거래나 교환에 주목한 반면, 고객은 하나의 서비스기업과 지속적으로 관계를 맺는 것을 더 선호한다는 것을 가정하는 것으로, 신규고객의 획득보다는 기존고객의 유지와 향상에 초점을 맞추는 사업철학이자 전략적 지향성이다.

이러한 관계마케팅은 기업의 거래 당사자인 고객과 지속적으로 유대관계를 형성, 유지하고 대화하면서 관계를 강화하고 상호 간의 이익을 극대화할 수 있는 다양한 마케팅 활동을 말한다. 이렇게 신뢰를 바탕으로 쌓여진 고객만족은 해당 서비스를 유지하고, 추가적인 서비스를 구매하며, 긍정적인 입소문으로도 이어질 수 있기에 관계마케팅의 중요성이 높아지고 있다. 특히 인터넷의 발전으로 빠른 정보전달이 가능해진 현대에는 그 중요성이 더욱 증가하고 있다.

〈표 9-3〉은 관계마케팅과 기존 마케팅의 차이점을 비교 설명하고 있다. 다시 말해 기존의 매스 마케팅은 단기적인 관점으로 고객 유실에는 상관없이 고객 획득에 주력한다. 하지만 관계마케팅의 목표는 '상생관계를 구축하고 유지, 강화하는 것'이다. 즉 기존의 고객 획득에 주력하면서 시장점유율을 목표로 삼는 것이 아니라 기존 고객의 유지에 주력하면서 그 고객의 의사결정에서 많은 부분을 차지하는 것을 목표로 삼는 것이다.

〈표 9-3〉 마케팅 구분 : 매스마케팅 vs 관계마케팅

매스마케팅	관계마케팅
▷ 일시적인 거래	▷ 계속적인 거래
▷ 단기적인 관점	▷ 장기적인 고객생애관점
▷ 일방적인 커뮤니케이션	▷ 쌍방향 커뮤니케이션, 협력관계
▷ 고객획득에 주력	▷ 고객유지에 주력
▷ 규모의 경제	▷ 범위의 경제
▷ 시장 점유율	▷ 고객 점유율
▷ 판촉 위주	▷ 고객서비스 위주
▷ 회사 독백형(monologue)	▷ 고객 대화형(dialogue)
▷ 상품의 차별성	▷ 고객의 차별화
▷ 제품	▷ 제품 + 고객

2. 관계마케팅의 목표

관계마케팅의 목표는 '상생관계를 구축하고 유지·강화하는 것'이다. 즉 기존의 고객 획득에 주력하면서 시장점유율을 목표로 삼는 것이 아니라, 기존 고객의 유지에 주력하면서 조직에게 수익성을 가져다주는 몰입된 고객기반을 구축하고 유지하는 것을 목표로 삼는다.

기업은 고객의 관계가치가 증가함에 따라 좀 더 밀접한 관계를 맺고자 노력하며 고객과의 관계를 시작하여 고객을 최고 단계까지 끌어올리는 것이 바로 관계마케팅의 목표이다.

관계마케팅의 목표는 단계에 따라 세 가지로 나눌 수 있다.

▲ 관계마케팅은 기존고객의 획득 및 유지가 목표이다.
출처 : https://reclama-pitesti.ro

1) 신규고객의 유치

신규고객을 유치할 때 기업은 장기적인 고객이 될 수 있는 고객을 선별적으로 유의하는 것이 필요하다. 예를 들어 기존의 우량고객이 추천해 준 신규고객은 장기고객이 될 가능성이 높을 것이다. 기업은 기존고객의 신규고객 추천과 관련하여 인센티브 제도를 실행하고 있는데, 이를 'MGM(Members get Members)제도'라 한다. 즉 기존고객을 유통망으로 활용하는 판매방식으로 추천마케팅, 권유마케팅, 소개마케팅이라고 하며, 보험회사, 증권사에서 많이 활용되고 있다.

또한 관계마케팅을 잘 수행하는 기업에게는 구전효과에 의한 신규고객의 유치가 용이해지며 이들 고객은 장기고객이 될 가능성이 높다.

2) 고객의 유지

관계마케팅의 두 번째 목표는 고객의 유지(Retention)에 있다. 즉 개별적인 커뮤니케이션을 통해 고객과의 유대관계를 형성하면서 이루어진다. 기존 고객에게서 새로운 수익을 창출하는 것은 신규 고객으로부터 수익을 창출하는 것보다 10~20%의 비용밖에 들지 않는다. 따라서 최근 기업들이 중요하게 생각하는 '고객만족'에 대한 자료는 재무적인 수치 못지않은 가치를 지닌 자산으로 취급해야 한다. 따라서 고객유지율이 높다면 고객은 경쟁사로 이탈하지 않고 재방문 또는 재구입 확률이 높아진다.

3) 관계 제고

세 번째 목표는 관계를 제고(Enhancement)하는 것이다. 보통 개인적인 인간관계와 마찬가지로 고객과의 관계에서 견고성과 친밀성을 증가시킴으로써 시간이 지남에 따라 브랜드 충성도를 높이는 것이 필요하다.

관계마케팅을 흔히 '결혼'에 비유하기도 한다. 할리데이비슨은 오랫동안 고객과의 결혼을 통해 고객의 브랜드 충성심을 키워나가고자 하였다. 그러나 최근에는 형제애(brotherhood)를 통해 고객을 상대하고 있다. "친구는 동등하다. 권력이나 지배력에 따라 계층이 결정되는 지배구조를 지지하거나 강요해서는 안 된다. 또한 친구가 도움을 필요로 할 때는 그 이유가 무엇이든 기꺼이 도움을 주어야 한다." 등으로 할리데이비슨의 문화를 새롭게 정의하였다.

기업과 고객도 이와 같은 단계를 거치면서 친밀하고 견고한 관계를 이루어가는 것으로 본다. 충성고객은 기업에게 견고한 사업기반이 될 뿐 아니라 성장 잠재력이 된다.

▲ 동등과 도움을 모토로 서로 긴밀한 관계를 유지한다.
　출처 : 오토바이 문화

조 지라드(Joe Girad) "250명의 법칙, 상품이 아닌 관계를 판매하라"

55세 생일을 기념하여 포드의 흰색 승용차를 사려던 부인이 있었습니다.

자신이 스스로에게 생일 선물을 하려던 그녀는 담당 영업사원이 자리에 없어 약 1시간 후에 오라는 말을 듣고 남는 시간을 보내기 위하여 건너편 쉐보레 매장을 방문하였습니다. 그 부인을 맞이한 쉐보레 매장의 영업사원은 부인의 설명을 듣자 동료 직원에게 귓속말로 꽃다발을 준비하게 하였고 부인에게 생일 축하 선물로 전하였습니다.

감동한 부인은 원래 사고 싶었던 포드의 흰색 승용차 대신 그 자리에서 쉐보레의 흰색 승용차를 구매하였습니다.

이 일화는 미국의 전설적인 자동차 판매왕으로 유명한 '조 지라드'의 이야기입니다.

'조 지라드'는 15년(1963~1978년) 동안 무려 13,001대의 자동차를 판매한 최고의 세일즈맨으로 기네스북에서 12년 연속 판매왕 자리에 오른 사람입니다.

35세까지 40여 개의 직장을 전전하며 별 볼 일 없던 그가 세계 최고의 세일즈맨이 된 이유는 무엇일까요?

▲ "나는 판매하고 싶다" 판매왕의 말이다.
출처 : https://thesalesmindsetcoach.com/how-to-sell/

그것은 다름 아닌 사람의 관계를 설명하는 '250명의 법칙' 때문이었습니다.

'조 지라드'는 평소 장례식장이나 결혼식장에 가게 되면 항상 그곳에 모인 사람의 숫자가 약 250명 정도인 것을 발견하고 한 사람이 맺을 수 있는 인간관계가 약 250명이라는 인간관계의 법칙을 깨닫게 됩니다.

'250명'이라는 숫자를 통해 한 사람이 다른 사람에게 미치는 영향력을 깨달은 그는 고객 한 명을 만날 때마다 그 고객의 뒤에는 그와 관계를 맺고 있는 250명의 또 다른 고객이 있다는 믿음으로 소중하게 대하기 시작하였습니다.

한 사람의 신뢰를 얻으면 250명의 잠재고객을 얻게 되고, 한 사람의 신뢰를 잃게 되면 250명을 잃게 되는 것과 마찬가지라는 생각이었던 것입니다.

'조 지라드'는 자동차를 판매하기 전에 먼저 고객의 마음을 얻으려고 애를 썼습니다.

사소한 것이라 하더라도 그것을 놓치지 않고 고객에게 감동을 줌으로써 한 사람이 아닌 250명의 잠재고객을 만들어 나갔던 것입니다. 자신의 존재가치를 인정받은 고객은 단순한 거래관계 이상의 유대감을 갖게 되는 법칙을 믿은 신념이 있었기에 가능했고 지금도 관계 마케팅의 귀감이 되고 있습니다.

3. 관계마케팅 편익

비단 기업뿐만 아니라 고객도 관계마케팅의 수혜자가 된다. 기업입장과 고객입장에서 효익을 각각 살펴보면 다음과 같다.

1) 고객에게 돌아가는 편익(효익)

고객의 입장에서 서비스기업에 대한 애호도를 갖고, 지속해서 거래를 유지하고자 하는 것은 기존 거래기업으로부터 제공받는 가치가 경쟁사의 수준보다 상대적으로 높다는 것을 의미한다.

소비자는 지불한 것보다(금전적, 비금전적 비용) 제공받은 것(품질, 만족, 구체적인 편익)이 더 많아야만 관계를 유지하려 할 것이다. 그러므로 기업은 고객의 관점에서 가치를 지속적으로 제공해야 하고, 이때 고객이 받은 편익은 관계를 지속하려는 인센티브로 작용한다.

(1) 신뢰 편익(confidence benefits)

신뢰 편익은 서비스 제공자에 대한 믿음의 감정으로 성과를 미리 예측할 수 있기 때문에 걱정을 줄여주며 편안함을 느끼게 한다. 대부분의 소비자는 서비스 제공자를 바꾸지 않으려 하는데, 이유는 그동안의 투자로 생성된 관계를 변경할 경우 새로운 전환 비용과 관계위험이 높아질 수 있기 때문이다. 특히 관계 유지가 상당수준의 투자에 따른 전환비용과 관계위험을 줄일 수 있기 때문이다. 특히 전환비용은 금전적 비용뿐만 아니라 심리적, 시간적 비용도 상당히 크게 발생한다.

이와 같이 한 서비스기업과 지속적인 거래관계 유지는 단골로서 더

▲ 서비스 제공자에 대한 믿음의 감정으로 신뢰편익을 준다.
출처 : https://xendoo.com

높은 가치와 혜택을 얻을 수 있기 때문에 한 기업을 계속 이용하는 것이 유리할 것이다.

특히, 법률, 의료, 교육 서비스와 같이 전문적이고 많은 지식을 요하는 복잡한 서비스와 미용실, 헬스클럽, 다이어트 센터 등과 같이 자아 이미지와 직결되는 서비스의 경우에 고객들은 믿을 수 있는 한 기업을 계속 이용함으로써 심리적으로 더 안심할 수 있고, 서비스 결과에 대해서도 더욱 만족할 수 있을 것이다.

(2) 사회적 편익(social benefits)

장기적으로 고객은 서비스 제공자와의 인적 교류감을 통해 친밀한 감정과 일체감 그리고 사회적 참여를 하고 있다. 이러한 유대는 고객들이 단골기업의 경쟁사에서 더 나은 품질 또는 더 낮은 가격의 제품을 제공한다는 것을 아는 경우에도, 덜 전환하게 한다.

즉, 빈번하게 이용회사를 바꿈으로써 오는 품질위험과 비용추가 등이 없이 시간이 지남에 따라 단골고객의 혜택에 따라 더 높은 서비스를 제공받을 수 있고, 그 기업으로부터 중요한 고객으로 대우받을 수 있다는 장점이 고객입장에서는 커다란 혜택이 될 수 있다.

(3) 특별대우 편익(special treatments benefits)

특별대우는 특별한 거래나 특별한 가격 또는 우대를 받게 되는 것을 의미한다. 특별대우 편익이 몇몇 산업(항공업에서의 상용고객 우대프로그램 편익 등)에서는 매우 중요한 혜택이다.

또한 최근 많은 기업들이 단골고객 유치를 위해 많은 프로그램을 도입하고 있다. 예를 들어, 호텔에서 실시하고 있는 보상형 프

▲ 대한항공 A380 Celestial Bar만의 특별한 라운지. 이곳에선 비행시간도 추억이 된다.
출처 : https://www.koreanair.com

로그램(reward program), 신용카드사에서 실시하고 있는 포인트 누적 혜택 등이 그것이다. 동네의 커피숍에서도 일정횟수를 채우면 커피를 무료로 제공하는 프로그램은 이미 생활의 일부가 되어 있다.

그림 9-3 관계마케팅 개념 모델

출처 : Anderson and Mittal, 2000

2) 기업에게 돌아가는 편익

단골고객을 유지하고 발전시킴으로써 조직이 얻는 편익은 매우 많다. 기업이 고객들과 밀접한 관계를 유지함으로써 얻는 것에는 경제적 편익 외에도 여러 가지의 고객 행동 편익과 인적자원관리 편익이 있다.

(1) 경제적 편익(economic benefits)

장기적인 관계는 구매의 증대, 마케팅과 관리비용의 감소, 가격인하를 하지 않고 마진을 유지할 수 있기 때문에 재무성과에 기여한다.

고객유지가 기업에 미치는 대표적인 경제적 편익은 고객과 관계지속에 따른 서비스의 지속적인 구입이다. 고객이 서비스기업의 서비스품질에 대해 만족한다면 고객의 서비스기업에 대한 충성도는 높아질 것이며 지속적인 구매의도를 갖게 될 것이다. 또 다른 경제적 편익으로는 신규 고객 창출을 위한 마케팅 비용의 절약에 있다. 단기적으로 볼 때, 이러한 초기비용은 신규고객으로부터 얻은 수익을 초과할 수 있기 때문에 고객과 장기적 관계를 구축해야 기업에게 이익이 된다. 관계를 유지하는 비용은 시간이 지남에 따라 낮아지는 경향이 있다. 따라서 기업이 신규고객을 획득하기 위해 지출하는 광고비,

판촉비 등의 비용을 줄일 수 있게 됨에 따라 이익이 증가하게 된다.

그 외 고객관리를 위한 운영비의 하락이다. 초기에는 고객의 과거 신용조사나 고객자료의 데이터베이스화에 비용이 많이 들지만, 고객과의 지속적인 관계로 고객을 효과적으로 대할 수 있는 운영 노하우가 쌓이면 매년 지속적으로 운영비를 낮출 수 있다.

마케팅의 양동이 이론(bucket theory of marketing)

고객이 서비스에 불만족할 경우 양동이에 집어넣는 신규 고객과 일부 고객들의 구매량 증가보다 더 많은 고객과 매출이 구멍을 통해 빠져나간다는 것이 '마케팅의 양동이 이론'의 주요한 내용이다.

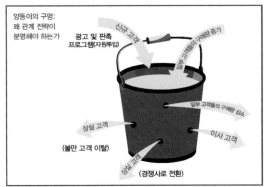

출처 : 라온북

성공한 기업들은 모두 기존 고객을 유지하고 고객과 장기적인 관계를 잘 구축하는 것이 중요하다고 강조한다. 그럼에도 불구하고 많은 기업들은 기존 고객의 유지와 양성보다는 신규 고객을 확보하는 데 많은 노력과 자원을 들이고 있다. 이렇게 신규고객을 확보하기 위해서는 장기적인 관점보다는 단기적인 판촉이나 가격할인, 광고, 마일리지 추가 등 비용중심의 마케팅 활동에 집중할 수밖에 없다.

장기적인 관계에서 시간이 지남에 따라 고객의 구매횟수와 구매량이 증가하게 되어 궁극적으로는 기업의 이익이 증가하는 것이다. 따라서 고객과의 관계를 유지, 향상시키는 것은 장기적인 수익성을 확보하는 데 필수적이다.

홀리데이인(Holiday Inns) 마케팅팀 부사장이었던 제임스 쇼어(James L. Schorr)는 고객관리에 대하여 앞의 그림과 같이 '마케팅의 양동이 이론(bucket theory of marketing)'을 주장하였다.

제임스 쇼어는 '마케팅의 양동이 이론'에서 고객관계 관리전략을 하나의 커다란 양동이와 비유하여 설명하였다. 기업은 광고와 판촉 프로그램 등의 마케팅 활동을 끊임없이 한다. 마치 양동이에 물을 쏟아붓는 것처럼 말이다.

이때 영업 관련 모든 프로세스가 정상적으로 잘 작동되면 양동이는 항상 우수한 고객들로 가득찬 상태를 유지할 수 있다. 그러나 기업의 프로세스와 각 접점에는 항상 문제가 있고 고객과의 모든 약속을 완벽하게 지킬 수는 없다. 이렇게 고객이 서비스에 불만족할 경우 양동이에 집어넣는 신규 고객과 일부 고객들의 구매량 증가보다 더 많은 고객과 매출이 구멍을 통해 빠져나간다는 것이 '마케팅의 양동이 이론'의 주요한 내용이다.

출처 : 라온북, 당신 기업의 양동이가 새고 있다, 2017.09.15

(2) 고객행동 편익(customer behavior benefits)

고객과의 장기적인 관계를 통한 기업 입장에서의 편익은 다음과 같다. 첫째, 장기단골고객으로부터 얻게 되는 긍정적인 구전효과에 있다. 최근 인터넷의 블로그나 댓글을 통해 서비스기업의 상품에 대한 평가나 사용후기를 올린다든가 방문한 식당의 메뉴나 가격 그리고 서비스의 체험이나 맛 품평을 SNS상에 게재해서 타인에게 강력한 긍정적 구전을 함으로써 고객으로부터 무료광고의 효과를 얻을 수 있다.

단골고객의 타인에 대해 추천하는 구전효과는 기업에서 돈을 지불하고 사용하는 여타의 다른 광고보다 효과적이어서 신규고객을 유인하는 비용을 감소시키는 효과가 있다.

두 번째 고객행동 편익은 고객의 자발적 성과이다. 레스토랑을 이용한 후 음식이 짜거나 맵다든가 서비스기업의 발전적인 방향에 대한 자발적 충고 등을 기꺼이 전하고자 하는 고객의 행동들이다. 기업과 장기적 관계를 갖는 고객들은 제공자들이 잘 하는 것을 보고 싶어 하기 때문에 자발적 성과를 더 높이고자 한다.

(3) 인적자원 관리 편익(human resources management benefits)

기업의 관계마케팅에 따른 지속적인 단골고객 확보는 기업의 성장과 더불어 그 기업에 속한 직원들의 사기에도 큰 영향을 미치게 된다. 즉 고객만족 서비스를 제공하는 직원의 입장에서는 직원들 스스로 자부심이 생기게 되고 회사에 대한 애사심이 증대하여 쉽게 이직하지 않을 것이다.

직원들의 잦은 이직은 신규채용이
나 채용 후 교육 그리고 서비스품질의
지속적 제공이 어렵기 때문에 서비스
기업에서는 서비스 접점에서 일하는
직원들의 이직률 감소에 많은 노력이
필요하다. 따라서 기업의 이직률 감소
는 기업과 고객에게 큰 장점이 된다.

▲ Fortune의 100대 일하기 좋은 기업 목록에 오른 Kimpton Hotels. 직원들의 만
족은 이직률 감소에 직접적인 영향을 미친다.
출처 : https://www.kimptonhotels.com

1. 고객가치의 개념

기업의 장기적인 가치는 기업과 고객의 관계적 가치에 의해 결정되는데 이를 고객자
산가치(customer equity)라 부른다. 달리 표현하면 기업의 고객가치는 개인 고객의 할인
율이 적용된 모든 생애가치의 총합을 말하며 고객충성도가 높을수록 고객자산 가치가
높아진다.

탁월한 서비스기업에서는 고객만족을 위해 "상품을 팔지 말고 가치를 사게 하라"고
강조한다. 미래를 이끌어갈 탁월한 서비스기업들은 자기만의 가치와 고유한 스토리를
구현하고 이를 고객과 공유하고 공감하는 것을 목표로 한다.

고객가치가 기업가치의 가장 중요한 요소라는 사실은 많은 회사들에서 쉽게 발견할
수 있다. 고객의 가치가 기업 전체의 가치가 될 수 없지만, 기업이 보유한 고객들은 기업
의 미래 수익성에 대한 가장 확실하고 믿을 만한 자본이다.

모든 선진경제에서 오늘날 형성되고 있는 경제적 변화는 브랜드가치에서 고객가치로 초점이 이동되고 있음을 보여준다. 이러한 추세는 상품중심에서 고객중심으로의 이동을 의미한다. 즉 구경제가 상품중심, 거래중심, 고객 유인, 브랜드 가치를 중시했다면, 신경제에서는 서비스 중심, 고객관계, 고객유지, 고객중심, 고객(자산)가치를 중요시한다.

현대의 확실한 경제의 흐름 중 하나는 개발경제가 서비스경제가 되면서 마케팅의 초점이 거래중심에서 관계중심으로 이동하였다는 것이다. 고객과 서비스공급자 간의 관계는 다른 개별 거래보다 중요해졌고, 고객만족은 다른 어떤 광고보다 더 중요해졌다. 따라서 기업들은 단기적 거래의 수익성보다 장기적 관점의 수익성을 고려하여 고객중심의 관점을 취하면서 고객 평생가치를 측정해야 한다.

이론적으로 고객가치를 극대화하기 위해서는 고객이 소비를 통해 얻게 되는 총편익은 증가시키고, 고객이 소비과정에서 부담하는 총비용은 감소시켜야 한다. 예를 들어, 고객이 특정 항공사를 지속적으로 구매하는 이유는 편익이 비용보다 크고, 다른 항공사를 이용하는 것보다 전달받는 가치가 더 높다고 느끼기 때문이다.

▷ **고객가치 = 편익(benefit) − 비용(cost)**

고객가치를 창출한다는 의미는 고객의 입장에서 상품의 구매로부터 얻는 가치가 비용보다 더 많도록 만드는 것이다. 고객가치가 많이 창출될수록 기업의 입장에서는 자사의 상품에 대한 선호도가 증가하여 매출이 증가하고 궁극적으로는 기업의 이윤이 늘어나게 된다.

그러므로 '고객가치 창조'란 고객이 제품 또는 서비스에 대해 원하는 것을 기대 이상으로 충족시켜 고객의 재구매율을 높이고, 그 제품 또는 서비스에 대한 관계와 선호도가 지속될 수 있도록 새로운 핵심적 가치를 창출해야 한다.

2. 고객생애가치

기업의 입장에서 고객가치의 중요성은 고객생애가치(customer lifetime value, CLV)를 통해 이해할 수 있다. 고객생애가치란 한 고객이 평생에 걸쳐 특정기업과 거래하는 기간 동안 구매할 것으로 예상되는 미래수익의 현재가치로서, 고객과 자사가 거래하는 기간이 길어질수록 고객생애가치는 커지게 되는 것이다.

이와 같이 고객생애가치는 현재의 고객을 유지하는 비용이 새로운 고객을 획득하는 비용보다 적다는 가정하에서 기업의 서비스에 만족하는 한 명의 고객이 일회적인 소비로 그치는 것이 아니라, 평생에 걸쳐 자사의 제품이나 서비스를 주기적으로 소비한다는 가정하에 추정된 가치로 평가할 수 있다.

고객생애가치가 중요한 이유는 장기고객일수록 유지하는 데 비용이 적게 들기 때문이다. 신규고객을 유치하기 위해 소요되는 비용에 비하여 1/5수준이라는 연구결과도 있다. 파레토의 법칙에 따르면 20%의 고객이 80%의 매출을 올려준다고 한다. 20%의 고객은 VIP고객임과 동시에 장기간 거래하는 단골고객이다.

이와 같이 고객생애가치 개념은 기업이 마케팅 전략을 수립할 때 분기별 이익 창출에 초점을 맞추는 데서 벗어나, 장기적인 관점에서 수익성이 높은 고객과의 관계를 향상시켜 나가는 데 중점을 두는 것이다.

고객생애가치 평가 공식을 수식으로 나타내면 다음과 같다.

$$\text{CLV} = \frac{(M-c)}{1-r+i} - AC$$

M : 고객 1인당 평균 매출. 보통 1년 단위로 계산한다.

c : 고객 1인당 평균 비용. 보통 1년 단위로 계산한다.

r : 고객 유지 비율(retention rate), 즉 어떤 고객이 그 다음 해에도 여전히 고객으로 남아 있을 확률

i : 이자율 또는 할인율

AC : 고객 획득 비용(Acquisition Cost). 고객이 첫 방문 또는 첫 구매를 하도록 하는 데 드는 비용(광고비 등)

예를 들어, M = \$10, c = \$3, r = 70%, i = 10%, AC = \$5를 가정하면, CLV는 \$12.5이다.

여기서 얻을 수 있는 가장 중요한 인사이트(insight)는 바로 다음과 같은 개념이다.

- 일반적으로, 신규고객 유치에 드는 비용(Acquisition Cost)이 기존 고객을 유지하는 데 드는 비용(Retention Cost)보다 크다.
- 신규고객 획득 비용(AC)을 낮추면 CLV에 즉시 영향을 미친다. 위 계산에서 CLV가 $12.5였는데, AC를 $5에서 $3로 낮추면 CLV가 즉시 $15로 올라간다.
- 고객 유지 비율을 높게 유지하는 것이 정말 중요하다. 예를 들어, 위 공식에서 고객 유지 비율(r)이 70%에서 80%로 높아지면 CLV는 무려 $5나 상승해서 $18로 올라가고, r이 60%로 낮아지면 CLV는 $13에서 $9로 크게 떨어진다.
- 비용을 그대로 둔 채 고객 1인당 평균 매출을 올리거나, 고객 1인당 평균 매출을 그대로 둔 채 고객 1인당 평균 비용을 낮추는 것도 CLV에 즉각 영향을 미친다.

이와 같이 CLV의 관점에서 고객을 보면 정말 많은 것이 달라진다. 당장 어떻게 해서든 매출을 높이기보다는 어떻게 하면 효과적인 마케팅을 통해 고객유치비용(Acquisition Cost)을 줄이고, 고객 1인당 수익 기여액을 높이고(M-c), 고객유지비율(Retention Rate)을 높일 것인가에 보다 집중하게 된다. 특히 CLV에 가장 큰 영향을 미치는 '고객 유지 비율'을 간과하면 심각한 문제가 될 수 있다.

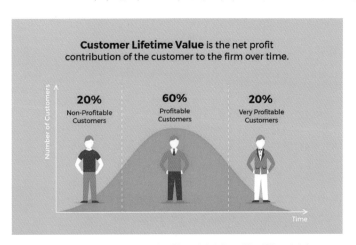

▲ CLV가 장기적인 고객관계를 만들기 위한 고객여정에 초점을 맞추는 것이다.
　출처 : 구독경제-마케팅에 필요한 고객생애가치 활용법

Customer Lifetime Value(CLV)

요약 : 소비자가 평생에 걸쳐 구매할 것으로 예상되는 이익 흐름에 대한 현재가치를 말하며, 장기적인 관점에서 판매자가 수익성을 극대화하기 위해 사용하는 개념이다.

소비자 한 명이 하나의 상품 혹은 기업의 고객으로 남아 있는 기간 동안 발생하는 수익의 총합계를 말하는 것으로, 1988년 출간된 로버트 쇼(Robert Shaw)의 저서 《데이터베이스 마케팅》에서 처음 소개됐다. 한 명의 고객이 일회적인 소비로 그치는 것이 아니라, 평생에 걸쳐 자사의 제품이나 서비스를 주기적으로 소비한다는 가정하에 고객가치를 측정한다. 이 개념은 기업이 마케팅 전략을 수립할 때 분기별 이익 창출에 초점을 맞추는 데서 벗어나 장기적인 관점에서 수익성이 높은 고객과의 관계를 향상시켜 나가는 데 중점을 두도록 하였다. 특히 마케팅믹스 및 광고에 사용된 비용이 어떤 식으로 회사의 수익으로 돌아오는지 파악하는 데 유용한 계산방법 중 하나로 각광받는다.

3. 고객가치 경쟁전략

경쟁적인 시장에서 고객은 다수의 상품을 비교하여 가치가 가장 큰 상품을 선택한다. 기업이 고객가치를 높이기 위해서는 첫째, 고객이 지불하는 비용이 동일하다면 더 많은 편익을 제공해야 한다. 둘째, 편익이 동일하다면 고객이 지불하는 비용을 낮추어야 한다. 이와 같은 조건에서 기업은 경쟁우위를 확보하기 위해 원가를 낮추는 방법과 편익을 차별화하는 방법 그리고 보유한 역량의 상대적 중요성에 집중하는 세 가지 전략을 추구하게 된다.

1) 원가우위 전략

넓은 영역에서 경쟁사보다 확실한 원가우위의 상품을 제공하여 시장 지위를 높이는 전략으로 동일한 품질의 제품을 경쟁사보다 낮은 비용에 생산하여 저렴하게 판매하는 것이다. 이를 위해 낮은 생산비용과 유통비용을 통해 가격경쟁력을 확보하는 것이다. 원가우위는 효율적 규모의 투자, 원가 요인에 대한 효과적 통제, 간접비의 절감, 외부기업과의 제휴 등을 통한 생산성의 향상에 의해 달성된다. 맥도날드, 월마트, FedEX, 코스트코가 글로벌 시장에서 성공한 사례이고 국내에서는 이마트, 롯데마트, 쿠팡 등이 원가전략을 통해 시장에서 경쟁력을 확보한 예이다. 원가우위 전략은 주로 가격에 민감한 고객을 대상으로 한다.

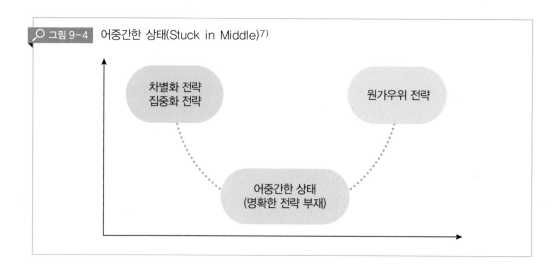

○ 그림 9-4 어중간한 상태(Stuck in Middle)[7]

2) 차별화 전략

기업의 차별화 전략은 경쟁자보다 더 나은 고객가치를 제공해서 더 많은 고객을 확보하는 것이 차별화의 주목적이다. 즉 경쟁사가 모방하기 어려운 편익과 높은 품질 수준, 우수한 디자인, 탁월한 서비스 및 브랜드 그리고 마케팅 등의 요소를 통해 특성화된 상품 이미지를 구축함으로써 경쟁우위를 확보하는 전략이다.

그러나 차별화는 경쟁우위를 확보하기 위한 하나의 수단일 뿐 지나친 차별화에 집착하다 보면 경쟁우위와는 전혀 관계없는 차별화를 위한 차별화에 빠질 수 있다. 즉 경쟁자보다 나은 고객가치를 경쟁자와 다르게 만들어내는 것이며 단순히 경쟁자와 다른 고객가치를 만드는 것은 차별화가 아니다.

고객가치의 차별화에 성공하기 위해서는 고객이 원하는 것이 무엇인지를 이해하고 고객이 원하는 방향으로 차별화하는 것이 중요하다.

---

7) Stuck in Middle : 원가우위 또는 차별화 우위 전략을 선택하지 않고 어중간한 상황이 지속되는 상황. 포터 교수는 Generic Competitive Strategy의 핵심은 경쟁우위를 유지하기 위해 Stuck in Middle 상황을 만들지 않도록 하는 것이라고 하였다.

▲ 클럽 메드의 G.O(Gentle Organizer)
　출처 : https://www.clubmedjobs.com/cee/resort#social-network

기능적 가치를 추구하는 고객을 위해서는 가격과 기능, 성능 등 이성적으로 인지하는 기능 가치의 차별화에 주력해야 하고, 감성적 가치를 추구하는 고객에게는 디자인이나 매장의 인테리어, 고객 응대 등 고객이 감성적으로 받아들이는 항목들을 차별화해야 한다.

예를 들면, 벤츠나 BMW는 자동차 성능과 디자인을 차별화하여 자동차를 고가에 판매하고, 롤렉스 시계는 디자인과 성능 그리고 차별화된 브랜드 이미지를 구축하고 있다. 프리미엄 올−인클루시브 패키지(premium all inclusive package)를 통해, 전문적이고 친절한 G.O(Gentle Organizer)들이 이끄는 다양한 스포츠와 레저 액티비티를 즐길 수 있는 클럽메드와 리츠칼튼 호텔은 객실 수를 300~400개 정도로 제한하고, 상위 5% 안에 드는 저명하고 고급스런 손님들을 유치해 최고급 서비스를 하고 있다.

이와 같이 차별화 전략이란 고객에 대한 정보를 이용하여 구체적인 욕구를 만족시키는 전략이다.

3) 집중화 전략

특정시장, 특정소비자 집단, 일부 제품 종류, 특정 지역 등을 집중적으로 공략하는 것을 의미한다. 원가우위 전략과 차별화 전략이 전체 시장을 대상으로 한 전략임에 반해 집중화 전략은 특정시장에만 집중하는 전략이다. 즉 집중화 전략의 선택은 기업이 보유

▲ Motel 6은 미국과 캐나다에 저예산 모텔 체인을 보유한 개인 소유의 호텔 그룹이다.
출처 : https://www.motel6.com

하고 있는 자원과 역량이 충분하다면 넓은 범위의 역량을 선택하고, 충분한 인적자원을 보유하지 못했다면 제한된 범위의 목표시장을 선택하는 것이 중요하다.

일반적으로 기업의 자원이 제한되어 있기 때문에 기업들은 특화된 영역 안에서 원가우위나 차별화된 전략을 추구하게 된다. 이 경우 원가우위에 의한 집중화로써 원가측면에서 우위를 점하는 것이 가능하며, 차별화에 의한 집중화 전략은 작은 범위의 제품에 집중함으로써 오히려 대규모의 차별화를 추구하는 기업보다 더 빠른 혁신이 가능하다.

예를 들면, 등반인을 위한 해외 유명산을 가이드하는 산악투어, 최소한의 서비스 제공으로 가격에 민감한 여행객을 대상으로 하는 Motel 6, 오토바이의 할리데이비슨, 슈퍼컴퓨터의 Cray, 공학분야의 포스텍 등이 해당된다.

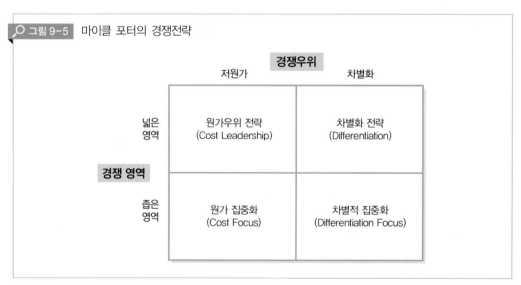

🔍 그림 9-5 마이클 포터의 경쟁전략

출처 : Competitive Advantage, Michael Porter, Free Press, 1985

- 서비스마케팅 삼각형 : 칼 알브레히트는 조직 외부에 고품질의 서비스를 제공하려면 먼저 조직 내부에 고품질의 서비스를 제공할 수 있는 체제를 구축해야 한다고 하였다. 서비스마케팅 삼각형은 먼저 고객을 대상으로 약속한 서비스를 제공하는 마케팅이고, 둘째는 내부마케팅이다. 내부마케팅은 기업이 약속한 서비스를 전달할 수 있도록 서비스직원들에 대한 효과적인 훈련 및 자부심과 동기부여를 제공하는 과정이며, 마지막으로 상호작용 마케팅은 서비스 구매자와 제공자의 접점에서 이루어지는 상호작용으로 고객과의 약속이 제공되고 전달되는 과정이다.

- 내부마케팅 : 직원을 고객으로 생각하고 이들 조직구성원과 기업 간의 적절한 마케팅 의사전달체계를 유지함으로써 외부고객들에게 보다 양질의 서비스를 제공하려는 기업 활동으로 내부고객을 동기부여하기 위해 계획·실시된다.

- 관계마케팅 : 기존의 마케팅이 제품의 질에 관심을 둔 마케팅이었다면 관계마케팅은 기업의 거래 당사자인 고객과 지속적으로 유대관계를 유지하고 관계강화를 통해 상호 간의 이익을 극대화할 수 있는 마케팅활동이다.

- 고객편익 : 고객들이 제품 및 서비스를 구입하여 얻고자 하는 핵심적인 가치이다.

- 양동이 이론 : 제임스 쇼어는 "마케팅의 양동이 이론"에서 고객관계 관리전략을 하나의 커다란 양동이에 비유하여 설명하였다. 기업은 광고와 판촉 프로그램 등의 마케팅 활동을 마치 양동이에 물을 쏟아붓는 것처럼 끊임없이 한다. 그러나 고객이 서비스에 불만족할 경우 양동이에 집어넣는 신규고객과 일부 고객들이 구매량 증가보다 더 큰 구멍을 통해 고객과 매출이 빠져나간다는 것이 "마케팅의 양동이 이론"의 주요한 내용이다.

- 고객가치 : 어떤 제품을 구매하거나 서비스를 이용할 때 고객이 지불해야 할 비용에 대해 얻게 되는 혜택의 정도이다.

- 고객생애가치 : 고객이 우리 제품 또는 서비스를 이용하는 총 기간 내에 가져다주는 순이익에 대한 예측으로서, 단순히 단 한 번 구매했을 때 가치를 따지는 것이 아니라, 장기적인 관점에서 고객이 우리 기업에 기여할 수 있는 가치를 계산하는 것이다.

• 마이클 포터의 경쟁전략 : 경쟁이 일어나는 산업 내에서 유리한 경쟁적 지위를 확보하기 위해 기업이 추구하는 전략을 말한다. 즉, 시장에서 경쟁우위(competitive advantage)를 확보하기 위해 경쟁자의 요인을 분석하고, 경쟁우위를 창출하는 경영 자원의 확보 등이 필요하다.

| 논 | 의 | 과 | 제 |

1. 서비스마케팅의 삼위일체 모형을 약속의 개념을 바탕으로 상호 연관성을 논의하시오.

2. 전통적 마케팅 믹스와 서비스마케팅의 확장된 마케팅 믹스를 논의하시오.

3. 관계마케팅의 편익을 기업과 고객의 입장에서 논의하시오.

4. 우리 주변에서 관계마케팅의 고객관계프로그램의 예를 살펴보고 논의하시오.

5. 고객생애가치를 본문의 공식을 바탕으로 예를 들어 계산해 보시오.

INTERNET 활용하기

• https://m.post.naver.com/viewer/postView.nhn?volumeNo=9614625&memberNo =21731404 당신기업의 양동이가 새고 있다. 라온북

• https://travelisfree.com/best-hotel-rewards-program-2/ Travel is free

• https://wiwin.tistory.com/entry/서비스-마케팅-믹스-7가지-7P, 상생창업연구소

• https://dbr.donga.com/article/view/1401/article_no/4303/ac/magazine 고객관계 관리? "최고의 우정"을 나눠라

• https://www.hellodigital.kr/blog/dmkt-general-customer-lifetime-value/고객생애 가치 계산

파레토 법칙이란?

파레토 법칙(Pareto principle)은 19세기 후반 이탈리아 경제학자 빌프레도 파레토가 공식화한 사회경제적 개념이다. 이것은 80/20 규칙이라고도 하며, 많은 상황에서 결과의 약 80%가 원인의 20%에서 발생한다고 시사한다. 즉, 소수의 원인이 가장 많은 결과를 낳는다는 것이다.

파레토의 법칙을 이해하면 기업은 고객 기반 또는 제품 제공에서 가장 가치 있는 세그먼트를 식별하고 집중하여, 자원과 역량을 더욱 효율적으로 할당함으로써 투자 수익을 극대화할 수 있다. 이 원칙을 활용하면 기업은 영향력이 큰 전략에 노력을 우선시하고 더 나은 결과를 위해 마케팅 캠페인을 최적화할 수 있게 한다.

파레토의 법칙은 기업이 성공에 기여하는 가장 중요한 요소를 파악하는 데 도움이 된다. 80/20 법칙은 결과의 80%가 노력의 20%에서 나온다는 것을 의미한다. 따라서 기업의 마케터는 고성능 요소에 집중함으로써, 전략을 최적화하고 자원을 더욱 효율적으로 할당하며, 궁극적으로 더 적은 노력으로 더 나은 결과를 얻을 수 있게 된다.

파레토 원리가 실제로 적용된 몇 가지 예는 다음과 같다.
- 회사 성과의 80%는 직원의 20%가 창출한다.
- 소프트웨어 버그 중 20%가 소프트웨어 오류의 80%를 유발한다.
- 회사의 투자 중 20%가 투자 수익의 80%를 창출한다.
- 매출의 80%는 고객의 20%에서 발생한다.
- 범죄의 80%는 범죄자의 20%에 의해 저질러진다.
- 불만의 80%는 고객의 20%로부터 발생한다.

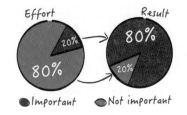

파레토의 법칙에 대한 세계 최고의 마케팅 및 성장 전문가들의 견해는 다음과 같다.

▷파레토의 원칙, 즉 80/20 규칙은 비즈니스의 여러 측면, 특히 마케팅에 적용할 수 있는 강력한 개념이다. 수익의 80%를 창출하는 20%의 고객에게 집중함으로써 마케팅 노력을 극대화하고 수익을 늘릴 수 있다. — 필립 코틀러

▷파레토 원칙은 모든 고객이 평등한 산출 결과를 보여주지 않는다는 것을 상기시켜 준다. 마케팅에서 매출의 80%를 담당하는 20%의 고객을 파악하고 우선순위를 정한 다음, 그들의 필요와 선호도에 맞게 마케팅 전략을 조정하는 것이 필수적이다. — 세스 고딘

▷파레토의 법칙은 마케팅에서 모든 사람을 기쁘게 하려는 것이 아니라 결과의 80%를 이끌어내는 핵심 20%의 고객에 집중하는 것이다. 이 핵심 그룹을 이해하고 그들에게 맞추면 더 큰 성공과 효율성을 얻을 수 있다. — 게리 바이너척

CHAPTER 10 고객관계관리와 충성도 구축

이 장을 학습한 후, 다음 내용을 이해할 수 있어야 한다.

1. 서비스기업에서 고객관계관리(CRM)가 왜 중요한가를 설명할 수 있다.
2. 충성도 고객을 창출하기 위한 CRM의 역할을 설명할 수 있다.
3. 충성도가 서비스기업의 수익창출에 기여하는 역할을 설명할 수 있다.
4. 충성고객의 평생가치에 대하여 설명할 수 있다.
5. 만족도와 충성도는 어떤 관계가 있는가를 설명할 수 있다.

CHAPTER

(10) 고객관계관리와 충성도 구축

개요

새로운 시장환경하에서 기업들은 타 기업과의 경쟁에서 우위를 점하기 위해 기존의 패러다임을 바꾸기 시작하였다.

기업들은 과연 우리 회사와 자주 거래하는 고객들은 누구이고, 매출은 어느 고객으로부터 나오며, 우리 회사의 단골고객들은 누구인지 그리고 우리 회사와 거래를 중단한 고객들의 특성은 무엇인가에 대한 질문을 하게 되었다. 또한 기존 마케팅의 불특정 다수를 대상으로 하는 획일화된 광고보다는 고객 세분화를 통해 고객의 특성과 필요에 맞는 메시지를 전달하여 보다 더 고객과 친밀한 관계를 유지하고, 나아가 평생고객으로 유도하기 위한 CRM전략을 도입하게 되었다.

현대의 기업들은 고객관계관리(CRM)를 통한 고객관리를 기업의 매우 중요한 전략으로 활용하고 있다. CRM은 고객과의 보다 인간적인 신뢰관계를 전제로 하되, 고객의 진정한 니즈(needs)를 발견하여, 그것을 충족시키고 감동을 불러일으킬 수 있는 전략적인 대안과 경영기법이다. 기존 마케팅이 단발적인 마케팅 전술이라면 CRM은 고객과의 지속적인 관계를 유지하면서 '한 번 고객은 평생고객'이 될 수 있는 기회를 만들며, 평생고객화를 통해 고객의 가치를 극대화하는 것이다. 즉 신규고객 창출보다는 기존고객의 관리에 초점을 맞추고 있다는 것도 CRM의 특징이다.

따라서 본 장에서는 CRM의 도입 이유와 개념 그리고 최근 고객만족을 극대화하는 eCRM(electronic CRM)에 대하여 학습한다. 또한 고객의 충성도가 기업에 미치는 영향과 전략에 대하여 학습한다.

제1절 > 고객관계관리(CRM)란 무엇인가?

1. CRM의 등장 배경

정보기술의 발전과 마케팅 역할의 변화는 과거 공급자 중심의 마케팅에 익숙해진 기업들로 하여금 고객의 시장욕구를 신속·정확히 파악하여 변화에 적절히 대응해야만 하는 상황에 이르게 하였다.

즉 시장을 둘러싼 여러 가지 변화가 기업경영의 새로운 패러다임을 요구하게 되었고, 기업은 CRM 도입을 통해 기업의 경영전략으로 활용하게 되었다.

CRM의 주요 등장 배경을 살펴보면 다음과 같다.

▲ 역동적인 고객관계관리자는 매우 중요하다.
　출처 : https://inntelligentcrm.weebly.com

1) 경쟁 시장의 극복

날로 심화되는 시장경쟁은 기본적으로 그만큼 경쟁상품이나 대체상품이 많아지는 시장의 성숙단계에서 기인한다고 볼 수 있다. 이는 그만큼 경쟁사들이 많아지고 시장경쟁의 영역이 넓어지고 있다는 것을 의미한다. 이러한 성숙된 시장에서는 상품차별화의 중요성이 더욱 높아지게 되며, 신규고객 획득보다는 기존고객을 유지하는 것이 경쟁심화를 극복할 수 있는 중요한 이슈로 부각되고 있다.

그러므로 이러한 시장경쟁의 심화로 인해 기존고객의 지속적 유지와 같은 영업이슈들을 해결하기 위한 적절한 접근방법으로 CRM 경영방식이 도입되고 있다.

2) 고객들과의 관계강화 필요

정보기술(IT)의 발전에 따라 고객 및 기업은 인터넷을 기반으로 다양한 정보에 접근할 수 있게 되었고, 고객은 정보를 이용하여 상품가격을 쉽게 비교할 수 있게 되었을 뿐만 아니라 가격을 직접 선택할 수 있게 되었다.

이와 같이 넓은 선택의 폭을 통해 자연히 고객들의 기대치가 높아지고, 그들의 요구는 다양해지고 많아진다.

고객들은 자주 가는 곳에서는 단골손님으로 특별한 대접받기를 원하고, 귀한 손님으로 인정받고 차별화된 서비스의 제공을 당연시하게 됨에 따라 기업이나 판매자의 입장에서는 그만큼 고객 대하기가 어려워졌다. 이와 같이 고객의 변화에 부응하지 못하면 고객은 이탈하게 되므로, 기업들은 고객들과의 관계를 강화시킬 수 있는 적절한 전략을 도입하게 되었다.

3) 새로운 고객관리를 위한 정보기술의 발달

정보기술의 급속한 발전은 기업의 고객대응에 커다란 변화를 가져왔다. 과거에는 상상도 못하던 많은 양의 거래데이터를 다양한 접점에서 지속적으로 수집하고 분석하여 고객관리를 위해 필요한 고객정보를 도출하여 활용한다. 과거에는 알려지지 않았던 고객의 구매패턴이나 반복되는 고객의 구매행동, 고객의 구매의사결정에 영향을 미치는 다양한 요인들을 분석하고 관련 정보를 도출할 수 있게 되었다.

이와 같이 데이터 기술의 발달은 고객의 욕구와 구매행태에 대한 지식과 정보수집 및 분석기능을 강화시킴으로써 고객관리 방식에 큰 변화를 가져왔다. 특히 서비

▲ 고객을 만족시키는 것이 최고의 비즈니스 전략이다,
출처 : https://aspirekc.com

스에서는 기업과 고객(Business to Customer, B2C) 간의 관계가 거래중심에서 관계중심으로 전환되었다.

이런 면에서 보면, 컴퓨터와 IT 분야에서의 기술발전은 CRM 경영방식의 활용이 가능하도록 하는 기술환경을 제공했다고 할 수 있다.

2. CRM이란 무엇인가?

기업들은 비즈니스를 성공적으로 이끌기 위해 다양한 요구와 기대를 갖고 있는 고객들을 어떻게 행복하게 만들 수 있을까? 기업들은 선별된 고객으로부터 장기적인 고객관계를 통해 수익 창출을 가능케 하는 솔루션으로 CRM에서 그 해답을 찾고 있다.

CRM(Customer Relationship Management)은 고객관계관리의 약자로서 온라인과 오프라인의 다양한 고객접촉경로를 활용하여 고객관계를 장기적인 고객관점으로 접근하고, 고객만족도와 고객상황 대응능력을 개선함으로써 궁극적으로는 고객로열티를 증진시켜 기업의 수익구조와 고객의 이익을 개선하는 고객중심경영활동을 말한다.

이러한 CRM의 등장은 정보기술의 전략적 응용에 의해 나타나게 되는데, 최근에는 e-환경하에서 고객과의 거래관계를 온라인과 오프라인 정보를 통합적으로 관리할 수 있는 "고객정보시스템"을 기반으로 한다. 이러한 시스템은 현재의 고객과 잠재고객에 대한 정보 자료를 정리, 분석해 마케팅 정보로 변환함으로써 고객의 구매 관련 행동을 지수화하고, 이를 바탕으로 마케팅 프로그램을 개발, 실현, 수정하는 고객 중심의 경영기법이다. 즉 기업들이 고객들의 성향과 욕구를 미리 분석하여 고객의 생애(life cycle)상의 접점요소를 파악하고 이를 충족시켜 기업들이 목표로 하는 수익이나 광고효과 등 고객생애가치를 극대화함으로써 원하는 바를 얻어내는 전략과 시스템이다.

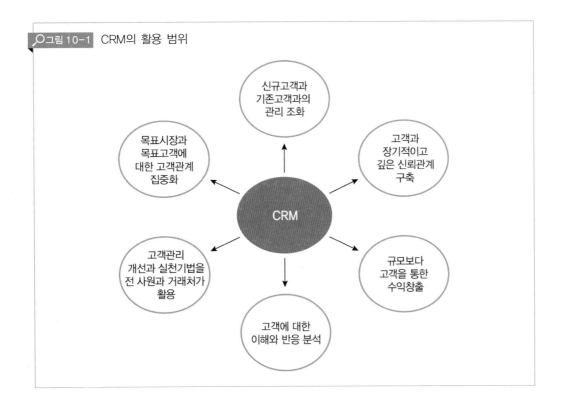

CRM의 활용 범위

신규고객과
기존고객과의
관리 조화

목표시장과
목표고객에
대한 고객관계
집중화

고객과
장기적이고
깊은 신뢰관계
구축

CRM

고객관리
개선과 실천기법을
전 사원과 거래처가
활용

규모보다
고객을 통한
수익창출

고객에 대한
이해와 반응 분석

3. CRM의 특성과 필요성

1) CRM의 특성과 도입목적

CRM은 고객을 자산으로 인식하여 활용가치를 중시하고 시장 점유율보다는 고객 점유율에 비중을 두고 있으며, 고객획득보다는 고객 유지에 중점을 그리고 제품판매보다는 고객관계의 향상에 집중하게 된다.

고객관리기법으로서의 CRM은 다음과 같은 특성을 지닌다.

▷ 기존고객으로부터의 수익성 강화

먼저 지속적인 고객과의 관계관리(즉, 로열티 : Loyalty)를 통해 자사의 제품이나 서비스를 구매하도록 하는 마케팅 행위이다. 고객을 위한 가치는 적은 비용으로 더욱 많은 편의성을 제공하는 것이며, 이것 또한 고객관리를 더욱 강화할 수 있는 기회가 된다.

나아가 핵심적인 주요 고객층을 특화하고 관리하며, 자사의 상품에 대한 애용과 고객의 자발적인 요구를 상품계획에 반영함으로써 핵심고객층을 확대해 나간다.

▷ 충성고객의 유지

고객의 개별적 특성에 따른 세분화를 통해 1:1 마케팅 서비스를 제공한다. 장기적 유지 관점에서 고객관리는 기업의 입장이 아닌 고객이 원하는 것을 충족시키는 고객관점 서비스에 초점을 맞추어야 한다.

고객을 위한 가치는 어떤 제품을 구매하거나 서비스를 이용할 때 고객이 지불해야 할 비용에 비해 얻게 되는 혜택의 정도를 의미하는데, 장기적인 고객관리는 이러한 고객가치를 상승시킬 수 있는 기회와 더불어 기업과의 평생 고객의 충성도를 보일 수 있다. 따라서 오늘날 선도적인 기업들은 새로운 고객들을 끌어들이기보다는 기존의 고객 유지에 더 많은 초점을 맞추고 있다.

▲ Four Seasons Loyalty Program 예
Four Seasons Elite 회원이나 Preferred Partner를 통해 예약 시 무료 조식 제공

2) CRM의 필요성

▷ 전사적 마케팅

기존의 마케팅 방식으로는 변화하는 시장 상황 대처에 한계가 있으므로 기업에서 자사의 마케팅 방향과 환경 그리고 제도를 바꾸기 위해 도입된 방안이 CRM이다. 이를 위해 고객을 마케팅의 최일선에 배치하고 기업의 고객과 관련된 부서(예를 들면, 콜센터, 영업부서, 서비스센터, 마케팅 부서 등)에서 발생한 모든 정보를 수집하고 이를 마케팅의 방향 설정과 프로세스 개선 그리고 기업역량 강화에 집중하는 것이다.

▷ 고객의 니즈 파악 필요

현재 각 기업의 마케팅은 기존고객보다는 신규고객 획득에 초점이 맞춰져 있으며 기

존고객의 니즈를 파악하는 데 소홀함이 있다. 현대의 고객들은 모든 광고와 정보의 홍수 속에 살고 있으며, 이들 고객들은 어느 누구보다 많은 정보를 가진 것이 현실이다. 그러나 기업은 기존고객의 니즈(Needs)에 대한 분석과 이해가 부족한 것이 현실이다. 따라서 고객관계관리를 위한 기업의 노력과 전략적인 접근이 필요하다.

▷ 고객 니즈 파악의 시스템 부재

빠르게 변화하는 고객의 니즈를 파악할 수 있는 시스템이 결여됨에 따라 고객의 변화에 대한 적절한 대응이 어려웠다. 가령 어떻게 고객을 세분화할 것인가? 어떻게 목표고객을 설정할 것인가? 목표고객에 대한 포지셔닝은 어떻게 실시할 것인가? 고객에 대한 수익을 어떻게 증가시킬 것인가? 이러한 문제에 대한 해답을 제공할 만한 제반 인프라가 구축되어 있지 않아 고객관리를 위한 새로운 시스템의 필요성이 제기되었다. 즉 고객에 대한 정보가 있어도 어떻게 서비스를 만들어내야 할지를 모른다면 고객관리가 어려워지는 것이다.

▷ 전사적으로 고객지향적일 필요

서비스 접점의 직원들이 최일선에서 경험하게 되는 고객의 불만이나 고객의 특징 그리고 고객 취향 등의 정보를 기업의 마케팅으로 활용한다면, 시장의 변화를 좀 더 생생하게 느낄 수 있으며, 고객의 니즈에 대응하는 새로운 마케팅이 가능해질 것이다. CRM은 이처럼 전사적으로 고객의 요구에 대해 적절히 대응하고, 고객정보에 대한 마인드를 바꾸고, 개선하며, 집중적인 관리를 통해 완전한 정착단계에 이를 수 있게 만든다.

<표 10-1> CRM 도입에 따른 기대효과

업무영역	CRM 도입의 기대효과
마케팅기회 분석	• 잠재고객의 프로파일 정보를 이용한 전략적 영업 정보화 • 신규고객 유치 및 기존 고객 활성화 • 고객 라이프사이클상의 결정적 시점에 효과적 마케팅활동 • 평생고객으로 가치를 창출할 수 있게 함 • 휴면고객 활성화
영업지원활동	• 시장에서의 경쟁력 있는 제품의 파악 및 신속한 대응전략 수립 • 수익성 높은 고객 분류와 목표마케팅(Target Marketing)
마케팅관리	• 시장변화 및 고객의 니즈에 맞는 상품 개발 • 상품에 대한 시장 반응의 신속한 파악 및 보완 • 고객 니즈(Needs)의 변화에 대한 신속한 파악 및 대응
고객서비스	• 고객만족 및 고객충성도 증대 • 고객유지율 향상 • 고객의 구매형태에 대한 이해 • 묶음판매, 교차판매, 상향판매, 재판매 등을 통한 고객가치 증대
고객소통관리	• 고객의 니즈에 맞는 최적의 채널 제공 • 비용을 최소화할 수 있는 고객유도 • 우량고객의 이탈 방지 : 경보시스템을 통한 이탈가능 고객 집중관리
수익성 증대	• 고객관계 강화를 통한 수익성 증대 • 고객의 수익 기여도에 따른 전략수립 • 수익 및 고객평생가치(lifetime value, LTV) 증대

출처 : 허희영, 항공서비스원론, p.192를 바탕으로 논자 재작성

4. CRM의 마케팅 전략

CRM은 규모의 확장보다는 장기적인 수익구조를 확대하기 위한 활동이다. 즉 기업과 고객 간의 모든 접점에서 관계를 강화함으로써 잠재적 고객영역에서 신규고객을 개발하고, 확보된 고객의 만족도를 향상시켜, 고객이탈방지를 통한 우수고객의 유지와 수익증대에 목적이 있다. CRM은 기업과 고객 사이의 관계를 형성해 장기적이고 지속적으로 내 고객을 만들고 이를 유지하기 위한 고객과의 커뮤니케이션을 최적화하는 과정을 말한다. 즉 고객과의 커뮤니케이션을 최적화한다는 것은 결국 고객과 관련된 기업의 내·외부 자료를 수집, 분석하여 개별고객에 적합한 마케팅을 기획하고 실행하는 것을 의미한다.

〈그림 10-2〉는 기존의 매스마케팅(mass marketing)부터 CRM마케팅으로의 변화과정을 보여주는데, 대량의 고객정보 축적과 축적된 정보의 분석을 통해 실시하는 1:1 마케팅인 CRM마케팅이 기업에서 전략적으로 활용되고 있음을 보여준다.

CRM의 마케팅은 장기적인 관계에 따른 고객의 생애가치를 고려하여, 고객 개개인에 맞춘 마케팅 전략을 세우고 고객 1명에게 평생 판매할 수 있는 방법을 강구하고 있다. 즉 고객을 확보하고, 잘 관리하여, 떠나지 않게 계속 관계를 맺어주는 프로세스를 따르며, 단순히 판매의 극대화에 목적을 두는 것이 아니라, 고객에게 보다 나은 서비스를 보다 많이 제공함으로써 고객만족을 통해 장기적인 고객관계를 달성하는 것이다.

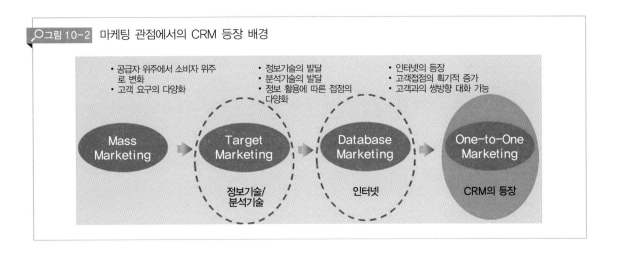

🔍그림 10-2 마케팅 관점에서의 CRM 등장 배경

CRM마케팅의 목적인 고객충성도를 높이고 고객관계를 강화하기 위해서는 〈그림 10-3〉과 같이 기업은 고객획득, 고객 활성화, 고객의 방어를 관리해야 한다.

▷ 획득(Acquisition)

새로운 고객과 장기고객이 될 수 있는 고객을 선별하여 유치하고, 가망고객들을 활동고객으로 변화시키는 노력들이다. 우량고객을 통해 신규고객을 추천받거나 구전활동을 통해 신규고객을 유치하는 것이다.

이를 위해서는 기업의 고객을 여러 가지 기준으로 분류하는 작업이 선행되어야 한다. 어느 고객이 우리 기업에 가장 가치있는 고객인가? 어떤 고객이 다른 회사로 이탈할

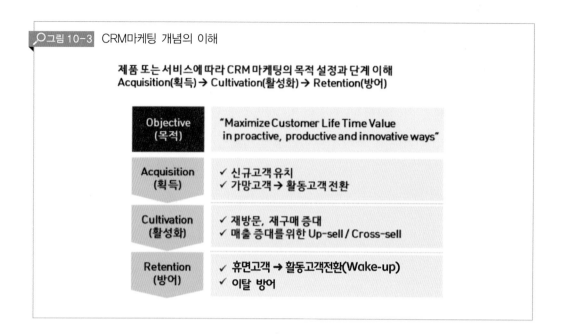

○그림 10-3 CRM마케팅 개념의 이해

가능성이 높은 고객인가? 연계판매가 가능한 대상 고객은 누구인가? 등의 관점에서 기존 고객을 분류한다. 이후 분류된 고객별로 차별적인 마케팅 전략을 집행하기 위해서 고객과의 다양한 접점(contact point)을 활용하고, 고객의 반응을 다시 피드백하여 보다 향상된 고객관계관리 전략을 수립할 수 있게 된다.

▷ 활성화(Cultivation)

고객만족을 통해서 재방문, 재구매 활동을 증대시키고 또는 매출 증대를 위한 업 셀링(Up-selling)이나 교차셀링(Cross-selling)을 유도하는 활동들이다. 특히 개별고객별로 모니터링하면서 불만사항이나 문제점에의 효과적인 대응이 필요하며 신뢰감을 중요시한다.

즉 한 사람의 우수한 고객을 통해 기업의 수익성을 높이며, 이러한 우수한 고객을 유지하는 것에 중점을 두고 있다. 매스마케팅을 통해 검증되지 않은 고객들을 획득하기보다는 검증된 한 명의 우수한 고객이 기업에게는 훨씬 더 도움이 되는 것이다.

▷ 방어(Retention)

활동이 일어나지 않는 휴면고객들을 활동고객으로 전환하거나 이탈하려는 고객들을 방어하는 활동들이다. 즉 고객을 기업의 협력자이자 친구의 관계로 확대하는 것이다. 단골로서 보상과 가치를 확대하고 그들의 취향을 맞추는 노력이 지속적으로 필요하다.

이를 위해 고객의 니즈를 파악하여, 고객이 원하는 상품을 만들고, 그 고객에게 원하는 상품을 공급하는 것이다.

5. e-CRM의 전략적 정의

현재 기업의 최대 관심사는 e-CRM이다. e-CRM은 소비자와 기업들의 인터넷을 활용하여 온라인상에서의 관계를 구축하기 위한 전략이다.

e-CRM은 off-line상의 CRM과 컨셉은 근본적으로 같으나, 고객정보의 수집과 활용의 측면에서 인터넷을 기반으로 하여 더욱 발달한 형태를 보이고 있다.

인터넷을 통해 고객이 인식하지 못하는 차원의 데이터까지도 수집하여 고객의 모든 정보와 성향을 실시간으로 분석하고 마케팅활동으로 바로 연결이 가능한 솔루션이 e-CRM이다.

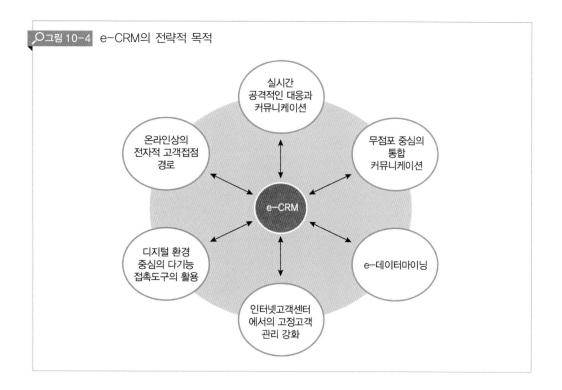

🔍그림 10-4 e-CRM의 전략적 목적

즉 e-CRM은 인터넷상에서 발생하는 고객의 상세한 정보를 획득·분석하고 이를 바탕으로 고객 개개인에게 맞춤화된 정보를 제공하게 해준다. 또한 제공된 마케팅 전략 및 서비스에 대해 고객들의 다양한 채널(예를 들면 콜센터, e-mail, FAQ, live chat 등을 들 수 있다)을 통해 다시 한번 확인 및 추가·확장시켜, 고객의 니즈에 맞는 신속한 대응과 고객행동 예측을 통해 고객 점유율을 효과적으로 증대시키게 된다.

호텔 수익 좌우하는 로열티 프로그램

"로열티 프로그램(Loyalty Program)"은 Loyalty가 의미하는 대로 '충성스러운' 고객을 만들기 위한 방편이다. 충성도를 높여 신뢰를 높이고, 고객이 구매를 반복하도록 유도한다. 호텔산업에 로열티 프로그램은 큰 영향을 미친다. 호텔산업 전체 수익의 절반 정도를 좌우할 정도라고 한다. 호텔 로열티 프로그램은 보상형 프로그램(Reward Program)이 주를 이룬다. 보상형 프로그램이란 객실이나 식음업장을 이용할 때마다 정해진 포인트를 제공받아 쌓인 점수가 일정 보상 기준에 도달하면 객실 1박 무료 이용권이나 레스토랑 식사권 등의 혜택으로 돌려받을 수 있는 시스템이다. 호텔 멤버십 포인트나 마일리지 적립이 여기에 해당된다. 부대시설 이용권, 마일리지 적립, 객실 단가 할인 등 실질적인 혜택 제공 외에 해당 브랜드에 소속감을 갖게 하는 등 충성심을 강화하는 역할도 한다.

호텔 로열티 프로그램의 중요한 요소 중 하나는 얼마나 많은 곳에서 로열티 프로그램 혜택을 받을 수 있는가이다. 호텔 특성상 한 곳에서만 이용하는 경우는 드물다. 글로벌 체인 호텔은 이런 측면에서 유리하다. 해당 호텔 브랜드가 진출한 국가나 도시라면 어디에서나 똑같은 혜택을 누릴 수 있기 때문이다. 리츠칼튼(Ritz-Carlton), 스타우드 호텔 & 리조트(Starwood Hotel & Resorts)를 인수해 세계 최대 호텔 그룹으로 거듭난 메리어트 인터내셔널(Marriott International)을 보면 이해가 쉽다. 전 세계 130개 국가 6,900여 개에 달하는 모든 메리어트 브랜드 호텔에서 자사 로열티 프로그램인 메리어트 리워즈(Marriott Rewards)가 사용 가능하기 때문이다. 국내만 봐도 메리어트 브랜드 호텔이 30여 개나 있고 앞으로 그 수가 더욱 늘어날 것으로 보여 메리어트 로열티 프로그램을 적극적으로 이용하는 데 문제가 없다.

최근에는 메리어트 인터내셔널이 기존 메리어트 리워즈(Marriott Rewards), 리츠칼튼 리워즈(Ritz-Carlton Rewards) 및 스타우드 프리퍼드 게스트(Starwood Preferred Guest, SPG) 세 가지 로열티 프로그램을 대체하는 새로운 브랜드 '메리어트 본보이(Marriott Bonvoy)' 운영을 시작했다.

이와 같이 글로벌 호텔 체인에 맞서 로컬호텔들은 국가와 지역을 가리지 않고 연합 및 제휴를 통해 로컬호텔 글로벌 오피스를 형성하고 있다. PHG(Preferred Hotels Group), LHW(Leading Hotels of the World), 월드호텔스 SRS(World Hotels from Steigenberger Reservation

Service) 등 3사가 대표적인 독립호텔연합그룹이다.

각 연합체는 독자적인 로열티 프로그램을 구성해 로컬호텔이 가진 약점을 보완했다. 3사 중 유일하게 무료 멤버십을 선보인 PHG는 전 세계 85개국에 650여 개 회원 호텔을 보유하고 있다. 2개 등급을 가진 PHG 로열티 프로그램 'iPrefer'는 무료 멤버십 가입만으로 모든 회원이 호텔에서 와이파이, 룸 업그레이드(호텔 사정에 따름), 얼리·레이트 체크인(우대) 혜택을 받는다. 숙박 시 지불한 금액 1달러 (US)당 10포인트가 주어지며 포인트가 일정량 쌓이면 스파, 다이닝, 객실 이용권 등을 바우처로 교환할 수 있다.

국내에도 로컬·독립호텔연합그룹 회원 호텔이 있다. PHG에는 신라스테이(천안, 동탄, 구로, 마포, 서대문, 역삼, 광화문, 울산), 임페리얼 팰리스, 켄싱턴 호텔이, LHW에는 파라다이스호텔, 신라호텔, 월드호텔스가, SRS에는 롯데호텔이 소속돼 있다.

제2절 > 고객충성도

1. 고객충성도란 무엇인가?

기업에 대한 고객의 충성도란 지속적으로 같은 회사의 물품을 구매하고 향후에도 지속적 구매의도가 있으며 기업의 브랜드나 서비스 상품에 대한 장점을 주변의 친구나 동료에게 기꺼이 추천하는 것을 의미한다.

▲ 고객의 충성도는 기업의 수익증가에 기여한다.

고객충성도는 단순히 행동적 측면뿐만 아니라, 선호도, 취향, 향후 구매의도 등을 의미하는데, 이러한 충성고객은 기업과 고객이 관계를 유지한 연수가 오래될수록 수익이 증가하는 것을 보여준다.

기업경영에서 충성고객 확보도 중요하지만 이탈고객 방지도 매우 중요하다. 이탈은 고객이 그동안 이용하던 회사의 서비스나 물품에 대한 구매를 중단하고, 그들의 브랜드 충성도를 다른 회사로 옮기는 것을 의미한다. 이러한 이탈비율의 상승은 제공되는 서비스의 문제점이 발생되거나 다른 경쟁자가 더 나은 서비스를 제공하는 경우에 발생되며 이탈률의 상승은 결국 기업의 수익률 하락으로 나타난다.

고객충성도가 기업경영에 미치는 장점은 다음과 같다.

먼저, 충성도가 높은 고객은 더 높은 구매 전환율(conversion rates)을 생성한다. 신규고객의 전환율은 5~20%인 데 비해 충성도가 높은 고객의 평균 전환율은 60~70%로서 기업의 상품에 대한 구매도가 높다. 둘째, 높은 수익을 보장해 준다. 고객 유지율이 5%만 증가해도 비즈니스 이익은 25% 이상 증가하게 된다. 셋째, 기존 고객을 유지하는 것이 새로운 고객을 확보하는 비용보다 저렴하다. 연구에 따르면 신규고객을 확보하는 것이 충성도가 높은 고객을 유지하는 것보다 5배 이상의 비용이 소요된다. 넷째, 고객 충성도는 효과적인 재무 계획을 가능하게 한다. 기업은 고객 충성도를 통해 고객식별이 가능하고 이를 통해 기업은 성장을 보다 효과적으로 예측할 수 있기 때문이다. 다섯째, 충성고객은 정기적으로 자사 브랜드를 구매한다. 브랜드에 대한 좋은 경험을 감안할 때 재방문이나 미래 구매 가능성이 높아진다.

2. 고객의 충성도는 왜 필요한가?

서비스기업의 최우선 과제는 최상의 서비스를 고객에게 제공하는 데 있으며, 최고의 경영목표는 이윤추구뿐만 아니라 고객만족에 있다. 고객만족 여하에 따라 서비스기업의 생존이 좌우되며, 고객만족이 서비스기업의 전사적 지향점이다.

성공한 서비스란 고객만족의 극대화를 통한 서비스 경영의 추구로 고정 고객을 확보하고 그들의 구전을 통해 새로운 고객이 창출됨으로써 매출 증가의 원동력으로 작용하는 서비스이다. 반대로 고객의 불만족은 고객의 이탈뿐만 아니라, 형성된 나쁜 이미지가 잠재고객에게 전파되어 매출감소로 이어지는 악순환을 반복하게 된다.

Loyalty Programs that Keep Customers Coming Back

▲ 항공사에서는 다양한 로열티 프로그램을 통해서 충성고객을 확보하고 유지하기 위해 많은 노력을 한다.
출처 : DELTA AIR LINES

따라서 서비스기업은 서비스에 대한 고객의 요구, 욕구, 기대가 무엇인지 그 의견을 수렴하고 서비스 실행에 응용할 수 있도록 최선을 다하여 고객충성도(customer loyalty)가 계속 유지되도록 하여야 한다.

고객충성도가 중요한 이유는 다음과 같다.

▷ 고객자산으로서의 충성도

기업에서 고객의 충성도는 장기적인 수익의 원천이므로 기업이나 브랜드에 대한 고객의 우호적 감정은 기업의 입장에서는 매우 중요한 자산이다. 반면에 고객의 이탈은 한 회사로부터 구매를 중단하고 그들의 충성도를 다른 회사로 옮기는 것이다. 기업에서 이탈비율이 높아지는 것은 품질에 문제가 있다는 것을 의미하며, 이는 곧 기업의 경제적 손실로 이어진다.

▷ 홍보대사가 되는 충성 고객

고객 충성도는 구전 마케팅을 통해 기업의 브랜드를 자발적으로 옹호하고 촉진한다. 기업에 충성하는 고객은 다른 사람과 호의적인 경험을 공유하는 데 매우 적극적이며, 기업에서 제공하는 서비스를 주변 지인들에게 추천하고 홍보하는 데 앞장선다.

특히 소셜 플랫폼을 통한 긍정적 피드백은 미래 잠재 구매자의 선택에 결정적 영향을 미치게 되며, 고객 충성도에 기반한 추천은 새로운 고객에게 사업을 확장하는 강력하고 효과적인 방법이다.

▷ 더 많은 돈을 쓰는 충성 고객

기존 고객은 평균적으로 신규 고객보다 67% 더 많은 돈을 쓰며(BIA Advisory Services, Apr., 2014), 기존 고객에게 판매할 확률은 60~70%로 나타난 반면, 신규 고객에게 판매할 확률은 5~20%이다(Invesp, Fed., 2023).

이와 같이 충성 고객은 회사가 합리적인 가격에 훌륭한 제품이나 서비스를 제공하고, 뛰어난 고객 서비스를 제공할 것이라고 믿으며, 회사의 다양한 상품을 적극적으로 구매한다.

▷ 경제적 가치로서의 충성 고객

충성고객의 경제적 가치로는 먼저, 매출의 증가에 영향을 미치게 된다. 일반적으로 기업과 형성된 신뢰관계로 고객이 기업의 상품이나 서비스를 구매하는 양이 많아지게 되는데, 이러한 결과는 고객관계 유지시간에 따라 증가된 구매의 양이 수익의 증가에 영향을 미치기 때문이다.

둘째, 운영비의 절감이다. 고객의 사용경험이 증가할수록 공급자에 대한 요구사항은 줄어든다. 즉 서비스를 사용하면서 고객은 상품이나 서비스에 익숙해지므로 추가적인 정보와 지원 등이 줄어들게 되며 이에 따른 운영비용의 절감이 수익증가에 기여하게 된다.

셋째, 단골고객들이 기업의 상품을 사용하고 친구나 동료에게 전달하는 긍정적인 입소문은 마케팅에 강력한 영향을 미치게 되며, 마케팅 비용을 절약하게 해준다. 넷째, 오랜 관계를 지속하는 고객은 기업의 프리미엄 가격이나 이벤트에 적극적으로 참가하며, 이와 관련한 비용들을 기꺼이 지불하게 된다.

3. 고객충성도 관리

고객만족은 재무목표 달성의 선행지표다. 즉 고객만족 없이 결과지표인 재무목표가 완성되지 않는다는 것이다. 이런 결과 지표를 달성하기 위해서는 과정 지표가 있어야 하는데 그 과정 지표가 고객만족도다.

기업은 고객이 만족하는 제품과 서비스를 제공하고, 대가로 돈을 받는다. 이 관계가 지속되기 위해서는 주고받는 가치가 균형이 잡혀야 한다. 이 가치에 대한 판단은 고객마다 다르다. 따라서 기업은 자사의 상품을 구입하는 고객들을 세분화하여 그들이 원하는 가치를 제공해야 한다. 구체적인 방법을 설명하기 위해 티모시 케이닝햄(Thimothy Keiningham)과 동료들은 고객의 만족도와 기업의 수익성을 분석하여 〈그림 10-5〉와 같이 고객을 4개의 카테고리로 나눈 후 각 카테고리별로 고객충성도를 높이는 방법을 제시했다.

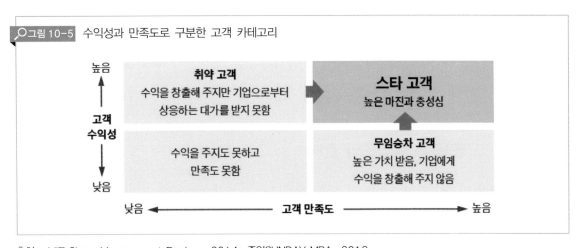

🔍그림 10-5 수익성과 만족도로 구분한 고객 카테고리

출처 : MIT Sloan Management Review, 2014; 중앙SUNDAY MBA, 2016

첫째 그룹은 기업에는 높은 수익을 주지만 만족도가 낮은 '취약 고객'이다. 이러한 불균형이 지속될 경우 고객은 기업을 떠나게 되는데, 이와 같이 수익성에 비해 만족도가 낮은 이유는 기업 위주의 사고방식으로 서비스와 제품을 기획하고 제공하기 때문이다. 따라서 통념과 추측에 근거하지 않고 고객의 니즈를 정확히 파악하려면 설문, 포커스 그룹 인터뷰, 행동 관찰 등의 방법을 활용해야 한다. 특히 최근에는 고객여정맵 등 직접 관찰법을 많이 활용한다.

▲ 서비스기업은 장기적 관점에서 스타 고객으로 전환해야 한다.

둘째는 '무임승차 고객'이다. 이 카테고리는 고객만족도는 높지만 기업에 높지 않은 수익을 가져다준다. 이 고객층은 구매욕구를 자극하는 크로스셀링, 고객이 관심을 갖는 제품보다 높은 사양이나 고가의 제품을 업셀링하는 방법을 활용하는 게 좋다. 또한 고객 추천제도를 활용해 다른 고객을 소개받는 것도 좋은 방법이다.

셋째 그룹은 만족도도 높고, 수익성도 높은 '스타 고객'이다. 기업의 입장에서는 가장 이상적인 고객으로 취약 고객이나 무임승차 고객으로부터 전환시키는 것이 중요하며, 이들을 슈퍼스타 고객으로 만들어야 한다.

기업에서는 대량구매 고객, 높은 만족도를 보유한 고객, 높은 충성심으로 일관하는 고객, 가격 변동과 상관없이 제품을 이용하는 고객, 입소문을 내는 훌륭한 마케터 역할을 하는 고객을 잘 파악해 이들 스타 고객을 우선적으로 활용해야 한다.

4. 고객만족과 충성도의 관계

기업의 상품이나 서비스에 대한 고객만족은 고객충성도에 직접적인 영향을 미치게 된다. 즉 진정한 고객충성도를 위한 기반은 고객만족에 달려 있기 때문이다. 구매한 제품 또는 제공된 서비스에 만족한 고객은 기꺼이 기업의 충성고객으로 남으려 한다.

〈그림 10-6〉은 고객만족도와 충성도의 관계를 보여주고 있다.

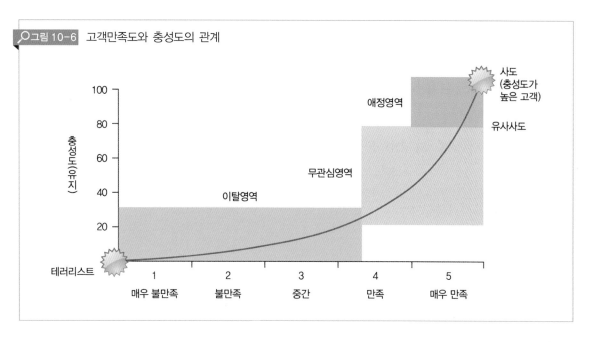

그림 10-6 고객만족도와 충성도의 관계

충성도(유지)

테러리스트

이탈영역

무관심영역

애정영역

사도
(충성도가
높은 고객)

유사사도

1	2	3	4	5
매우 불만족	불만족	중간	만족	매우 만족

고객만족도와 충성도의 관계는 크게 세 가지 영역인 이탈, 무관심, 애정으로 나누어 볼 수 있다. '이탈영역'은 낮은 만족수준과 낮은 충성도를 보여주고 있는데, 고객은 전환비용이 높거나, 다른 선택이 없는 경우가 아니면 다른 서비스기업 또는 상품으로 전환하고자 할 것이다. 특히 불만족한 고객은 서비스기업에 대한 부정적인 구전을 주위 사람들에게 퍼뜨리는 '테러리스트'가 될 가능성이 매우 높다. '무관심영역'은 만족수준이 중간 정도이다. 이런 고객은 더 좋은 가격과 상품을 발견하면 기꺼이 다른 서비스기업으로 전환하고자 한다. 마지막으로 '애정영역'은 만족도가 매우 높은 수준으로 이런 고객은 다른 서비스 제공자에게는 보이지 않는 높은 수준의 충성도를 보인다. 애정고객은 서비스기업에 대한 높은 충성도를 가지고 공공연하게 기업에 대해 칭찬을 하며, 회사를 다른 사람에게 기꺼이 추천하므로 '사도(충성도가 높은 고객)'로 묘사되기도 한다. 애정영역에 포함되어 있는 고객은 높은 수준의 고객만족도와 충성도로 인해, 향후 지속적인 성과와 수익성에 영향을 미친다.

Key words

• CRM(customer relationship management) : 고객관계관리의 약자로서 온라인과 오프라인의 다양한 고객접촉경로를 활용하여 고객관계를 장기적인 고객관점으로 접근하고, 고객만족도와 고객상황 대응능력을 개선함으로써 충성고객을 통한 기업의 수익구조를 개선하는 고객관계경영을 말한다.

• CRM 마케팅 : 전통적인 고객서비스와 달리 고객의 회사에 대한 장기적인 가치를 증가시키기 위해, 고객과의 일련의 지속적인 상호작용을 바탕으로 개별고객의 니즈와 특성에 따른 1:1 맞춤형 고객관계경영 마케팅이다.

• e-CRM(electronic customer relationship management) : e-CRM은 인터넷을 이용한 통합마케팅 기법으로, 온라인상에서 고객 행동과 성향을 분석해 고객만족을 극대화하고 실시간 1:1 마케팅을 실현해 주는 것을 말한다.

• Cross-Selling 전략 : 기업의 제품과 서비스 중 하나를 구매한 고객에게 그 기업이 제공하는 다른 제품이나 서비스를 추가적으로 판매하는 것이다.

• Up-Selling 전략 : 특정한 상품 범주 내에서 고객의 상품 구매액을 늘리기 위해 고객으로 하여금 보다 업그레이드된 상품을 구매하도록 유도하는 판매활동의 하나이다.

• 충성도 제고 전략(loyalty programs) : 기존 고객의 이탈 방지를 위해 소비자 구매 행위에 따른 판매촉진 대응전략의 일환이다.

• 고객생애가치(CLV, customer lifetime value) : 비즈니스와의 관계를 통해 소비자가 기업에 기여하는 총가치로 "어떤 소비자가 평생 동안 얼마만큼의 이익을 가져다주는가"를 수치화하여 돈으로 계산한 것이다.

• 로열티 프로그램(loyalty program) : 경제 포인트나 마일리지 등과 같은 각종 보상제도를 통하여 소비자가 해당 상품이나 브랜드를 지속적으로 이용하게 만드는 마케팅 전략이다.

• 충성고객(loyalty customer) : 회사의 입장에서 자사의 브랜드(brand)에 대한 마음이 변치 않고 지속적으로 그 브랜드만을 지지하는 성향을 가진 고객을 이르는 말이다.

1. CRM의 등장 배경에 IT기술이 미친 영향을 논의하시오.

2. CRM과 관계마케팅의 차이를 비교 설명하시오.

3. 마케팅 관점에서 CRM마케팅으로의 변화과정을 논의하시오.

4. 호스피탤리티 산업의 로열티 프로그램의 예를 들고 이의 긍정적 역할을 논의하시오.

5. 서비스기업이 자사의 충성고객 확보에 관심을 기울이는 이유를 설명하시오.

INTERNET 활용하기

- http://blog.naver.com/cerou14/130022226005 / 산업구조의 변화
- http://www.sukbakmagazine.com, 숙박매거진

CHAPTER 11 고객 불평불만과 서비스 회복

이 장을 학습한 후, 다음 내용을 이해할 수 있어야 한다.

1. 고객 불평 · 불만 처리가 왜 중요하며 고객의 행동의도에 어떠한 영향을 미치는가를 이해한다.
2. 고객의 불평 · 불만 처리 시의 유의사항을 설명할 수 있다.
3. 고객 불평 · 불만을 해결하기 위한 단계적 해결방안을 설명할 수 있다.
4. 고객 불평 · 불만이 왜 기업에게 중요한가를 파악할 수 있다.
5. 서비스 회복과 보증이 왜 중요한가를 설명할 수 있다.

CHAPTER

11 고객 불평불만과 서비스 회복

서 · 비 · 스 · 경 · 영

개요

기업은 무결점의 서비스를 지향한다. 그러나 서비스는 제공자와 고객이 공동으로 생산함으로써 가치를 창출하는 속성이 있기 때문에 본질적으로 무결점을 보장하는 것이 불가능한 독특한 활동이다.

기업의 적극적인 노력에도 불구하고 고객의 불만족은 지속적으로 발생하기 때문에 기업은 고객의 불만을 먼저 제거하는 것이 필요하다. 왜냐하면 고객의 불만사항은 결국 서비스판매에 막대한 부정적인 결과와 더불어 재구매 및 구전에 부정적인 영향을 초래하기 때문이다.

고객의 서비스에 대한 부정적 지각이 기업에 꼭 나쁜 영향만 미치는 것은 아니다. 서비스기업의 서비스 실패 시 어떻게 빠르게 서비스 회복조치를 하느냐에 따라 고객은 더욱 충성고객으로 바뀔 수 있기 때문이다.

따라서 서비스 실패에 대한 기업의 적극적인 회복에 대한 노력은 결국 고객을 충성고객으로 만들 수 있는 기회를 갖게 된다.

서비스는 사람이 제공하는 것이므로 항상 100% 완벽할 수 없다. 그러나 서비스 실패에는 반드시 서비스 회복이 필요하다. 서비스 실패로 인하여 불만을 가지고 있는 고객들에 대해 어떻게 하면 효과적인 방법으로 문제를 해결하고 부정적인 감정을 최소화할 수 있을 것인가를 연구하여 이를 해결해야 한다.

본 장에서는 서비스 실패에 따른 고객경험의 부정적 경험이 기업에 미치는 긍정적 · 부정적인 영향을 살펴보고 이의 해결방안을 모색해 본다.

제1절 > 서비스 실패의 이해

1. 서비스 실패의 개념

일반적으로 서비스 실패란 서비스 접점에서 고객의 불만족을 야기하는 좋지 않은 서비스경험을 말하는 것으로, 고객이 지불한 대가에 비하여 고객들이 받는 서비스질이 그들의 기대에 미치지 못할 때 발생되는 불쾌한 감정이다. 이는 서비스를 공급하는 동안에 발생하는 서비스 약속 위반이나 여러 형태의 서비스 오류 등으로 인해 고객에게 불편을 초래하게 되며, 마치 유형재의 불량품과 같은 개념이다.

고객은 서비스를 구매하거나 이용할 경우에 서비스를 통해 어떤 효용이나 기능을 제공해 줄 것이라는 기대와 이에 대한 신념을 갖게 되며, 이를 위해 금전적이거나 심리적인 비용, 즉 정보탐색 비용을 소모하게 된다. 따라서 완벽한 시스템을 갖춘 서비스기업이라 할지라도 완벽한 서비스를 고객에게 전달하는 것은 쉽지 않다.

따라서 고객이 서비스를 구매하거나 이용할 때 그 서비스가 기대된 성과나 효용을 제시하여 주지 못하는 경우가 발생하는데, 우리는 이를 서비스 실패라고 한다. 이러한 서비스 실패는 서비스 이전의 기대와 실제 성과의 불일치로 인하여 고객의 불만족을 가져오고 결국에는 기업에 부정적인 영향을 미칠 수 있다.

예를 들어 호텔서비스의 경우, 주로 서비스 접점에서 서비스 실패가 발생하게 되는데, 예약과 관련한 문제의 발생, 객실의 난방 온도나 청소상태, 레스토랑의 서비스, 음식의 맛, 위생상태, 하우스키핑이나 룸서비스의 서비스 지체, 소극적인 관리자나 직원들의 무례한 행동 등으로 다양하게 나타난다.

〈표 11-1〉 서비스 실패의 정의

연구자	서비스 실패의 정의
Johnston(1995)	서비스과정이나 결과에 있어서 무엇인가 잘못된 것 - 책임소재와 무관하게 서비스 제공자의 책임
Hoffman and Bateson(1997)	고객이 기대하는 서비스 수준에 못 미치는 서비스의 수행
Wagner(2018)	서비스 프로세스의 품질에 대한 고객 인식의 붕괴
Zeithaml et al. (1993)	고객의 인지된 인내영역 이하로 떨어지는 서비스 성과
Berry & Parasuraman(1991)	책임이 불분명한 대상의 과실로 인하여 초래된 서비스 과정이나 결과에 대한 과실 - 불가항력적인 천재지변으로 인한 문제는 서비스 실패가 아님
Heskette, Sasser & Hart(1990)	서비스 과정이나 결과에 대하여 서비스를 경험한 고객이 좋지 못한 감정을 갖는 것
Bell & Zemke(1987)	고객이 기대 이하로 심각하게 떨어지는 서비스 결과를 경험하는 것
Weun(1997)	서비스 접점에서 고객의 불만족을 야기하는 열악한 서비스를 경험하는 것
Maxham(2001)	서비스 실패는 절대 수용불가, 수용가능으로 분류되며 소비자가 주관적으로 평가하는 것
허희영(2016)	서비스의 경험이 기대했던 수준에 미달하는 것으로 심리적·물질적 손실에 대한 고객의 인지
안연식(2019)	서비스 과정이나 결과에서 고객의 불만족을 야기하는 만족스럽지 못한 경험을 고객에게 제공하는 서비스 문제

2. 서비스 실패에 대한 고객의 반응 유형

고객의 기대된 서비스에 못 미치는 서비스 수행은 결국 서비스 실패로 나타나며, 고객으로 하여금 실패에 대한 보상이나 요구와 관련한 고객의 불평을 야기하게 된다.

〈그림 11-1〉은 서비스 불만족에 대한 고객의 반응유형을 보여주고 있는데, 고객의 불만은 다음과 같이 공개적인 행동이나 개인적인 행동으로 표출되거나 아무런 행동도 보이지 않는 경우가 있다.

주요 행동을 보면 먼저 공식적인 행동을 취하는 것으로 회사에 직접 배상을 청구하거나, 민사 또는 형사상의 소송을 포함하는 법적 대응 그리고 소비자단체 등을 통해 손해배상을 요구하는 경우이다. 두 번째 반응은 개인적 행동을 취하는 것으로 해당 서비스의 구매를 포기하거나 서비스기업을 이탈하여 다른 서비스기업으로 이동하는 것이다. 또한 주변의 지인에게 경험했던 부정적 감정을 전파하고 서비스 제공자에게 강력한 항의를 하게 된다. 예를 들어, 고객의 불쾌했던 서비스 경험을 인터넷이나 블로그 등의 사회관계망(social network service)에 게시하여 수많은 사람들에게 부정적 영향을 미치게 된다.

마지막으로 고객이 서비스에 나쁜 경험을 지각하여도 이에 대해 어떠한 행동도 취하지 않는 경우로서 불만에 대해 공개적이거나 개인적인 표출을 하지 않는 것이다.

이와 같은 고객의 불평 행동은 다양한 형태로 표출되기 때문에 이의 관리가 우선적으로 필요하다. 왜냐하면 서비스 실패로 인한 고객 이탈은 해당 고객에 의한 수익의 감소뿐 아니라 다른 고객에게 전이됨으로써 기업의 이미지나 재정적 손실이 확대되기 때문이다.

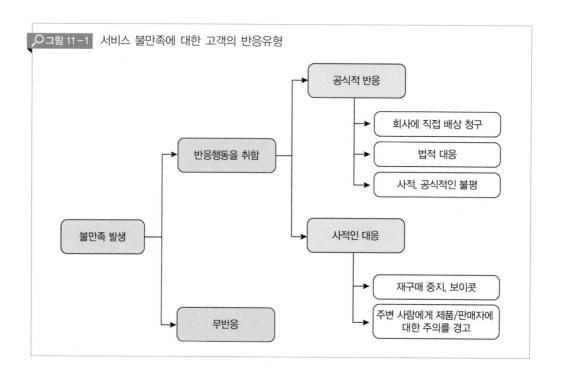

🔍그림 11-1 서비스 불만족에 대한 고객의 반응유형

1. 고객은 왜 불평하는가?

서비스는 기본적으로 고객의 불만을 야기하지 않은 고객을 가정하여 계획되고 수행된다. 그러나 서비스기업은 항상 고객의 불만에 노출되어 있다. 어떠한 기업도 모든 고객을 완전하게 만족시킬 수는 없기 때문이다. 서비스 실패에 대해 일부 고객은 불평에 따르는 시간적 · 심리적 부담에도 불구하고 불만사항을 표출한다. 일반적으로 소비자 행동에 대한 연구들에 따르면, 불평을 표출하는 심리적 요인으로는 다음의 네 가지가 있다.

1) 보상(compensation)의 획득

기대된 서비스의 실패로 인한 보상은 고객의 입장에서는 당연하다고 생각한다. 따라서 소비자들은 서비스 불만에 대한 환불, 교환 등과 같이 심리적 · 경제적 손실에 대하여 해당 서비스를 다시 제공받거나 보상받기 위해 불평을 한다.

Avoid an incomplete answer, and save your customer from having to ask a second question.

▲ 고객의 불평 유발은 사소한 것에서부터 출발한다. 그림의 대화방법에서 직원의 적절한 대답은 고객의 두 번 질문의 수고를 덜어줄 수 있다.
출처 : https://hyken.com

2) 분노의 표출

일부 소비자는 자존심을 회복하기 위해서 또는 자신의 분노와 좌절을 표출하기 위해서 불평을 한다. 서비스 전달과정이 지나치게 규격화되어 있거나 현장직원이 무례할 경우 고객의 자존심과 공정성 등에 부정적 영향을 미칠 수 있다.

▲ 고객이 머무는 동안 항상 청결할 것을 약속하는 다짐
출처 : Marriott International

3) 서비스 개선에 대한 건의

고객이 특정 서비스에 대해 전문적 지식이나 특별한 관심이 있는 경우, 서비스의 개선을 위해 자신의 불만사항을 제시한다. 이와 같은 불평은 서비스에 대한 피드백 기능을 하기 때문에 기업의 서비스 개선에 긍정적인 효과가 있다.

4) 다른 고객을 위한 배려

일부 고객은 다른 고객을 위해 자신의 불만을 제기한다. 그들은 다른 고객이 자신이 경험했던 서비스 문제를 경험하지 않기를 바라며, 자신의 제안을 통해 서비스가 개선되기를 원한다.

당신은 친절하십니까?

아마 선뜻 대답하기 어려울 것입니다.

당신은 친절한 사람을 좋아하십니까? 아마도 즉시 "네!"라는 대답을 하실 것입니다.

이렇듯 우리는 내가 친절한 것보다 타인이 나에게 친절해 주기 바라는 마음이 매우 큽니다.

우리도 그런데 고객은 더할 나위 없겠죠?

고객은 언제 어디서나 즐겁고 기분 좋은 서비스를 기대합니다.

따라서 고객은 서비스 현장에서 기분 상하는 일과 마주쳤을 때 평상시 느끼는 불평이나 불만보다도 더 민감하게 반응하게 됩니다. 기대가 컸기 때문에 실망도 큰 것이지요.

고객 불만의 유형을 분석해 보면 다음과 같습니다.

고객의 기대에 못 미치는 서비스, 지연 서비스, 직원의 실수와 무례함, 약속 불이행, 단정적 거절, 책임 전가 등 서비스와 관련된 부분이 대부분입니다.

그 외에도 자연의 힘에 의해 발생하는 문제나 시스템의 원인 등의 외부요인이 있지만 우리의 실수이건 다른 요인이건 간에 고객의 불만에 정면으로 대처하고 해결을 강구하여 고객만족을 이끌어내는 것은 현장에 있는 바로 우리들의 몫입니다.

따라서 불만을 나타내는 고객은 우리에겐 소중한 보석 같은 존재라고 할 수 있습니다. 고객이 나타내 주는 불만은 우리와 우리가 속한 회사가 반드시 해결해야 하는 과제이므로, 우리는 고객의 어떤 불만도 해소시켜 우리의 서비스 능력이 타사에 비해 월등하다는 점을 증명할 수 있는 좋은 기회로 삼아야 합니다.

불만을 나타내는 고객은 해결을 원하는 것이고 만족한 해결이 이루어졌을 때 오히려 고정고객이 되는 예가 많습니다.

우리는 지금 고객과 치열한 전쟁 중입니다. 100도씨로 끓고 있는 고객을 36.5도씨의 인간적인 온도로 낮추려면 시간과 노력이 필요합니다. 가끔은 불만이 해결되지 않고 고객이 떠나 버릴 수도 있습니다. 그럴 때 자신에게 물어보세요. "과연 나는 최선을 다했는가?" 이 질문에 Yes라는 답이 나온다면 여러분은 자신의 불만고객 응대에 만족하면 됩니다.

불만고객이란 뭔가 불평, 불만이 많은 사람이 아니라 조직을 상대로 불만을 표현하고 해결을 요구하는 고객이며, 조직의 발전과 미래의 원동력이 됩니다. 불평하는 고객은 아직도 고객으로서 미련을 가지고 있으므로 유지 가능성이 있습니다.

즉, 고객만족이 소비자에게 제공되는 가치 즉, 인적, 물적, 시스템적, 기타 부수적인 서비스에 대한 소비경험의 유쾌한 충족상태라면, 고객 불평은 이에 대한 불일

▲ 다양한 상황에서 최선을 다할 때 고객을 춤추게 한다.

치로 나타난 감정적 반응인 불만족의 인식에서 야기되는 불평행동이라고 할 수 있습니다. 따라서 고객의 불평을 적절히 해결하는 것이 중요하다 하겠습니다.

대부분의 고객 불만은 서비스와 관련된 사항입니다. 물론 서비스 이외도 시스템이나 인간의 힘으로 도저히 어쩔 수 없는 자연재해 등의 외부 요인이 있지만, 반드시 기억해야 할 것은 우리의 실수이건 다른 요인이건 고객의 불만에 정면으로 대처하고 해결을 강구하여 고객만족을 이끌어내는 것, 그것이 바로 서비스인인 우리의 몫이라는 점입니다.

출처 : 불만 고객을 단골 고객으로 만드는 10가지 방법 中에서

2. 불만족한 고객 중 어느 정도가 불평을 할까?

앞서 설명한 바와 같이, 불만족한 고객들이 모두 불평을 표출하는 것은 아니다. 불만의 표출은 고객의 입장에서도 비용이 드는 일이기 때문이다. 〈그림 11-2〉는 와튼 스쿨이 2005년 크리스마스를 전후로 쇼핑한 미국 소비자 1,186명을 대상으로 실시한 「2006 불만 고객 연구 보고서」로 이에 따르면 고객 100명이 불만을 느끼면 32~36명의 고객이 같은 매장에 방문하지 않는 것으로 나타났다. 불만을 느낀 고객 가운데 기업에 직접 항의하는 고객은 6%에 불과했다. 반면에 불만을 참지 못하고 친구, 가족, 동료에게 적극적

으로 알리는 고객은 31%에 달했다. 31%의 고객 중 8%는 1명에게, 또 다른 8%는 2명에게 자신의 나쁜 경험을 알렸고, 78%는 3~5명, 나머지 6%는 6명 이상에게 험담을 늘어놓는 것으로 밝혀졌다. 결과적으로 불만 고객 100명 중 31명이 적어도 90여 명에게 불만을 전파하는 것으로 나타났다. 또한, 조사 대상 가운데 절반이 한 번 이상 나쁜 경험을 했고, 평균적으로는 한 번 쇼핑에 3번 정도의 불만을 느낀 것으로 나타났다. 불만이 있더라도 표현하지 않기 때문에 기업의 입장에서는 잠재적인 불만사항을 파악하기 어려워 이들 고객의 불만족을 무시하고 지나칠 수 있게 된다.

그렇다면 불만족한 나머지 고객들은 왜 불평을 하지 않을까? 불만족한 고객들은 대부분 불편사항의 신고양식에 기재하거나 이메일을 보내는 데 시간을 낭비하고 싶어 하지 않기 때문이다. 특히 불만사항이 어떤 노력을 기울일 만큼 중요하지 않다고 생각되면, 불평을 표출하지 않는다. 더구나 불평을 전달해도 자신의 문제에 대해 관심을 갖거나 문제해결에 적극적이지 않을 것으로 생각하는 경향이 있다. 또한 불평을 위한 소통채널을 알지 못하거나 불평에 대해 스스로 불쾌하게 느끼고 대면으로 인한 스트레스를 회피하고자 하는 경우에 이를 표출하지 않는다.

만일 침묵하는 불만자들이 불만을 털어놓지 않는다면, 서비스품질 문제들을 알 수 없게 된다. 때문에 고객들이 불만족하였을 때, 고객들로 하여금 쉽게 불평할 수 있도록 다양한 프로세스나 방법을 간편하게 찾을 수 있도록 하는 것이 중요하다.

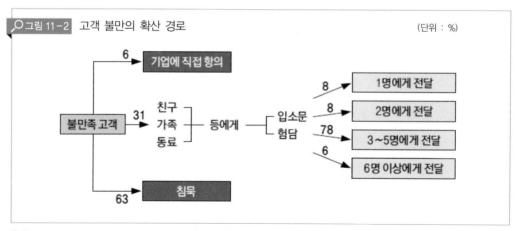

🔍그림 11-2 고객 불만의 확산 경로 (단위 : %)

출처 : Dong-A Business Review, "고객 불만'은 실패를 막는 예방주사, 2011

1. 고객 불평 · 불만의 중요성

불평하는 고객이야말로 귀한 고객이다. 서비스란 바로 그런 고객을 위하여 필요한 것이다. 제공된 서비스에 대해 아무런 불평이 없는 고객만 있다면 고객서비스가 필요 없을지 모른다. 따지고 드는 고객, 꾸짖을 줄 아는 고객이야말로 도움이 되는 사람이다. 몹시 화가 났거나 불만스러운 고객들을 단순하게 처리한다거나 그들의 의사를 무시하게 되면 고객을 잃게 되는 큰 피해를 겪을 수 있다.

"꾸짖을 줄 아는 사람을 보석이 있는 곳을 가르쳐주는 사람으로 생각하라"고 했다. 아무리 사소한 것일지라도 소중히 받아들이고 앞으로는 똑같은 불평이 절대 일어나지 않도록 한다. 고객의 불만을 단지 불평으로 간주해서는 안 된다. 이것이야말로 고객이 우리 회사를 위해 시간과 돈을 들여가며 제공해 주는 귀중한 산 정보이다.

〈그림 11-3〉은 고객의 불평을 수집하고 이를 서비스품질을 높이기 위한 활용방안으로 이용하는 프로세스이다. 이와 같이 고객의 불평은 서비스 발전과 회사 발전을 위한 단서를 제공하고, 보다 중요한 의미로는 기업이 서비스나 제품의 문제점을 해결하여 불만을 품은 고객을 만족시키도록 기회를 한 번 주는 행위로 볼 수 있다. 그래서 불평은 고객이 회사에 주는 선물이 되는 것이다.

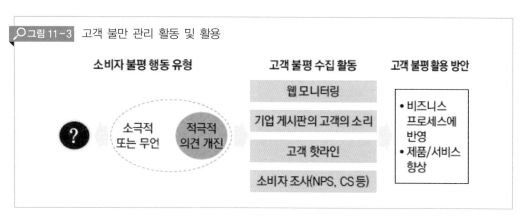

🔍그림 11-3　고객 불만 관리 활동 및 활용

출처 : 침묵에 가려진 소비자불평, LG연구원, 2008.9

2. 고객 불평 · 불만의 역할

1) 서비스 실패의 고지

고객이 불평을 하면 서비스의 실패원인을 알 수 있다. 그렇지만 고객이 회사에 불평하지 않고 주변 사람들에게 나쁜 서비스경험담을 털어놓게 되면 고객의 불평은 고객들의 입으로(negative word-of-mouth) 소문이 퍼져 서비스에 대해 나쁜 평판을 만들어 막대한 손실을 가져온다. 따라서 고객이 불평을 하면 서비스의 실패원인이 무엇인지, 그리고 무엇을 고쳐야 할지를 알 수 있다. 〈표 11-2〉는 항공사의 고객 불만 상위 10위까지를 제시한 것이다.

〈표 11-2〉 항공사 고객 불만 상위 10개

순위	고객 불만 주요 이유
1	수하물 분실
2	비행기 연착
3	불편한 좌석
4	선택비용 등의 추가비용
5	고객서비스
6	기내 청결도
7	환불
8	예약조건
9	기내식
10	갑작스런 항공기 변경

출처 : www.airlinequality.com

2) 서비스의 문제점 제시

회사에 직접 불평한 고객은 적어도 회사의 서비스에 무엇이 잘못되었는지를 알려주는 소중한 정보를 제공해 주게 된다. 그리고 불평하는 고객은 다시 방문할 확률이 매우 높으며 적어도 그 서비스가 앞으로 더욱 잘 되기를 바라는 마음을 가지고 있다. 따라서 회사는 불평하는 고객에게 특별한 감사의 마음을 가져야 한다. 많은 시간과 비용을 들여서 조사해야만 겨우 얻을 수 있는 정보인 서비스의 문제점과 고쳐야 할 문제점에 대한 정보를 알아내고 제공해 주기 때문이다.

3) 서비스 복구의 기회 제공

고객의 불평은 서비스 복구의 기회가 된다. 서비스의 훌륭한 복구는 고객에게 감동을 제공하는 또 하나의 기회가 되기 때문이다. '복구'의 의미는 정상으로 돌려놓는다는 뜻이다. 즉 어떤 것을 고객이 원하는 상태로 돌려놓아서 만족스러운 상태로 만드는 것이다. 따라서 서비스를 복구하기 위해서는 고객의 불평에 귀를 기울이고 미리 감지하여 빠르게 문제를 해결해야 한다. 특히 한번 상처 입은 고객의 감정을 회복시켜 주기 위해서는 고객의 욕구와 욕망, 필요 그리고 기대 등에 더욱 민감하게 대처해야 한다.

3. 불평의 긍정적·부정적 효과

1) 불평의 긍정적 효과

▲ 메리어트는 호텔 이용 시 문제점이 있으면 어느 때나 컴플레인할 수 있는 시스템을 운영하고 있다. 이러한 예로 보아 기업이 고객의 문제를 어떻게 바라보는지를 알 수 있다.
출처 : Marriott International

고객의 불평은 기업의 입장에서는 부정적인 영향을 미칠 수밖에 없는데, 실제로 고객의 불평은 기업에게 중요한 긍정적 효과를 보여주기도 한다.

고객불평이 기업에 미치는 긍정적 효과로는 먼저 기업서비스의 평가에 대한 정보를 수집할 수 있다는 것이다. 고객이 불평하게 되

출처 : https://www.healthline.com

면 불평의 이유뿐만 아니라 그 내용을 통해서 고객에 대한 정보, 회사 및 서비스에 대한 정보 등을 얻을 수 있다. 특히 서비스 시스템이 미처 발견하지 못했거나 직원이 전혀 인식하지 못해서 나타날 수 있는 서비스의 문제점을 깨닫게 해준다.

두 번째로 서비스기업이 수행하는 서비스에 대한 자극이 될 수 있다. 고객의 불평은 회사와 서비스직원을 자극하여 항상 새로운 마음가짐으로 고객서비스에 임할 수 있게 한다. 현재의 서비스에 익숙해질수록 자칫 안일해지거나 무관심해지기 쉽고, 이익이 되는 일과 그렇지 않은 일들을 구분하게 되어 타성에 젖는다. 고객의 불평은 이런 문제들을 발견하게 하고 바로잡도록 자극을 준다.

2) 불평의 부정적 효과

고객불평이 기업에 미치는 부정적인 영향은 다음과 같다.

먼저 서비스기업의 이미지가 손상된다. 불평하는 고객은 불만족한 고객이다. 불만족한 고객은 만족한 고객보다 자신의 불만족 경험을 주변에 더욱 적극적으로 알린다. 만일 방송, 인터넷 등의 대중매체에 알리게 되어 불평이 확산되면 회사와 서비스의 이미지에 손상을 입히게 된다. 특히 무형의 정신적 경험을 상품으로 하는 관광산업 분야에서 이러한 불평의 확산은 매우 치명적이다.

두 번째로 서비스 실패에 따른 비용 및 손실이 발생한다. 고객의 불평을 해결하는데는 비용이 수반된다. 고객이 제기한 서비스의 손상부분을 바로잡아야 할 뿐만 아니라 서비스의 손상에 따른 보상이 수반되기 때문이다. 우선 고객의 불평을 접수하고 처리하기 위한 직원의 인건비, 불평처리를 위해 다른 업무를 하지 못하는 비용, 손상된 서비스를 다시 제공해야 하는 비용 등이다.

4. 고객의 불평·불만 응대 및 처리

1) 단계별 불만 고객 응대방법

고객의 불평·불만 응대방법은 다음과 같다.

(1) 단계 1 : 무조건 경청과 반복 그리고 확인하기

① 고객의 항의에 겸허하고 공손한 자세로 인내심을 갖고 끝까지 경청한다. 이 단계는 고객의 불평 내용과 원인에 대한 정보수집 단계이다. 이때는 먼저 사과하며, 자기의 의견을 개입시키지 말고 전체적인 사항을 듣는다. 고객이 불만을 이야기하면 반드시 메모하면서 말이 다 끝날 때까지 정중히 경청하는 것을 보여주는 것이 문제 해결에 상당한 영향을 준다. 자신의 의견을 경청해 주는 것만으로도 불만이 반으로 줄어드는 효과를 기대할 수 있기 때문이다.

② 고객의 불평을 경청하면 자신의 서비스에 대한 중요한 정보를 얻을 수 있을 뿐만

아니라 고객에게도 좋은 인상을 줄 수 있다. 고객의 문제에 대해 관심을 가지고 있고, 고객에게도 관심을 가지고 있으며 고객을 인정하고 있다는 느낌을 전해 줄 수 있기 때문이다.

고객은 자신이나 자신의 문제에 대하여 인정받았다고 느낄 때 불만이 누그러지고 문제 해결에 협조하게 된다. 고객의 말을 끊지 않

▲ 고객의 불평에 무조건 경청과 반복 및 확인을 한다.

도록 주의하며 잘 듣고 불만의 문제를 파악하는 과정에서 고객의 불만을 이해하고 함께 어려움을 걱정하고 있다는 인상을 심어주어야 한다. 당신이 진심으로 듣지 않는다면 고객은 더욱 강도 높게 불쾌감을 표현하게 될 것이다.

(2) 단계 2 : 고객의 항의에 공감하고, 감사의 인사하기

① 이 단계는 노여움, 좌절 또는 실망을 경험한 고객의 감정을 이해하는 단계이며. 고객을 이해하고 감정이입에 들어가는 단계이다. 서비스 제공자들은 이 단계를 잘 활용해야 하는데, 예를 들면 "고객님께서 어떤 기분이셨는지 이해합니다." 또는 "저 역시 화가 났을 것입니다"라고 말할 수 있다. 여러분이 고객의 감정을 인정할 때 고객의 곤란한 상황에 대해 마음을 열어놓고 있을 뿐만 아니라 문제해결을 위해 적극적이라는 것을 표현하는 것이다.

특히 이때 변명을 하지 않으며 고객 관점의 어휘 사용으로 공감대를 형성한다. "저희에게 솔직하게 말씀해 주셔서 감사합니다."

"상황에 대해 말씀해 주신 덕분에 저희가 필요한 조치를 할 수 있었습니다. 또한 감사합니다." "많이 속상하시겠습니다. 죄송합니다." 등의 말로 고객과 대립의 상황이 아니라 문제 해결을 위한 고객의 입장에 서 있음을 느끼도록 해야 한다. 이러한 고객의 불평에 대해 인정하는 상황에서는 이와 같은 표현들이 적절히 사용되면

▲ 고객의 컴플레인은 기업에는 선물이다.

고객 불평처리에 한층 도움이 된다.

(3) 단계 3 : 진심어린 사과하기

① 사과는 고객의 부정적 서비스경험을 회사가 인정하는 것이고, 서비스직원의 입장에서 고객의 문제에 관심을 가지고 있다는 것을 나타내고자 하는 의미이다. 따라서 사과를 할 때에는 정중하게 진심을 담아서 하지만 절대 비굴하거나 쩔쩔 매는 모습을 보여서는 안 된다.

② 프로답게 적절한 시기에 진심에서 우러나오는 사과를 함으로써 고객은 자신이 인정받고 있다는 느낌을 갖게 되고 전문적인 서비스를 받고 있다는 느낌을 갖게 된다. 따라서 사과는 고객으로부터 나올 수 있는 더 큰 문제를 미연에 방지할 수 있으며, 고객의 마음을 누그러뜨림으로써 원만한 문제해결을 쉽게 한다. 나아가 우호적인 마음을 갖도록 함으로써 서비스를 회복할 뿐만 아니라 고객감동으로도 이끌 수 있다. 특히 절대로 회사의 탓(회사의 방침, 우리 시스템 등)으로 변명하지 말아야 하며, 때로는 고객이 잘못해서 발생된 문제를 서비스직원이 해결해 주기를 바랄 때도 있다. 그때도 고객을 비난하지 말고 고객의 실수를 미연에 방지하지 못한 것에 대해 사과하는 것이 전문가다운 자세이다. 효과적인 사과를 하는 방법은 진심이 담겨야 고객에게 관심을 가지고 있다는 것을 전달할 수 있다. 또 사과를 할 때에는 회사를 언급하지 말고 "제가 사과드립니다."라고 직접적인 표현을 사용해야 의미가 강하게 전달되고 전문가다운 당당함이 나타난다.

▲ 고객에 대한 논쟁과 변명은 또 다른 컴플레인을 유발할 수 있다.
출처 : https://www.hotelnewsresource.com

(4) 단계 4 : 설명하고 해결을 약속하기

① 고객의 문제는 신속하고 공정하게 해결해야 한다. 문제는 해결해야 하는 것이지 문제를 놓고 싸워 승리를 얻는 것이 아니다. 고객과 맞서서 고객에 떠넘기거나, 거절하거나, 정당성을 주장하고 싸우면서 이기려 든다면 고객은 돌아가지만 절대 승리를 얻을 수는 없다. 즉 돌아간 고객은 다시는 오지 않기 때문에 회사와 서비스는 고객을 잃는 패배를 안게 된다.

② 이 단계는 쌍방향으로 문제를 해결하는 과정이다. 어떻게 하면 문제를 가장 잘 해결할 수 있는지를 결정하면서 고객을 참여시키는 것이 중요하며, 손님에게 문제 해결의 방법을 직접 물어보거나 특정 해결방안을 제시할 수도 있다. 어느 방법이든 해결방법에 대해 서로 동의하는 것이 중요하며, 이렇게 함으로써 문제를 되뇌거나 비난을 퍼부어대는 대신에 서비스기업과 고객의 에너지를 건설적인 문제해결을 위해 집중할 수 있다. 고객과 합의한 대안은 성실히 실천해야 하며, 고객과의 약속은 성실히 이행한 후 이행과정과 고객이 만족했는지에 대해 확인하는 절차가 필요하다. 전화드려 설명하는 작은 정성에 고객은 감동한다. 그리고 향후 동일한 고객 불만이 발생하지 않도록 내부적인 대책을 논의한다.

(5) 단계 5 : 감사

① 항상 불만을 제기한 고객에게 감사의 마음을 가져야 한다. 왜? 그 이유는 고객으로부터 불평을 듣지 못했다면 서비스기업에게 문제가 있었다는 것을 모르고 지낼 수 있었기 때문이다. 문제를 모르고 있었다면 그 문제를 예방하거나 최소화하기 위한 아무런 조치를 할 수 없었다는 것이다. 이것이 바로 고객이 불평할 때 감사해야 할 이유이며, 결국 고객은 서비스기업에게 큰 호의를 베풀고 있는 것이다.

② 불만사항을 알고 있다면 그것에 대해 무엇인가를 할 수 있고, 더욱 중요한 것은 그런 일이 재차 발생할 때 그런 상황이 되지 않도록 미리 예방하는 데 도움을 준다. 고객의 불만사항은 고객환대 서비스 담당자에게 값으로 매길 수 없을 만큼 매우 가치 있는 피드백을 제공하므로, 큰 소리로 "감사합니다."라고 할 만큼의 가치가 있다.

고객이 불만을 제기한 편지에 대한 응답 사례

Dear Mr....

저희들은 방금 고객님으로부터 저희 호텔에 계시는 동안 여러 가지 좋지 못한 경험에 대해서 몹시 실망하셨다는 편지를 받았습니다. 우선 무엇보다도 호텔을 대표해서 프런트데스크에서 고객님께 불편을 끼쳐드린 것에 대해 대단히 죄송스럽다는 말씀을 드립니다. 제가 고객님의 입장이라 하더라도 고객님이 겪으셨던 좋지 않은 경험에 대해서 몹시 화가 나셨을 것이라 생각합니다.

거듭 저희 프런트 직원의 실수에 대해서 사과의 말씀을 드립니다.

다음부터는 이러한 일이 두 번 다시 발생하지 않도록 철저히 교육을 시킬 것이며, 다시 한번 저희 호텔을 방문하여 주시기를 바라며 또 사전에 저희에게 알려주시면 더욱 고맙겠습니다.

저희들은 이 사건을 계기로 고객님을 위해서 더 노력할 것이며, 모든 고객이 호텔에 체류하는 동안 즐겁고 유쾌한 숙박이 되도록 고객님의 조언을 받들어 적극적으로 개선할 것을 약속드립니다.

거듭 사과의 말씀을 드립니다.

고객관리팀 매니저 ○○○

2) 대면접점 불만고객 응대법

불만고객이 항공사나 여행사에 직접 찾아와서 불만을 제기하는 것은 감정의 강도가 높은 경우이므로, 언어적 측면과 행동적 측면을 모두 염두에 두고 응대해야 한다. 일반적으로 대면접점에 활용되는 불만 응대법은 "사람(people), 장소(place), 시간(time)" 등 3가지로 구분할 수 있다.

(1) 새로운 사람(people)

① 내가 바뀐다(new face)

불만고객을 응대하기 위해 직원이 갖고 있는 모습을 바꾼다는 것을 의미한다.

▷ 표정 : 직원은 진지하고, 관심이 있다는 표정을 짓되 절대 웃으면 안 된다. 직원의 웃음에 고객은 자신을 무시하는 것으로 해석한다.

▷ **자세** : 목, 어깨, 등으로 이어지는 곡선이 활모양으로 휘면서 자세를 낮추면 상대방에게 조심한다는 느낌을 전달할 수 있다.

▷ **시선** : 화난 고객을 응대할 때는 절대 눈을 떼지 말아야 한다. 불만고객의 경우 자신의 감정에 대해 알아주기를 바라는 심리가 가장 강하니 그 마음을 충족시켜 주기 위해 '난 당신의 화난 감정에 관심이 있어요!'라는 마음을 눈으로 전달해야 한다.

② 새로운 사람을 개입시킨다(new people)

컴플레인을 발생시킨 직원이 문제를 해결하려다 보면, 오히려 고객의 화를 더욱 돋울 수 있기 때문에, 새로운 사람으로 교체하여 문제를 해결한다.

(2) 장소이동(place)

호텔에서 고객이 큰 소리로 불만을 토로하거나, 깐깐하게 여러 가지를 따지고 드는 경우 다른 고객도 함께 있기 때문에 자연스럽게 장소를 이동하는 게 필요하다.

① Seat(자리에 앉힌다)

화난 사람도 자리에 앉으면 음성이 잦아드는 경우가 있다. 자연스럽게 고객을 자리에 앉게 하는 것도 기술이다.

② Place(장소를 옮긴다)

고객을 현재 서 있는 장소가 아닌 다른 장소로 이동시키는 것인데, 고객은 새

▲ 고객의 컴플레인을 해결하는 과정에서 주변의 여건이 불편하지 않고 편안한 환경 조성이 필요하다.
출처 : https://www.insureon.com

로운 장소에 가면 생소한 환경에 다시 적응해야 되기 때문에, 정신이 분산되면서 화가

어느 정도 가라앉게 된다. 긴 시간이 요구된다는 판단이 서거나 다른 고객의 시선을 많이 집중시킬 시에는 정중히 "죄송하지만, 상담실에 가셔서 말씀해 주시겠습니까?" 등의 응대로 자연스럽게 고객을 다른 장소로 모신다. 고객 상담실에서 차를 접대하며 화를 가라앉힐 시간을 드리며 고객은 상담실로 옮기고, 책임자의 사과를 받고, 차 한 잔 마시는 시간을 가지는 과정에서 화를 가라앉히고 해결의 실마리를 찾게 된다.

(3) Time(다른 시간)

고객이 화난 감정을 빨리 가라앉히고 싶을 때는 고객이 화내고 있는 현재 시간을 끊어주는 것이 필요하다. 이때 가장 일반적인 것이 마실 것을 권유해서 현재 시간을 잊게 만드는 것인데, 불만의 상황에서 고객과 협의한 잠깐의 시간 간격은 금과 같다. 다만 이때 직원은 고객의 감정에 맞춰줄 수 있는 준비가 충분히 되어 있다는 전제조건이 있어야 성공적으로 진행될 수 있다.

::::::::::::::: **리츠칼튼 호텔의 사례** :::::::::::::::

리츠칼튼 호텔의 사례가 주는 많은 교훈 중 특히 다음과 같은 2가지 사항은 초일류 서비스 조직의 기초가 되고 있다.

* 첫째, 현장을 가장 잘 아는 사람은 일선 직원이다.

그들에게 권한을 부여하라.

신속한 불만처리를 위한 리츠칼튼의 확고한 의지는 다음과 같은 업무지침에 잘 나타나 있다. "고객의 불만이나 불편을 접수한 직원은 자신의 업무영역이 아니더라도 직접 책임지고 조처한다. 동료직원이 고객의 불만해소나 요구충족을 위해 도움을 요청하면 자신이 맡은 업무가 무엇이든지 간에 반드시 협조해야 한다."

불만족한 고객이라도 자신의 불만이 신속하게 해결되면 충성된 단골고객으로 변한다. 흔히들 이것을 "고객만족 제1법칙"이라고 한다.

또한 리츠칼튼 호텔에서는 고객의 불만해소를 위해서라면 상사의 사전승인 없이도 2,000달러까지 지출할 수 있도록 종업원들에게 권한이 위임되어 있다.

예를 들어 실수로 손님의 옷에 커피를 쏟았다면 직접 옷을 사주기도 하고, 객실 배정에 착오가 있었다면 정중한 사과의 의미로 포도주나 과일 바구니를 손님에게 선물할 수도 있다. 이처럼 세계적 수준의 조직에서는 "고객과 현장을 가장 잘 아는 사람이 일선 직원이기 때문에 그들에게 마땅히 권한을 위임한다"라는 서비스 철학을 갖고 있다.

리츠칼튼 호텔의 사례는 이러한 철학이 실제로 어떻게 구현되고 있는가를 잘 보여주고 있다.

* 둘째, 선행형 고객만족 시스템을 구축하라.

고객만족 경영에는 두 가지 유형의 방법론이 있다.

하나는 고객이 불만을 쉽게 토로할 수 있는 통로를 제공하는 것이다. 예를 들어 고객용 직통전화를 열어둔다든지 고객상담실과 같이 고객의 불편이나 불만을 해결해 주기 위한 서비스 지원조직을 만드는 것이 여기에 속한다.

이러한 방법은 기본적으로 '고객이 먼저 불만을 제기하면 필요한 사후조치를 해주겠다'는 것이므로 '대응형 시스템'이라고 한다. 고객만족 제1법칙은 대응형 시스템의 중요성을 말해주고 있지만 여기서 한 가지 중요한 사실이 간과되기 쉽다. 일반적으로 불만이 있는 고객 중 자신의 불만을 공식적인 경로를 통해 해당 기업에 전달하는 사람은 전체의 6%에 불과하다.

따라서 고객이 제기한 불만처리에만 관심을 둔다면 전체 고객 불만의 94%가 그대로 방치되고 만다. 이러한 "빙산의 일각 현상"을 극복하기 위해서는 고객이 말해주지 않더라도 잠재되어 있는 그들의 불만을 알아낼 수 있는 "선행형 시스템"이 필요하다.

리츠칼튼 호텔의 "고객인지 프로그램"은 정보기술을 이용한 탁월한 선행형 시스템이다.

가령 알러지가 있는 손님이 고객인지 프로그램에 등록되었다면, 세계 어느 곳에 있는 리츠칼튼 호텔에 투숙하게 되더라도 그가 머무르게 될 방의 욕실에는 무자극성 베이비 샴푸가 미리 놓이게 된다. 이것은 "고객이 말해주지 않는 요구와 소망까지도 찾아내어 충족시킨다"는 리츠칼튼 호텔의 신조가 구호에 그치는 것이 아니라는 것을 입증해 준다.

제4절 > 서비스 회복과 보증

1. 서비스 회복

서비스 회복(service recovery)은 서비스에 실패한 후 문제를 해결하기 위해 조직이 취하는 조치이다. 즉 고객으로부터 불만이 제기된 사항을 수정하거나 회복하기 위해 기업이 취하는 일련의 활동이며, 고객과의 우호적인 관계를 유지하기 위한 체계적인 노력이다.

서비스 제공과정에서의 실패는 수많은 이유로 인해 발생할 수 있다. 예컨대, 예약사항과 예약 내용이 다른 경우, 주문한 서비스나 음식이 너무 늦게 제공된 경우, 기대한 결과보다 서비스가 형편없이 제공되거나 직원이 무례하거나 성의가 없는 경우이다.

또한 기상상황이나 항공사 사정으로 인한 항공기 출발 지연 및 결항, 비행기 연착 등 서비스 실패가 일어날 수 있다.

이러한 모든 종류의 서비스 실패는 〈그림 11-4〉와 같이 고객에게 부정적 감정과 반응을 유발하게 한다. 서비스가 고객에게 분명하게 제공되지 않을 때 그들은 이탈하고 부정적 체험을 다른 고객에게 전달하는 결과를 초래할 수 있다.

따라서 기업은 서비스 실패에 대한 서비스 회복과정을 거치게 된다. 이러한 서비스 실패를 고객이 만족하는 긍정적인 방향으로 처리할 때 고객만족, 애호도, 구전효과(word of mouth), 커뮤니케이션, 수익 등에 큰 영향을 미치게 된다. 즉 서비스 회복 노력으로 만족한 고객은 문제가 해결되지 않은 고객보다 훨씬 애호도가 높으며, 문제가 재빨리 회복된 고객은 불평이 해결되지 않은 고객들보다 재구매할 가능성이 높게 나타난다.

▲ 항공 산업은 항공편 취소, 예약 초과, 파업, 우회, 지연, 지상 또는 객실 직원의 태도 또는 예약 문제를 포함하여 다양한 서비스 실패에 노출되어 있다. 한 연구에 따르면, 지연된 항공편으로 인한 불만이 전체 불만의 37%를 차지하고 있으며, 17%는 수하물 불만으로 인해 문제를 겪었고, 9%가 예약 초과로 인한 문제, 9%가 항공편 취소로 인한 문제, 5%가 기타 문제(예: 체크인, 좌석 배정 또는 비행 후 지원)로 나타났다. 서비스 실패는 서비스 회복의 기회를 제공하여, 불만족스러운 고객을 충성스러운 고객으로 전환하는 것으로, 항공사의 경우 이는 승객 이탈을 효과적으로 최소화하고, 고객과의 관계를 강화하는 것을 의미한다.
출처 : https://www.kqed.org/

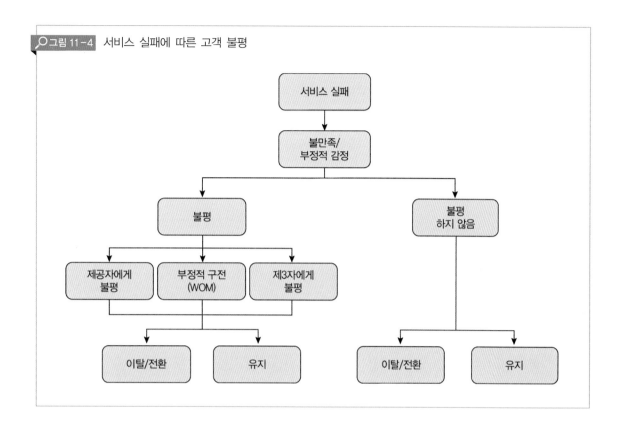

○그림 11-4 서비스 실패에 따른 고객 불평

```
                        서비스 실패
                            │
                        불만족/
                        부정적 감정
                   ┌────────┴──────────────┐
                  불평                    불평
                                        하지 않음
         ┌────────┼────────┐        ┌─────┴─────┐
      제공자에게  부정적 구전  제3자에게    이탈/전환      유지
       불평      (WOM)     불평
         └────┬───┴────┬───┘
          이탈/전환      유지
```

2. 서비스 회복과 재구매 의도

고객은 서비스 접점에서의 서비스 실패에 대해 경험하고 이러한 기억들은 부정적 구전활동으로 이어지며, 경우에 따라서는 기존의 거래기업과 관계를 끊고 타 기업으로 전환하기도 한다. 서비스에 대한 고객의 기대를 실패 이전의 수준으로 되돌리는 방법에는 크게 두 가지가 있다.

먼저 심리적 회복 노력은 사과나 공감을 통해 불만을 해소하는 것으로 불만족한 고객에게 서비스 실패 상황을 이해하고 개선하고자 하는 노력을 심리적으로 보여주는 것이다. 두 번째로 유형적 회복 노력은 심적·물적 피해를 물질적으로 보상하는 것으로 여전히 불만을 갖고 있는 고객에게 사은품이나 할인쿠폰 제공, 무료서비스 이용권 등과 같은 유형적 보상을 말한다.

고객의 불평에 대한 해결 유무에 따라 고객의 재구매 의도에 확연한 영향을 미치게 된다. 〈그림 11-5〉를 보면, 불평하지 않은 불만족한 고객이 재방문할 확률은 9%에 머문다. 불평을 하였으나 고객의 문제가 해결되지 않은 경우에 다시 이용할 확률은 19% 정도이고, 불평이 해결될 경우 54%의 재방문 효과가 나타났으며, 불평이 빨리 해결된 경우에는 82%의 재방문 효과가 나타났다.

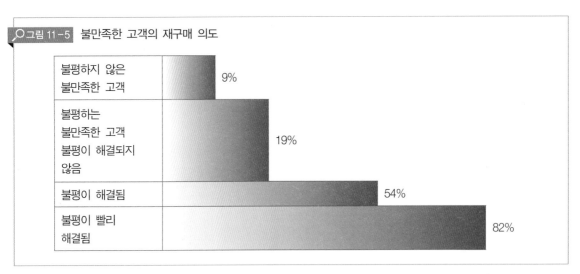

🔍그림 11-5 불만족한 고객의 재구매 의도

출처 : 전인수, 4판, p. 200
     *주요한 불평($100 넘는 손실)이 있은 뒤에도 재구매 의사가 있는 고객의 비율

이를 정리하면 불평하지 않은 고객보다 불평하는 고객이 충성도가 높으며 고객의 불평을 해결한다면 고객은 더욱 애호도를 가지고 적극적인 관계 유지에 몰입할 것이다.

따라서 이를 예방하기 위하여 직원들에게 서비스 회복에 대한 철저한 교육과 훈련, 그리고 적절한 제도화가 필요하다.

3. 서비스 회복과 서비스 패러독스

실패한 서비스는 가치가 회복될 수 있는가? 불만족을 경험하는 고객은 본래의 충성도가 나빠질 수밖에 없는가? 서비스 현장을 실증적으로 연구한 결과를 보면, 최고의 고객서비스에 대한 견해를 서비스 실패와 충성도와의 관계를 중심으로 다음과 같은 두 가지의 상반된 의견을 제시하고 있다.

1) 최고의 고객만족은 무결점 서비스

최고의 서비스는 처음부터 끝까지 원활하게 수행되고 일관성 있는 서비스를 제공해야 한다. 서비스의 특성상 프로세스에 따른 서비스 제공에서 하나의 실패로 모두를 잃을 수 있기 때문이다. 따라서 아무리 훌륭한 서비스 회복이라 할지라도 무결점의 서비스에서 얻는 고객의 만족감과 비교될 수 없다는 견해이다. 서비스 접점에서 고객이 경험하는 100번의 진실의 순간에서 99번을 만족시켰더라도 단 한번 고객이 불만을 갖게 된다면 그 결과는 99가 아니라 0이 된다는 것이다.

즉, 제로 곱셈의 법칙이다. 서비스 회복은 서비스 실패에서 초래되는 손실을 최소화시키는 수단일 뿐 고객에게 깊은 신뢰감을 심어주는 것은 아니기 때문에 모든 고객은 무결점의 서비스를 더 선호하고, 기업의 입장에서는 고객을 만족시키는 것이 경제적으로도 효과적이다. 고객을 유지하고 좋은 평판을 형성하는 가장 좋은 방법이라는 점에는 모두 동의한다.

2) 서비스 회복에 의한 고객충성도 강화

실패한 서비스가 성공적으로 회복된다면 서비스 실패로 인한 불만고객은 오히려 충성스러운 고객으로 전환시킬 수 있다는 견해이다. 즉 서비스 실패에 따른 회복과정은 서비스기업을 좀 더 이해할 수 있는 기회가 되고, 좋은 평판 형성과 더불어 기업에 대한 충성도를 더 높여준다는 의미에서 이를 흔히 서비스 실패의 역설(paradox)이라고 한다.

이와 같이 서비스 패러독스는 고객이 기업의 서비스 회복 노력을 통해 성공적으로 불만이 해소되었을 경우, 고객은 오히려 좋은 서비스가 있었을 경우보다 더 높은 긍정적 감정을 지니게 되고 기업에 대한 충성도가 높아지는 것을 말하는 것으로 논리적 부조화 현상을 의미한다.

그러나 서비스 패러독스에서 지속성은 없다. 서비스 실패(예를 들어, 해외여행의 지나친 쇼핑 강매 등)의 심각성에 따라, 서비스 회복의 효과는 제한적이며, 두 번째 서비스 실패가 발생할 경우에도 이와 같은 현상을 기대하기는 어렵다. 지나친 서비스 실패의 반복에는 환멸을 느끼기 때문이다.

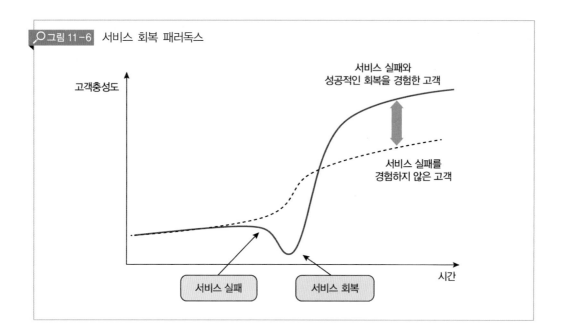

🔍 그림 11-6 서비스 회복 패러독스

4. 서비스 보증

1) 서비스 보증의 의미

보증(guarantees)이란 만족하지 못한 고객에게 제품을 교환해 주거나 수리를 해주는 것이다. 즉 보증은 회복도구 중 특별한 유형으로 기업이 제공하기로 한 제품을 약속대로 제공하겠다는 서약 또는 확신인데, 만약 이것이 지켜지지 않을 경우 기업은 어떻해서든 배상하겠다는 의미이다.

많은 기업들이 고객들에게 특정 서비스를 보증함으로써 품질 문제를 충족시킨다. 보증은 판매를 증가시키는 강력한 마케팅 도구일 수 있지만, 이런 보증의 주요 목적은 반복적인 거래의 촉진이다. 대부분의 기업들은 소비자가 원하는 것을 얻지 못할 것에 대비해서 제품에 대한 보증을 제공하고 있다. 예를 들어 자동차 회사들은 10년, 20만km 이내로 주행한 차의 엔진이나 동력전달 주요 부품의 문제가 발생할 경우 무상으로 수리해 주고 있으며 결정적인 문제가 있을 경우에는 새차로 교환해 주기도 한다.

즉 제품의 경우 고객은 기업이 약속한 대로 수행할 것을 보증받고 그렇지 않을 경우 교환이나 환불에 대한 보장을 다짐받는다. 그러나 서비스의 경우, 일반적으로 수행한 것을 되돌리거나 원상태로 돌릴 수는 없다.

▲ 자동차 회사의 보증 광고
자동차 업계의 경쟁심화로 인해 자동차 보증의 경우 일반부품은 최장 3년+3년 총 6년까지 보증 연장에 관한 광고의 예

따라서 서비스는 제품의 보증 형태와 다른 측면에서 접근해야 한다. 왜냐하면 서비스는 무형의 성격을 갖고 있으며, 일정한 시간이 지나면 소멸되는 성격을 가지고 있기 때문이다. 따라서 서비스에서의 만족스러운 보증을 위해서는 제품의 보증보다 고객의 감정부분까지 포함하는 세밀한 접근이 필요하다. 이를 위해 어떤 기업은 환불을 하고, 그렇지 않으면 부가적인 서비스를 제공한다. 따라서 이러한 서비스의 보증은 서비스 상품을 구성하고 있는 중요한 요소 중 하나로 작용한다.

2) 성공적인 서비스 보증의 조건

서비스 실패에 대한 보증은 서비스 상품의 기본적인 전제조건이다. 그러나 모든 보증이 고객의 마음을 돌릴 수는 없다. 서비스 보증에서 이유재(서비스마케팅, 2004)는 반드시 필요한 5가지 원칙을 제시하고, 이 원칙이 지켜질 때 서비스 보증이 완성된다고 하였다.

① 무조건적이어야 한다

최상의 서비스 보증은 예외없이 고객만족을 무조건적으로 보장하는 것이다. 서비스 보증의 효력은 그것에 부수된 조건이 많아질수록 감소하게 된다. 계약서에 깨알같이 많은 단서들이 존재하고 보증에 대한 보상이나 환불을 받기 위해서는 무수히 많은 조건과 심사를 거쳐야 되는 한 서비스 보증의 효과는 반감된다.

② 이해하기 쉽고 설명하기 쉬워야 한다

보증은 단순하고 명확한 언어로 주요 약속을 지적해야 한다. 그래야 고객들이나 직원들이 무엇을 기대할 수 있는가를 정확히 알게 된다. 예를 들어 '빠른 서비스'보다는 '5분 서비스'가 명확한 기대를 형성하는 것이다. 호텔의 위생 보증과 관련하여 포시즌스 호텔 앤 리조트는 존스홉킨스 의과대학과 협력하여 '리드 위드 케어(Lead with Care)' 프로그램을 전 세계에서 실시하고 있다. 이 서비스의 주요 내용은 한 시간마다 공동 장소를 청소하고, 객실에는 개인 안전 키트를 비치하며 EPA 승인 제품으로 매일 객실을 소독하고 있다.

③ 고객에게 중요하고 적정해야 한다

고객에게 중요한 측면에 있어서 보증을 제공해야 한다. KTX열차를 이용하는 주요 이유는 정시 도착에 있다. 만약에 매번 10~30분 정도씩 연착한다면 서비스 보증의 의미가

없다. KTX와 SRT 정시율은 각각 96.64%(2016년), 99.85%(2017년)로 파악되었으며, 수치상으로 최고의 정시율(정시율 개념은 세계철도연맹(UIC)이 정의한 것을 그대로 차용한 것으로 예정 시각보다 15분을 초과하지만 않으면 정시에 도착한 것으로 봄)을 유지하고 있다. 그러나 이용객의 관점에서 보면 15분의 차이는 서비스의 불만족을 유도하는 단서가 될 수 있다.

▲ 서비스의 이질성으로 인해 다양한 고객이 만족할 수 있는 적정선의 보증이 필요하다.

④ 이용하기 편해야 한다

우수한 서비스기업의 경우 불만족한 고객이 서비스의 보증에 대해 편리하게 접근할 수 있도록 복잡한 서류나 절차를 없애고 즉각적인 보증을 제공하도록 하고 있다. 리츠칼튼 호텔의 예에서 보듯이 하우스 키퍼든, 엔지니어든 모두 2,000달러를 고객의 만족을

위해 사용할 수 있다. 예컨대 객실 TV가 고장이 났다면, 고객은 지나가는 하우스 키퍼에게 이를 말할 것이다. 그때 직원이 '담당자에게 전하겠다'고 하면 이미 늦는다. 호텔 직원들은 무조건 '제가 처리하겠습니다' '제가 사과드립니다'라고 말한다. 고객을 가장 먼저 접한 직원이 문제를 즉시 해결하면 고객들도 매우 만족해한다.

⑤ 신뢰성이 있어야 한다

서비스 보증의 신뢰성에 대해 잠재고객이 믿을 수 있는 것이어야 한다. '2주 20kg 체중감소, 아니면 환불' 등의 보증은 많은 사람들에게 신뢰성을 주지 못하고 오히려 그 서비스를 무시하게 한다. 택배의 당일 배송에 대해 많은 논란이 되었으나 이제는 가구 등 부피가 큰 상품조차도 익일 배송이 일반화되어, 과거의 당일배송의 문제로 인한 분쟁이 점차 사라지고 있다.

출처 : 광수생각

▲ 과학적 근거 없이 단정적인 표현을 쓰는 경우가 전체 광고의 62%를 차지했다. 이러한 광고들은 2주 12kg 감량, 1일 3시간 운동효과, 부위별 감량효과 등에 대한 과학적 근거나 체중감량의 원리와 효과에 대한 설명이 미흡한 내용을 바탕으로 홍보했다.
출처 : http://kormedi.com/

3) 고객에 대한 보상의 원칙

(1) 고객의 감정을 서비스 실패 이전으로 되돌려야 한다

고객이 서비스에 대하여 불만을 느낀 후에는 손상된 서비스경험을 되돌릴 수 없다. 비록 손상된 부분에 대한 복구가 이루어지더라도 전체 서비스경험이 불쾌하기 때문에 손해를 본 것같이 느끼게 된다. 따라서 고객은 그와 같은 손해에 대해 적절히 보상받기를 원한다. 서비스를 복구하기 위해서는 손상된 부분만을 원상태로 돌리는 것만으로는 만족을 이끌어낼 수 없다. 고객은 손상된 서비스로 인해 몇 번씩 오가거나, 여러 번 전화를 하고, 또 기다리기 위해 많은 시간과 노력을 투입하게 되며, 그 과정에서 많은 심리적 갈등과 고통을 겪게 된다. 따라서 서비스 실패에 대한 대가를 산술적으로 계산할 수는 없지만, 최소한 고객이 입은 손해와 수고를 보상하는 것에 노력하고 있음을 강조하고 고객이 보상받았다고 느끼도록 해야 한다.

(2) 서비스 실패에 대한 보상은 상호 합의가 중요하다

진정한 문제해결의 목표는 고객이 행복해 하거나 문제의 해결책에 만족하여 떠나도록 하는 것이다. 서비스 실패에 대한 해결책을 논의하고 이에 따른 보상을 결정할 때는 반드시 고객의 참여가 매우 중요하다.

왜냐하면 기대하지 않은 서비스 실패가 고객에게 발생했을 때, 고객은 자신의 관점에서 보상의 범위를 결정하게 된다. 따라서 서비스 실패에 대한 보상의 처리과정에서 서비스 제공자는 실패에 대응하는 그동안의 경험이나 상식 그리고 재량에 따라 보상의 범위를 정하게 되고, 본 처리과정에서 반드시 고객의 희망 보상 정도를 포함하여 상호협의를 통해 보상의 범위를 합의해야 한다.

또한 희망 보상 정도가 불명확한 경우, 문제를 겪은 고객에게 어느 정도의 보상을 해야 하는지에 대한 적정하거나 정형화된 해답이 없기 때문에, 고객에게 제안된 보상의 정도가 문제의 해결책으로 적정한지를 확인해야 한다.

이와 같이 진실되게 문제를 해결하는 것은 상호협의 과정이라는 것을 기억해야 하며, 만약 문제의 본질에 의해 손님이 바라던 것이 불가능하거나 불공정하다면 서비스 제공자는 그 요청을 왜 받아들일 수 없는지와 대신에 무엇을 해줄 수 있는지를 설명할 필요가 있다.

대부분의 경우, 고객과 서비스 제공자 간의 상호 합의된 해결책이 가장 합리적이며, 만약 불만을 품은 고객이 문제해결 과정에서 어느 정도 기대된 만족감 없이 떠나면, 고객은 다음에는 경쟁사를 선택할 것이 자명하기 때문에 상호협의를 통한 보상 정도의 합의가 매우 중요하다.

US항공 1548편의 허드슨강 불시착 사고

US Airways : '허드슨의 기적' 이후

2009년 1월 15일, 에어 버스 A320인 US Airways 1549편이 150명의 승객과 5명의 승무원과 함께 노스캐롤라이나주 샬럿으로 향하는 라과디아 공항을 이륙했다. 그러나 비행 3분 후 캐나다 거위 무리와 충돌하여 두 엔진 모두에서 동력을 잃게 된다. 비행기는 허드슨강에 불시착하였으며, 다행히 150명의 승객과 5명의 승무원 전원이 살아남았다. 이 사고로 기장이었던 체슬리 버넷 설렌버거(Chesley Burnett Sullenberger)는 영웅이 되었다. 그러나 승객들은 여행가방과 지갑, 안경, 열쇠꾸러미 등을 모두 잃어버리고 물에 흠뻑 젖은 신세가 되었다. 물에 젖은 휴대전화는 작동되지 않았고, 뉴스보도를 통해 불시착 소식을 들은 가족들은 근심걱정으로 어찌할 바를 모르는 패닉상태에 빠졌다. 모든 승객과 승무원은 추위에 노출되어 맨해튼과 뉴저지의 병원으로 이송되어 치료를 받았으며, 몇몇 사람들은 심각한 부상을 입었다.

US항공사는 이 상황을 어떻게 대처했는가? 비행기가 불시착한 직후 사고를 수습하기 위해 항공사가 대처한 행동들은 다음과 같다.

- 고객서비스 센터에서는 800번호를 활성화하여 걱정하는 가족들에게 전화를 걸어 현재 상황을 알렸다.
- 사고 소식을 접하자마자 항공사는 본부에서 차출한 100명으로 구호팀을 편성하여 현장으로 급파했다.
- 회사의 재무관리 매니저인 스콧 스튜어트(Scott Stewart)는 직원들이 승객들을 위한 의약품, 세면도구, 개인적 물품을 구매할 수 있도록 승객용 플러스 신용카드의 긴급자금을 준비했다.
- 직원들은 허드슨강에 휴대전화를 잃어버린 승객들을 위하여 요금이 선불된 휴대전화를 마련하였다.
- 보온복과 같은 마른 의복들을 준비하고 따뜻한 식사를 제공하였다.
- 특수임무팀을 구성하여 잃어버린 소지품을 대체해 주는 작업을 진행했다.
- 승객들에게 새로운 항공권과 호텔객실을 제공하여 휴식을 취할 수 있게 하였다.
- 항공기 이용을 원치 않는 사람들에 대해서는 열차표나 렌터카를 예약해 주었다. 당연히 많은 승객들이 운전면허증을 잃어버렸기 때문에, US 항공사의 고위직 임원이 렌터카회사인 허르츠(Herz)사의 사장에게 전화를 걸어 승객들이 면허증 없이 차를 렌트할 수 있도록 해주었다.
- 승객들이 자신의 차와 집의 자물쇠를 사용할 수 있도록 열쇠공을 고용하여 열쇠를 잃어버린 승객들을 도울 수 있게 했다.

▲ 허드슨강의 기적 - 착륙과 구조작업
출처 : Britannica

　긴급한 요구가 처리된 직후 US 항공사는 승객들과의 접촉을 계속 유지하였다. 여러 번에 걸친 서신을 통해 항공권 비용을 환불하고, 분실한 소지품에 대한 보전금으로 일단 5,000달러를 지급했을 뿐만 아니라 이 금액 이상의 물건을 분실한 사람들에 대해서는 이의 신청을 할 수 있도록 하였다. 더불어 회사 사장인 도우 파커(Doug Parker)는 모든 승객들에게 개인적으로 서신을 보내어 이용횟수가 가장 많은 승객에게 부여하는 '회장이 지정한 지위(chairman's preferred status)'를 12개월 동안 제공할 것을 약속했다. 이 지위에는 승객과 동반자에게 1등석에 여유가 있을 경우, 좌석을 제공하면서 좌석 선택권을 주고 우선적으로 탑승수속을 할 수 있는 권리가 부여된다.

　예상치 않은 사고로 운송서비스에는 실패하였지만 서비스 회복 노력은 성공하였으며, 불시착 사고가 난 이후 6주 동안 1549항공편에 탑승했던 승객의 1/3 이상이 US 항공을 다시 이용했다.

출처 : Business week. https://www.bloomberg.com/news/articles/2009-02-18

- 서비스 실패 : 일반적으로 서비스 실패란 서비스 접점에서 고객이 기대한 서비스를 여러 가지 실수나 약속 위반 그리고 서비스 오류로 인해 기대된 서비스에 대한 고객 불만을 야기하는 경우이다. 즉 고객이 서비스를 구매하거나 이용할 때 그 서비스가 기대된 성과나 효용을 제시하여 주지 못하는 경우가 발생하게 되는데, 이를 서비스 실패라고 한다.

- 고객불평의 의미 : 고객이 불평을 하면 서비스 실패원인의 무엇이 문제인지, 그리고 무엇을 고쳐야 할지를 알 수 있으며 회사에 직접 불평한 고객은 적어도 회사의 서비스에 무엇이 잘못되어 있는지를 알려주는 소중한 정보를 제공해 줄 뿐만 아니라 서비스 복구의 기회가 된다.

- 서비스 회복 : 서비스 회복(service recovery)은 서비스 실패에 대응하여 기업이 취하는 일련의 행동을 말한다. 즉 서비스 회복은 서비스 실패를 통해 학습하고 고객의 입장에서 기업의 신뢰성을 구축하기 위한 기업의 노력, 또는 제공된 서비스 혹은 상품이 고객의 기대에 부응하지 못하여 기업에 대하여 불만족한 고객들은 만족한 상태로 되돌리려는 일련의 과정이다.

  이러한 서비스 실패가 고객이 만족하는 긍정적인 방향으로 처리될 때 고객만족의 효과적 해소가 고객만족, 애호도, 구전효과(word of mouth), 커뮤니케이션, 수익 등에 큰 영향을 미치게 된다. 즉 서비스 회복 노력으로 만족한 고객은 문제가 해결되지 않은 고객보다 훨씬 애호도가 높으며, 또한 불평이 재빨리 회복된 고객은 불평이 해결되지 않은 고객들보다 재구매할 가능성이 높다.

- 고객의 불평 · 불만의 역할 : 고객이 불평을 하면 서비스의 실패원인을 알 수 있게 해주며, 회사에 직접 불평한 고객은 적어도 회사의 서비스에 무엇이 잘못되어 있는지를 알려주는 소중한 정보를 제공해 주게 된다. 즉, 많은 시간과 비용을 들여서 조사해야만 겨우 얻을 수 있는 정보인 서비스의 문제점과 고쳐야 할 문제점에 대한 정보를 알아내고 제공해 주기 때문이다. 또한 고객의 불평은 서비스 복구의 기회가 된다. 서비스의 훌륭한 복구는 고객에게 감동을 제공하는 또 하나의 기회가 되기 때문이다.

- 서비스 보증(Service Guarantee) : 서비스는 무형의 성격을 갖고 있어서 교환을 하거나 수리를 해주기가 매우 어렵다. 왜냐하면 일정한 시간이 지나면 소멸되는 성격을 가지고 있기 때문이다. 따라서 서비스에서의 만족스러운 보증을 위해, 어떤 기업은 환불을 하고, 그렇지 않으면 추후의 서비스를 제공한다. 따라서 이러한 서비스의 보증은 서비스 상품을 구성하는 중요한 요소 중 하나로 작용한다. 보증은 비용지출을 수반하게 되는데, 여기에 대한 지출은 단순한 비용이 아니고 투자로 보아야 하며, 장기적으로 보면 매출액의 증대로 보전된다.

- 서비스 패러독스(Service Paradox) : 실패한 서비스가 성공적으로 회복된다면 고객은 오히려 충성스러운 고객으로 전환시킬 수 있다는 견해이다. 고객은 기대했던 서비스의 실패에 대한 불만과 불평이 서비스 회복과정을 통해 회복되고, 이 과정에서 서비스기업에 대해 더 좋은 인상을 갖게 되며, 결과적으로 높은 우호적 관계가 형성된다는 것이다. 서비스의 실패를 성공적으로 만회함으로써 오히려 고객은 기업을 더 이해하게 되고, 기업에 대한 충성도를 더 높여준다는 의미에서 이를 흔히 서비스 실패의 역설(paradox), 즉 서비스 패러독스라고 한다.

| 논 | 의 | 과 | 제 |

1. 우리 주변의 서비스 실패의 예를 자신의 경험을 통해 살펴보고 논의하시오.
2. 고객 불만의 확산경로를 이해하고 본인의 경험을 토대로 발표해 보세요.
3. 고객의 불평이 기업에 미치는 영향을 논의하시오.
4. 고객 불만 응대요령을 살펴보고 실제상황을 연출하여 실습해 보세요.
5. 서비스 보증의 예를 우리 주변에서 찾아보고 기술해 보세요.

INTERNET 활용하기

- Businessweek.https://www.bloomberg.com/news/articles/2009-02-18/us-airways-after-the-miracle-on-the-hudson, 허드슨강의 기적
- https://dbr.donga.com/article/view/1202/article_no/4569/ac/magazine, Dong A Business Review, 2011.11, 고객불만은 실패를 막는 예방주사
- https://www.yumpu.com/xx/document/read/39721532/-lg, Weekly Focus, LG Business Review, 2008.09.10, 침묵에 가려진 소비자 불평

PART 4

SERVICE MANAGEMENT

인적자원의 중요성과
커뮤니케이션

CHAPTER 12 서비스 경쟁우위를 위한 인적관리

1. 왜 서비스직원이 서비스기업의 성공에서 중요한가를 이해한다.
2. 고객을 만족시키고 서비스품질을 높이는 데 있어 서비스직원의 중요성을 알아본다.
3. 왜 일선 직원에서 권한위임이 중요한가를 이해한다.
4. 내부 마케팅의 중요성과 성공요인을 설명할 수 있다.
5. 서비스산업에서 감정노동이 이슈화되는 이유를 설명할 수 있다.

12 서비스 경쟁우위를 위한 인적관리

서 · 비 · 스 · 경 · 영

개요

서비스기업의 인적자원의 중요성은 사람을 중심으로 이루어지는 서비스의 특성상 더욱 강조되며 확대되고 있다.

특히 서비스 접점에서의 서비스 수행이 서비스품질 및 고객만족에 직접적인 영향을 미치기 때문에 서비스기업에 적합한 직원의 채용 및 교육은 매우 중요하다. 그러나 직원들에게 권한위임이나 동기부여가 결여된다면 원하는 서비스 결과를 만들어낼 수 없을 것이다.

인적자원관리(HRM : human resource management)란 인적자원이 조직의 목표를 달성하는 데 기여할 수 있도록, 인적자원의 확보, 개발, 활용, 보상, 유지에 대하여 계획, 실행, 통제하는 조직 활동을 의미한다.

즉 서비스 직원은 가장 일선에서 고객과의 상호작용을 통해 타 기업과 차별화된 서비스를 제공하여 기업이미지를 형성한다. 또한 서비스 직원의 수준은 기업의 서비스 품질을 결정하므로, 기업을 대표하는 역할을 하는 서비스 직원의 선발과 채용은 매우 중요하다.

본 장에서는 고품질의 서비스 제공을 가능케 하는 인적자원관리의 중요성에 초점을 맞추고, 그들이 최고의 과업을 수행할 수 있도록 내부마케팅 실천을 통한 동기부여 관점에서 학습한다.

1. 서비스문화

조직문화(organizational culture)는 조직행동에서 중요하게 다루고 있는 개념으로 개인과 집단, 그리고 조직의 태도와 행동에 영향을 주는 공유된 가치와 규범을 의미한다. 즉 조직의 전통과 분위기로서 조직의 가치관, 신조 및 행동패턴을 규정하는 기준으로 설명된다.

특히 서비스기업 즉 조직에서는 그들만의 서비스문화가 자리 잡고 있는데, 서비스문화의 본질은 서비스의 품질을 높게 평가하고 고품질의 서비스 제공이 조직의 생존방식이며 모든 구성원의 행동규범이라고 전 직원이 인식하는 분위기를 말하는 것이다.

서비스기업과 같이 고객지향적이거나 서비스지향적인 조직중심에는 서비스문화가 자리 잡고 있다. 전인수·배일현(2006)은 서비스문화를 "좋은 서비스를 소중히 하고, 외부고객뿐만 아니라 내부고객에게 좋은 서비스를 제공하는 것을 모든 구성원의 중요한 규범이자 자연스러운 생활방식으로 간주하려는 문화"라고 말한다. 이 정의는 구성원의 행동에 영향을 미치는 다양한 의미를 함축하고 있는데, 그 의미는 다음과 같다. 첫째, "좋은 서비스를 소중히 생각한다"는 것이 서비스문화의 첫 번째 조건이다. 이는 서비스의 중요성을 강조하는 광고 캠페인을 한다는 것이 아니라 구성원들의 "밑바닥 사고방식"에서 좋은 서비스를 소중하게 여긴다는 의미이다. 둘째, 외부고객뿐만 아니라 내부고객에게도 좋은 서비스를 제공한다는 것이 이 정의에서 매우 중요한 부분이다. 최종소비자인 외부고객에게 좋은 서비스를 제공한다는 것만으로는 충분하지 않다. 모든 조직구성원들도 동등한 서비스를 받을 자격이 있다.

서비스문화는 많은 기업에서 경쟁우위로 연결되고 있다. 왜 서비스문화가 중요한가? 대부분의 경우 경영자들은 모든 서비스직원의 행동을 충분히 통제하지 못한다. 많은 상황에서 직원들은 경영자들 없이 고객과 개별적으로 상호작용을 한다. 따라서 기업은 직원의 생각, 느낌, 행동 등에 영향을 미치는 서비스문화에 의존할 수밖에 없는 것이다.

세계적인 글로벌 기업들은 서비스문화를 새로운 방식으로 바꾸기 위해 지속적이고 협동적인 노력을 하였다. 포시즌스는 오직 최고 수준의 서비스만을 고집한다는 정체성을 바탕으로, 호텔 및 관광업계에서 독보적인 위치를 지켜 왔다. 포시즌스의 목표는 전 세계 어디에서나 최고의 호텔, 리조트 및 레지던스 클럽을 운영하는 회사로 평가받기 위해 노력한다. 포시즌스는 전문화된 개인 맞춤형 서비스로 이러한 가치를 유지하고자 하며, 기대 수준이 높은 고객의 니즈와 취향을 만족

▲ 호텔로비에 전시된 호텔의 서비스문화
리츠칼튼 호텔에서는 서비스문화를 통해 고객과의 약속을 지키겠다는 다짐을 느낄 수 있다.

시키며 전 세계 프리미엄 최고급 호텔 브랜드의 입지를 지키고 있다.

포시즌스의 가장 큰 자산이자 성공의 핵심은 사람이다. 포시즌스는 직원 모두가 자신이 하는 일에 스스로 존엄성과 자부심을 느껴야 한다고 믿고 있으며, 고객을 만족시키기 위해서는 직원들 간의 협력이 필요하기에, 포시즌스는 서로의 역할과 존재를 존중하며 협력하여 가장 효율적인 업무를 실현하고 있다.

2. 서비스 역량과 서비스 성향

서비스 지향성은 경영조직이 고객에게 양질의 서비스를 제공하기 위하여 조직이 능동적으로 대응하는 정도를 의미하는 것으로 조직차원의 서비스에 대한 적극적인 활동이라고 설명할 수 있다.

서비스기업에서 핵심은 서비스 접점에서 고객과의 상호작용을 통해 자사의 서비스문화를 고객만족을 위해 전달하는 직원들의 서비스지향성이다. 이것은 고객을 위한 최상의 서비스를 설계하고 고객이 원하는 가치를 제공하는 것이다.

서비스직원의 서비스지향성에는 서비스역량(service competencies)과 서비스성향(service inclination)의 두 가지 능력이 상호보완적으로 필요하다.

서비스 역량은 서비스직무에 따라 요구되는 역량은 다르나 주어진 직무를 수행하는

데 필요한 기술 및 지식을 말한다. 여기에 고객접점에서 이루어지는 서비스의 다차원적인 특성, 즉 믿을 수 있고, 빨리 반응해야 하며, 공감할 수 있어야 한다는 점을 고려한다면 서비스 역량 이상의 것이 서비스직에 요구된다. 그래서 서비스 성향이란 조건이 추가되는 것이다.

서비스 성향이란 서비스업무 수행에 대한 관심을 말하는 것으로 고객과 동료에 서비스하는 것과 서비스에 대한 태도에 영향을 미치기 때문에 직원을 선발할 때 중시된다. 일반적으로 서비스 성향은 상대에 대한 관심과 배려도, 표현력, 의사결정 스타일, 생활태도 그리고 사교성 등으로 평가하는데, 서비스직에 종사할 사람들은 다른 사람들에 비해 서비스마인드를 가진 사람, 즉 타고난 기질이 서비스직원에게는 중요하다. 특히 서비스맨의 필수 요건 중 하나가 센스있는 행동이다. 고객의 눈빛만 보아도 고객의 기분을 알아차려 민첩하게 행동할 수 있는 감각이 필요하다.

제2절 > 서비스직원의 중요성

기업문화는 구성원에게 조직의 의미를 부여하고, 그들에게 행동규칙을 제공하는 공유된 가치관과 신념으로서, 조직구성원의 행동 방향성이라고 할 수 있다. 특히 서비스기업에서는 좋은 서비스를 소중히 생각하고, 외부고객뿐만 아니라 내부고객에게 좋은 서비스를 제공하는 것을 모든 구성원의 중요한 규범이자 자연스러운 생활방식으로 간주하는 서비스문화가 있다.

서비스기업의 고객만족 수준은 서비스 접점 직원과 고객 간의 상호작용의 결과에 따라 대부분 결정된다. 따라서 서비스를 전달하는 직원의 역할이 서비스 성과에 매우 중요한 요인으로 작용한다.

1. 기업의 대표 브랜드

서비스기업에서 가장 중요한 것은 사람, 즉 인적 요소이다. 서비스조직에서 흔히 인용되는 말 중에 "서비스조직에서는 고객에게 직접 서비스를 제공하지 않더라도 어떤 누군가에게 서비스를 하고 있다." 접점 직원과 이들을 뒤에서 지원하는 직원 모두 서비스 조직의 성공에 결정적으로 중요함을 시사하는 말이다.

이 중 고객들을 매일 서비스 현장에서 대하고 있는 서비스 접점 직원의 중요성은 아무리 강조해도 지나치지 않다.

서비스기업에서는 접점 직원이 곧 서비스이다. 즉 접점 직원은 곧 기업이고 좋은 서비스는 접점 직원에서부터 나온다. 따라서 접점 직원의 말 한마디와 행동 모두 기업을 대표한다. 결국 서비스 제공물이 바로 직원이기 때문에 서비스품질을 높이기 위해 직원에 투자하는 것은 제조업체가 제품을 개선하기 위해 투자하는 것과 같은 것이다.

서비스기업은 서비스를 수행하는 접점 직원과 이를 지원해 주는 많은 직원들의 노력이 합쳐져 서비스가 제공되지만 사실 고객의 눈에는 접점 직원이 바로 서비스기업으로 보인다. 예컨대, 호텔이나 항공사의 모든 서비스 접점 직원들이 고객에게는 기업을 대표하는 것으로 보이며, 이들이 행동하고 말하는 모든 것이 조직에 대한 고객의 지각에 영향을 미치기 때문에 서비스직원은 곧 기업을 대표하는 브랜드라고 할 수 있다. 또한 서비

▲ 고객접점에서의 인적서비스는 고객만족과 직결되기 때문에 직원들은 늘 회사를 대표한다는 마음가짐이 중요하다. 대한항공은 국토부 "2019 항공 교통서비스평가"에서 전 항목 최고 등급을 받았다.

스기업의 마케터이자 걸어다니는 광고게시판이라고 할 수 있다.

▲ 1954년의 American Airlines 광고는 관광 및 접객 분야에서 서비스가 항상 가장 중요했음을 보여준다. 출처 : Ray Freeman & Kelley Glazer, American Airlines 항공 스튜어디스

2. 서비스직원이 왜 중요한가?

왜 서비스 접점 직원, 즉 일선 직원들은 기업의 경쟁력이며 고객에게 중요한가? 이는 최전방에 있기 때문이다. 또한 그들이 곧 서비스이기 때문이다. 그들이 우리 기업을 대변하는 대변인이고 마케터이며 우리 기업의 브랜드, 즉 우리의 얼굴인 것이다.

고객의 관점에서 서비스직원과의 만남은 아마도 서비스의 가장 중요한 측면일 것이다. 기업의 관점에서 일선 직원들에 의해 전달된 서비스 수준과 방법은 기업의 경쟁우위뿐만 아니라 차별화의 중요한 근원이 될 수 있다. 서비스기업에서 고객접점 직원이 중요한 이유는 다음과 같다.

1) 서비스직원은 바로 서비스 자체이다

서비스 제공에 있어서 많은 경우 접점 직원이 곧 서비스 그 자체가 될 수 있다. 서비스 직원은 서비스에서 가장 눈에 띄는 곳에 있으며, 그들은 서비스를 수행하고 생산의 핵심부분에 위치하면서 서비스의 질에 영향을 미치기 때문이다.

인적 요소는 모든 조직의 전반적인 성공에 중추적인 역할을 하지만 특히 호텔 비즈니스와 같은 서비스산업에서는 더욱 그렇다. 호텔의 일선 직원들(웨이터, 웨이트리스, 프런트오피스 직원, 벨맨 등)은 손님과 직접 접촉하므로 호텔의 목표를 달성하는 데 중요한 역할을 한다.

제공되는 서비스의 품질은 직원의 기술과 마찬가지로 직원의 태도에 따라 달라지는데, 사실 고객만족은 호텔의 음식과 음료, 숙박 및 기타 시설의 수준만큼 직원의 서비스,

태도 및 개인적 자질에 의해 영향을 받게 되므로 서비스 제공자인 일선 직원이 바로 기업의 대표적인 상품이 되는 것이다.

▲ 더 로비에선 소파에 편안하게 앉아 있으면 프런트 직원이 체크인과 체크아웃을 진행해 주는 1대 1 맞춤형 서비스가 제공된다.
출처 : http://daily.hankooki.com, 롯데호텔 서울

이와 같이 직원 한 사람 한 사람의 언어, 행동, 예의범절은 향후 고객의 제품 구매 시 회사의 총체적 이미지로 지각되어 중요한 결정 요인으로 반영되고 결국 전체적인 서비스의 만족에 영향을 미치게 된다.

2) 고객의 눈에는 직원이 회사의 대표자이다

서비스기업의 일선 직원은 서비스기업을 대표한다. 또한 고객의 관점에서는 기업이나 다름없다.

서비스맨은 회사를 대표하고 고객들은 서비스맨을 통해 반응한다. 설령 접점 직원이 혼자서 서비스를 수행하지 않더라도 고객의 눈에는 고객과 접촉하는 직원들이 바로 서비스기업의 대표자로 보인다. 고객들은 회사 내부의 시스템이나 과정에는 관심이 없다. 그저 자신의 요구가 충족되길 바랄 뿐이다.

예를 들어, 호텔의 직원이 서비스를 제공하는 서비스 접점 직원에서부터 주차서비스나 하우스키핑 직원에 이르기까지 고객들에게는 모든 접점 직원들이 호텔을 대표하는 것으로 보이며, 이들이 행동하고 말하는 모든 것이 조직에 대한 고객의 지각에 영향을 미칠 수 있다.

휴식시간의 항공기 승무원, 혹은 비번인 음식점 직원들조차도 그들이 몸담고 있는 조직을 대표한다. 만약 이들이 자기 회사의 규정을 위반하거나 무례한 언행을 한다면, 그 직원이 비록 근무 외 시간일지라도 그 조직에 대한 고객의 지각은 손상을 입게 된다. 이러한 이유로 디즈니에서는 직원들에게 항상 그들이 무대 위 배우처럼 긴장을 늦추지 말라고 한다. 휴식은 '백스테이지'에서 분장을 지우고 비로소 취할 수 있는 것이다. 그들

▲ 싱가포르 에어라인의 승무원들 : 기업에 소속된 직원들은 그들이 몸담고 있는 기업을 대표한다는 마음으로 행동해야 한다. 즉 기업의 유니폼을 입고 있다는 것은 직무 중이든 아니든 고객의 지각에 영향을 미친다.
출처 : https://mitsueki.sg

▲ 서비스를 위해 기다리는 모습
서비스의 최일선에서 고객과 상호작용하는 것은 그 자체가 기업 마케터의 역할을 수행하는 것이다.

은 기업의 이미지를 형성하는 데 매우 중요한 역할을 하며 고객 대면 서비스의 최일선에서 회사를 대표하게 되기 때문이다. 개개인의 이미지가 회사 전체를 대표하는 이미지를 형성하고 나타낸다는 사실을 인식해야 한다.

3) 서비스직원은 마케터이다

일선 직원과 서비스는 종종 브랜드의 핵심 부분이다. 브랜드의 약속을 전달하거나 이행하지 않을 사람이 바로 직원이기 때문이다.

서비스직원 즉 접점 직원은 그 조직을 대표하고 고객의 만족에 직접적으로 영향을 미칠 수 있기 때문에, 이들은 스스로가 마케터(marketer)의 역할을 수행하고 있다. 이들은 서비스를 물리적으로 구체화시켜 걸어다니는 광고 게시판 역할을 하며, 또한 어떤 직원은 판매를 하기도 한다. 능동적이든 소극적이든 간에 서비스직원은 마케팅 기능을 수행하고 있다. 이들이 이러한 기능을 잘 수행하면 조직에 도움이 될 것이고 잘못하면 손해를 끼치게 된다.

서비스기업이 아닌 아우디와 같은 자동차 제조업체도 기업의 브랜드 이미지를 강화하기 위해 직원이 중요하다는 것을 알고 있다. 따라서 그들의 브랜드 이미지와 맞는 서비스직원을 고용한다. 예를 들면 아우디는 직원을 채용할 때 고객과의 대인관계에 능숙한 사람을 고용한다. 기술자를 뽑을 때에도 고객과 대화하기를 좋아하며 공감을 나누고 싶어 하는 사람을 찾는다. 아우디는 결코 차를 생산하고 광고를 통해서만 이미지를 만들어 나가는 것이 아니다. 아우디에서 일하는 직원들도 이러한 브랜드 이미지 구축에 일조하고 있다.

4) 서비스직원의 매너는 기업의 경쟁력이다

서비스직원에게 있어 중요한 것은 서비스 패러다임의 변화를 제대로 이해하고, 그것을 기반으로 새로운 서비스테크닉을 훈련해 나가는 것이다. 고객의 만족은 서비스의 상품력과 더불어 서비스직원의 친절한 이미지가 중요한 경쟁력으로 떠오르고 있다.

▲ 서비스 직원은 회사를 대표하고 고객은 직원을 보고 회사를 평가한다.
출처 : https://www.cvent.com

우리 주위의 많은 기업들 중에는 직원들의 헌신적 친절서비스 덕분에 어려운 상황에서 회생한 사례가 많이 있다. 친절 하나로 매출의 상승은 물론 전 직원의 자부심까지 높이고 있다.

밝은 표정, 정감 있는 인사, 단정한 용모, 공손한 말씨, 아름다운 자세와 동작을 체득한 서비스는 고객과 따뜻한 마음의 상호교류를 하는 메신저(Messenger)이다.

▲ 레스토랑의 풀코스 세팅과 와인 서비스
레스토랑의 생산성은 up selling을 통한 매출의 향상으로 나타난다. 이는 지속적인 교육과 열정으로 만들어진다.

5) 서비스직원은 유능한 생산자이다

더욱이 서비스 접점 직원은 고객과 개인적 관계를 형성하는 데 중요한 역할을 담당한다. 이러한 활동이 효과적으로 수행될 때 고객충성도를 이끌어낸다. 충성도가 높은 고객들을 통한 교차판매(cross-selling)와 상향판매(up-selling)는 매출 신장에 매우 중요한 역할을 한다. 이와 같이 서비스 접점 직원은 서비스 수행과정에서 생산성을 이끄는 핵심 동력이다.

제3절 > 서비스직원의 능력과 직무자세

서비스 현장에서 고객들과 직접 대면해서 서비스를 제공하는 서비스 접점 직원들은 그들이 몸담고 있는 기업과 고객 사이에서 연결고리 역할을 한다. 사실 서비스기업에서 보면 그들은 조직 피라미드의 가장 하위에 위치한다. 프런트데스크 근무자, 웨이터, 웨이트리스, 항공사 승무원, 면세점 점원 등의 접점 직원은 기업의 말단에서 적은 임금으로 고객들과 상대하며 기업을 대표하고 있다. 그들의 기술과 급여의 수준이 어떻든 접점 직원들은 스트레스를 많이 받는다. 전문적 지식, 그리고 육체적 기술에 대하여 이러한 직업은 상당한 수준의 정신노동과 사람 간의 갈등을 다루는 능력이 요구된다. 여기서 무리가 생기면 결국 서비스 실패로 이어지게 된다.

서비스직원이 갖추어야 할 능력은 다음과 같다.

1. 신뢰감을 주는 서비스직원

1) 제품에 관한 지식

고객들은 서비스 회사가 만들거나 판매하는 그 어떤 상품이라 할지라도 서비스직원이 그 제품이나 사양과 특징, 그리고 부가 서비스에 대해 잘 알고 있기를 기대한다. 레스

토랑 메뉴를 고객이 질문했을 때, 주
방장한테 물어보고 온다고 하면 능
력있는 직원으로 볼 수 없다. 직원의
전문지식은 제공되는 서비스 상품을
더욱 돋보이게 만들 수 있는 것이다.

2) 회사에 관한 지식

고객들은 서비스직원이 맡고 있
는 담당 업무 이외의 다른 업무에 대
해서도 잘 알고 있기를 기대한다. 만
일 고객의 특정한 욕구를 채워주는

▲ 음식을 제공하는 셰프들
서비스직원의 제품에 대한 지식은 기본적인 요소이다. 셰프들이 고객에게 직접 음식을
제공함으로써 신뢰감을 높인다.

일이 서비스직원의 권한 밖의 일이라도 고객들은 최소한 서비스직원을 통해 관련내용을
안내받기를 원한다. 호텔의 멤버십관련 문의라던가, 간단하게는 헬스클럽 운영시간 등도
고객의 입장에서는 중요한 정보이기 때문이다. 호텔에서는 매일 사내 소식지를 통해 그
날의 연회행사들을 공유하며 혹시 모를 고객의 행사관련 문의에 대비하게 된다. 만약

참석고객이 행사장의 위치를 문
의할 경우, 참석자들에게 연회장
의 위치를 설명하거나 직접 안내
할 수 있기 때문이다.

3) 경청의 기술

고객들은 자신의 특정한 요구
를 서비스직원에게 설명할 때 서
비스직원이 귀 기울여 듣고 이해
하여 그것에 대응해 주기를 기대
한다. 고객과의 소통과정에서 적

▲ 서비스는 고객과의 상호작용에서 이루어진다. 고객의 특별한 요구를 들어줄 때 고객은 서
비스에 만족하게 된다. 항상 진지하게 "나는 고객님의 말씀을 경청하고 있습니다"라는 메시
지를 표정과 자세로 보여주어야 한다.

절한 질의와 관심을 통해 필요한 문제를 해결해 주기를 원하는 것이다. 서비스의 의미 자체도 지식이나 이론보다는 이미지나 태도의 표현이 더욱 중요하다고 볼 수 있으며, 양방향의 의사소통은 효율적인 고객서비스의 기반이 된다.

4) 문제해결 기술

고객들은 자신들의 욕구를 표현할 때 서비스직원이 제대로 이해한 다음, 회사가 제공하는 서비스를 활용해서 신속하게 처리해 주기를 기대한다. 다양한 상황에서 접하게 되는 서비스직원에게는 분석력, 이해력, 표현력 등이 필요하며, 이런 능력의 기초가 되는 것이 판단력이다. 특히 다양한 요구를 지닌 고객과 접점상태에서 빠른 상황 판단력으로 고객의 욕구를 파악하여 대처하는 능력은 매우 중요하다.

2. 서비스직원의 직무자세

1) 자기분야에서 최고가 되겠다는 마음자세

우리가 사는 사회는 프로가 각광받고 존중받는 사회다. 정치도, 사업도, 직업도 마찬가지다. 프로란 자기가 맡은 분야의 업무를 솜씨 있게 처리하는 사람, 즉 전문가를 말한다. 사회가 발전함에 따라 직업이나 업무가 세분화되고 고도화되었다. 세분화되고 고도화한 일을 처리하자면 매우 전문적인 지식과 감각이 필요하다.

프로는 허황된 마음으로만 되는 것이 아니다. 그 분야 업무에 대한 정확한 분석과 더불어 업무처리능력과 감각을 길러야 하며, 전문가가 되기 위한 꾸준한 학습과 세심한 관찰 및 다양한 체험도 필요하다.

서비스직원은 자기 분야의 최고가 되겠다는 마음자세로 일해야 한다. 왜냐하면 고객의 행복과 만족 그리고 안전을 책임지는 사람이기 때문이다.

2) 창조와 개척의 마음자세

서비스직원은 매사에 창조와 개척하는 마음자세로 임해야 한다. 무한경쟁의 시대에 자기가 맡은 일에 열성적이며, 고객의 입장에서 조그마한 문제라도 개선하려고 노력하는 것이 창조정신이 투철한 서비스직원이다.

사실 세상에 새롭지 않은 것은 아무것도 없다. 창조는 모방에서 시작되고, 모방을 넘어서 창조로 나아간다. 또한 완전히 새로운 것이란 없다. 모든 새로운 것은 기존의 것을 개선하고 발전시키는 속에서 탄생하기 때문이다. 서비스의 발전도 그러하다.

3) 계속 혁신하는 마음자세

변화와 혁신이 없는 정체는 죽음이라고 한다. 혁신을 통해 나아가지 않는 제자리걸음은 퇴보다. 이것이 무한경쟁시대를 맞이한 기업 환경이다.

서비스직원은 고정관념을 깨고, 계속 혁신하는 마음자세를 가져야 한다. 발상의 전환을 위해 나부터, 지금부터, 실천가능한 일부터 시작해야 한다.

4) 신념과 패기의 마음자세

서비스직원은 '하면 된다. 할 수 있다'는 신념을 가져야 한다. 어려워도 해보자는 패기를 가져야 한다. 아무리 어려운 일도 노력하고 고민하면 해결의 실마리가 보이게 마련이다.

무슨 일이든 할 수 있다고 생각하는 사람과 조금만 어려워도 할 수 없다고 생각하는 사람은 일의 성취에서 많은 차이가 난다. '미래는 도전하는 사람의 것'이다.

▲ G.O(Gentle Organiser)는 리조트 상주 직원을 뜻하며, 1950년 클럽메드가 시작할 때부터 탄생한 이름이다. 클럽메드에 상주하고 있는 20여 개국의 다양한 국적을 가진 상주직원과 식사, 액티비티, 파티 등을 통해 보다 뜻깊은 경험을 고객에게 선사한다.
출처 : https://www.clubmedjobs.com

제4절 > 내부마케팅

1. 내부마케팅의 개념

기업의 마케팅 활동은 외부시장, 즉 외부고객을 중심으로 이루어졌다. 마케팅 조사를 비롯해 마케팅 믹스에 의한 포지셔닝 전략 등도 모두 외부고객에 초점이 맞추어져 왔다. 그러나 고객접점 인적서비스의 중요성이 부각되면서, 기업의 내부고객(직원)이 중심이 되는 내부마케팅이 등장하기 시작했다.

직원은 마케팅 조직 구조에서 마케팅 마인드와 기술을 습득해 실천하는 가치 전달자의 역할을 담당한다. 따라서 서비스에 대한 고객만족은 직원의 인간적 행위나 태도에 의해서 크게 좌우되므로, 서비스기업은 고객만족 이전에 직원 만족을 먼저 해결하지 않으면 안 된다.

이와 같이 내부마케팅은 "직원을 고객으로 바라보는 것", 즉 관리의 대상이 아닌 마케팅(고객만족)의 대상으로 바라보는 것이다.

현대의 기업에서는 내부마케팅의 중요성을 인지하면서 그 중요성이 점차 확대되고 있다. 특히 서비스기업의 경우 서비스 전달 주체인 직원들이 내부고객이며, 내부고객인 직원 자체가 곧 서비스 상품이고 동시에 판매를 담당하는 채널이기 때문에 서비스직원들의 중요성이 날로 커지고 있다.

따라서 내부마케팅이란 "직원을 고객으로 생각하고 이들의 동기부여와 만족을 통해, 외부고객에게 보다 양질의 서비스를 제공하려는 기업활동"으로써, 직원의, 직원을 위한, 직원에 의한(of the employee, for the employee, by the employee) 마케팅이다. 즉 직원을 1차 고객으로 간주하여 마케팅의 모든 것을 적용하는 것이 내부마케팅이다.

〈표 12-1〉 내부마케팅과 외부마케팅의 비교

구분	내부마케팅	외부마케팅
이념	내부고객지향	외부고객지향
목표	직원만족	소비자 만족
대상	직원(내부고객)	소비자(외부고객)
제공물	직무 및 작업환경	제품, 서비스
가격	직무의 대가	상품의 대가
목표	직원만족	소비자 만족
주체	모든 관리자	마케터
교환	직무, 직무환경〈=〉노동시간	제품〈=〉화폐
경로	직간접으로 관련된 모든 직원	도매점, 소매점, 고객 등
전략	내부세분화, 내부 위치화	S(시장세분화 : Segmentation) T(위치화 : Targeting) P(목표화 : Positioning)
조사	내부시장조사	시장조사

출처 : 정기한·오재신, 내부마케팅의 이론과 실제, 2010

2. 내부마케팅의 성공요인

내부마케팅의 기본 전제는 만족한 직원만이 소비자들을 만족시킬 수 있다는 것이다. 마음속에 있는 좋은 기분이 자연스럽게 고객에게 전달되기 때문이다. 고객은 서비스를 제공하는 직원의 이미지나 인상 때문에 서비스기업을 선택하는 경우가 많다. 이것은 서비스 제공자와 고객 간의 관계가 바로 고객의 만족/불만족을 좌우하기 때문이다.

고객에게 서비스를 제공할 때 많은 직원들이 직간접적으로 참여하게 된다. 이때 이들의 기술, 고객지향성, 서비스 마인드(service mind)가 고객이 받는 서비스품질에 결정적인 역할을 한다.

고객만족을 위한 내부마케팅의 성공요건은 다음과 같다.

1) 직원의 중요성을 인식하는 것에서 출발한다

▲ 조직은 직원의 행복에 항상 관심을 기울여야 한다.
출처 : https://www.voloforce.com

내부마케팅의 성공은 최고경영자부터 관리자에 이르기까지 "직원이 행복하지 않으면 고객만족은 이루어질 수 없다."라는 사실을 인식하는 것이 중요하다. 그리고 내부마케팅을 고객만족의 중요한 전략적 차원으로 인식해서 이의 성공을 위해 최고경영층으로부터의 전사적인 지원이 필요하다.

2) 직원의 동기부여를 확실히 해야 한다

외부고객이 만족하기 위해서는 좋은 제품/서비스가 필요하듯이 내부고객의 만족을 위해서는 작업환경과 권한위임, 공정한 인사정책 그리고 긍정적인 서비스문화의 도입이 우선시된다.

조직의 강력한 서비스문화는 더 생산적이고 행복한 직원을 만들 뿐만 아니라 낮은 이직률을 보여준다.

3) 내부마케팅의 최종목표를 이해해야 한다

고객지향성에 대한 인식, 내부마케팅을 강조하다 보면 직원의 복지나 만족 그 자체가 최종 목적인 것처럼 착각할 수 있으나, 결국 내부마케팅의 궁극적 목적은 기업의 영속성을 보장하는 고객만족이라는 것을 기업이나 직원들 모두 인지해야 한다.

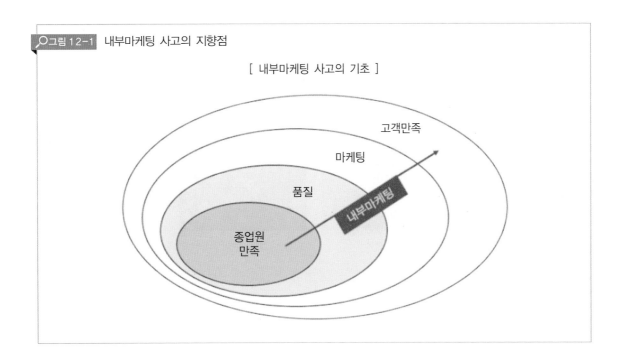

그림 12-1 내부마케팅 사고의 지향점

[내부마케팅 사고의 기초]

고객만족
마케팅
품질
종업원
만족
내부마케팅

세계적으로 유명한 메리어트(Marriott)호텔 체인의 회장인 빌 메리어트는 호텔관리자를 채용할 때 후보자들에게 다음과 같은 질문을 던진다. "우리 호텔은 만족시켜야 할 세 집단 즉 고객, 직원, 그리고 주주들이 있는데 만족시켜야 할 우선순위별로 세 집단을 말해보라." 대부분의 후보자들은 첫 번째로 만족시켜야 할 집단을 고객이라고 말한다. 그러나 메리어트 회장의 논리는 전혀 다르다. 그에 의하면 첫 번째로 직원을 만족시켜야 한다. 왜냐하면 직원들이 자신들의 일을 사랑하게 되고 자신들의 호텔에 자부심을 느끼면, 호텔을 찾는 고객들에게 좋은 서비스를 제공할 것이다. 이렇게 만족한 고객은 다시 메리어트 호텔을 찾게 될 것이며, 행복한 고객을 맞이하는 직원들은 더욱 일에 대한 만족감을 느껴 더 좋은 서비스를 제공할 것이며 그 결과 더 많은 고객이 호텔을 다시 찾게 될 것이다. 이 모든 일은 결과적으로 메리어트 호텔의 이익을 높여서 호텔주주들을 만족시켜 줄 것이다.

▲ Bill의 아버지인 J. Willard(JW) Marriott와 함께

▲ 직원들과 악수하며 인사하는 Bill Marriott 회장

3. 내부마케팅의 실천방안

1) 감정노동과 스트레스를 관리하라

정서적 노동이란 직원의 감정이 업무상 하나의 요소가 되는 노동을 말한다. 즉 인간으로서의 심리적·감정적 반응이 업무결과에 반영되는 노동이다. 이러한 감정노동은 직원들의 직무소진을 일으키고 나아가 이직의도에 영향을 미치게 한다.

서비스업은 제조업보다 노동집약적인 경향이 강하기 때문에 사람들과의 갈등 및 일과 사람과의 갈등이 제조업보다 더 많이 발생한다. 따라서 서비스를 제공하는 직원의 만족도는 서비스품질의 결정요인이 되기 때문에 직원의 갈등과 스트레스를 관리하는 것이 중요하다.

2) 적합한 직원을 고용하라

기업에서 우수한 직원을 채용하는 것은 매우 중요하다. 모든 사람이 서비스를 잘할 수는 없다. 그러나 서비스기업은 서비스능력(service competence)과 성향을 고려해야 한다. 서비스능력이란 기술이나 지식 또는 신체적 조건이나 교육 정도를 의미하고, 서비스성향이란 가치관, 태도 등을 의미하는 것으로서 기꺼이 남을 도우려는 성향, 사려 깊음, 사교성 등이 이에 속한다. 즉 훌륭한 서비스는 가슴에서 우러나와야 한다는 것을 의미한다.

직원고용에서 "적절한 사람이 곧 재산이다."라는 말처럼 적절한 사람을 선발하는 것은 인력시장에 존재하는 최고의 지원자를 뽑는 것도 포함된다. 적절하면서도 어떤 분야에 뛰어난 능력과 성향을 가진 지원자를 선발하도록 해야 한다.

▲ 리츠칼튼 호텔의 문제해결을 위한 20,000달러 방식
　적합한 직원 채용도 중요하지만 서비스 접점 직원들의 권한위임도 직원의 직무수행에 영향을 미친다.

3) 최고의 사원을 유지하라

많은 서비스기업에서 고객과의 접촉이 많은 직책은 조직에서 낮은 직급의 직원들에게 맡겨진다. 예를 들면 패스트푸드의 카운터 보는 사람, 비행기 승무원, 호텔 서비스 접점의 직원들이 그것이다. 여기서 두 가지 위험을 발견할 수 있다. 1) 기업이 그 성공여부를 훈련이 가장 안 된 직원들 손에 맡겨두는 것이다. 2) 이런 직책에서 훌륭하게 해낸 직원은 종종 승진하여 현 직책을 떠나게 되고 결국 능력이 부족한 신참 직원들에게 그

임무가 계속해서 맡겨지게 되는 것이다. 따라서 기업은 최고의 사원을 유지하기 위해 직원에게 동기를 부여하는 환경을 구축하는 것이 필요하다.

직원에게 업무에 대한 동기를 부여하기 위해서는 그들의 서비스 성과에 대해 정확하고 객관적인 측정과 강력한 보상이 필수적이다. 보상이 빈약하다고 느끼면 흥미나 참여가 떨어지고 따라서 서비스효과도 미미해질 수 있음을 명심해야 한다.

4) 교육과 훈련을 실시한다

만약 기업이 우수한 직원을 고용한다면, 훈련에 대한 투자는 뛰어난 결과를 낼 수 있다. 직원을 위한 우수한 경력 발전 프로그램은 기업이 직원을 가치있고 주의를 기울여야 하는 존재로 느끼게 하는 데 도움을 준다. 결국 직원은 고객의 욕구를 만족시키기 위해 일할 것이고, 이는 고객만족, 충성도, 그리고 궁극적으로 기업의 수익성을 높이는 결과로 나타날 것이다.

교육훈련에서 중요한 것은 지속적인 훈련이 되어야 한다는 것이다. 이러한 교육을 통해 정중한 태도, 응답성, 감정이입된 서비스, 경청, 문제해결방법, 커뮤니케이션, 대인적 기술 등을 포함시키는 것이 필수적이다.

전문가 양성은 단기간에 이루어질 수 없으므로 실무위주의 교육을 통해 목적을 달성하도록 책임자는 관심과 열정을 가져야 한다. 또한 개개인이 교육의 중요성을 인식하고 성실하게 참여하는 습관을 지니도록 만들어야 한다.

▲ 고객응대를 위한 서비스교육은 지속적으로 시행되어야 한다.
출처 : https://japantoday.com

5) 임파워먼트와 팀워크를 장려하라

고객의 요구에 맞추고 문제발생 시 빠른 대응을 하기 위해서는 일선 직원들에게 재량권을 부여하는 것이 필요하다. 직원과 고객이 상호작용할 때, 직원의 실수나 부적절한 응대는 불만을 야기한다. 경영자는 직원들의 실수를 예방하고 고객의 요구에 충분히 대응할 준비를 하도록 도와야 한다. 즉, 즉각적인 상황 판단과 문제해결 및 융통성 있는 업무흐름을 위해서 직원들의 자발적인 의사결정을 지원하는 운영시스템이 요구된다. 이와 같이 직원에게 상황에 따른 의사결정 권한을 부여하는 것이 임파워먼트(empowerment)이며, 이러한 임파워먼트는 직원이 스스로 지시하고 스스로 관리하게 하는 것이다.

서비스 현장에서 일하는 직원들은 고객불평을 해결할 수 있는 교육을 받아야 하며, 직원들이 고객에게 "매니저를 불러드리겠습니다"라고 말하는 대신에 직접 문제를 해결할 권한을 위임하고 교육해야 한다.

6) 직원이 주요 의사결정에 참여하도록 하라

직원 참여와 동기유발 과정에는 위험이 따를 수 있지만 유용한 관리기법이 될 수 있다. 처음부터 규칙을 세우고 그들의 의견이 반영되어 최종 의사결정이 이루어짐을 모든 직원에게 알려준다. 이런 방식은 최종 결정은 고용주가 하지만 직원들이 의사결정에 참여한다는 사실만으로도 만족하게 될 것이다.

예를 들어 레스토랑의 신 메뉴를 결정할 때 고객접점에서 근무하는 직원들의 의견은 매우 중요하다고 할 수 있다. 그들의 의견을 통해 고객들의 취향과 욕구를 파악할 수 있으며 향후 메뉴의 흐름을 가늠할 수 있게 된다. 또한 메뉴 구성에 참여한 직원들은 더욱더 조직에 몰입할 수 있게 된다.

직원의 권한 강화 사례 : Ritz-Carlton Hotel

직원의 권한과 관련된 모범적 사례는 Ritz-Carlton에서 찾아볼 수 있다. 직무수행 중 고객불평을 접수한 종사원은 그 고객의 문제를 해결할 때까지 고객불평을 소유(own)한다. 여기에서 소유라는 말은 그 고객의 문제가 일단 접수되면 그 종사원의 문제가 되었음을 뜻한다. 매니저나 보스를 찾기 위해 화난 고객을 세워둘 필요도 없다. 현장에서 즉시 해결한다는 얘기다. 그래서 리츠칼튼 고객의 90% 이상이 다시 투숙하게 되며 경쟁사보다 15% 낮은 종사원 이직률과 10% 가까이 높은 객실이용률을 보여준다.

Ritz-Carlton의 전 직원은 'Gold Standard'라는 접객 3대 원칙과 더불어 '신조'라는 기업 방침 및 20개 항목에 달하는 사원 신조를 확실하게 숙지하고 있다. 또한 고객 서비스 담당 이사로부터 매일 'mantra'(주문)라는 메모를 받는다. 그 주문은 매일 혹은 주마다 바뀌지만, 직원들의 행동으로 이어지고 이것이 곧 습관과 업무방식이 되고 있다.

매년 수행하는 매니저 연수에서 Schultz 회장은 다음과 같은 강의를 한다. "내가 회장인 Schultz입니다. 이 호텔의 중요 인물입니다. 하지만 이 점은 여러분도 마찬가지입니다. 실제로 고객 입장에서 보면 여러분이야말로 중요합니다. 내가 없더라도 아무도 개의치 않을 것입니다." Schultz 회장은 신규 고용자의 연수에서도 기꺼이 이와 같이 연설을 한다. 업무 내용의 세부 강의보다 오만하지 않고 당당한 '신사 숙녀 정신'을 반복 강조하여 직원에게 침투시키는 것이 이 연수의 주목적이다. Ritz-Carlton의 고객지향적 황금 표준(gold standard)은 아래의 표와 같다. 참고로 Marriott의 신조는 'the spirit to service'이다.

* Ritz-Carlton의 신조와 사훈

신조 (The Credo)	• 우리의 가장 중요한 임무는 고객에게 진정으로 편하고 안락한 공간을 제공하는 것이다. • 우리는 고객이 언제나 따뜻하고, 편안한 고품격의 분위기를 즐길 수 있도록 고객 한 분 한 분에게 최고의 서비스와 시설을 제공할 것을 다짐한다.
사훈 (The motto)	• 우리는 신사 숙녀를 모시는 신사 숙녀다.
세 단계 서비스	• 따뜻하고 진실되게 맞이하고, 가능한 한 고객의 이름을 부른다. • 고객이 원하는 바를 미리 예측하고 이에 부응한다. • 따뜻한 작별인사로 감사드리고, 되도록 고객의 이름을 부르며 따뜻하게 배웅한다.
직원에 대한 약속	• 우리의 신사 숙녀들이 고객 서비스에서 가장 중요한 자원이다. • 신뢰와 정직, 존중, 성실과 약속을 바탕으로 우리는 개인과 회사의 이익을 위해 그들의 기능을 발전시키고 최대화시킬 것이다. • Ritz-Carlton은 다양성이 존중되고, 삶의 질이 향상되며, 개인의 포부를 만족시키고, 신비함을 강화시키는 업무환경을 조성할 것이다.

출처 : 이준혁 외, 서비스경영론, 백산출판사, 2019를 바탕으로 논자 재작성

4. 감정노동

1) 서비스산업에서의 감정노동의 이슈화

최근 감정노동이 사회적으로 이슈화되면서 감정노동에 대한 관심이 커지고 있다. 감정노동의 개념을 체계적으로 제시한 Hochschild(1983)는 서비스 분야의 종사자들이 기존의 육체노동이나 정신노동 외에도 고객들과의 상호작용과정에서 고객들의 서비스만족을 위해 자신의 감정을 고무시키거나 억제하여 수행하는 노동을 감정노동으로 규정하고 있는데, 이러한 감정노동은 머리나 신경을 써서 제 일을 처리하는 정신노동이나 육체노동에 비해 고객들과의 상호작용과정에서 나타나는 감정의 개입이 결국 업무적으로 많은 스트레스를 유발할 뿐만 아니라 점점 사회적 문제로 표면화되고 있다.

서비스산업은 감정노동이 업무의 중심에 있는 대표적인 산업으로 직원들의 고객접점에서의 서비스 행위와 함께 제공되는 감정의 부문이 기업의 경영성과에 직결되고 있으며 이에 대한 중요성이 날로 커지고 있으므로, 감정노동에 대한 정당한 평가가 이루어져야 한다. 즉 개인의 자질 또는 인간적인 특성으로만 여겨지던

▲ 감정노동은 자신의 직무수행과 다른 사람을 위해 자신의 감정표현을 조절하거나 관리하는 것을 말한다.

'감정'이 이제 소비자의 선택을 좌우하는 핵심적인 '상품'이기 때문이다.

〈표 12-2〉 감정노동 직업군 분류

구분	직업, 업무
직접 대면	백화점, 마트, 호텔, 음식점 종사자, 승무원, 골프장 캐디, 운전기사 및 금융기관 종사자 등
간접 대면	콜센터 상담사, 텔레마케터 등
돌봄 서비스	요양보호소, 간호사, 유치원교사, 보육교사 등
공공서비스 민원처리	구청(민원실), 주민센터 직원(공무원), 보험공단 직원, 사회복지사, 경찰, 소방관 등

출처 : 공선영, 비정규노동, 감정노동, 개념부터 해결방안까지, 격월간, 2021, pp. 1-2

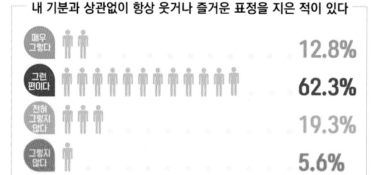

내 기분과 상관없이 항상 웃거나 즐거운 표정을 지은 적이 있다

(단위 : 명, %)

매우 그렇다	12.8%
그런 편이다	**62.3%**
전혀 그렇지 않다	19.3%
그렇지 않다	5.6%

*연회장 서빙 아르바이트의 감정노동 실태

▲ 사회적으로 감정노동이 빠르게 확산되고 있으나 이에 대한 대처에는 많은 보완이 필요하다.
출처 : https://blog.daum.net/sweetbabe/7

2) 감정노동의 현황과 논의

(1) 감정노동의 현황

우리나라 산업구조가 서비스업 중심으로 변화되면서 고객 응대 업무에 종사하는 노동자는 약 7백3만 4천 명으로 전체 임금 노동자의 35.1퍼센트로 추정된다(고용노동부 · 안전보건공단, 2019). 또한 고용노동부 통계자료에 따르면 전체 노동자 1천9백만 명 중에서 감정노동자는 800만 명에 달하며, 노동자 3명 중 1명이 감정노동을 하는 것으로 추산한다.[8]

최근 감정노동이 기업의 과도한 친절(CS)모니터링, 평가, 인사승진제도를 통한 노동과정 통제와 연동된다는 지적과 함께 감정노동 문제가 주요하게 논의되고 있다. 특히 감정노동자에 대한 사용자의 보호 의무와 조치 사항 및 감정노동의 산재 인정 논의, 감정노동을 둘러싼 법적 공식화, 제도적 보호방안 등이 주요 쟁점을 형성하였다.

---

8) 국내 감정노동자 규모를 정확하게 파악하기는 어렵다. 이는 감정노동의 해당 여부를 노동자의 업무공간과 노동의 성격에 따라 분류해야 하는데, 현재 정부의 통계상 분류는 산업과 업종 혹은 직업으로 분류하고 있어 감정노동자에 대한 추정이 사실상 불가능한 상태이다.

이와 같은 사회적 관심에 힘입어 2018년 4월 감정노동자 보호제도의 일반규정이라 할 수 있는 산업안전보건법 제26조의2가 도입되어 2018년 10월 18일 시행되었다.[9]

(2) 감정노동의 중요성과 문제점

감정노동은 직장인이 사람을 대하는 일을 수행할 때 조직에서 바람직하다고 여기는 감정을 자신의 감정과는 무관하게 행하는 노동을 의미한다.

세계적으로 '서비스경제화' 흐름은 이러한 감정 자본주의 속성을 가속화하는 동시에 감정노동으로 인한 폐해와 문제점 그리고 이의 해결 방안에 대한 다양한 논의와 관심으로 나타나고 있다. 감정노동이 주요 논점이 되는 이유는 다음과 같다.

첫째, 일반적 노동의 범주에 있는 정신노동과 육체노동에 대한 이분법적 범주 구분으로는 규명할 수 없는 새로운 성격의 노동, 즉 감정노동이 갖는

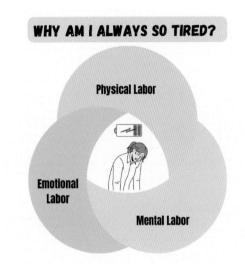

▲ 노동의 범주
출처 : https://femfwd.com/

중요성이다. 서비스 업무가 확대되면서 노동이 가지는 심미적, 감성적 요소가 기술적 능력보다 점차 더 많은 가치를 가지게 되었으며 그 중요성이 날로 강조되고 있다.

둘째, 이러한 변화에도 불구하고 감정노동은 직무의 구성요소로서 정확히 평가받지 못하고 있으며, 특히 임금 등 노동에 대한 보상기준에 포함되지 못하고 있다.

셋째, 기업은 고객에게 표출하는 감정적 서비스의 양과 질이 '매출'과 밀접한 연관성을 갖고 있다는 것을 너무나도 잘 알고 있다. 그러나 감정노동자들이 수행하는 감정노동이 스트레스를 야기하고 이를 통한 감정 소진은 노동자의 업무만족도와 조직 몰입도에 심각한 영향을 줄 수 있지만, 대부분의 기업에서 이것은 중요한 요소로 다루어지지 않고 있다.

넷째, 감정노동자는 주로 서비스산업에 종사하기 때문에 종래의 전통적인 제조업 등

---

9) 이는 산업안전보건법(법률 제15588호, 일부개정 2018.4.17., 시행 2018.10.18.)이다. 이 규정은 2019년 개정된 산업안전보건법(법률 제16272호, 전부개정 2019.1.15., 시행 2020.1.16.)에서는 제41조에 그대로 수용되었다.

에서 나타나는 육체적인 업무상 재해뿐만 아니라, 감정부조화 등으로 인한 직무스트레스의 강도가 높아 정신적인 업무상 재해, 특히 정신질환 등 업무상 질병이 전통적인 제조업 분야 종사자들보다 높게 발생하는 것으로 나타났다.

〈표 12-3〉 감정노동을 많이 하는 상위 10개 직업

순위	직업	점수 (15점 만점)	순위	직업	점수 (15점 만점)
1	전화통신 판매원	12.51	5	주유원	11.94
2	호텔관리자	12.26	7	항공권발권사무원	11.91
2	네일아티스트	12.26	8	노점 및 이동판매원	11.86
4	중독치료사	11.97	8	취업알선원	11.86
5	창업컨설턴트	11.94	8	커리어코치	11.86

출처 : 한국고용정보원

〈표 12-4〉 감정노동을 많이 하는 상위 30개 직업

순위	직업	점수 (5점 만점)	순위	직업	점수 (5점 만점)
1	항공기 객실 승무원	4.70	16	물리 및 작업 치료사	4.20
2	홍보도우미 및 판촉원	4.60	17	비서	4.19
3	통신서비스 및 이동통신기 판매원	4.50	18	스포츠 및 레크리에이션 강사	4.18
4	장례상담원 및 장례지도사	4.49	19	치과의사	4.16
5	아나운서 및 리포터	4.46	20	사회복지사	4.16
6	음식서비스 관련 관리자	4.44	21	여행 및 관광통역 안내원	4.15
7	검표원	4.43	22	경찰관	4.15
8	마술사	4.39	23	결혼상담원 및 웨딩플래너	4.13
9	패스트푸드원	4.39	24	유치원 교사	4.13
10	고객상담원(콜센터 상담원)	4.38	25	연예인 및 스포츠 매니저	4.13
11	미용사	4.35	26	경호원	4.12
12	텔레마케터	4.35	27	보험 영업원	4.12
13	출납창구 사무원	4.34	28	보육교사	4.12
14	응급구조사	4.34	29	역사 및 한역사	4.11
15	간호사(조산사 포함)	4.33	30	여행상품 개발자	4.10

출처 : 한국직업능력개발원

3) 감정노동의 효과적 관리방안

감정노동은 직원들이 직무를 수행하는 과정에서 감정을 통제하거나 표출하는 데 필요한 노동을 의미하는 것으로, 고객 서비스, 의료, 교육, 사회복지 등 사람들이 직접적으로 상대하는 직업에서 특히 중요하게 다뤄진다. 감정노동을 효율적으로 관리하는 것은 직원들의 정신적·신체적 건강을 유지하고, 업무의 효율성을 높이며, 직무 만족도를 개선하는 데 필수적이다. 감정노동의 효과적 관리를 위한 방안은 다음과 같다.

(1) 정서적 지능(Emotional Intelligence) 교육

▷ **정서적 지능 훈련** : 감정적 반응을 적절히 조절하고, 자신과 타인의 감정을 이해하는 능력은 감정노동을 효율적으로 관리하는 데 중요한 역할을 하므로, 직원들에게 감정을 인식하고 조절하는 능력을 배울 수 있도록 지원한다.

▷ **심리적 대응 훈련** : 직원들이 감정적 차원의 도전적인 상황에서 적절히 대처할 수 있어야 한다. 예를 들어 고객의 불만을 처리하거나 서비스 위기 상황에 대처하는 훈련을 지속해서 제공해야 한다.

(2) 지원하는 근무 환경 조성

▷ **동료 간 지원 시스템** : 동료들의 이해와 공감을 통해 감정적 회복을 돕기 때문에, 감정적으로 힘든 상황에서 동료들 간에 지원을 주고받을 수 있는 환경을 만들면 감정노동의 부담을 줄일 수 있게 된다.

▷ **지원** : 관리자는 감정노동이 얼마나 고된 일인지를 인식하고 직원들의 감정적 요구를 존중해야 한다. 정기적인 상담과 피드백을 통해 직원들이 겪는 감정적 어려움을 경청하고, 해결 방안을 모색해야 한다.

▷ **열린 소통 채널** : 직원들이 감정적으로 어려운 상황에 대해 자유롭게 말할 수 있는 환경이 필요하며, 이를 통해 직원들이 부담 없이 스트레스나 문제를 공유할 수 있게 한다.

(3) 업무량 및 역할 분배 관리

▷ 업무 순환과 다양화 : 감정노동을 지속해서 수행하는 것은 직원에게 부담이 될 수 있으므로, 이를 해결하기 위해 직원들이 다른 업무를 맡을 수 있도록, 역할을 순환시키거나 다양한 업무를 할 수 있는 기회를 제공하는 것이 중요하다.

▷ 업무량 관리 : 감정노동이 과중하지 않도록 업무량을 적절하게 조정해야 한다. 너무 많은 감정적 노동을 요구하는 업무가 겹치지 않도록 하여, 직원들이 쉽게 탈진하지 않도록 돕는다.

▷ 휴식 시간 제공 : 감정노동을 많이 요구하는 직무에서는 정기적인 휴식 시간이 필요하다. 직원들이 잠시 쉬거나 업무에서 벗어날 수 있도록 함으로써 감정적 회복을 돕는다.

(4) 감사와 인정

▷ 감정적 노력에 대한 인정 : 직원들이 감정노동을 잘 수행했을 때, 이를 인정하고 칭찬하는 것이 중요하다. 감정노동이 얼마나 도전적인지 간단히 인정하는 것만으로도 직원들에게 큰 동기부여가 될 수 있다.

▷ 보상 및 인센티브 : 감정노동을 많이 요구하는 직무에서 뛰어난 성과를 낸 직원에게 보상이나 인센티브를 제공하는 것도 좋은 방법이다. 예를 들어, 포상 휴가나 성과급 제공의 인센티브를 제공하면 동기를 부여하고 이직률을 개선할 수 있다.

(5) 자율성 증대

▷ 자기 감정 표현 장려 : 직원들이 자신의 감정을 숨기지 않고 자연스럽게 표현할 수 있도록 장려해야 한다. 감정노동이 필요한 상황에서도 일정 부분 감정을 표출할 수 있게 함으로써, 감정적으로 억제된 상태를 피할 수 있게 한다.

▷ 자율적인 업무 처리 : 직원들이 고객과의 상호작용에서 자율성을 가지도록 함으로써, 자신이 어떻게 반응할지에 대한 통제력을 강화할 수 있다. 즉 자율성은 직원들의 스트레스를 줄이고, 감정적 부담을 덜어준다.

(6) 정서적 회복력 강화

▷ 회복력 훈련 : 직원들이 감정노동 후 쉽게 회복할 수 있도록 회복력 강화 훈련을

제공한다. 심리적 탄력성을 기르는 훈련이나 스트레스 관리 방법을 교육하는 것이 도움이 될 수 있다.

▷ **정신 건강 지원** : 직원들에게 정신적 건강을 위한 상담 서비스를 제공하고, 필요시 직무에서 벗어나 휴식할 수 있는 기회를 제공해야 한다. 또한, 다양한 심리 회복 지원 프로그램을 통해 전문적인 도움을 받을 수 있도록 해야 한다.

(7) 업무 기대치 조정

▷ **업무 기대의 명확화** : 직원들에게 감정노동이 요구되는 직무에서 무엇을 기대할 수 있는지 명확히 설명하고, 직원들이 감정노동을 준비할 수 있도록, 직무를 시작 하기 전 감정적 요구사항에 대해 충분히 교육해야 한다.

▷ **개인차 반영** : 각 직원의 감정적 한계나 감당할 수 있는 수준에 따라 업무의 강도나 감정적 요구를 조정할 수 있어야 한다. 모든 직원이 동일한 수준의 감정노동을 수행할 수 있는 것은 아니므로, 이를 세심하게 배려해야 한다.

(8) 기술적 도구 활용

▷ **자동화 지원 시스템 도입** : 반복적인 감정적 노동을 줄이기 위해, 자동화 시스템을 활용한다. 예를 들어, 일상적인 고객 문의는 자동화된 시스템으로 처리하여 직원이 더 복잡한 정서적 상호작용에 집중할 수 있게 한다.

▷ **피드백 시스템 활용** : 직원들의 감정적 스트레스를 주기적으로 체크할 수 있는 피드백 시스템을 도입하여, 감정적 부담이 심한 시점을 조기에 파악하고, 이를 해결하기 위한 시기적절한 조치를 한다.

▲ 1983년 사회학자 Hochschild(혹실드)는 그녀의 책 『The Managed Heart: Commercialization of Human Feeling』에서 "감정노동"이라는 용어를 만들 어냈는데, 이 책은 승무원과 채권 회수원의 경험을 통 해 사회적 상황이 어떻게 감정에 영향을 미치는지를 설 명하고 있다.

Key words

- **인적자원관리** : 인적자원관리는 인재확보(모집, 선발, 배치)부터 육성 및 개발(교육훈련, 경력개발관리), 유지 및 활용(직무성과, 임금, 보상, 승진, 복리후생 등) 그리고 퇴직 및 이직관리로 이어지는 관리활동을 말한다. 기업에서는 부서에 배치된 인적자원이 고품질의 서비스를 제공할 수 있도록 서비스 프로세스 개선이나 근로환경의 개선이 우선시되어야 한다.

- **서비스문화** : 좋은 서비스를 소중히 하고, 외부고객뿐만 아니라 내부고객에게 좋은 서비스를 제공하는 것을 모든 구성원의 중요한 규범이자 자연스러운 생활방식으로 간주하려는 문화이다. 서비스문화의 본질은 서비스의 품질을 높게 평가하고 고품질의 서비스 제공이 조직의 생존방식이며 모든 구성원의 행동규범이라고 전 직원이 인식하는 분위기를 말한다.

- **서비스지향성** : 고객에게 우수한 서비스를 제공하기 위한 조직 전반적인 관점의 능동적 활동의 정도이다.

- **고객지향성** : 고객의 욕구와 가치를 최우선 과제로 설정하고 행동하는 것으로서, 고객지향적 기업은 고객만족도를 향상시키고 강력한 고객관계를 설정하기 위해 노력하는 기업문화를 구축하고, 고객욕구에 신속하게 대응할 수 있는 유연한 조직의 전환이 우선되어야 한다.

- **내부마케팅** : 직원을 최초의 고객으로 보고 이들 기업구성원과 기업 간의 적절한 마케팅 의사전달 체계를 유지함으로써 외부고객들에게 보다 양질의 서비스를 제공하려는 기업활동이다.

- **권한위임** : 중요한 업무를 조직구성원에게 할당하고, 결정에 대한 책임을 위임하며, 업무 수행에서의 범위와 판단의 자율성을 증대시키고, 관리자의 승인 없이 행동할 수 있는 권한을 인정해 주고 이를 자율적으로 발휘할 수 있도록 하는 조직관리방법이다.

- **감정노동** : 감정노동(emotional labor) 개념은 미국 사회학자 앨리 러셀 혹실드(Alie R. Hochschild)의 저서《관리된 마음 : The Managed Heart》에서 처음 사용되었으며, 상대방인 소비자가 친절함과 보살핌을 느낄 수 있도록 노동자의 외모와 표정을 관리하고, 자신의 실제 감정을 억압하거나 실제 감정과 다른(조직이 요구하는) 감정을 표현하는 등 자신의 감정을 관리해야 하는 노동을 말한다.

| 논 | 의 | 과 | 제 |

1. 서비스문화에 대하여 하나의 기업을 예로 들고 논의하시오.

2. 서비스직원으로서 가져야 할 능력과 직무자세를 논의하시오.

3. 서비스기업에서 서비스 접점 직원이 왜 중요한가를 설명하시오.

4. 내부마케팅의 중요성과 이의 실천방안을 논의하시오.

5. 서비스 현장에서 감정노동이 왜 이슈화되는지를 논의하시오.

INTERNET 활용하기

- https://www.fourseasons.com/kr/about_four_seasons/service_culture/포시즌스 호텔 & 리조트
- https://www.marriott.co.kr/marriott/aboutmarriott.mi 메리어트 인터내셔날

CHAPTER 13 서비스 커뮤니케이션

제1절 몸짓언어와 표정
제2절 고객만족을 위한 음성화법과 공감대 형성
제3절 고객 맞이하기

1. 왜 서비스직원이 서비스기업의 성공에서 중요한가?
2. 서비스 제공자의 몸짓과 관련된 태도가 서비스에 미치는 영향을 설명할 수 있다.
3. 서비스 제공자의 태도에서 목소리의 높낮이에 따라 전달되는 뜻과 의미를 설명할 수 있다.
4. 고품질 서비스 제공에 있어서 서비스 제공자의 말의 중요성을 이해할 수 있다.
5. 서비스인의 몸짓언어가 고객에게 어떠한 영향을 미치는지를 설명할 수 있다.
6. 특별히 몸짓언어에서 얼굴표정과 미소의 중요성을 학습한다.
7. 스마일과 아이 콘택트(eye contact)가 왜 중요한지를 설명할 수 있다.
8. 고객서비스에서 인사의 중요성을 설명할 수 있다.

CHAPTER

(13) 서비스 커뮤니케이션

서 · 비 · 스 · 경 · 영

개요

서비스에서 커뮤니케이션이란 서비스에서 발생하는 나와 고객 혹은 나와 동료와의 상호작용과 의사소통 관계를 총칭한다.

실제로 고객과의 감정 교환은 온전히 언어적 수단만으로 이루어지는 것이 아니고, 미소나 표정, 몸짓과 같은 비언어적 수단의 혼합으로 이루어진다. 경우에 따라서는 비언어적 수단이 더 효과적일 수 있는데, 비언어적 수단은 언어보다 더 많은 의미를 신속하게 전달하고, 느낌이나 감정도 더 정확하게 전달하고 조절해 주기 때문이다. 즉 비언어적 수단은 언어적 커뮤니케이션을 보완해 주기도 하며, 그 자체가 훌륭한 커뮤니케이션 수단이 된다.

고객의 반응은 직원이 수행하는 커뮤니케이션의 진정성 정도에 따라 달라질 수 있다. 예를 들어 호텔 직원이 고객에게 진심어린 감정표현을 하는 것은 서비스매뉴얼을 초월하는 업무수행에 필수적인 조건이어야 한다.

본 장에서는 고객과의 서비스 커뮤니케이션의 중요성과 고객과의 공감대 형성이 왜 필요한가를 학습한다.

제1절 > 몸짓언어와 표정

몸짓언어는 고객과의 대화에서 무언의 방식인 몸짓, 행동과 자세를 의미하며, 이러한 몸짓에는 얼굴표정, 미소, 시선 접촉, 손과 몸의 움직임, 적절한 몸단장이 있다.

이러한 몸짓언어는 고객의 서비스경험과 서비스품질에 중요한 영향을 미치게 된다.

1. 몸짓언어란 무엇인가?

몸짓언어(body language)란 자신의 의사를 보다 명확하고 확실하게 전달하려는 무의식중의 행위로서 일종의 커뮤니케이션이라 할 수 있다. 즉 우리가 이야기를 할 때 자신도 모르게 몸을 움직이면서 말하게 되는데 이것을 '제스처'라 하며, 우리말로는 몸짓이라 한다.

몸짓언어는 "말을 하지 않고 신체적 동작이나 신호를 사용하여 자신의 감정이나 뜻을 나타내는 방법" 혹은 "말보다는 신체의 부위나 동작으로써 자신의 사상이나 감정을 남에게 보이는 수단"으로서, 몸을 통한 비언어적 표현인 몸짓과 손짓, 그리고 표정 등을 포괄하는 광의의 제스처를 뜻한다.

우리는 일상생활에서도 여러 몸짓을 사용하고 있는데, 시선 맞추기(eye contact), 얼굴 표정(facial expression), 자세(posture), 제스처(gesture, 몸짓) 등도 넓게는 보디랭귀지의 종류로 이해할 수 있다.

즉 우리 생활 속의 몸짓언어는 대체로 언어와 함께 쓰이면서 언어보다 훨씬 미묘하고 다양한 의미를 전달해 주는데, 우리가 말로 다 전하기 힘든 속마음을 전할 때는 언어보다 몸짓언어를 더욱 많이 사용하게 되는 것이다. 즉 우리는 의사소통이라고 하면 대개 언어를 제일 먼저 떠올리게 되는데, 그러나 조금만 더 깊이 생각해 본다면 실제로 우리가 누군가에게 어떤 정보를 전하고자 할 때는, 소위 "몸짓언어"를 많이 쓰고 있다는 사실을 금세 알 수 있다.

▲ 서비스 일선 직원들의 미소는 서비스의 첫걸음이며 가장 중요한 body language이다.
출처 : www.koreanair.com

2. 주요 몸짓언어와 의미

주요 몸짓언어들과 그 의미들을 살펴보면 다음과 같다.

- 감정표현(expressions) : 각각의 사람들은 나름대로의 독특한 방법으로 얼굴에 감정을 표현한다. 눈을 둥그렇게 뜨고 눈썹이 치켜 올라간 상태는 놀라거나 흥분된 것을 표현하는 것과 같이 자신의 얼굴표정이 반드시 올바른 메시지를 전달할 수 있도록 노력해야 한다. 입술을 씰룩거리거나 코를 찡그리는 등의 부정적인 표현은 피한다.

- 서 있는 자세(posture/stance) : 단정하면서도 상황에 적합하게 서 있는 모습은 자신감과 아울러 상대방에 대한 관심의 표현이 될 수 있다. 구부리지 말고 똑바로 서 있도록 한다. 체중을 몸 한쪽에 실은 채로 기우뚱하게 서 있거나 몸을 좌우로 흔들면서 서 있는 모습은 보이면 안 된다. 손을 뒷짐지거나, 앞으로 팔짱 낀 모습은 부정적인 메시지를 전달한다.

- 손놀림(gesture) : 적당한 손놀림은 상대방과의 대화에 시각적으로 가미할 수 있는 방법이다. 단, 손을 습관적으로 부빈다거나 주머니에 꽂고 있다거나 손가락으로 어떤 곳을 가리키는 등의 행위는 하지 않는다.

▲ 제스처는 말보다 강한 의미전달이 될 수 있다.
출처 : https://moneywise.com

- 단정한 복장, 외양(appearance) : 개인위생과 외양은 상대방에게 당신의 이미지뿐만
아니라 신뢰성까지를 어떻게 각인시킬 수 있는가를 결정짓는 핵심 요인이다.
고객을 맞이할 때, 깨끗한 얼굴, 손톱 및 복장 등은 지켜야 하는 최소한의 기본이다.
어떤 식으로든지 얼굴, 코 또는 머리를 만지지 말아야 한다. 이러한 행동은 정돈되
지 못한 태도를 전달하는 것이고 더 나아가 기본적인 건강과 청결 기준에 대한 관심
이 결여되었다는 것을 나타낸다.

- 목소리 높낮이(tone of voice) : 물론 이것을 몸짓언어라고 단정 지을 수는 없지만
몸짓언어와 매우 밀접한 연관성을 가지고 있다. 여기서 중요한 것은, 자신이 어떻게
이야기하는가는 자신이 무엇을 이야기하는 것만큼이나 중요하다는 점이다. 보디랭
귀지가 전달하고자 하는 메시지의 올바른 해석에 영향을 미치듯이 목소리의 톤도
같은 역할을 한다. 열정적이면서도 배려가 깃들여 있고 긍정적이면서도 공감할 수
있는 목소리 톤으로 각각의 상황에 맞게 대처하도록 한다.

- 머리 움직임(head movements) : 머리를 흔든다거나 끄덕거리는 것은 상대방에게
당신의 의도를 알 수 있게 하거나, 당신이 전달하고자 하는 메시지를 효과적으로
넘겨줄 수 있는 효과적인 방법 중 한 가지이다. 고개를 끄덕이는 것은 상대방으로
하여금 당신이 접근 가능하다는 것을 암시해 주는 행동이기도 하다.

3. 얼굴표정과 미소의 중요성

1) 왜 얼굴표정이 중요한가?

의사소통의 또 다른 수단인 언어로 대화를 나눌 때에도 얼굴표정과 시선 처리(eye contact)가 매우 중요하다. 서비스맨의 얼굴은 항상 타인의 시선에 노출되어 있다. 그러므로 서비스맨이라면 얼굴표정이 고객에게 친근감을 주는지, 그렇지 않은지를 반드시 생각해 보아야 한다. 고객에게 친근감을 주는 서비스맨의 얼굴표정은 고객응대 매너에 있어 가장 기본적인 것이라 할 수 있다.

사례연구에서 보면, 얼굴에는 80개의 근육이 있어 7천여 가지의 표정을 만들어낼 수 있다고 한다. 얼굴은 마음의 상태에 따라 보다 다양하게 표현될 수도 있는 것이다.

고객이 서비스맨에게서 무엇을 보는가 하는 것은 곧 고객이 서비스맨에게 무엇을 얼마만큼 얻을 수 있는가를 의미하는 것이기 때문에 웃는 얼굴은 고객응대의 첫 액션이 된다. 첫인상은 두 번 줄 수 없다. 그러므로 첫인상이 끝인상이 될 수 있음을 명심해야 한다.

고객을 처음 대면할 때 고객의 표정을 살펴 응대하는 것은 지극히 당연한 일이다. 왜냐하면 고객의 표정에서 곧 고객의 마음을 읽을 수 있기 때문이다. 그러므로 서비스맨은 그 이전에 기본적으로 고객이 편안한 마음을 가질 수 있는 친근감을 주는 표정을 갖추고 있어야만 한다. 고객도 서비스맨의 표정에 따라 서비스맨의 친절함과 상냥함을 판단하게 되기 때문이다.

▷ 표정의 중요성

서비스마인드는 표정으로 표출된다. 밝은 표정은 호감을 생성하는 만국 공통의 언어이며, 서비스맨의 기본이자 의무이다.

표정의 중요성을 살펴보면 다음과 같다.

- 표정은 첫인상에 작용하여 이미지를 결정짓는다.
- 첫인상이 좋아야 그 이후의 대면이 가능하며 호감을 형성할 수 있다.
- 밝은 표정은 인간관계의 기본이다. 밝은 표정은 환영을 의미하고, 자신감을 갖게 해주고 소극적인 감정을 치료해 준다.
- 상대방의 표정은 나의 책임이다. 나의 표정이 밝고 환하면 보는 이로 하여금 즐겁게 만드는 효과가 있는 것이다.

▷ 표정과 상대의 해석

나의 표정	상대방의 해석
맞장구를 치지 않고 무표정	완고한 거부, 귀찮음
잠시 미소를 짓다가 곧 미소를 거둔다.	속으로 무언가 계산하고 있다.
갑자기 미소를 중단한다.	쓸데없는 말, 행위에 대한 무언의 경고
상대를 바라보며 환하게 미소를 짓는다.	도움을 주고 싶다는 의미
시선회피	상대에 대한 거부, 부담
곁눈질로 쳐다본다.	대화에 불만, 의문
위아래로 훑어본다.	상대 불신, 경멸
눈을 크게 뜨고 계속 주시한다.	강한 흥미, 관심의 표현
눈살을 찌푸린다.	의견에 찬성하지 않는다.

▷ 사진으로 본 주요 표정

▲ 예비 승무원들이 스마일 연습을 하는 모습, http://people.artcenter.edu

2) 미소(smile)

전 세계에 통하는 몸짓언어는 과연 있을까? '얼굴'은 순우리말로, 우리의 얼이 통하는 통로라는 의미이다. 얼굴표정에서 우리의 영혼이 전달하는 의미는 다른 어떤 몸짓언어보다 위력이 크다고 할 수 있다. 나라마다 다른 몸짓언어에 대한 차이 인식도 중요하지만 정말 전 세계에서 통할 수 있는 우리의 얼굴이 만들어내는 무언의 메시지, 미소의 위력을 간과해서는 안 된다. 사람들의 마음을 푸근하게 만드는 '미소의 힘'을 말이다.

스마일은 호스피탤리티(hospitality)를 가장 잘 대변하는 상징이다. 따뜻하고 진심에서 우러나오는 진정한 스마일은 절대로 오해될 수 없으며, 즐겁고, 편안하고, 자연스러운 미소는 공감대를 만드는 최고의 방법이다.

미소는 여러 가지 표정 중 가장 호감을 주는 표정이며, 미소를 담은 표정이 가지는 가장 큰 힘은 상대에게 주는 친근감과 정다움이다. 나이팅게일은 "여성에게 있어서 최고의 화장술은 웃는 것이다."라고 하였다.

고객과 눈이 마주친 경우, 무표정하게 가만히 있으면 분위기가 어색해질 뿐만 아니라 무뚝뚝한 인상을 주게 된다. 그러나 자연스러운 미소로 고객을 보게 되면 어색한 분위기가 순간 부드러워져 편안히 다가가 말을 걸 수 있는 친근한 분위기가 만들어진다.

입꼬리가 내려간 입매는 나이가 들어보여 활기와 생동감이 없고, 반대로 입꼬리가 자연스럽게 올라간 미소는 남녀를 불문하고 매력과 호감을 준다. 웃음이나 미소는 상황에 어울리면서 자연스러워야 하고, 억지 미소나 지나친 웃음은 상대방에게 친근감보다는 부담스러움과 혐오감을 줄 수 있다.

▷ 사진으로 본 미소와 의미

▲ "당신의 미소는 당신의 로고이고, 당신의 성격은 당신의 명함이며, 당신이 제공하는 서비스를 경험한 후 다른 사람들이 느끼는 감정이 당신의 트레이드 마크가 됩니다." 긍정적인 첫인상은 잠재고객과 관계를 구축하는 데 중요한 역할을 합니다. 두 번 기회는 자주 오지 않습니다.
출처 : https://insights.ehotelier.com

▲ 미국 44대 대통령 버락 오바마
진정한 미소를 보여주는 것은 대통령으로서의 중요한 전략이 될 수 있다.

日 맥도날드, 감성서비스 '스마일=0엔'

미국 맥도날드는 "가맹점들, 종업원, 그리고 손님의 건강과 행복을 지키는 것이 회사의 최우선 사항"임을 강조하면서 고객만족 경영을 위한 다양한 노력을 기울이고 있다.

이런 가운데 일본 맥도날드는 2015년부터 메뉴판에 0엔의 '스마일'을 추가한 감성 서비스를 제공하고 있다. 맥도날드의 로고처럼 항상 고객에게 미소로 대하고 친절한 서비스를 제공한다는 마케팅 방법 중 하나다.

블로그와 유튜브에는 이와 관련된 일화와 영상 등이 다수 올라와 많은 사람들의 공감을 얻고 있다.

최근 코로나19 여파로 배달 서비스를 이용하는 사람들이 늘어나는 가운데 0엔의 '스마일' 주문을 한 경우와 하지 않은 경우를 비교하는 사진과 영상을 공개한 누리꾼도 있다.

맥도날드 주문 앱을 열고 "종이봉투에 스마일과 메시지를 써서 배달한다"는 설명이 적힌 0엔의 무료 '스마일' 메뉴를 주문하면 집으로 귀여운 캐릭터와 메시지가 적힌 종이봉투에 햄버거를 포장하여 배달하게 된다.

누구든지 언제나 저렴한 가격으로 식사를 즐길 수 있는 대표적인 패스트푸드점인 일본 맥도날드는 코로나로 어려운 시기에 더욱 밝은 미소와 친절한 서비스를 제공하려고 다양한 시도를 하고 있다. 또한 일본 맥도날드는 '직원 만족도 84%'에도 만족하지 않고 고객과 직원 모두 만족할 수 있는 맥도날드 만들기에 최선의 노력을 다하고 있다.

출처 : 한국면세뉴스(http://www.kdfnews.com)

4. 시선 맞추기(eye contact)

눈은 호스피탤리티를 표현할 때 매우 중요한 역할을 한다. '눈은 마음의 창'이라고 하며, 눈을 통해 자기 자신이나 상대의 심리상태가 잘 나타난다.

이는 눈이 정보수집과 그에 대한 피드백을 하기 때문이다. 상대방의 표정에서 다양한 정보를 수집하고 그에 따라 반응을 표출하는데, 이때 상대방에 대한 호의나 적의, 관심의 유무 등 모든 것은 눈과 시선에 의해 먼저 표현되고 언어와 제스처가 그것을 보완한다. 특히 불특정 다수의 손님과 접할 일이 많은 사람은 눈이나 시선이 커뮤니케이션의 중요한 역할을 하게 되며, 상대방에게 호의나 관심을 보이려면 눈을 보는 횟수와 시간을 늘리면 된다.

고객과의 시선 맞추기는 성실, 관심, 그리고 신뢰를 표현한다. 반면에 시선을 피하는 것은 무관심과 불성실을 반영한다. 시선 맞추기는 고객과의 상호작용에서 중요하지만 특히 어떤 문제나 불편사항이 발생했을 때 더욱 중요하다. 고객의 눈을 똑바로 응시하고, 사과하며, 모든 일이 올바르게 되도록 하겠다고 약속한다면 적어도 그 상황에서 고객의 기분은 풀어질 것이다.

여러분이 서비스 현장에서 고객을 기쁘게 하는 일을 최고로 친다면, 가장 중요하게 생각해야 할 것은 고객이 흡족하도록 배려하는 것이다. 고객과의 눈 맞춤은 항상 '그대를 환영합니다. 언제든지 필요한 것을 말씀해 주십시오'라고 말하는 메시지가 된다.

▷ 눈맞춤은 대화와 함께해야 한다
• 고객의 시선을 피하면 고객은 다음과 같이 반응한다.
  – 자신을 귀찮아한다고 생각한다.
  – 자신을 무시한다고 생각한다.
  – 그대가 전문가가 아니라고 생각한다.
  – 그대를 신뢰하지 못한다.

- 고객과 눈을 맞추어야 할 때
  - 고객을 맞이할 때 : 환영의 뜻을 전한다.
  - 서비스 중에 대화할 때, 무엇을 제공할 때, 물어볼 때
  - 고객을 배웅할 때 : 감사의 뜻을 전한다.

웃을 줄 아는 사람만 뽑아라.

톰 피터스가 "도대체 이렇게 큰 회사에서 어떻게 직원들이 모두 웃을 수 있습니까?"라고 묻자, 하워드 슐츠 스타벅스 회장은 "첫째, 우리는 웃을 줄 아는 사람을 뽑습니다. 둘째, 정말로 잘 웃는 사람을 승진시킵니다."라고 대답했다. 싱가포르항공(SIA)의 승무원들이 항상 미소를 짓고 있는 것은 특별한 스마일 교육 때문이 아니라 잘 웃는 사람을 뽑기 때문이다. SIA는 왜 승무원들이 "환하게" 미소 짓지 않고 살짝 미소 짓는지를 관찰했다. 문제는 치아였다. 그래서 SIA는 치아가 고른 사람만 채용한다. SIA는 교육으로 바꿀 수 없는 선천적인 특성으로 성실성, 독창성, 지성, 사교적 기술과 함께 키, 치아, 눈, 몸무게 등 신체적 요구사항 등을 든다. 그리고 이런 선천적 특성을 선발의 중요한 조건으로 삼는다고 한다. 서비스가 탁월한 기업의 성공사례들을 연구하다 보면 2가지 공통된 특징을 발견할 수 있다. 무엇보다 직원의 채용과 교육에 각별하게 신경을 쓴다는 것이다. 이들은 우수한 사원을 채용하여 치밀한 계획에 따라 강도 높은 교육을 시킨다. 우연인지 모르겠지만 디즈니랜드나 에버랜드는 직원들을 연극배우처럼 여긴다. 그래서 고객을 게스트(guest), 직원을 캐스트(cast)라고 부른다. 유니폼은 무대의상이 되는 셈이다. 연극의 성공 여부는 무엇보다도 얼마나 신중하게 오디션을 진행해서 역할에 잘 맞는 배우를 선정했는가에 달려 있다. 서비스 현장에서 배우를 뽑는 기준은 관련 기술 및 지식 등 '서비스 수행능력'과 가치관, 사교성, 친근감, 고객에 대한 배려 등의 '서비스 성향', 이 두 가지이다. 여기서 더 중요한 자질은 서비스 성향이다.

▲ Starbucks 직원의 스마일

▲ 싱가포르항공, A380 비행기 레스토랑

1. 이미지 요소에서 음성의 영향력

우리는 자신의 생각을 다른 사람들에게 전달하는 데 있어 언어나 몸짓 등의 여러 가지 방법을 이용한다. 그러나 그 전달하는 방법에도 차이가 있어서 서로 이해하는 데 어려움을 겪기도 한다. 특히 전달방법으로 가장 많이 사용되는 언어 즉, 말은 언어의 선택과 표현 방법도 다양하고 음성 또한 사람마다 제각기 다른 음색을 지니고 있어서 전달하고자 하는 말의 내용이나 음색을 통해 그 사람의 이미지가 결정되기도 한다.

1) 음성의 의미와 영향

사람의 목소리는 톤, 억양, 음률이나 속도, 음량 등이 다른데 이러한 것을 음색이라 하여 언어 소통에서 상대방에게 이미지와 언어적 메시지를 전달하는 데 중요한 역할을 한다.

한 연구 결과에 의하면 듣는 사람의 80% 이상은 말하는 사람의 목소리만 듣고도 신체나 성격적 특징을 규정짓고 또한 사람의 목소리에 성별, 나이, 출신지역, 감정, 건강 상태, 지적 수준 등 수많은 정보가 담겨 있어 그 사람을 유추할 수 있다고 한다. 실제로 목소리만 듣고도 우리의 청각기관을 통해 외향적인 사람인지 내향적인 사람인지, 현재 기분이 좋은지 나쁜지, 성격이 급한지 느긋한지, 교양 있는 사람인지 없는 사람인지 등을 즉각 파악할 수 있다고 한다.

일반적으로 사람들이 음성을 통해 느끼는 감정은

① 중저음의 목소리를 들을 때 안정감을 느끼고,
② 올바른 억양의 소리를 들으면 지적인 느낌을 받으며,
③ 공명이 잘되어 울림이 풍부하게 섞인 목소리에는 신뢰감을 느낀다고 한다.

2) 메라비언의 법칙이란

메라비언의 법칙은 미국 캘리포니아대학 UCLA의 심리학과 명예교수인 앨버트 메라비언(Albert Mehrabian)이 1971년에 출간한 저서 《Silent Messages》에 포함된 커뮤니케이션 이론으로 그는 대화하는 사람들이 누군가와 첫 대면을 했을 때 그 사람에 대한 인상을 결정짓는 요소(메시지의 전달요소)를 분석했다. 연구 결과에 따르면, 결정적 요인은 상대방의 말의 내용이 아니라 이미지였다. 서로 상대방의 인상이나 호감을 결정하는 데 목소리(청각 : 목소리의 톤이나 음색)는 38%, 보디랭귀지(시각 : 자세, 용모와 복장, 제스처)는 55%(표정이 35%, 태도가 20%)의 영향을 미친 반면, 언어(말의 내용)는 7%에 이른다는 것을 발견하게 되었다.

즉, 효과적인 의사소통에 있어서 말투나 표정, 눈빛과 제스처 같은 비언어적 요소가 차지하는 비율이 무려 93%의 높은 영향력을 가지고 있다는 것은 상대에 대한 호감도를 결정할 때 상대가 하는 이야기의 내용보다 음성이나 시각적 요소를 더 중요시한다는 것이다.

이와 같이 메라비언의 법칙(The Law of Mehrabian)은 "행동의 소리가 말의 소리보다 크다"는 것을 보여주고 있다.

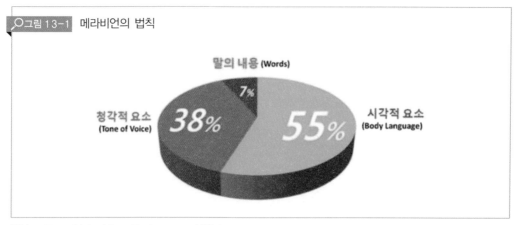

○그림 13-1 메라비언의 법칙

출처 : Albert Mehrabian, Professor at UCLA

3) 고객과의 커뮤니케이션 기술

고객과의 커뮤니케이션 기술은 효과적인 비즈니스 관계를 구축하고, 고객 만족도를 높이는 데 중요한 역할을 하며, 고객 요구 이해, 신뢰 형성 그리고 문제 해결에 도움을 주기 때문에, 고객의 요구와 기대를 이해하고, 그에 맞는 커뮤니케이션을 제공하는 것이 핵심이다.

(1) 적극적인 경청

고객이 하는 말을 주의 깊게 듣고, 그들의 감정과 요구를 정확하게 이해하는 것이 중요하다. 경청은 단순히 말을 듣는 것뿐만 아니라, 고객의 비언어적 신호나 감정까지 인식하려는 태도가 포함된다.

- 예시 : 고객이 불만을 제기할 때, 그들의 말을 끊지 않고 충분히 듣고, 그들의 감정과 요구를 반복하여 확인하는 방식으로 반응해야 한다.

(2) 명확하고 간결한 언어 사용

고객에게 전달하는 메시지는 명확하고 간결해야 하며, 서비스의 복잡하고 전문적인 용어나 불필요한 정보를 피하고, 쉽게 이해할 수 있도록 설명해야 한다.

- 예시 : 기술적인 문제를 설명할 때, 복잡한 용어를 줄이고 고객이 이해할 수 있는 일상적인 언어로 설명한다.

(3) 공감 능력

고객의 감정에 공감하고, 그들이 겪는 문제나 어려움을 이해하려는 태도가 중요하다. 고객이 불만을 가질 때 공감의 표현을 사용하여 그들의 감정을 인정하는 것이 필요하다.

- 예시 : "그럴 때 정말 불편하셨겠어요. 바로 해결해 드리겠습니다."와 같은 표현을 사용해 고객이 이해받고 있다고 느끼게 한다.

(4) 긍정적인 태도

고객과의 커뮤니케이션에서 고객이 원하는 것이 무엇이든지 간에 해결책을 제공하는 긍정적인 태도는 중요한 요소이다. 고객은 긍정적인 사람과 소통할 때 더 편안하고 신뢰를 느끼게 된다.

- 예시 : 고객의 불만에 대해 "이 문제는 제가 해결할 수 있습니다. 함께 해결해 나가겠습니다."라는 긍정적인 언어를 사용한다.

(5) 명확한 피드백 제공

자신의 요청이 어떻게 처리되고 있는지 알 수 있도록 고객에게 명확한 피드백을 제공하고, 그들이 이해할 수 있도록 결과를 설명해야 한다.

- 예시 : "고객님의 요청은 처리 중에 있으며, 24시간 이내에 다시 연락드리겠습니다." 와 같은 구체적인 시간과 진행 상황을 전달한다.

(6) 문제 해결 능력

문제 해결 과정에서 고객이 적극적으로 참여할 수 있도록 유도하는 것도 좋은 커뮤니케이션 기술이며, 고객이 겪는 문제에 대해 빠르고 효과적으로 해결책을 제시하는 능력은 매우 중요하다.

- 예시 : 제품에 문제가 있을 경우, 문제 해결을 위한 절차를 고객에게 단계별로 설명하고, 해결책을 신속하게 제공한다.

(7) 비언어적 커뮤니케이션

표정, 몸짓, 목소리의 톤과 같은 비언어적 요소도 커뮤니케이션의 중요한 부분이다. 특히 전화나 화상 회의 시, 목소리의 톤과 말의 속도, 표정 등으로 긍정적인 감정을 전달할 수 있다.

- 예시 : 화상 회의에서 미소를 지으며 대화하면, 상대방에게 더 친근하게 다가갈 수 있다.

(8) 적절한 타이밍

빠른 응답은 고객에게 신뢰감을 주고, 문제를 더욱 효율적으로 해결할 수 있게 하므로, 고객이 원하는 시간에 적시에 응답하는 것이 중요하다.

- 예시 고객이 이메일을 보냈다면, 빠르게 답변을 주어 문제를 신속히 해결하려는 노력을 보인다.

(9) 대화의 주도권 유지

고객의 문제를 명확하게 파악하고, 그에 맞는 해결책을 제공하는 방식으로 대화를 이끌어 가는 것이 중요하며, 이때 대화를 주도하면서도 고객이 불편하지 않도록 해야 한다.

- 예시 : 고객이 여러 문제를 제기할 때, 하나씩 문제를 해결해 나가면서 대화를 이끌어가는 방식이다.

그림 13-2 반드시 필요한 고객지원 기술

출처 : https://helpcrunch.com

2. 고객만족을 위한 공감대 형성

1) 공감이란 무엇인가

공감은 타인의 생각이나 느낌, 의견, 태도 등에 대하여 자기도 같은 느낌을 갖는 감정이나 기분을 말하는 것으로서, 자신을 다른 사람의 처지에 놓고 생각하며, 그 사람의 느낌을 직관적으로 이해하는 능력이다.

다시 말해 다른 사람의 입장에서, 그 사람의 눈으로 보고, 그 사람의 감정을 느끼는 능력을 의미하는 것이다.

따라서 공감하기 위해서는 상대방이 느끼는 감정을 이해하는 것이 중요하다. 그것은 상대방의 감정과 심리를 잘 이해하고 민감하게 반응할 수 있는 능력이 있어야 하며 대화할 때 상대가 말하는 내용의 이해는 물론 상대의 감정에 몰입하는 것이 무엇보다 중요하다.

그렇다면 상대방의 무엇을 이해하고 어떻게 공감해야 하는가? 그것은 상대방이 처한 상황과 감정을 그대로 이해하고 이것을 말로 표현하는 것이다. 그러나 공감은 상대와 동일시된다는 의미와는 다르며, 공감 대상과 자신 사이에 차이점을 인식하면서도 상대와 나와의 심리적인 동일성을 경험하는 것이다. 서로의 속마음까지 털어놓는 공감을 통해 서로의 입장을 이해하고 받아들이겠다는 마음을 갖게 되며, 따라서 서로의 의도대로 순순히 목적을 달성할 수 있게 된다. 특히 서비스인은 고객의 입장에서 느낄 수 있는 능력 즉, 고객의 감정과 심리를 잘 이해하고 민감하게 반응할 수 있는 공감능력이 필요하다.

2) 공감대 형성방법과 중요성

상대방과 공감하기 위해서는 먼저 서로 편안한 분위기에서 신뢰를 주는 가운데 상대방이 마음 놓고 말할 수 있게 해야 한다. 이러한 편안한 분위기를 만들어 긴밀한 관계를 형성하기 위한 방법 중 하나는 라포를 형성하는 것이다. 그것은 상대방에 대한 관심과 공통점을 찾는 것이다.

(1) 공감대 형성을 위한 라포

라포(rapport)는 불어로 '마음의 유대'란 뜻이다. 서로의 마음이 연결된 상태, 즉 관계, 일치, 조화, 사람과 사람 간의 화합, 친밀감 등을 뜻한다. 라포가 형성된다는 말은 서로 관계를 가져 서로의 마음이 연결된 상태를 뜻하는 것으로서, 상호 정서를 교환할 수 있는 상태를 의미한다. 라포가 형성되면 자신과 타인과의 연결성에 동질감을 느끼고, 같이 있을 때 편안함을 느껴 안도감과 더불어 상호 신뢰할 수 있는 환경이 조성된다. 따라서 라포가 형성된 사람과는 대화가 즐겁고 관계를 맺는 것이 자연스럽다. 그러나 이와 반대로 라포가 형성되지 않으면 상대방에게 불편함을 느껴, 자신의 생각을 드러내는 것을 꺼리게 된다. 또한 서로의 공통점보다는 차이점에 집중하게 되어 관계 형성이 더욱 어려워진다. 라포를 형성하기 위해서는 상대방의 감정, 사고, 경험을 이해하려는 관심을 계속해서 가지려고 노력해야 한다.

(2) 라포 형성방법

라포를 통해 편안함과 상호 신뢰할 수 있는 환경을 만들려면 처음에는 의식적으로 기술을 익혀 적용할 필요가 있다.

① 아이스 브레이킹(ice breaking)을 한다

사람과 사람이 처음 만나 서먹한 분위기를 해소시키기 위해 먼저 아이스 브레이킹(ice breaking)을 시도한다. 이는 문자 그대로 얼음을 깨뜨리는 것과 같이 상대의 닫힌 마음을 열기 위한 작은 칭찬으로부터 시작하는 것이다.

가령, "오늘 유난히 화사해 보이는군요." "넥타이가 너무나 멋지네요." 등과 같다.

② 공통점을 찾으려고 노력한다

일상적인 대화 속에서 상대와 어떤 공통점이 있는지 찾아보려고 노력한다. 예를 들어 흥미, 관심분야, 취향, 비슷한 생각, 외모, 출신학교, 고향 등 서로의 공통점을 공유한다.

③ 상대가 말하고 싶어 하는 것에 관심을 보인다

▲ 아이스 브레이킹 : 처음 만나 서먹한 분위기를 해소시키는 것으로 상대의 마음을 여는 방법이다.
출처 : https://www.teachstarter.com

데일 카네기는 "대화를 잘 하는 사람은 말을 잘 하는 사람이 아니라, 다른 사람이 말하고 싶어 하는 것에 관심을 보이는 사람이다."라고 하였다.

④ 감정이입을 위해 노력한다

공감이란 다른 사람의 입장이 되어 상대가 느끼는 감정을 나도 따라 느끼는 것을 뜻하는 말로 "감정을 이입한다(feeling into)"는 뜻이다.

공감대를 이루기 위한 네 가지 방법

① 맞장구치기

맞장구는 생각보다 쉽지 않다. 상대가 처음 본 사람이면 더욱 그렇다. 우선 맞장구를 치려면 경청을 잘해야 한다. 이 경청은 귀나 머리 모두 상대에게 집중해야만 한다.

맞장구의 예(例)로는 '과연' '정말' '정말 그렇군요.' '예' '그렇습니다.' '예예' '네에' '그럼~' '그렇지~' 등이 있다.

맞장구는 때에 따라 조금씩 다르다. 상대방의 연령이나 상하관계, 이야기의 내용에 따라, 친밀감 정도에 따라 구분해서 사용해야 하고 타이밍에 맞게 맞장구를 치도록 신경을 써야 한다.

② 거울효과(mirror effect) : 태도적 표현

거울효과란 호감을 느끼는 사람의 표정이나 행동을 무의식적으로 따라하는 것을 말한다. 거울효과를 통해 나에 대한 상대방의 호감도를 알 수 있을 뿐만 아니라, 나 역시 상대의 행동을 유사하게 따라함으로써 나에 대한 상대방의 호감도를 불러일으킬 수도 있다. 그러나 자기가 가진 생각이 거울에 반사되듯 자신도 모르게 행동으로 나오게 된다. 예를 들어 '이 사람과 함께 있으면 불편해'라는 생각이 들면 상대와 거리를 두고 앉거나 미간을 찌푸리게 되는 몸짓을 함으로써 감정을 상하게 할 수도 있다. 이러한 나의 모습에 상대방도 당연히 불쾌해 하며 같은 행동을 취하게 되고 그 모습을 본 나는 더욱 불편해 하는 상황이 연출될 수도 있다. 이것이 곧, 신체로 표현된 동작이나 표정, 보디랭귀지 등이 서로 비슷하면 어느 사이에 친밀감이 형성된다는 거울효과이다.

▲ 미러링 보디랭귀지
주머니에 손을 넣고 또는 손을 모으고 얘기하면 상대방의 손의 위치가 나와 동일해진다.

③ 페이싱(pacing)

페이싱은 걷는 속도를 나타내는 보조를 말하는 것으로 제각기 다른 여러 사람의 특색에 맞게 보조를 맞추는 것을 말한다.

이런 의미에서 가령 상대방이 사투리를 쓰거나 말의 속도가 늦거나 빠를 때 또는 목소리의 크기가 다를 때 가능하면 그에 맞게 맞추어 말하는 것이다. 말의 속도가 빠르면 빠르게, 느리면 느리게 소리가 크면 크게, 작으면 작게 적절히 맞추다 보면 상대방은 자기 이야기를 잘 들어주는 것 같아 기분이 좋아져서 마음을 열게 된다. 이렇게 되면 상대방은 자기와 비슷한 부류의 사람이라 생각되어 공감이 이루어지고 관계는 원활해진다. 페이싱의 예(例)로는 카페나 레스토랑에서 동석인이 같은 메뉴를 주문하는 것을 들 수 있다.

④ 역추적(backtracking)

역추적 기법은 상대방과 대화하면서 상대방이 자주 사용하는 단어를 사용하는 것을 말한다. 또한 상대방이 한 말을 다시 전체적으로 요약하거나 과거로 돌아가 상대방이 했던 말을 다시 한번 정리하는 과정을 역추적이라고 한다. 이러한 과정 속에서 상대방과 자연스럽게 공감 즉 라포가 이루어진다.

3) 고객과의 공감대 형성하기

(1) 감정을 동화한다

대화 중 딴짓을 하거나 무관심한 표정은 고객의 기분을 상하게 하고 더 이상 대화를 이어가지 못하게 할 것이다. 따라서 신체적, 언어적 동화를 통해 고객에게 관심과 주의를 기울이고 있음을 전달해 보여야 한다. 그 방법은 다음과 같다.

첫째, 편안하고 자연스럽게 고객과 마주 대한다.

둘째, 부드럽고 따뜻한 표정과 시선으로 바라보며

셋째, 적절한 말과 고개를 끄덕이는 것과 같은 행동으로 반응을 보인다.

넷째, 고객의 감정에 적극 동감하는 표정을 짓는다.

(2) 고객으로부터 단서와 공통점을 찾아 대화를 통해 공감한다

고객과 함께하는 모든 것은 대화의 소재가 된다. 고객의 나이, 옷차림새, 목소리 톤이나 억양, 소지품 등에서 나와 공통점이 무엇인지 단서를 찾아 그것을 토대로 대화의 장을 열어가도록 한다. 고객이 말하는 중에 개인적인 정보가 있으면 서비스인은 고객이 그것에 대해 얘기하고 싶어 한다는 것을 알아채어 적절한 반응을 보임으로써 고객이 자신의 말에 귀 기울이며 자신의 감정과 상황을 이해하고 있다는 것을 느끼게 해준다.

▲ 고객과의 공감대 형성하기
고객이 원하는 바를 이해하고 고객에게 관심을 기울여주는 것이 공감대 형성을 위해 중요하다.

(3) 맞장구와 적절한 피드백을 한다

적극적으로 고객의 말에 동조하며 진심으로 성의를 보이는 맞장구를 친다. 그렇지 않으면 고객이 흥미를 잃고 불안을 느끼게 된다. 표정과 눈 그리고 진심을 담은 마음으로 고개를 끄덕이거나 시기적절하게 맞장구를 치면서 고객과 일체가 되어 이야기를 들어준다.

'그래' '저런…' '그럴수가' '그것 참 잘됐군' '그랬구나' '쯧쯧 안됐네'와 같은 맞장구를 통해 마음이 열리고 속마음을 털어놓게 되면 일반적으로 누구든 그와 마음이 통함을 느끼고 각별한 관계를 유지하려 하게 된다.

고객의 말씀을 이해하고 명확하게 하기 위해, 필요하다면 메모도 하고 때때로 적절한 질문도 한다. 그것은 고객의 말에 귀 기울여 전념하고 있음을 의미한다.

(4) 공감적으로 경청한다

공감적 경청은 말하는 사람의 마음속으로 들어가 진정으로 이해하려고 노력하는 것을 말한다. 즉, 말하는 사람의 마음을 이해하려는 의도를 가지고 듣는 것을 말한다. 그것은 또한 말하는 사람의 시각과 관점을 통해 상황과 세상을 본다는 것을 의미한다. 그렇게 함으로써 사람들은 말하는 사람의 인식과 가치관을 이해하고 그들이 느끼는 감정도 이해하게 된다. 공감적 경청의 본질은 상대에게 동의하거나 동조하는 것이 아니라 그 사람을 감정적으로 깊이 있게 완전히 이해하는 것이다.

(5) 공감적인 표현을 한다

'공감적 표현'이란 공감하고 있음을 나타내기 위하여 상대에게 '상대방의 말이나 마음을 되돌려주기'를 하는 것을 뜻한다. 즉 상대의 입장과 감정에 공감하고 있음을 표현하는 것을 말하는데, 상대가 말한 내용을 다 듣고 난 후 나의 생각과 느낌을 상대에게 전하는 말이다. 만약 '공감적 경청'이 안 된 상태라면 자신의 생각에 사로잡히게 되어 상투적인 말이 되기 쉽다. 이러한 말은 상대방의 느낌과 동떨어지게 되어 상대는 오히려 섭섭하고 기분이 나빠질 수 있다. 즉 공감적 듣기가 선행되어야 공감표현이 가능하며, 상대의 입장이 되어 그의 주관적 입장에서 이해하며 들어야 한다.

제3절 > 고객 맞이하기

1. 인사

고객서비스란 소비자의 다양한 욕구를 충족시키는 것을 의미한다. 그러나 서비스인이 제공하는 서비스에 대해 고객 개개인의 평가는 천차만별이다. 어떤 고객은 일상적인 것으로 받아들여 무심하게 지나칠 수도 있고, 어떤 고객은 본인이 구매하고자 하는 상품 혹은 서비스에 대한 성공의 전조로 의미심장하게 받아들일 수도 있다. 서비스의 제공은

▲ 눈높이를 맞추는 인사
인사는 나는 당신에게 서비스를 제공할 준비가 되어 있다는 것을 의미한다.

고객과 서비스인 간에 상호작용이 일어나는 중에 발생하기 때문이다. 바람직한 서비스인이라면 이러한 다양한 상황에 대한 책임이 고객이 아니라 서비스를 제공하는 사람에게 있다는 것을 명심해야 한다.

또한, 서비스를 개시하는 시점이 모든 서비스의 프로세스를 통틀어 가장 중요한 MOT(진실의 순간)임을 잊지 말아야 한다.

1) 인사의 의미

일반적인 생활 속에서 이루어지는 인사라는 행위는 인간관계 시작의 단계, 호의와 친근함의 표시, 자신을 알리는 방법이다. 그러나 서비스를 제공하는 현장에서의 인사는 조금 다른 의미를 갖는 절차이다. 즉, 고객은 인사를 주고받음으로써 본인이 기대하는 서비스를 제공받을 수 있다는 기대를 가지게 되며, 서비스의 질을 판가름하는 첫 단추를 꿰게 되는 것이다.

서비스인의 인사는 '당신이 원하는 것을 지금부터 드리겠습니다.' 혹은 '나는 당신에게 서비스를 제공할 준비가 되었습니다. 자, 시작할까요'의 의미로 고객에게 받아들여진다. 뿐만 아니라 서비스인은 인사를 하는 짧은 시간 동안 이 고객의 상태를 파악하고 내가 제공하게 될 서비스를 적절하게 준비해야 한다. 서비스 현장에서 인사가 갖는 의미를 요약하면 다음과 같다.

(1) 서비스의 출발점

서비스인과 고객이 인사를 주고받는 순간부터 서비스가 시작된다. 즉, 고객의 "안녕하세요"는 '지금부터 나를 안내해 주시겠습니까'의 의미가, 서비스인의 "어서 오십시오"는 '저희 레스토랑에서 지금부터 서비스를 제공해 드리겠습니다'의 의미가 있다.

(2) 첫인상의 각인효과

밝고 경쾌한 상호 간의 인사는 무엇보다 즐거운 만남을 기대하게 된다. 서비스 현장에서도 이 법칙은 통한다. 더 나아가 고객이 서비스의 질을 평가하는 데 있어서 가장 중요한 단서가 될 수 있다. 고객은 서비스인의 인사를 통해 이 서비스 현장의 직원들에 대한 교육 실태, 서비스 업장에 대한 관리, 앞으로 본인이 받게 될 서비스의 질 등에 대해 예측하게 되며, 향후 본인이 평가를 내릴 때 중요한 잣대로 사용한다.

(3) 고객의 신호를 포착하는 순간

일반적인 상황에서의 인사는 상호 주고받는 것이지만, 서비스 현장에서는 중요한 기능을 가지고 있다. 즉, 고객은 인사를 아무 의미 없는 일상적인 행위로 생각할 수 있지만, 서비스인은 인사를 통해 이 고객의 성향을 파악하는 데 중요한 단서를 포착할 수 있다. 따라서 서비스인은 인사를 주고받는 짧은 순간을 통해 이 고객이 단순히 서비스의 개시를 원하는지, 혹은 불만을 토로하기 시작할 것인지, 고객의 기분이 언짢은 상태라 주의를 요하는지 등의 분위기를 파악하고 이에 대비해야 하는 것이다.

컵의 각도와 서비스 타이밍

레스토랑에서 고객의 글라스에 물이 3분의 2쯤 되면 다시 따라주도록 가르친다. 글라스는 투명하기 때문에 물을 따를 타이밍을 육안으로 확인할 수 있다.

그러나 커피의 경우에는 용기가 불투명해 리필할 타이밍을 알아내기가 쉽지 않다.

이에 대해 제국호텔의 대선배로부터 다음과 같은 요령을 배웠다.

'커피 컵과 입의 각도로 잔량을 알 수 있다. 커피가 줄어들수록 컵의 각도가 수직에 가까워진다.'는 것이다. 이 방법을 이용하면 다소 떨어진 곳에서도 리필 타이밍을 놓치지 않고 적절히 응대할 수 있다.

고객의 마음속을 들여다볼 수는 없지만, 작은 몸짓 하나라도 놓치지 않고 지켜봄으로써 고객이 원하는 것을 알아차릴 수 있는 것이다. 서비스 스태프의 자세로서 '세심하게 살피는 것'을 잊지 말아야 한다는 가르침이다.

연회서비스의 오랜 경력을 갖고 있으며 《아름다운 매너 교과서》, 《상류사회의 매너 입문》의 저자이기도 한 야마구치 마사로는 다음과 같이 말한다.

"고객의 머리 움직임만 봐도 어떤 용무가 있거나 기분이 좋지 않다는 것을 알 수 있습니다."

레스토랑과 달리 연회는 인원이 많은 만큼 서 있는 위치에 따라 다르기는 하지만, 단 세 명이든 혹은 3백명 중에 있더라도 문제점을 감지할 수 있다고 말한다. 고객 자신조차도 깨닫지 못한 이상변화를 알아차리는 경우도 있다고 한다.

살핌, 배려에는 항상 고객을 생각하는 마음가짐뿐만 아니라, '알아차리는 기술'도 빼놓을 수 없다. 배려는 기술과 마음으로 완성된다.

▲ 고객에게 필요한 사항을 사전에 체크하기
직원은 항상 고객에게 주목해야 한다. 고객이 말하기 전에 미리 체크하고 대응해야 한다.

출처 : 제국호텔 전통의 서비스, 가와나 유키오, 리드리드 출판, 2010, pp. 86-87

(4) 서비스의 향방 결정

앞서 인사를 주고받는 행위를 통해 고객이 요구하는 바를 눈치챌 수 있다면, 인사를 주고받는 과정에서도 노련한 서비스인은 고객이 보다 호의적인 태도를 보일 수 있도록 고객의 태도를 바꿀 수 있다. 무엇인가 불만에 가득찬 분위기를 포착했다면, 인사하는 과정 중에 보다 진심어린 어투와 제스처를 사용하여 고객으로 하여금 이 직원이 나에게 적극적이고 호의적인 사람이라는 느낌을 갖게 하거나 혹은 내가 지금 가진 불만이 나의 착각이었나 하는 생각이 들도록 함으로써 문제 상황을 보다 완화시킬 수 있다.

2. 인사의 종류

머리끝까지 화가 나서 카운터로 달려오는 고객에게 어떤 인사를 해야 할까? 혹은 다른 고객에게 서비스를 제공하던 중에 건너편의 고객과 눈이 마주쳤을 때 허리를 90도 굽혀 정중한 인사를 하는 것이 바람직할까? 고객을 맞이하는 상황에 따라 인사하는 방법은 다양해질 수밖에 없다. 이는 고객과의 의사소통경험이 풍부한 서비스인이라면 본능적으로 실천할 수 있는 부분일 것이다. 다만, 서비스 베테랑이라 할지라도 묵과하면 안 되는 것은 고객과의 첫 대면 시에 행하는 인사를 통해서 서비스인의 진심이 전해져야 한다는 것이다. 진심을 전한다는 것은 절차에 맞는 인사를 정중하게 하는 것에서 끝나지 않고 고객의 상황을 재빠르게 파악하고 이를 진심어린 마음으로 해결하겠다는 서비스인의 의지가 바로 그 시점에 전달되어야 한다는 것을 의미한다.

1) 환영의 인사

일반적으로 고객과 서비스인의 첫 대면이 이뤄지는 순간의 인사를 말한다. 고객을 환영하는 인사는 대체로 "어서 오십시오."라든가 "안녕하십니까? 무엇을 도와드릴까요?" 등의 인사말로 시작한다. 환영의 인사는 서비스인이 고객에게 서비스를 제공할 준비가 되었음을 알리는 서비스 개시의 절차인 동시에, 고객의 입장에서는 지금부터 당신에게 나의 시간을 맡기겠다는 의미이기도 하다. 따라서 서비스인은 정중하고 품위 있는 인사와 제스처를 통해 고객에게 다가섬으로써 서비스를 순조롭게 시작할 수 있다.

▲ 가루다 인도네시아 항공 승무원의 환영인사이다. 나라마다 고유의 인사법을 활용하여 고객들에게 환영인사를 한다.
출처 : https://www.flightcentre.com.au

2) 감사의 인사

주로 고객에게 제공하는 서비스가 종료되는 시점에 발생하는 인사인데, 지금까지 진행된 서비스에 대해 고객이 만족하고, 향후 재사용 또는 재방문 의사 여부를 확인하는 목적을 갖는 인사이다. 즉, 단순히 고객이 지불을 완료한 것에서 '끝내는 인사'가 아니라, 지금까지 제공된 서비스에 대해 고객이 가치를 느끼고 향후에 다시 사용해 주시라는 인사이므로, 단순히 "안녕히 가십시오." "찾아주셔서 감사합니다."의 말 속에 '다음에 저희 레스토랑을 다시 찾아주시기 바랍니다.'의 의미가 내포되어 있는 것이다. 감사의 인사를 하는 서비스인은 고객이 만족했는지 혹은 불만을 가지고 떠나려 하는지를 잘 파악하여 응대할 필요가 있다.

3) 사과의 인사

사과의 인사는 서비스인으로서 가장 조심해야 하는 인사이다. 무엇인가 고객의 불편을 초래하거나 불만을 표현하는 상황에서 하게 되는 인사이기 때문이다. 고객에게 사과의 인사를 할 때 가장 중요한 것은 이것을 통해 문제 상황을 해소하고자 하는 서비스인의 의지가 표출되어야 한다는 것이다. 따라서 서비스인은 단순히 고객에게 절차상의 인사를 하는 것이 아니라 고객의 불편이나 불만을 해결함으로써 고객을 이해시키고 더 나아가 만족의 상태로 전환하겠다는 마음가짐이 필요하다.

3. 인사의 절차와 시점

인사할 때의 유의사항은 다음과 같다.

1) 내가 먼저 한다

▲ 인사하기
인사는 모든 서비스의 기본이기 때문에 항상 인사하는 법을 연습하고 습관화하는 것이 중요하다.

서비스인의 인사는 '자, 지금부터 제가 서비스를 제공해 드리겠습니다.' '나는 당신을 진심으로 환영합니다.'의 표현이다. 이러한 표시이기 때문에 항상 먼저 해야 하는데, 이는 생각만으로는 쉽게 수행하기 어렵다. 서비스 업장에서 오픈하는 시점이나, 점심시간 등을 이용해 모든 직원이 정해놓은 인사를 연습하는 것도 같은 원리이다.

2) 눈을 마주친다

눈은 대화의 통로이며 마음의 창이다. 고객의 상태를 파악하고, 나의 진심을 전달하고자 하는 서비스인이라면 고객과 눈을 맞추는 시점이 무엇보다 중요한 시점이 된다. 또한 눈을 맞추는 것은 고객의 상태를 파악하여 그에 적합한 서비스를 준비할 수 있는 중요한 접근방법이다.

3) 친근하지만 정중한 인사말

인사할 때 건네는 인사말도 매우 중요하다. 상대방의 마음을 열 수 있는 말 한마디가 어색한 분위기를 누그러뜨린다.

"안녕하십니까? 오늘 넥타이 색깔이 무척 잘 어울리시네요!" 등과 같이 개인적으로 친근함을 느낄 수 있도록 하되, 고객이 무례하다고 느끼지 않도록 하는 것이 더욱 중요하다. 넥타이, 스카프 등 고객이 착용한 액세서리 등에 대한 코멘트 정도를 활용하면 좋다.

4) 큰 소리로 밝고 명랑하게

인사는 밝고 기분 좋게 한다. 인사할 때는 고객의 기분도 즐겁게 해주겠다는 생각으로 밝고 명랑한 목소리로 한다. 밝고 명랑한 목소리는 서비스인 자신의 기분도 업(up)시켜 서비스를 보다 즐겁게 할 수 있도록 해준다.

5) 상황에 맞게

인사를 받는 고객의 기분과 상황에 맞게 적절한 인사를 하도록 한다. 예를 들어, 슬픔에 빠진 고객을 앞에 두고 하는 밝고 명랑한 감사의 인사는 고객을 조롱하는 듯한 느낌을 줄 수 있기 때문이다. 화가 난 고객에게는 고객이 감정을 진정하고 원하는 바를 정확히 전달하는 데 도움을 줄 것이라는 신뢰감을 주는 인사가 바람직할 것이다.

상황별 인사 연습

상황에 맞는 적절한 인사말과 인사 자세는 고객에게 호감을 준다.
다음에 나오는 상황의 순서에 따라 인사를 연습해 보자.

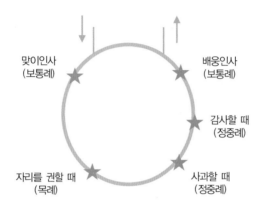

맞이인사 (보통례)	고객을 맞이할 때 밝고 활기찬 목소리로 "안녕하십니까? 어서 오십시오."
자리를 권할 때 (목례)	"○○○ 고객님, 이쪽으로 앉으시겠습니까?" "제가 도와드리겠습니다. 잠시만 기다려주시겠습니까?"
감사·사과할 때 (정중례)	업무처리가 지연되거나 업무착오가 발생했을 때 "죄송합니다." 감사함을 표현할 때, "감사합니다."
배웅인사 (보통례)	고객을 배웅할 때 "찾아주셔서 감사합니다. 안녕히 가십시오."

일본여행

　몇 년 전에 나는 일본으로 단체여행을 떠나게 되었는데 여행 3일째 되는 날 우리 일행은 시골의 조그만 온천마을에서 1박을 하게 되었다. 마을은 무척이나 깨끗했으며 일본의 전형적인 시골풍경을 감상할 수 있었다. 차가 숙소에 도착하자 기모노 차림의 숙소 여주인이 나와서 찾아주신 것에 대한 감사의 표시와 우리 단체를 방으로 안내해 주었다. 간단히 온천욕을 마치고 우리는 저녁식사 장소로 모였다. 이때 여주인은 직원 둘과 함께 방으로 들어와 세 명이 절을 하는 자세로 엎드려 자기 숙소를 찾아주신 것에 대하여 감사하다는 말과 함께 머무는 동안 정성껏 모실 것을 약속하였다. 이후 우리는 즐거운 식사를 마치고 온천마을을 마음껏 감상하고 잠자리에 들었다. 다음날 우리가 다른 행선지로 떠나기 위해 숙소 밖으로 나오자 숙소 여주인은 어제보다 더 화려한 기모노를 입고 우리 일행과 일일이 악수를 하며 기꺼이 사진을 같이 찍어주었다. 버스가 출발했고 여주인과 직원들이 손을 흔들며 '조심히 가세요, 또 오세요'라 며 우리를 배웅하였다. 우리 버스는 멀어져 가는 호텔과 손을 흔드는 여주인을 뒤로하고 마을 어귀를 돌 아 언덕을 넘으려는 순간, 가이드의 목소리가 '이곳에서 보면 여러분들이 묵었던 호텔과 마을의 풍경이 한눈에 보입니다.' 그 말에 우리는 모두 일제히 버스 뒤쪽을 바라보았고 아름다운 마을 풍경이 한눈에 들어왔다. 그때 누군가의 입에서 '저기 좀 보세요! 아직도 흔들고 있어요.' 우리는 일제히 우리가 묵었던 호텔을 바라보았고 멀리서 우리를 향해 손을 흔드는 숙소 여주인을 발견할 수 있었다. 버스 안은 술렁이 기 시작하였고 나의 가슴은 말할 수 없는 뭉클함으로 두근거리기 시작하였다. 마치 우리에게 '조심히 가 세요, 또 오세요' 하는 여주인의 목소리가 들리는 것 같았다. 우리 일행은 누구나 할 것 없이 모두 창밖을 향해 손을 흔들고 있었다. 말할 수 없는 감동과 함께 우리 일행은 여행 중에 가장 큰 추억을 가슴에 담고 마을을 빠져나왔다. 잠시 정적이 흐르고 나는 가이드한테 순간 감동적이었으며 이러한 상황이 일본의 일 반적인 고객 서비스 마인드인가를 물었다. 가이드는 나를 잠시 보더니 그저 미소만 지을 뿐… 다음 행선 지에 대한 설명을 시작했다. 이런 장면이 설령 연출되었다 할지라도 가슴속의 뭉클함은 어느 여행보다 오래 간직되어 오랜 추억이 되었다. 지금도 나는 그때의 광경이 어떤 수만 마디의 말보다 더한 감동이었 음을 잊지 못한다.

"오모테나시 싫다" 달라지는 日 서비스문화

일본 이시카와현 나나오시(石川県七尾市) 와쿠라(和倉) 온천의 카가야(加賀屋)여관. 1906년에 창업해 올해로 112년이 된 역사가 있는 곳이다. '오모테나시'로 표현되는 일본의 서비스정신을 가장 잘 구현하는 여관으로도 알려져 있어, 매년 '오모테나시' 기법을 배우러 전국의 여관주인들이 연수를 올 정도이며, '프 로가 선정한 일본 호텔·여관 100선'에서 36년 연속 1위를 차지해 왔다.

일단 여관에 손님이 도착하면 "실례하겠습니다"라며 직원이 객실문을 열고 방으로 찾아온다. 직원은 무릎을 꿇고 정좌한 자세로 이마가 바닥에 닿을 때까지 깊숙이 인사하는 것은 기본. 직원은 과자, 말차(抹茶), 전차(煎茶), 유가타(浴衣), 관광 안내책자 등을 한 번에 하나씩 들고 찾아온다. 그렇게 들락거리기를 8번. 손님을 환대하는 이 작업에 무려 1시간이 걸리기도 한다. "가능한 한 객실을 직접 찾아가라"는 게 100년

넘게 이어져 온 '카가야'의 가장 이상적인 접객방식이었다.

그동안 직원이 여러 번 방으로 찾아와 극진한 대접을 하는 게 '카가야'의 대표상품이었는데, 오히려 손님들은 이를 귀찮게 여기고 있었던 것이다.

따라서 이 같은 접객방식에 2017년부터 큰 변화가 생겼다. 직원이 객실을 찾아가는 횟수를 절반 이하로 줄인 것이다. 즉 고객들은 지나친 친절을 오히려 부담으로 여긴 것이다.

출처 : 중앙일보, "오모테나시 싫다" 달라지는 日 서비스문화, 2018.02.15

발음 연습

정확한 발음과 좋은 말씨는 생활 속의 예절이며 교양과 인격이기도 하다. 평소의 습관을 보면 말씨에 대한 척도를 알 수 있다. 다음을 읽어보고 당신의 발음이 정확한지 점검해 보자.

〈Step 1〉
• 간장 공장 공장장은 강 공장장이고, 된장 공장 공장장은 공 공장장이다.
• 내가 그린 기린 그림은 잘 그린 기린 그림이고, 네가 그린 기린 그림은 잘못 그린 기린 그림이다.
• 생각이란 생각하면 생각할수록 생각나는 것이 생각이므로, 생각하지 않는 생각이 좋은 생각이라 생각한다.

〈Step 2〉
• 김서방네 지붕 위에 콩깍지가 깐 콩깍지냐 안 깐 콩깍지냐?
• 내가 그린 구름 그림은 새털구름 그린 구름 그림이고, 네가 그린 구름 그림은 깃털 구름 그린 구름 그림이다.
• 상표 붙인 큰 깡통은 깐 깡통인가? 안 깐 깡통인가?

〈Step 3〉
• 들의 콩깍지는 깐 콩깍지인가 안 깐 콩깍지인가. 깐 콩깍지면 어떻고 안 깐 콩깍지면 어떠냐.
  깐 콩깍지나 안 깐 콩깍지나 콩깍지는 다 콩깍지인데.
• 앞뜰에 있는 말뚝이 말 맬 말뚝이냐 말 안 맬 말뚝이냐.

〈Step 4〉
• 작년에 온 솥 장수는 새 솥 장수이고, 금년에 온 솥 장수는 헌 솥 장수이다.
• 칠월칠일은 평창 친구 친정 칠순 잔칫날.
• 경찰청 쇠창살 외철창살, 검찰청 쇠창살 쌍철창살.

〈Step 5〉
• 우리집 옆집 앞집 뒷창살은 흩겹창살이고, 우리집 뒷집 앞집 옆창살은 겹흩창살이다.
• 저기 계신 저분이 박 법학박사이시고, 여기 계신 이분이 백 법학박사이시다.
• 중앙청 창살은 쌍창살이고, 시청의 창살은 외창살이다.

• 태도(몸짓) : 고객의 대화에서 무언의 방식인 몸짓, 행동과 자세를 의미한다. 이러한 몸짓은 얼굴 표정, 미소, 시선접촉, 손과 몸의 움직임, 적절한 몸단장을 의미한다.

• 미소 : 미소는 친근한 관계나 무엇에 대한 일반적인 긍정의 의미를 지닌 대표적인 비언어적 신호의 하나이다. 즉 미소는 말하는 것에 동의하며 경청하고 있다는 것을 의미한다.

• 눈 맞추기(eye contact) : 고객과의 눈 맞추기는 성실, 관심, 그리고 신뢰를 의미하며 어떤 문제나 불편사항이 발생했을 때 더욱 중요하다. 눈을 맞추는 것은 언어적, 비언어적 의사소통 시 메시지를 선택하는 데 중요한 요소이다.

• 손과 몸의 움직임 : 머리, 손, 발, 어깨 등을 사용하는 몸짓은 언어적 메시지를 강조하기 위해 의사소통에 부가적인 의미를 갖게 한다. 자세가 바르지 못한 사람은 왠지 정신상태도 바르지 못한 것 같고 신뢰감도 생기지 않는다. 신체의 자세는 마음의 자세에서 비롯되므로 자세는 곧 마음으로 해석될 수 있다.

• Body language : 몸짓언어는 "말을 하지 않고 신체적 동작이나 신호를 사용하여 자신의 감정이나 뜻을 나타내는 방법" 혹은 "말보다는 신체의 부위나 동작으로써 자신의 사상이나 감정을 남에게 보이는 수단" 이다.
즉, 몸짓언어란 자신의 의사전달을 보다 명확하고 확실하게 전달하려는 무의식중의 행위로서 일종의 커뮤니케이션이라 할 수 있다. 우리가 이야기를 할 때 자신도 모르게 몸을 움직이면서 말하게 되는데 이것을 '제스처'라 하며, 우리말로는 몸짓이라 한다.

• 표정 : 서비스마인드는 표정으로 표출된다. 밝은 표정은 호감을 생성하는 만국 공통의 언어이며, 서비스맨의 기본이자 의무이다.
즉, 표정은 첫인상에 작용하여 이미지를 결정짓게 해주며, 밝은 표정은 인간관계의 기본이다. 밝은 표정은 환영을 의미하고, 자신감을 갖게 해주며 소극적인 감정을 치료해 준다.

• 메라비언의 법칙 : 커뮤니케이션 이론에서 한 사람이 상대방으로부터 받는 이미지는 시각이 55%, 청각이 38%, 언어가 7%에 이른다는 법칙을 말하는 것으로, 시각 이미지는 자세, 용모와 복장, 제스처 등 외적으로 보이는 부분을 말하며, 청각은 목소리의 톤이나 음색처럼 언어의 품질을 말하고, 언어는 말의 내용을 말한다. 이는 대화를 통해 내용을 전달할 때 말의 내용보다는 직접적으로 관계가 없는 요소들이 93%나 차지함을 뜻한다.

• 라포(rapport) : 일반적으로는 두 사람 사이에서 마음이 통하고, 따뜻한 공감이 있으며 감정교류
가 잘 되는 상태로써, 두 사람 사이의 공감적인 인간관계 또는 그 친밀도를 의미하는 심리학 용어
이다. '마음이 서로 통한다' '무슨 일이라도 털어놓고 말할 수 있다' '말한 것이 충분히 이해된다'고
느껴지는 관계를 말한다.

| 논 | 의 | 과 | 제 |

1. 동료들과 몸짓언어로 대화해 보고 느낀 점을 논의해 보시오.

2. 우리 주변에서 많이 쓰이는 몸짓언어들을 나열해 보고 토론해 보시오.

3. 서비스인에게 스마일은 어떤 의미인지를 토론해 보시오.

4. 라포 형성의 방법을 토론하고 자신의 경험을 논의해 보시오.

5. 인사방법과 상황에 맞는 인사법을 논의해 보시오.

INTERNET 활용하기

• https://news.joins.com/article/22372724, "오모테나시 싫다" 달라지는 日 서비스문화
중앙일보, 2018.02.15

PART 5

SERVICE MANAGEMENT

서비스산업과
4차 산업혁명

Chapter 14 4차 산업혁명과 서비스산업의 미래

CHAPTER 14 4차 산업혁명과 서비스산업의 미래

1. 4차 산업혁명이 무엇인가를 설명할 수 있다.
2. 4차 산업혁명의 도래와 서비스산업의 변화를 설명할 수 있다.
3. 4차 산업혁명이 관광산업에 미치는 영향을 설명할 수 있다.
4. 서비스산업에 접목되고 응용될 미래의 기술을 설명할 수 있다.
5. 4차 산업혁명 기술이 서비스산업에 응용되는 최근의 예를 들고 설명할 수 있다.

CHAPTER

14

4차 산업혁명과
서비스산업의 미래

개요

4차 산업혁명은 크게 △융복합되며 공진화하는 기술혁신, △제조업의 산업구조 혁신(제조공정의 디지털화, 제품의 서비스화), 그리고 △AI기반의 플랫폼 비즈니스(공유경제, 블록체인 등)라는 3가지 측면에서 파악될 수 있다.

4차 산업혁명으로 인한 기술혁신은 기술의 융복합과 인터넷플랫폼 기반의 온디맨드 경제(서비스 중심)의 확산으로 이어지고, 이에 따라 서비스업의 위상과 역할도 크게 변화할 것으로 예상된다.

4차 산업혁명은 파괴적인 기술혁명을 바탕으로 한다. 이러한 변화는 향후 소비자의 요구를 다양화하고, 관련 산업의 진화와 혁신을 유도하여 서비스산업 및 관광산업의 변화를 가속화할 것으로 보인다. 본 장에서는 4차 산업혁명의 도래에 따른 서비스산업의 전망과 분야별 변화에 대한 트렌드를 살펴본다. 또한 4차 산업혁명이 관광산업에 미치는 영향과 미래의 발전방향을 살펴본다.

제1절 > 4차 산업혁명의 개념과 기술혁신

1. 4차 산업혁명의 개념

18세기에 나타난 제1차 산업혁명은 수공업시대에서 증기기관이 기반이 되는 기계화 산업시대를 열었으며, 19~20세기 초에 나타난 제2차 산업혁명은 전기와 생산조립라인을 기반으로 대량생산 체계를 구축하였다. 20세기 후반에 나타난 제3차 산업혁명은 컴퓨터와 인터넷을 기반으로 정보의 생성, 가공, 공유를 가능케 하는 디지털 혁명시대를 의미하며, 21세기에 나타난 제4차 산업혁명은 인공지능, 사물인터넷, 빅데이터, 모바일 등 첨단 정보통신기술이 경제·사회 전반에 융합되어 혁신적인 변화가 나타나는 차세대 산업혁명으로서 초연결(hyperconnectivity)과 초지능(superintelligence)을 기반으로 3차 산업혁명에 비해 더 넓은 범위(scope)와 더 빠른 속도(velocity)로 기술이 융합되는 융복합화로 설명된다.

▲ 클라우스 슈밥(Klaus Schwab)

이러한 4차 산업혁명[1]은 다보스 포럼에서 클라우스 슈밥(Klaus Schwab)[2]이 '제4차 산업혁명의 이해'를 주제로 논의하면서 세계적으로 주요 화두로 등장하였으며, 그는 4차 산업혁명을 디지털 혁명에 기반을 두고 디지털, 물리, 생물학적인 기존 영역의 경계가 사라지면서 융합되는 '사이버물리시스템(cyber-physical system)'으로 정의하였다.

---

1) 인공지능, 로봇기술, 생명과학이 주도하는 차세대 산업혁명을 말한다. ▷1784년 영국에서 시작된 증기기관과 기계화로 대표되는 1차 산업혁명 ▷1879년 전기를 이용하여 대량생산이 본격화된 2차 산업혁명 ▷1969년 인터넷이 이끈 컴퓨터 정보화 및 자동화 생산시스템이 주도한 3차 산업혁명에 이어 ▷로봇이나 인공지능(AI)을 통해 실재와 가상이 통합되어 사물을 자동적, 지능적으로 제어할 수 있는 가상물리 시스템의 구축이 기대되는 산업상의 변화를 일컫는다.
2) 세계경제포럼(World Economic Forum, 일명 "다보스포럼"의 창시자이자 회장, 2016년 세계경제포럼을 통해 '4차 산업혁명' 개념을 최초로 주장

주요 산업혁명의 발전과정을 살펴보면 〈그림 14-1〉과 같다. 4차 산업혁명으로의 발전 흐름과 특징 그리고 기술적 변화를 살펴보면 〈그림 14-2〉와 같다.

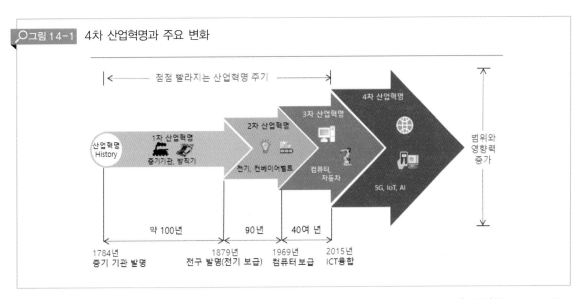

그림 14-1 4차 산업혁명과 주요 변화

출처 : KT경제경영연구소(2017, p. 79) *ICT(Information and Communication Technology), 5G(fifth generation mobile communications), IoT(Internet of Things), AI(Artificial Intelligence)

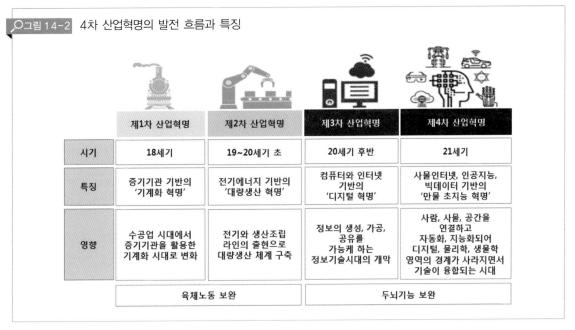

그림 14-2 4차 산업혁명의 발전 흐름과 특징

	제1차 산업혁명	제2차 산업혁명	제3차 산업혁명	제4차 산업혁명
시기	18세기	19~20세기 초	20세기 후반	21세기
특징	증기기관 기반의 '기계화 혁명'	전기에너지 기반의 '대량생산 혁명'	컴퓨터와 인터넷 기반의 '디지털 혁명'	사물인터넷, 인공지능, 빅데이터 기반의 '만물 초지능 혁명'
영향	수공업 시대에서 증기기관을 활용한 기계화 시대로 변화	전기와 생산조립 라인의 출현으로 대량생산 체계 구축	정보의 생성, 가공, 공유를 가능케 하는 정보기술시대의 개막	사람, 사물, 공간을 연결하고 자동화, 지능화되어 디지털, 물리학, 생물학 영역의 경계가 사라지면서 기술이 융합되는 시대
	육체노동 보완		두뇌기능 보완	

출처 : 한국문화관광연구원, 2017

2. 4차 산업혁명의 기술혁신

4차 산업혁명을 이끌어가는 기술적 혁신은 기존의 디지털 변혁(Digital Transformation)의 범위가 전방위로 확대되면서 이루어지는 '전면적 디지털화'가 핵심적인 기술적 특징으로 나타난다.

이러한 디지털화를 통해 가능하게 된 변화는 초연결화와 초지능화로 요약될 수 있으며, 이는 다시 산업 등 다양한 영역에서의 융복합화를 가속화한다. 즉 전면적 디지털화에 따른 초연결화, 초지능화, 융복합화는 큰 축에서의 기술 변혁의 핵심 요소로 설명된다.

1) 초연결화(Hyper-Connectivity)

초연결화(Hyper-Connectivity)란 사람, 프로세스, 데이터, 사물 등을 포함한 모든 것이 네트워크 즉, ICT(정보통신기술 : Information and Communication Technology)를 기반으로 IoT[3](사물인터넷 : Internet of Thing) 및 IoE(만물인터넷 : Internet of Everything)의 진화를 통해 사람과 사람, 사람과 기기 또는 기기 간 네트워크가 거미줄처럼 긴밀하게 연결돼 초연결사회를 구성하는 것이다.

특히 초연결화의 기반이 되는 사물인터넷(IoT)은 인간과 사물 간의 연결을 강화하여 사물과 연계된 인간 활동의 데이터 수집 및 제어가 확대되고, 이렇게 수집된 데이터는 결과적으로 빅데이터화로 이어지며 딥러닝/기계학습 등을 통한 '초지능화'의 기반이 된다.

이러한 빅데이터는 기존의 기업 비즈니스를 지원하는 정보 시스템의 축적된 데이터와 SNS, 각종 자동화기기의 센서들로부터 발생되고 수집되는 엄청난 규모의 데이터를 모두 포함하는 것이다. 빅데이터를 활용하는 서비스에서는 이러한 대규모의 데이터를 활용하여 부가가치를 찾는 것을 목적으로 한다. 즉 사람들의 일상생활을 통해 축적된 실제 자료를 수집 및 활용하여, 배경과 맥락을 바탕으로 한 자료 분석이 가능하게 되고, 이를 다양한 서비스에 활용하고 있다.

---

3) 단어의 뜻 그대로 '사물들(things)'이 '서로 연결된(Internet)' 것 혹은 '사물들로 구성된 인터넷'을 말함

2) 초지능화(Hyper-intelligence)

모든 산업 분야에 인공지능이 도입됨과 동시에 빅데이터의 수집과 분석이 가능해지고 컴퓨팅 파워가 기하급수적으로 커지면서 초지능 기술진보는 더욱 빨라지고 있다. 즉 어떤 문제에 대해 사람처럼 사고하고 학습·추리·적응·논증함으로써 특정 문제를 스스로 해결할 수 있는 인공지능(AI)과 빅데이터의 결합 및 연계를 통해 기술과 산업구조의 초지능화가 나타나고 있다.

이에 따라 사물에 다양한 수준의 지능이 부여되고, 언제 어디서나 물과 전기처럼 인공지능을 가져다 쓸 수 있는 세상이 오는 것이다. 이미 다양한 디바이스에 음성인식 인공지능들이 탑재되어, 사용자의 다양한 질문에 즉각 응답해 주고 있다.

따라서 4차 산업혁명은 지식서비스 혁명이며, 데이터 기반의 최적 의사결정 기술이 핵심이다.

인공지능은 서비스의 다양한 분야에 적용되고 있는데, 제조, 유통, 물류, 엔터테인먼트, 지식산업 등의 다양한 서비스 영역에서 활용이 기대된다. 은행이나 증권사에서는 해당 고객과의 대화를 통해 성향을 분석하고 상품이나 종목을 추천해 주는 서비스 제공도 가능하다. 특히 상담원 챗봇을 도입함으로써 최소 인력으로 콜센터 관리가 가능해지고, 법률이나 회계, 그리고 의학 관련 챗봇도 이미 많은 부문에서 실용화 단계에 접어들었다.

출처 : https://www.kdnuggets.com

3) 융복합화(Hyper-Convergence)

초융합은 '초연결성' 및 '초지능화'에 기반하여 기술 간, 산업 간, 사물과 인간 간의 데이터 공유를 통해 과거에는 상상할 수 없었던 이종(異種)기술 및 산업 간의 다양한 결합을 통해 새로운 기술과 산업이 출현하게 됨을 의미한다.

초연결과 초지능의 확대는 결과적으로 기존에 분리되어 있던 다양한 영역들의 융복합으로 이어지게 된다.

이와 같이 다양한 이종기술들의 융합은 강력한 시너지를 촉발하며, 새로운 융합 제품뿐만 아니라 산업 간 융합과 사업모델의 융합을 낳게 된다. 나아가 새로운 융복합 기술의 확산은 장기적으로 사회와 기술의 융합, 인간과 기술의 융합까지 유도하게 되고, 이 과정에서 산업 간 경계는 점차 소멸하게 될 것이다.

3. 4차 산업혁명의 파급효과

4차 산업혁명에서 인공지능(AI), 사물인터넷(IoT), 빅데이터(Big data) 등 4차 산업혁명을 주도하는 신기술(emerging technologies)이 인간의 삶과 사회구조의 변화를 주도할 것이다.

4차 산업혁명으로 인해 사회는 디지털 사회의 특징인 연결과 플랫폼이 유지되면서 컴퓨터의 인공지능이 중심적인 역할을 하는 사회가 될 것이다. 사회의 핵심적 변화는 첫째, 데이터가 경쟁의 원천이 되는 플랫폼 중심의 경쟁으로서 자원장비의 최소화(예 : 우버와 에어비앤비) 등 산업구조의 변화이다. 둘째, 빅데이터를 통한 소비자들의 맞춤형 소비가 가능하게 되고 셋째, 육체노동이건 지식노동이건 인공지능과 로봇으로의 대체가 예상되며 특히 단순반복 업무가 자동화되고 창의적·감성적인 업무 분야의 가치가 상승될 것이다. 신기술의 도입으로 삶의 편의성 증대 등의 순기능과 더불어 사회의 양극화와 빅데이터 등으로 인한 개인정보 유출 등이 역기능으로 작용될 것이며, 마지막으로 사회 및 산업 전 분야에 걸쳐 지식창출이 가속화될 것이다.

4차 산업혁명으로 사람 간의 연결을 넘어 사람과 사물, 사물과 사물 간의 연결성이 강화되는 초연결사회로 진입하면서 산업구조에 혁명적인 변화가 시작되고 있다.

산업 간 경계가 허물어지고 사이버와 현실 세상이 결합하는 것이 4차 산업혁명이고, 제품과 서비스를 결합시켜 고부가가치를 창출하는 것이 선진경제이다. 따라서 현대경제는 모든 분야의 산업이 서비스산업화로 변화를 거듭하고 있다.

즉 4차 산업혁명을 통해 생산부터 소비에 이르는 전 과정에서 지능화 중심의 서비스적 요소가 최적화되어 있어 효율 및 생산성이 크게 향상되고, 다양한 AI 기반의 고부가가치 맞

▲ "혁명"은 사람들의 생활방식과 비즈니스 기능의 폭발적인 변화이다. 혁명은 사실상 경제의 모든 부문에 영향을 미친다. 어떤 사람과 기업은 적응하고 다른 사람은 실패하며, 이전에는 상상할 수 없었던 새로운 비즈니스가 만들어진다. 이러한 변화와 함께 전체 직업부류가 새롭게 생성되고 사라질 것이다. 출처 : https://medium.com

춤형 융합 신서비스를 통해 부가가치 창출과 고용 등 서비스 중심의 경제구조로 고도화될 전망이다. 또한 분야별로 전문적인 지식베이스의 구축 및 활용이 일반화됨으로써 지식의 전이와 활용이 쉬워져 고객 개인 맞춤형 제품 및 서비스 개발과 이를 위한 기업 간 협업이 촉진될 전망이다.

1. 서비스산업의 미래전망 : 신경제사회

제4차 산업혁명은 인공지능으로 대표되는 초지능화시대, 사물인터넷으로 대표되는 초연결화 시대에서의 산업변화를 의미한다. 기존 산업은 물론 서비스산업에도 큰 변화가 예상된다. 특히 인공지능과 로봇기술 등 과학기술의 발전이 서비스 공급역량을 증대시키

면서 서비스산업을 발전시키고 이에 따른 서비스산업의 발전과 더불어 전 산업의 서비스화가 촉진될 것이다.

미래의 토대가 될 신경제사회의 특성은 크게 다섯 가지로 전망해 볼 수 있다.[4]

첫째, 기존의 경제사회에서는 지식이 경쟁력의 원천이었지만, 신경제사회에서는 지식의 가치가 급속히 하락하는 지식보편화시대가 될 것이다.

인터넷과 방송통신 등의 발달에 따라 독점이 아닌 공유의 시대가 되고 있기 때문이다.

둘째, 무형적 가치가 중요해지는 무형재화(intangible goods)의 시대가 될 전망이다. 유형재화는 무형가치를 제공하기 위한 서비스 플랫폼으로 사용되고, 플랫폼 위에서 제공되는 서비스재화가 큰 가치를 지니게 될 것으로 보인다.

셋째, 신경제시대에는 인간 고유의 감성이 중요해지는 시대가 될 것이다. 기계가 이성적 부분을 담당하게 됨으로써, 인간은 기계가 수행하기 어려운 감성부분에 주력할 것이기 때문이다.

넷째, 인간의 욕구가 대폭 확장되는 시대가 될 것이다. 신경제사회에서는 인간의 노동비중이 감소되면서, 욕구 개발에 보다 많은 시간을 투입하게 되어 욕구의 대폭 확장시대가 도래할 것으로 예측된다.

다섯째, 개인중심시대가 될 것이다. 과학기술의 발전으로 개인을 위한 제품과 서비스 공급역량이 증대되어 개인의 소비가 중심이 되는 시대가 될 것으로 보인다.

이러한 신경제사회의 특성이 함축하는 것은 서비스산업을 중심으로 한 경제구조 전환이 더욱 가속화될 것이라는 점이다.

2. 서비스시장 규모의 확대

서비스산업은 소득수준 향상, 여가시간 확대 등으로 삶의 질에 대한 관심이 커지면서 단순 소비가 아니라 '소비의 가치'에 비중을 둔 웰빙 관련 소비가 사회 전반에 확산되면서, 서비스 수요에 대한 인식도 새롭게 정립되고 있다. 이에 따라, 여가시간을 활용하기

---

4) 대한민국 국가미래전략 2017, KAIST 문술미래전략대학원(2016)에서 참고

위한 스포츠 · 레저 관련 서비스와 고급관광 수요 증대가 예상된다.

저출산과 고령화로 인한 생산가능인구 증가율의 둔화와 함께 여성의 고학력화가 진전되면서 여성의 사회진출이 확대되고 있으며, 인터넷에 익숙한 젊은 세대나 경제성장 일선에서 퇴진한 베이비부머 세대들이 문화나 레저, 건강, 교육 등의 주요한 수요층으로 등장하고 있다. 가계의 서비스부문 소비지출이 지속적으로 증가하고 있는데, 특히 보건 · 의료, 교육 등의 서비스에 대한 지출비중이 빠르게 확대되고 있다.

이처럼 경제성장에 따른 소득수준의 향상 및 인구 · 사회구조 변화, 4차 산업혁명 관련기술의 진전으로 서비스 수요가 다양화 및 고도화되면서 서비스 시장규모는 지속적으로 확대될 것이다. 따라서, 산업환경 변화에 대응한 고부가가치 서비스 발굴을 통해 새로운 성장동력을 확보하여 내수를 활성화하고 경제 전체의 활력을 높이고자 하는 노력이 필요하다.

우리나라 경제에서 서비스산업이 차지하는 비중은 2018년 부가가치기준으로 59.1%, 취업자 수 기준 70.3%에 달하지만, 우리나라의 서비스산업 발전 수준은 여전히 선진국에 비해 낮은 것으로 평가되고 있다. 특히 음식 및 숙박, 도소매 등 생활형 서비스의 비중이 높아 취업자 수 기준에 비해 부가가치가 낮은 수준에 있어, 서비스산업의 고부가가치화는 해결해야 할 과제로 남아 있다.

4차 산업혁명으로 인해 서비스업의 고도화와 융합화가 이뤄지면서 전 세계적으로 서비스경제화가 활발하게 진행 중이며, 부가가치 창출력 또한 생산 중심의 제조업에서 R&D, 디자인, 마케팅 등으로 이전되는 스마일커브화[5]가 진행되고 있으며 4차 산업혁명으로 인해 이러한 추세는 더욱 가속화될 전망이다.

최근의 환경변화로 인한 서비스업에서의 변화는 〈표 14-1〉과 같이 서비스업 자체 개선(α+자체 개선), 플랫폼 기반 비즈니스모델(플랫폼+α), 또는 융합형서비스(α+tech) 등의 세 가지 형태로 구분하여 설명할 수 있다.

---

5) 부가가치 사슬 양끝의 R&D와 브랜드가 중심이 되면 웃는 모습(smile curve)

<표 14-1> 서비스업의 미래모습

방향	분류	방향	주요 내용
개선	α + 자체 개선	개념	서비스 자체의 고부가가치화
		특성	새로운 서비스, 프로세스 및 마케팅 개선
		예시	이동통신의 진화(LTE → 5G), 무료견적서비스 제공, 당일 특급배송시스템 도입
혁신	플랫폼 + α	개념	플랫폼 기반의 비즈니스 모델
		특성	자원 활용의 효율화, 수요의 편리화 등
		예시	유통(아마존, 배달의 민족 등), 운송(우버, 모두의 주차장 등), 음식(공유주방 등), 숙박(에어비앤비 등), 여행(트리바고, 아고다 등), 법률(헬프미 등), 개인서비스(홈마스터, 세탁특공대 등)
	α + tech	개념	기술이나 여타 산업과의 결합을 통한 융합형 서비스
		특성	서비스의 고부가가치화, 고객대응 최적화 등
		예시	Fintech(금융), Insurtech(보험), Proptech(부동산), Edutech(교육), Legaltech(법률) 등

출처 : KIET산업연구원, 2019, p. 362

3. 서비스산업 수요 대응

최근 우리나라의 서비스산업은 노동집약적 특성으로 인한 고용창출효과가 높아 제조업에 비해 상대적으로 일자리가 많이 창출되고 있어 새로운 경제 성장동력으로 서비스산업 활성화가 활발히 논의되고 있다.

또한, 4차 산업혁명을 이끄는 ICT(Information and Communication Technology) 기술 발전에 따른 제조업의 서비스화가 확산되면서 제조업과 서비스업의 혁명적 변화가 전망되고 있다. 그리고 스마트폰의 대중화와 모바일 IT기술의 발달로 모바일 기반 온디맨드 서비스 시장 규모도 증가하고 있으며, 사회경제적으로는 출산율 감소와 인구의 고령화가 급속히 진행되는 인구구조의 변화와 소비자 수요패턴의 변화가 예상된다.

이러한 산업환경 및 사회경제 환경의 변화를 통해 예상되는 미래 산업구조 속에서 우리나라 서비스산업의 발전을 위한 준비가 필요하다. 우선, 우리나라 서비스산업의 문제로 지적되고 있는 규모의 영세성, 낮은 노동생산성, 서비스산업의 지역 편중, 내수시장 중심구조를 극복하기 위한 노력이 필요하다.

서비스산업의 경쟁력 제고 없이 경제 전체의 경쟁력을 높이는 것은 매우 어려운 일이다. 그러나 서비스산업 육성은 단기적으로 접근할 문제가 아니다. 내수시장 활성화나 서비스 수출 촉진, 양질의 일자리 창출 등을 목표로 주기적인 서비스

▲ IT트렌드 중 하나인 온디맨드는 요구사항/수요를 의미하는 "디맨드(Demand)"라는 단어가 사용된 만큼 사용자 및 고객의 요구사항이나 수요에 대응하는 "주문형 서비스"라고 한다.
출처 : https://www.freeviewnz.tv

산업 중장기 육성계획을 수립하고 장기적으로 접근하여야 한다.

---

1. 관광산업의 변화

관광산업에서도 4차 산업혁명시대의 핵심적인 키워드는 〈표 14-2〉와 같이 '초연결' '초지능' '초융합화'로 압축할 수 있다. 관광산업에서는 OTA(Online Tour Agent) 등 플랫폼 경제 모델이 등장하면서 객체 간의 유기적 연계를 강화하는 '초연결' 현상이 확대되고 있으며, 빅데이터 기반의 큐레이션 등 적시수요(On demand)[6] 방식의 초지능 여행서비스가 이미 실현단계에 들어섰다. 또한 공유경제[7]를 기반으로 한 초융합화를 통해서 개별서비스 간 연계 영역에서 새로운 기술, 산업의 출현 등이 전망되고 있다.

관광산업의 가상물리화란 실제 물리공간과 가상공간이 밀접하게 결합되는 부분을 의

---

6) 컴퓨터 기술의 비약적인 발달로 고객이 요구하는 대로 즉시 대응하는 서비스 시대가 도래하면서 등장한 것으로 고객이 원하는 것을 즉시 해결해 주는 새로운 정보산업체제를 말함
7) 한번 생산된 제품을 여럿이 공유해 쓰는 협력소비를 기본으로 한 경제방식을 말함

미한다. 실제 관광지, 숙소 등의 물리공간을 디지털화해 가상공간에 투영하고 동기화하며, 공간의 한계를 극복하여 관광산업에 고부가가치를 더하는 것이다. VR(가상현실)·AR(증강현실)이 접목된 호텔에서의 인공지능(AI) 기반 컨시어지, 챗봇을 기반으로 한 예약 서비스 등이 이와 같은 사례에 해당된다.

〈표 14-2〉 4차 산업혁명과 관광산업 변화

구분	개념	관광산업 분야
초연결	사람, 사물 등 객체 간의 유기적 연계	• 관광산업 생태계에서 플랫폼 경제가 새로운 가치창출 기반으로 부상(에어비앤비, 우버 등) • OTA(온라인여행사)의 시장규모 확대 및 가치 성장
초지능	데이터 공유를 기반으로 최적의 의사결정	• 빅데이터 분석을 통한 관광객 패턴변화 진단·플랫폼 연계를 통해 개별화된 맞춤형 여행서비스 제공
초융합화	이종 기술 및 산업 간의 결합을 통해 새로운 기술, 산업의 출현	• 이종기술 및 산업 간 결합을 통해 신기술, 신시장 출현 • 공유경제를 기반으로 교통, 숙박 등 개별 서비스 간 연계영역에서 새로운 비즈니스 모델 등장

출처 : 삼정KPMG경제연구원, 2018

4차 산업시대에 맞추어 관광트렌드의 빠른 변화가 예상되는데, 특히 스마트 관광소비는 전방위적 유통채널을 소비자 중심으로 통합하여 일관된 소비경험을 제공하는 방향으로 변화시킬 전망이며, 온라인과 오프라인의 연결인 O2O와 기술혁명은 관광소비를 한층 더 자동화, 지능화되도록 이끌어줄 전망이다.

또한 사회적으로는 인구구조의 급속한 변화로 인한 소비시장 패러다임 변화도 관찰되는데, 특히 자기 만족을 추구하는 가치 소비와 물건을 소유하기보다는 공유하고 경험을 중시하는 소비문화에 주목할 필요가 있다. 또한 밀레니얼 세대[8]와 Z세대[9]가 향후 소비시장의 주역으로 부상하고 있는데, 여행에 매우 적극적이며 디지털 환경에 능숙한 이들 세대가 관광에 미치는 영향력도 증가할 것으로 예측된다.

향후 핵심관광 트렌드를 정리해 보면 〈표 14-3〉과 같다.

---

8) 1980년대 초부터 2000년대 초 사이에 출생한 세대
9) 1990년대 중반에서 2000년대 초반에 걸쳐 태어난 젊은 세대를 이르는 말, 어릴 때부터 디지털 환경에서 자란 '디지털 네이티브(디지털 원주민)' 세대

<표 14-3> 4차 산업시대의 관광트렌드

관광트렌드	주요 내용
소소한 여행 : 소확행, 가심비, 가시비	여가시간이 증가하고 저성장 경제 기조가 지속됨에 따라 물질적 소유를 대신해 짧고 가까운 여행으로 소유욕을 해소하는 행태가 계속될 전망임. 소확행(작지만 확실한 행복), 가심비(가격 대비 심리적 만족을 추구하는 소비), 가시비(가격 대비 원하는 시간 소비) 등의 소비트렌드와 연결됨
일상에서 만나는 비일상 여행	여행객들의 여행 경험도가 높아지면서 마을, 골목, 시장 등 지역주민의 삶과 문화 등을 체험할 수 있는 일상공간에 대한 여행 수요가 지속 확대될 전망임. 새로운 여행 공간을 찾으려는 관광객 욕구와 도시재생사업이라는 정책적 지원 등이 맞물려 지역주민들의 일상공간이 새로운 관광목적지로 부각될 전망임
경험 소비, 여행 액티비티 전성시대	관광에서 기억할 만한 경험(Memorable Tourism Experience : MTE)을 추구하는 경향이 강해지면서, 관광명소나 랜드마크 방문 위주의 관광에서 여행객의 능동적 참여가 가능한 형태 위주로 변화할 전망임
누구나 즐기는 여행 : 은퇴부터 100세까지	특정 세대뿐 아니라 모든 세대가 여행을 즐기게 됨에 따라 여행이 보편적인 권리로 대두되고 있으며, 시니어계층의 경우 구매력과 디지털 적응력을 갖춘 시장 및 독거노인과 같은 사회적 취약계층으로 양극화되는 현상을 보일 것으로 전망됨
여행 트렌드 세대, 뉴제너레이션	자유롭고 개성 넘치며 자존감이 강한 밀레니얼 세대와 디지털에 능숙하고 SNS를 중시하며 삶의 재미를 추구하는 Z세대가 향후 여행 트렌드 변화를 주도할 것으로 전망됨
다이내믹 방한시장, 유동성과 다변화	한·중·일 외교 정세, 남북 관계 등 외부환경 요인에 따라 방한 관광시장이 급변함과 동시에 향후 동북아를 벗어나 아세안 국가들과의 문화·관광교류가 보다 활성화될 것으로 전망됨
관광시민, 여행가치를 생각하다	관광활동으로 인한 다양한 환경 이슈와 관광 안전, 주민-관광객 갈등 등의 문제가 부각됨에 따라 여행으로 인해 발생할 수 있는 문제를 최소화하려는 인식이 증가할 것으로 전망됨
모바일과 여행 플랫폼 비즈니스의 진화	관광 소비자의 글로벌 OTA 등 여행 플랫폼 활용이 더욱 증가함에 따라, 정보 탐색-상품 예약-경험 공유의 변화가 강화되는 한편, 창조적 융·복합 여행상품에 대한 기대와 소비를 가속화시킬 것으로 전망됨
빅데이터가 여는 AI 관광시대	빅데이터의 활용성이 강화되고 인공지능 플랫폼 기술이 발전함에 따라, 개인 맞춤형 여행이 집단지성 등 여행 정보 획득 경로의 재편뿐 아니라 여행상품의 콘텐츠 및 소비방식에도 변화를 초래할 것으로 전망됨
공유, 여행공간·이동·경험을 연결한다	전 세계적으로 공유경제가 빠르게 성장하면서, 관광부문에서도 숙박 공유, 모빌리티 공유, 경험의 공유 등 국내 여행행태에 변화를 초래할 것으로 전망됨

출처 : 이원희·박주영·조아라, 관광트렌드 분석 및 전망 : 2020-2024

2. 4차 산업시대의 관광산업 변화의 특징

1) 관광 산업규모의 확대

관광산업의 디지털화는 여행거래의 장벽을 제거하고 거래비용을 감소시킴으로써 관광산업의 가치와 규모를 확대시키고 있다. 전통적인 여행산업에 비해 OTA의 등장은 전체 여행산업의 매출액은 물론 추가이익을 발생시키고 있으며, 보다 개인화된 서비스를 통해 수익을 창출할 수 있는 기회가 관광업계 전체에서 발생하고 있다. 특히 데이터 기반 개인화를 통해 항공사와 호텔 등 여행업계는 고객을 더 잘 이해하고, 보다 편리한 프로세스와 효율적인 마케팅을 가능하게 하고 있다.

〈표 14-4〉 4차 산업혁명과 관광산업 변화 전망

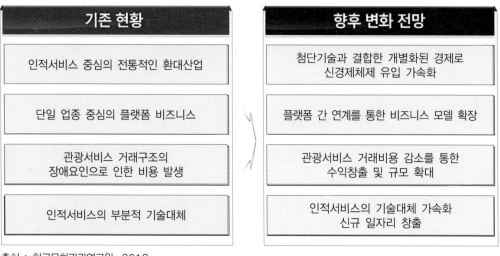

기존 현황	향후 변화 전망
인적서비스 중심의 전통적인 환대산업	첨단기술과 결합한 개별화된 경제로 신경제체제 유입 가속화
단일 업종 중심의 플랫폼 비즈니스	플랫폼 간 연계를 통한 비즈니스 모델 확장
관광서비스 거래구조의 장애요인으로 인한 비용 발생	관광서비스 거래비용 감소를 통한 수익창출 및 규모 확대
인적서비스의 부분적 기술대체	인적서비스의 기술대체 가속화 신규 일자리 창출

출처 : 한국문화관광연구원, 2018

2) 스마트 여행소비자의 부상

미래의 스마트 여행소비자는 디지털 및 모바일, 온라인, 오프라인, 가상현실, 증강현실 등을 통해 자신에게 꼭 맞는 여행서비스를 찾아내 선택하는 한편 소셜미디어나 가격비교 사이트에서 실시간 정보공유를 통해 가장 저렴한 구매조건을 찾아내고 있다.

여행사에서도 관광객들의 여행패턴, 소비패턴과 카드정보, 이동통신정보, 공간정보, 상권정보 등을 통해 분석한 데이터를 모바일이나 웹정보로 제공함으로써 관광상품의 개발이나 서비스 개선뿐만 아니라 관광지에 대한 선호도 파악, 관광객들에 대한 맞춤형 서비스 제공 등에 이용되고 있다.

▲ 로봇이 카지노 딜러를 대체할 수 있을 것인가? 도박업계의 누구라도 실제 카지노와 라이브 온라인 카지노 모두에서 라이브 카지노 딜러를 유지하고 고용하는 비용과 로봇 딜러의 가능성에 대한 최근의 논쟁은 뜨거워질 것이다. 출처 : https://www.usaonlinecasino.com

〈표 14-5〉 관광업계의 트래블테크(Travel-Tech)[10] 및 추진 현황

	트래블테크 적용 부문	내 용
예약 및 관광 정보	맞춤형 관광 정보 제공	• 구글 트립스(Google Trips)는 구글 이용자의 개인별 히스토리를 토대로 관광 목적지 관련 정보 및 레스토랑 등을 맞춤형으로 추천
	관광상품 구매 패턴 분석	• 익스피디아의 싱가포르 소재 랩(Lab)은 근전도 검사(EMG) 및 시선 추적기술(Eye Tracking)을 사용해 소비자가 어떠한 과정을 거쳐 관광상품을 구매하는지 패턴 연구
	가상 여행 보조 서비스 제공	• 모바일 여행사 파나(Pana)는 인공지능 기능을 탑재한 가상 컨시어지 서비스를 활용하여 보다 효율적인 예약방법으로 모바일 앱에서 응답 중이며 여행 가격 알림, 자동 체크인 등의 기능 추가 예정
교통	IoT 기반 주차공간 서비스	• 국내 북촌 한옥마을은 주차 문제 해결을 위해 '파킹플렉스' 앱을 도입하여 주차 공간을 서로 공유하도록 함 • 주차장에 설치된 IoT 기반 센서가 주차 가능 여부를 알려줌 • 주차 공간 소유자는 자신이 이용하지 않는 시간에 공간 제공 가능. 일시적 주차를 원하는 사용자는 주차 가능 위치를 실시간 파악

10) 4차 산업혁명의 기반 기술을 활용한 관광 비즈니스

여행업	가상여행보조 서비스 제공	• 인공지능 기능을 탑재한 가상 컨시어지 모바일 여행사 Pana는 여행 옵션 및 효율적인 예약방법으로 응답 • 향후 여행에 대한 가격알림, 자동 체크인 등의 추가 기능
	맞춤형 트립스앱 개발	• 200개가 넘는 관광목적지에 대한 가이드 및 개인별 구글 히스토리를 기반으로 레스토랑이나 행선지 등을 맞춤형으로 추천하는 구글 트립스(Google Trips) 앱 개발
	연결지능 (자동화)	• 로봇은 개인에이전트, 주요 검색, 일정관리, 가방이동, 룸서비스 등 역할 대행
	디지털현실 (가상현실)	• 온오프라인 여행사에 새로운 경영기회 제공 • 잠재여행객 확보, 새로운 여행지 위치와 경험제공 등
	대화형 인터페이스	• 메시지기반 인터페이스 및 음성기반 인터페이스[11) • 여행사와 고객 간 소통 강화, 고객서비스 강화
항공업	대화형 인터페이스 (메시지기반 인터페이스)	• 항공사와 여행 전 및 여행 중의 맞춤형 소통강화 • 고객 데이터 플랫폼 기업인 Umbel과의 협력을 통해 개인맞춤형 데이터 허브 구축(Qantas항공)
	연결지능 (실내위치 확인)	• 실내위치 정보로 여행 흐름 개선, 업무효율 및 고객만족 개선 • 네덜란드 항공사 KLM은 암스테르담 공항에서 환승 승객을 게이트로 이동시키는 업무를 지원하는 로봇 가이드 배치
	디지털현실 -증강현실 -가상현실	• 항공사 유지보수 및 수리 효율성 제공 • 비행운항 안전성 제공, 항공승객에 VR 제공 • 에어버스는 툴링, 프로토 타입 제작, 항공기 부품 제작에 3D 프린팅 기술 적용
카지노	홍콩 파라다이스	• 여성 카지노 딜러 대신 카드의 용량을 제한하는 로봇 딜러 배치, 향후 인공지능 로봇 딜러 개발 발표
여행객	연결지능(자동화)	• 로봇은 개인에이전트, 주요 검색, 일정관리, 가방이동, 룸서비스 등 역할 대행
	디지털현실 (증강현실)	• 주로 스마트폰 앱으로 여행지 환경정보, 랜드마크, 현지교통정보 등을 실시간으로 제공하고 새로운 여행장소 정보도 증강현실로 제공
	대화형 인터페이스	• 실시간 언어번역시스템으로 여행 중의 여행객들이 여행사, 항공사, 호텔, 금융 서비스 등과 상호작용 역할 대행 • 메시지기반 인터페이스, 음성기반 인터페이스

* 연결지능(Connected Intelligence), 대화형인터페이스(Conversational Interfaces), 디지털현실(Digital Realities), 메시지기반 인터페이스(Message Based Interfaces), 음성기반 인터페이스(Voice Based Interfaces), 증강현실(Augmented Reality), 가상현실(Virtual Reality)

출처 : 삼정KPMG경제연구원, 2018, World Economic Forum, 2017

---

11) 사물과 사물 간 또는 사물과 인간 간의 경계에서, 상호 간 소통을 위해 만들어진 물리적 매개체나 프로토콜을 말함

3) 여행경험의 만족도 향상

관광기업에서는 고객중심의 최적 여행경험 제공을 위해 고객의 습관 및 선호도를 수집·분석함으로써 개인맞춤화 여행을 가능하게 한다. 관광기업들은 여행자 중심의 경험에 대한 수요가 증가함에 따라 보다 개인화된 제품 및 서비스를 제공할 것이고, 여행자들의 개인데이터를 조사하고 행동패턴에 대해 자세히 학습함으로써 고객의 여행 일정 전체에서 서비스를 최적화할 수 있게 된다.

이러한 기술의 진보는 지속적인 정보가용성, 대기 및 전송시간 단축, 개인화된 맞춤서비스 및 최적화된 경로선택의 가능 등 완벽한 고객경험으로 이어지고 있다.

4차 산업혁명에 대응하여 여행경험의 만족도 향상을 위해서는 관광정책의 방향도 새로운 고객가치의 창출과 품질개선에 두어야 한다. 단순한 관광정보서비스 전달에 그치지 않고 여행 전체를 편안하게 만드는 ICT 연계 고객맞춤형 여행서비스를 창출하는 데 초점을 두어야 한다. 또한 여행의 전 과정을 상호 연결하는 ICT 플랫폼을 구축하여 여행 시 겪게 되는 불편과 애로사항을 발굴·해소하고 여행의 품질을 혁신시키는 계기로 삼아야 한다.

▲ 생태여행–여행자들의 개인데이터를 조사하고 행동패턴을 통해 개인 맞춤형 여행 서비스가 일반화될 것이다.
출처 : http://www.ecoadventures.com

4) 최신 IT기술 활용 및 개인 맞춤형 관광서비스 확대

지능형 자동화(예 : 로봇, AI, IoT 등)는 비용이 절감된 고품질 관광서비스 제공을 가능하게 할 것이다. 특히 VR과 AR은 현실세계에서 경험하기 어려운 관광지를 사이버공간으로 구축하여 가상적 체험을 할 수 있도록 도와주고 인공지능은 관광객이 계획하는 관광목적지에 대한 다양한 정보를 이용하기 위해 축적된 다양한 관광정보를 수집하고 이를 네트워크로 구축함으로써 관광객에게 필요한 최적의 맞춤형 관광지, 호텔, 음식점, 기념품 등을 선택하는 데 도움을 준다.

▲ AI기술을 통해 진화하는 고객 경험을 향상시킬 것이며 활용영역은 급속히 확대될 것이다.
출처 : https://www.eyetrodigital.com

이러한 디지털 기술의 진화는 개인별 관광수요에 최적화된 관광 서비스와 상품의 생산으로 소비자는 더욱 다양한 브랜드를 접하고 폭넓은 선택을 할 수 있게 될 것이다.

4차 산업 도입 기술에 따른 호텔기업의 도입현황을 살펴보면 〈표 14-6〉과 같다.

〈표 14-6〉 **4차 산업기술의 호텔기업 도입현황**

호텔 (Hotel)	**VR 경험 객실 서비스**	• 메리어트인터내셔널은 호텔 객실 내 엔터테인먼트 옵션으로 VR 룸서비스 제공 • 예) 르완다의 아이스크림 가게 및 칠레의 안데스산맥 가상 투어
	IoT 기반 객실 제어 플랫폼	• 앰배서더호텔 그룹과 IoT 플랫폼 기업 인더코어(InTheCore)는 객실 자동화 솔루션에 IoT 기술을 접목한 호텔 전용 플랫폼 '스마트 스테이' 사업 추진 • 투숙객이 객실의 조명, 음악, 온도, 커튼&블라인드, 컨시어지 서비스 등을 스마트폰의 QR코드 스캔으로 제어
	인공지능 컨시어지	• 미국 힐튼호텔은 IBM 인공지능 왓슨을 탑재한 고객 안내 로봇 '코니'를 도입하여 관광객 응대를 위한 컨시어지 서비스에 활용
	음성인식 로봇	• 일본 헨나(Henn-Na) 호텔은 체크인, 짐 운송, 청소 등에 음성인식 기능과 인공지능이 탑재된 로봇을 활용
	챗봇 (Chatbot · 채팅로봇)	• 미국의 애플리케이션 개발사 버너(Burner)는 공유숙박 업체를 위한 호스트봇(Hostbot)을 개발 • 집주인이 앱을 다운로드하고 공유숙박을 이용하는 손님으로부터 자주 받는 질문에 대한 답변을 미리 설정해 놓으면 챗봇이 숙박객 질문에 자동 답변 가능

출처 : 한국문화관광연구원, 2018을 바탕으로 재구성

로봇이 운영하는 무인(無人) 카페 : 2018 서울카페쇼에 등장한 로봇 바리스타

무인 카페의 최종 진화형이라고 볼 수 있는 로봇 카페. 로봇이 바리스타가 되어 커피를 제조하는 카페를 뜻한다. 실제로 국내 초고층 복합건물에 로봇 카페가 등장했다. 이곳에는 네모난 박스 안에 커피를 제조하는 로봇 팔이 있고 옆에 셀프바와 주문을 담당하는 키오스크가 있다. 사실 이 로봇은 전자동 머신과 로봇팔이 결합했다고 보면 된다. 오차 범위 0.02mm의 위치 반복 정밀도로 정교한 움직임이 가능한 이 로봇은 커

출처 : baristarules.maeil.co.kr

피 머신의 버튼을 눌러 음료를 추출한다. 내장된 커피 머신은 에스프레소 추출은 물론 특허받은 기술로 섬세한 스티밍이 가능하고 커피 제조시간은 1분 내외로 상당히 빠르다.

2018년 서울카페쇼에 등장한 국내 최초 로봇 바리스타 또한 단연 화제였다. 이는 위 로봇보다 한 단계 진화한 형태로, 바리스타가 커피 만드는 방식을 로봇 두 대가 그대로 모방한 방식이다. 개발사에서는 추후 보급형 머신 또한 개발할 예정이라고 하니 실제 카페에서 보는 날도 머지않으리라 기대한다.

글로벌 IT 전문 시장조사 기관 가트너(Gartner)가 소개한 '가트너 하이프 사이클(Gartner Hype Cycle)'에 따르면, 보통 신기술이 나타나면 곧 그 기술이 가져올 미래에 대한 무성한 소문이 생기고, 이 거품이 가라앉고 나면 기술의 실제 가치가 드러나면서 산업적 대중화가 이루어진다고 한다. 로봇 바리스타의 커피 추출 실력은 바리스타 중에서도 최하위권이지만, 화제성만큼은 대단하다. 전 세계적으로 커피를 추출할 수 있는 로봇 바리스타 개발에 열을 올리고 있기에, 로봇 바리스타가 상용화될 날도 머지않았다고 조심스레 점쳐볼 수 있겠다.

출처 : http://baristarules.maeil.com

- 사이버물리시스템(cyber-physical system) : 프로그래밍으로 만들어진 가상(Cyber)세계와 물리적(Physical)인 실제 세계를 통합하는 시스템이다.
  즉 가상공간의 컴퓨터가 네트워크를 통해서 실제의 물리환경을 제어하는 기술이라고도 할 수 있으며, 가상물리시스템이 구축되면 사람의 개입 없이 사이버상의 정보처리 결과로 현실의 움직임을 효율적으로 제어할 수 있게 된다.

- 증강현실(Augmented Reality) : 우리 눈으로 보는 현실세계에 가상 물체를 합해서 보여주는 기술로서 우리가 직접 보는 현실세계의 모습에다 3차원 가상 이미지를 겹쳐서 하나의 영상으로 보여주는 기술을 말한다. 증강의 'augmented', 즉 '증가된'이라는 단어의 의미 그대로 원래 이미지에 다른 이미지를 하나를 더 입혀서 보여주는 것이다.

- 가상현실(Virtual Reality) : '현실과 다름없는, 가상의'라는 뜻으로 특수안경 등을 착용하여 특정한 장소나 상황을 현실인 것처럼 유사 체험하는 것을 의미한다.

- 빅데이터(Big data) : 기존의 관리방법이나 분석체계로는 처리하기 어려운 엄청난 양의 데이터를 뜻하는 것으로 빅데이터가 주목받는 이유는 기업이나 정부, 포털 등이 빅데이터를 효과적으로 분석하여 미래를 예측해 최적의 대응방안을 찾고, 이를 수익으로 연결하여 새로운 가치를 창출하기 때문이다.

- ICT(Information & Communication Technology) 기술 : 정보기술(Information Technology, IT)과 통신기술(Communication Technology, CT)의 합성어로 정보기기의 하드웨어 및 이들 기기의 운영 및 정보 관리에 필요한 소프트웨어 기술과 이들 기술을 이용하여 정보를 수집 · 생산 · 가공 · 보존 · 전달 · 활용하는 모든 방법을 의미한다.

1. 4차 산업시대 서비스산업의 변화에 대하여 토론해 보시오.

2. 서비스산업에서 4차 산업의 영향을 가장 많이 받는 분야와 직무를 토론해 보시오.

3. 고객의 입장에서 음식 서비스의 로봇 대체에 대한 장점과 단점을 논의해 보시오.

4. 빅데이터를 통한 호텔 마케팅 기법을 논의해 보시오.

5. 4차 산업혁명이 서비스산업에 미칠 장단점을 논의해 보시오.

INTERNET 활용하기

- https://bmtoolbox.net/stories/airbnb/ 에어비앤비
- http://www.businesswire.com/news/home/20160825005339/en/Aloft-Hotels-Unveils-Voice-Activated-Hotel-Rooms 알로프트 호텔, 음성활성화 호텔객실
- https://www.roboticgizmos.com/ausca-omelet-making-robot/ 오믈렛 만들기 로봇
- https://thepointsguy.com/2017/11/hennna japan robot hotel review/ 로봇이 운영하는 세계최초 호텔
- https://youtu.be/hlpZ8SRK1xo], Botlr-알로프트 호텔
- https://www.hotelogix.com/top hotel industry technology trends, 꼭 알아야 할 10가지 호텔 기술 트렌드
- http://baristarules.maeil.com, 바리스타 룰스

저자 약력

채신석

18년간 서울 5성급 호텔 근무 및 프로젝트 참여

- 세종대학교 대학원 호텔관광경영학과 졸업
  (호텔관광학박사)
- 쉐라톤 워커힐 호텔 근무
- 그랜드 인터컨티넨탈호텔 식음료부 지배인
- 코엑스 인터컨티넨탈호텔 식음료부 지배인
- JW 메리어트호텔서울 식음료부 과장
- 소피텔 앰배서더호텔 식음료부 총괄부장
- 경복대, 남서울대, 동서울대 겸임교수
- 청운대학교 호텔경영 · 컨벤션학과 교수 및 학부장
- 한국관광공사 호텔업등급결정평가위원
- 저서 및 논문
  학회 등재지에 40여 편의 논문 발표
  호텔경영론, 3판, 백산출판사
  호텔식음료경영, 백산출판사
- 現) 인하공업전문대학 호텔경영학과 교수
  한국관광학회 · 한국외식경영학회 ·
  한국호텔관광학회 · 한국호텔리조트학회 이사
  서울대학교 경력개발과정 및 사회교육원 외래교수
  한국관광공사 품질인증제평가요원
  인천관광공사 민간위탁관리위원회 위원

김재호

20년간 관광 관련 공공 및 민간기업에서 근무

- 경기대학교 관광개발학과 졸업(관광학박사)
- 관광호텔 등급심사위원
- 한국문화관광연구원 관광연구실 위촉연구원
- (주)디이파트너스 관광컨설팅실 실장
- 한국관광공사 관광컨설팅팀 전문위원
- 現) 인하공업전문대학 관광경영학과 교수
  한국관광학회 제도개선위원장
  국가균형발전위원회 문화관광 전문위원
  국무총리실 접경지역 심의위원
  문화체육관광부 관광거점도시 조정위원
  문화체육관광부 근로자휴가지원사업 운영위원장
  문화체육관광부 관광자원개발 제도개선 자문단
  국토교통부 · 해양수산부 · 농림축산식품부 ·
  한국관광공사 정책자문위원
  관광통역안내사 · 국외여행인솔자 ·
  문화관광해설사 · 국내관광안내사 교육강사
  한국관광공사 시민참여단 전문위원
  여행칼럼니스트(여행작가)

저자와의
합의하에
인지첩부
생략

고객 감동시대의 서비스 경영

2021년 3월 10일 초 판 1쇄 발행
2025년 2월 28일 제3판 1쇄 발행

지은이 채신석 · 김재호
펴낸이 진욱상
펴낸곳 (주)백산출판사
교   정 성인숙
본문디자인 오행복
표지디자인 오정은

등   록 2017년 5월 29일 제406-2017-000058호
주   소 경기도 파주시 회동길 370(백산빌딩 3층)
전   화 02-914-1621(代)
팩   스 031-955-9911
이메일 edit@ibaeksan.kr
홈페이지 www.ibaeksan.kr

ISBN 979-11-6567-976-7 93320
값 34,000원